史学的回眸

——新世纪史学评论文集

邹兆辰　著

首都师范大学出版社

CAPITAL NORMAL UNIVERSITY PRESS

图书在版编目(CIP)数据

史学的回眸：新世纪史学评论文集 / 邹兆辰著.
北京：首都师范大学出版社，2024.7. — ISBN 978-7
-5656-8427-2

Ⅰ. K207-53

中国国家版本馆 CIP 数据核字第 2024V7A433 号

SHIXUE DE HUIMOU

史学的回眸
　　　　——新世纪史学评论文集

邹兆辰　著

责任编辑　王　静
首都师范大学出版社出版发行
地　　址　北京西三环北路 105 号
邮　　编　100048
电　　话　68418523(总编室)　68982468(发行部)
网　　址　http://cnupn. cnu. edu. cn
印　　刷　北京印刷集团有限责任公司
经　　销　全国新华书店
版　　次　2024 年 7 月第 1 版
印　　次　2024 年 7 月第 1 次印刷
开　　本　710 mm×1000 mm　1/16
印　　张　26
字　　数　452 千
定　　价　72.00 元

前　言

　　奉献给读者的这本史学评论文集是我 2000 年以来，站在 21 世纪的时代高度，对当代中国史学发展的状况及其风格、特点进行宏观与微观的观察与评论的文章汇编。

　　从 1997 年开始，我和"新时期中国史学思潮"课题组其他两位成员江湄、邓京力合作进行新时期中国史学思潮的研究，分析、梳理了新时期以来中国史学先后出现的各种思潮，并在 2001 年推出了我们的研究成果——《新时期中国史学思潮》，此书在 2002 年第七届北京市哲学社会科学优秀成果奖中荣获二等奖，之后的 20 多年间，我一直在延续着这项工作，并且逐渐走向深化。我延续课题组的传统，继续进行史家访谈的工作，先后访谈了数十位活跃在史学战线上的老中青学者，编撰了三部"对话当代历史学家"的文集（《变革时代的学问人生》《为了史学的繁荣》《历史是人类最好的老师》）。同时，我也参与了几项对中国马克思主义史学进行整体研究的课题，包括"中国马克思主义史学的理论成就研究"（陈其泰主持）、"唯物史观与中国史学研究"（瞿林东主持）、"新中国历史学发展路径研究"（张剑平主持）、"新时代中国马克思主义史学基本理论研究"（瞿林东主持）等。在这个过程中，我开始撰写史学评论文章。

　　我撰写史学评论文章是受到了瞿林东先生的影响。他在 1997 年就出版了由他自 20 世纪 80 年代以来所撰写的史学评论文章汇集成的《史学与史学评论》一书。他在该书"自序"中指出，史学评论是史学发展的内在动因之一。他说："作为一个中国史学史研究者，作为一个史学理论研究者，我希望在专业研究者和业余研究者中间，能有更多的朋友关注和致力于史学评论，这对推进当代中国史学的发展，对提高当代中国史学的理论水平，都是必要的。"①

　　20 多年来，我在撰写史学评论文章方面有了一定的积累，认识和分析的水平也有了一定的提高。这本文集可以反映出我在史学评论上的几个着力点，具体如下。

---

①　瞿林东：《史学与史学评论·自序》，安徽教育出版社，1998 年版，第 6 页。

第一，关注改革开放新时期以来中国史学在整体上的发展状况。

本文集注意对中国马克思主义史学的理论和方法论进行总体研究与评论。《中国马克思主义史学的特点与风格》一文发表于 2006 年，是对中国马克思主义史学理论和方法论这一基本理论问题的概括阐述。文章强调中国的马克思主义史学是在中国化的马克思主义的指导下产生和发展起来的；同时指出，中国的马克思主义史学与中国传统文化有着密切的联系，是在中国史学三千年的传统中发展起来的。但中国马克思主义史学并没有一个固定的模式和特别的套路，它的风格就是适应时代和社会的变化，能够与时俱进。《马克思主义史学对传统史学方法的继承与创新》《马克思主义史学基本方法的创新》两文则是从方法论的角度阐述了马克思主义史学对传统史学的继承与创新。《二十年来我国学者对西方史学的理性认识与方法借鉴》《三十年来中国史学思潮及史学发展》《改革开放 40 年来的中国史学理论研究》《四十年来中国学人对当代西方史学认知的深化》等文章则是对新时期以来史学发展新趋势的分析与研究。《关于建构中国特色马克思主义史学的思考》和《史学批评与史学话语体系的构建》两文则是从不同角度探索构建新时期中国马克思主义史学体系的一些见解。此外，我对史学领域某一方面的发展变化也进行过追踪性的研究，如《当代中国史学对心理史学的回应》《近年来我国心理史学发展趋势》等文章。这些文章大都已经收入本文集。

第二，历史地看待和评论中国马克思主义史学一百年来的发展，既要看到老一辈马克思主义历史学家的历史贡献，也要着力于反映改革开放以来新一代历史学家的创新性发展。

本文集收入的史学评论文章，绝大多数是对中华人民共和国成立以来特别是改革开放以来的新一代历史学家的学术道路与治学成果的评论，但也没有忘记老一辈马克思主义历史学家的贡献。李大钊、郭沫若、侯外庐等史家留下的丰富的史学遗产，为我国马克思主义史学的自主发展开创了道路，是我们必须继承的。我个人在李大钊史学思想的研究方面曾经花过一番工夫。从 20 世纪 90 年代开始陆续发表过《关于李大钊史学思想的几个问题》《李大钊与西方历史哲学》《李大钊社会主义思想的确立与其历史观的转变》等多篇文章，特别是对李大钊的史学思想对新时期史学理论与史学史学科建设的影响有过较多的探讨。本文集收入了《李大钊的〈史学要论〉与新时期史学概论的编撰》一文，同时收入了对当代史学工作者(以朱成甲为代表)在李大钊研究中所反映出的历史主义精神和科学的治学态度的评论文章。

第三，从史家访谈到史学评论，从对史家及其成果的感性认识到理性认识的提升。

自 20 世纪末我和同事们开展"新时期史学思潮"研究以来，为了了解众多史学工作者的学术经历、学术观点，从 20 世纪 90 年代末我们就开始进行学者访谈的工作。从新中国成立前后就开始进入史学领域的老一辈学者到改革开放以后活跃在史学第一线的各领域的学术骨干，我们对有条件接触的很多学者都进行了访谈，这些访谈使我对这些学者的治学之路有了切身的感受，逐渐产生了从感性了解到理性分析的诉求，于是就陆续产生了一些学术评论。

例如，2004 年我在参加一次学术会议时见到了北京大学的马克垚教授，通过会下的交谈我写成了一篇访谈文章《历史比较与中西封建社会研究——访马克垚教授》，发表在《首都师范大学学报（社会科学版）》2005 年第 5 期上，文章获得好评，学报编辑部对此文授予了特等奖。这就进一步促使我继续研读马先生的著作，针对他重视中外历史比较的特点撰写了评论文章，并用此文参加了北京师范大学史学理论与史学史研究中心 2005 年在芜湖举办的史学理论研讨会，此文后来发表在《安徽师范大学学报（人文社会科学版）》2006 年第 1 期，这就是收入本文集的《历史比较：探寻真正世界性的历史普遍规律——马克垚的历史比较观》一文的由来，该文可以说是我撰写史学评论文章的开始。

再如本文集收入的《唯物史观如何成为新中国老一辈史家的理论武器——以何兹全先生为中心的考察》一文也经历了这样一个过程。2001 年，正值何先生 90 大寿，我和首师大的同事访问了何先生，为他这样一位高龄长者身体之健康、思维之敏捷而深感敬佩。由于何先生治史的历程比较长，当时还没有条件写访谈文章，直到 2006 年我再次访谈何先生后，才把他的学术经历和治史观点梳理清楚，写出了《我的人生与治学之路》的访谈文章，此后我又多次访问他。在交谈中，我对他坚持主张用唯物史观指导历史研究的理念印象十分深刻，所以在 2013 年底参加中国社会科学院马克思主义史学理论论坛首届学术研讨会时，便写了这篇文章参会。这篇对何先生的学术评论就是在对他进行多次访谈后，在了解了他的治学经历、认识了他治学的基本指导思想的基础上写成的。

2008 年我在对田居俭先生的访谈中，了解了他的学术经历和治学特点，并以《哲史文兼涉，学思写并举——访田居俭研究员》为题写了访谈文章，这是一篇概括他的学术研究整体状况的文章。在访谈的过程中，我发现田先生在"良史工文"方面下了很大功夫，特别是他的《李煜传》一书不断修改完善，先后出了四版。于是 2015 年，在深入研读他的几版《李煜传》的基础上，针对他的第四版《李煜传》写了评论文章，即收入本文集的《"良史工文"的学术与社会效应——以田居俭先生的〈李煜传〉为例》一文，发表在《史学月刊》2016 年第 1 期，这无疑是对田居俭学术特点认识的深化。

第四，"两只眼睛"看当代中国史学，既要看到中国学者对中国历史的研究成果，也要看到中国学者对西方史学的研究成果，并注意给予评论。

本文集中收入的对白寿彝、何兹全、田昌五、宁可、林甘泉等学者的学术评论文章，都是涉及他们对中国历史的研究的，同时还收入了 10 篇中国学者关于西方历史研究的评论文章。除上面提到的对马克垚先生的历史比较研究的评论文章外，还有《二十年来我国学者对西方史学的理性认识与方法借鉴》《四十年来中国学人对当代西方史学认知的深化》《苏联史学在中国的命运》《当代中国史学对心理史学的回应》等文章，概述国外史学对中国的影响情况。同时也通过与从事西方历史或西方史学史研究的学者交谈或阅读他们的著作，写出了对耿淡如、刘家和、马克垚、陆庭恩、张广智几位学者的学术评论文章，可以从不同的视角了解中国学者的西方史学研究状况。

张广智先生向我推荐了英国史家汤因比的回忆录 *Experiences* 一书，张先生为该书的中译本《人类的明天会怎样？——汤因比回思录》写了序言《汤因比给我们留下了什么？》。我认真研读了汤因比的书和张先生的序，针对该书的思维方式和叙事风格撰写了长篇书评《汤因比：新史学潮流中的弄潮儿》，并发表在复旦大学吴晓群等主编的《西方史学史研究（第 2 辑）》上。同时，中国历史研究院主办的《历史评论》杂志也在 2023 年第 3 期上发表了我的史学评论文章《历史学家为什么要有"猜想"和预见？——汤因比给我们的启示》。我将此文收入本文集中，这也是唯一一篇对外国史学著作的评论。

第五，关注并探讨中外史学史研究中的学派，即研究中外史学史研究中的学术传承。

"以大师为统帅的学科学派"是推动哲学社会科学发展的重要力量，在历史上如此，今天依然如此。但"学派"往往不是自封的，是在学术评论的过程中产生的。本文集在对当代中国史学发展状况的研究中特别注意揭示学术传承对于中国史学史学科发展的影响。

由于近十几年来我与北京师范大学史学所的学者接触比较多，他们是白寿彝先生的弟子或再传弟子，有的在获得博士学位后已经到其他单位工作，但他们仍然秉持着白寿彝先生的学术理念从事学术工作。我觉得他们有共同的传承关系、共同的学术理念，可以算是一个学派。这些年我写了一系列的评论文章，对白寿彝先生和他的弟子以及再传弟子的学术成果进行了评论。由于篇幅所限，本文集中仅收入了对白先生的《中国通史·导论卷》和瞿林东、陈其泰两位白门弟子的学术成果的评论。

在西方史学史研究的领域，我一直关注着复旦大学历史系这个阵地。张广智教授和他的弟子们40年来继承耿淡如先生20世纪60年代承担的编写西方史学史全国高校教材的任务，在21世纪初不仅完成了教材的编写任务，还出版了多卷本的《西方史学通史》专著。从这里培养出来的高层次人才，在全国各高校从事西方史学史的教学和科研工作。人们也把这个学术群体称为"复旦学派"或"耿淡如学派"。本文集收入了我的《从耿淡如到张广智：西方史学史学科建设的代际传承》一文。我也一直在追踪着张广智先生的学术成果，撰写过关于张广智的学术评论文章，如对他最近主编的《近代以来中外史学交流史》的评论。张广智先生曾对我说："你搞的东西可以成为当代中国史学史研究中的学派史。"确实，史学史研究和其他史学领域一样，有不同的学派竞相发展，这是促进史学发展的重要条件。

20多年来，我所做的学者访谈都留下了访谈文章，有的学者已经过世，这些访谈文章成为当代史学学术史研究的宝贵资料。这些文章收录在我的三本访谈文集中，这次又把相关的史学评论文章结集出版。如果本文集能够对后来的学者了解改革开放新时期以来的史学发展状况，进而对当代中国史学的学科体系、学术体系、话语体系的建设有一点点帮助，本人就感到十分欣慰了。

由于篇幅限制，很多评论文章未能收入本文集。为此，将21世纪以来本人的学者访谈文章和史学评论文章汇集为一个索引作为本文集的附录，供读者了解我在这方面工作的整体情况，也可以给有兴趣了解当代中国史学发展的研究者提供一点线索。

本人学识水平有限，评论不到位或不当之处，恳请学者和读者批评指正。

邹兆辰

2024年1月

目　　录

下编　评中国的西方史学研究

上　编
史学理论与方法

中国马克思主义史学的特点与风格

摘要：中国马克思主义历史学是历史发展的产物，在八十多年的发展过程中形成了自己的特点与风格。中国马克思主义史学以中国化的马克思主义为理论指导，具有明显的理论倾向；它以中国传统史学的丰厚遗产为基础，带有鲜明的民族特色；它同时具有与时俱进、不断创新的品格，能够不断完善与发展自己。

关键词：中国马克思主义史学；特点；风格

中国马克思主义史学经历了 80 多年的风雨历程。我们在研究中国马克思主义史学产生与发展的历史、在历史理论方面的成就和在史学理论方面的建树之外，也应该研究它在发展的历程中所形成的自己独有的特点与风格。在某些人眼里，中国马克思主义史学只是历史的产物，或者说只是战争年代的产物、革命时期的产物，在真正的科学史学面前它似乎已经逐渐淡出，逐渐被其他的史学思想、观点或流派取代。特别是在当今经济全球化时代，中国史学在与西方史学的对话中似乎处于"弱势"的位置，这也会使人联想到中国马克思主义史学是否已经过时，它还能不能引领中国史学进一步发展并成为国际史学发展潮流中的一个强势学派呢？

中国马克思主义史学的发展与整个中国社会发展的历程一样，都经历了很多挫折与磨难，带有很多时代的烙印。有些人士在对中国史学发展过程进行反思的时候，也提出过一些稍显绝对的看法。作为一个历史学家，本应具有历史主义的眼光，既要用历史主义眼光来看待客观历史的发展，也要用历史主义眼光来看待历史学自身的发展。不然的话，不仅外国人不能正确地了解中国的史学，就连中国学者也不能很好地认识自己的学科。

中国马克思主义史学既是历史发展的产物，又是现实发展的产物，用一种固定的、僵化的观点来看待它是不合适的。在 80 多年发展的历程中，既有革命时期的环境为它塑造的特点，也有改革开放新时期为它塑造的新特点。有些人在看问题的时候，只看到前期的情况而忽略了后期的变化，需知只有把这两者结合起来，才是完整的中国马克思主义史学的特点与风格。

对于中国马克思主义史学的特点与风格的认识，学者们可以从不同的角度去看，因而也会有不同的看法。这里只提出几点个人见解以求教于方家。

一、中国马克思主义史学是以马克思的历史观为指导的历史学，但这种历史观是已经中国化的马克思主义历史观

中国学人接受马克思主义是从 20 世纪初才开始的。那时候，来自德国的马克思的思想与来自英、法、意、俄等国家的思想家的思想一样，是来自西方的新思想，能够直接读到马克思的著作是很困难的，绝大多数学者是间接地了解到马克思的思想的，比如通过日本学者的著作。他们所理解的马克思主义，往往就是自己对马克思主义的认识。最早倡导在历史研究中运用马克思主义的是李大钊。他于 1919 年在《新青年》上发表了长达 26000 多字的《我的马克思主义观》，系统地介绍了马克思主义的基本思想。但是李大钊自己也说，"马克思的书卷帙浩繁，学理深晦"，"拼上半生的工夫来研究马克思"，也不过仅能在马克思已经刊行的著作中，把他主要的主张"得个要领"，还不能算完全了解马克思主义；而他自己"平素对于马氏的学说没有什么研究"，所以他所讲的马克思的有关唯物史观和经济理论的部分，是以日本学者河上肇的文章为基础写成的。他于 1920 年在《新青年》上发表的《唯物史观在现代史学上的价值》一文中说，"唯物史观"是社会学上的一种法则，是马克思和恩格斯在 1848 年发表的《共产党宣言》中所提出的。在当时对唯物史观的概念就有"历史之唯物的概念""历史的唯物主义""历史之经济的解释""经济的决定论"四种理解。他对上述四种概念进行了比较，认为"还是称马克思学说为'经济的历史观'妥当些"。而到 1924 年的《史学要论》中，李大钊更明确地说明，"唯物史观"的名称是恩格斯在 1877 年开始使用的，《共产党宣言》《资本论（第一卷）》《〈政治经济学批判〉序言》等都"包含着唯物史观的根本原理"。在李大钊看来，"马克思的历史观，普遍称为唯物史观，又称为经济的历史观"，"马克思所以主张以经济为中心考察社会的变革的原故，因为经济关系能如自然科学发见因果律。这样子遂把历史学提到科学的地位"。[①] 按照李大钊的理解，马克思以物质的生产关系为社会构造的基础，决定一切社会构造的上层。社

---

① 李大钊：《李大钊文集》（下），人民出版社，1984 年版，第 716 页。

会的生产方法一有变动，则那个社会的政治、法律、伦理、学艺等等，悉随之变动，以求适应于此新经变动的经济生活。我们从今天的角度看，李大钊对唯物史观的宣传和解释，就是他当时所了解的马克思主义。他所讲的这些马克思主义理论，就是已经中国化的马克思主义，也是当时最高水平的马克思主义。他的宣传无疑对中国人了解马克思主义，包括在历史学研究中运用唯物史观，起到了巨大的作用。

今天，我们之所以把郭沫若看成中国马克思主义史学的创始人之一，就在于他于1930年出版的《中国古代社会研究》被视为最早的马克思主义史学的作品。郭沫若自己也明确申明：恩格斯的《家庭、私有制和国家的起源》里"没有一句说到中国社会的范围"，他的书的性质"可以说就是恩格斯的《家庭、私有制和国家的起源》的续篇"，他所用的方法是"以他为向导"。在书中，郭沫若论述了"由原始公社制向奴隶制的推移""由奴隶制向封建制的推移""社会基础的生产状况""上层建筑的社会组织"等问题，这些都是马克思理论范畴内的东西，但对马克思主义的认识也还是他自己的认识，由他所开拓出的马克思主义史学的道路，仍然是以中国化的马克思主义为基础的。

在中国马克思主义史学的初创时期，马克思主义的史学家们已经认识到，中国历史学的前途在于把马克思主义中国化。金灿然在1941年就说过："今后研究中国历史的方向何在呢？那便在于历史唯物论中国化，也就是说，运用历史唯物论的基本原理来分析研究中国固有的历史材料，把历史学带到真正的科学道路上。"[①]

在马克思主义中国化的过程中，毛泽东所做出的贡献是最有历史意义的。他把马克思列宁主义与中国的实际情况相结合，创立了"毛泽东思想"这样一个完整的思想体系，其中很多重要的观点在很长的时间里，对中国学者研究社会历史问题起到了重要的理论指导作用。

在革命战争年代，毛泽东不可能有条件直接阅读大量的马克思、恩格斯的著作，即使到了延安以后毛泽东有了相对安定的条件进行学习，也不可能读很多著作。我们从《毛泽东哲学批注集》中可以看到他所阅读的主要理论著作有西洛可夫、爱森堡等著，李达、雷仲坚译的《辩证法唯物论教程》；日本马克思主义经济学家河上肇著、李达等译的《马克思主义经济学基础理论》；

---

① 转引自周文玖：《唯物史观与发扬中国史学的民族特色》，《史学理论与史学史学刊》（2004—2005年卷），社会科学文献出版社，2005年版，第295—296页。

李达著的《社会学大纲》；艾思奇著的《哲学与生活》等。毛泽东关于哲学问题的许多论述，都源自他读书过程中的感悟。这就是说，毛泽东也是通过学习有关论述马克思主义的著作来了解马克思主义的。他也根据自己的理解，对历史方面的理论问题进行过论述，他的这些论述后来便成为一些学者研究历史问题的理论根据。1939 年，毛泽东和其他同志一起撰写了《中国革命和中国共产党》。在这本书里，毛泽东论述了中华民族的特点和中华民族发展的历史，论述了中国封建时代经济制度和政治制度的主要特点，也论述了中国近代社会的历史特点。这本书本来是为了给干部们学习中国历史提供一个简要的读本，但结果成了指导人们研究中国历史的经典。例如，书中提出"在中国封建社会里，只有这种农民的阶级斗争、农民的起义和农民的战争，才是历史发展的真正的动力""地主阶级这样残酷的剥削和压迫所造成的农民的极端的穷苦和落后，就是中国社会几千年在经济上和社会生活上停滞不前的基本原因""中国封建社会内的商品经济的发展，已经孕育着资本主义的萌芽，如果没有外国资本主义的影响，中国也将缓慢地发展到资本主义社会"。这些观点曾经长期作为研究中国古代史的指导原则，作为以马克思主义研究中国历史的基本理论。对于什么是历史唯物主义，毛泽东也曾做出自己的概括。在1949 年所写的《丢掉幻想，准备斗争》一文中，毛泽东提出了一些"马克思主义的定律"，如"阶级斗争，一些阶级胜利了，一些阶级消灭了。这就是历史，这就是几千年的文明史。拿这个观点解释历史的就叫做历史的唯物主义，站在这个观点的反面的是历史的唯心主义。"在此后的几十年中，中国的马克思主义历史学就是以这些中国化了的马克思主义作为自己的指导思想，建立了自己的学科体系。

20 世纪 80 年代以后，经过了一个拨乱反正的时期，学者们对长期以来加诸"唯物史观"头上的片面的理解进行了反思，中国史学工作者有条件、有机会对马克思的著作进行深入的研究和思考，有的人甚至提出"回到马克思去"的口号，意味着中国学者力图能够比较准确地理解马克思的历史观，并且用这种准确的马克思的历史思想去解释历史问题。但是，对于一个史学家来说，他不可能又是一个研究马克思的专家，无论怎样，他们对于马克思的历史思想的理解总会带有中国学者自己的特点。比如，老一辈历史学家何兹全先生曾经对笔者说过："经过几十年认真的思考，到目前为止，马克思的唯物论、辩证法仍然是观察社会历史最科学、最有力的理论。"他还强调，马克思主义不是教条，学习马克思主义不要死守教条，马克思自己也有时否定自己，这就是辩证地看问题。辩证法承认变化、承认进步，就是正—反—合。他还说："我觉得陈寅恪、钱穆等人的历史思想有辩证的因素，就是他的辩证因素使他超出他的同辈人，我觉得我接受他们的就是他们更高一层次的辩证思想。我们的老师，有些人就靠他们的天资聪明就在那个档次，他们没学过辩证法，但他脑子就是辩证法。"①这里，何老先生所谈的马克思的辩证法思想是与他从中国传统文化的熏陶中所接受的辩证法思想结合了。从这个例子我们可以看出：很多中国的马克思主义的史学家对马克思的历史思想的理解都带有一定的中国特色。

由于以上原因，中国马克思主义史学内部经常发生一些学术争论，而这些争论又带有很强的理论性。大家都以马克思主义的历史思想为指导，但是在学术见解上却大相径庭，而最终可能还是没有结果。造成这种现象的原因之一，就是大家都是从自己的角度去理解马克思主义，都认为自己的观点最符合马克思主义。这样的学术争论在马克思主义史学的发展过程中是不可避免的；对待大家所争论的问题，也不能像有的学者所说的那样，将其都看成是没有意义的"假问题"。争论的过程也是大家学习的过程，中国马克思主义史学就是这样在探索、争论中前进、发展的。这种争论的意义不在于使某个学术问题有了一致的认识，而在于消除马克思主义认识中的公式化、教条化、片面化的认识缺陷，使大家的认识更接近于马克思主义的实质。这种学术争论是促使中国马克思主义史学不断克服自身弱点、不断向前发展的机制，也是中国马克思主义史学的一个明显特点。

二、中国马克思主义史学以中国悠久、丰富的史学遗产为自身发展的基础，带有鲜明的民族特色

中国马克思主义史学的理论基础是马克思主义，但其史学的基础却是本民族的史学。不论哪一个史学家，他们的研究都离不开中华民族几千年的悠久的史学传统，离不开中华民族传统史学所形成的深厚的历史积淀，这就形成了中国马克思主义史学的强烈的民族特色。这种民族特色表现为以下四点。

其一，中国马克思主义史学家以历史主义的精神看待本民族的历史文化遗产，不仅尊重这些遗产，而且以继承这些遗产为己任。

---

① 邹兆辰、江湄、邓京力：《新时期中国史学思潮》，当代中国出版社，2001年版，第182—183页。

在中国史学三千年的历史发展过程中，留下了大量宝贵的史学遗产，如《二十四史》《资治通鉴》《通典》《文献通考》《史通》等典籍，这在世界各民族的史学发展中是独一无二的。这些史学遗产在马克思主义史学发展的几十年中，基本上都得到了尊重和保护。即使在"文化大革命"后期，在很多史学研究工作都无法进行的时候，点校、整理《二十四史》的工作还在继续进行。史学家们知道，这些史学遗产本身是研究历史不可缺少的资料。世界上没有哪一个国家有如此丰富、完整的历史资料。马克思主义史学家也不能做"无米之炊"，这些珍贵的史料是他们工作的出发点。那些忽视史料的重要性，搞所谓"以论代史"的人，不被马克思主义史学家所认可。

其二，中国马克思主义史学家不仅重视史学遗产在史料方面的作用，还重视中国史学发展史上的优良传统，并把这些传统视作马克思主义史学家所必须具有的精神。

白寿彝先生曾经多次专门论述过史学遗产的继承问题，并且从多方面阐述了中国史学的优良传统。比如以史为鉴的传统，司马迁"述往事，思来者"的传统，刘知几"史学须有三长"的要求，章学诚"博学强识"的主张，从齐太史、南史氏到章学诚等强调"史德""直书"、反对"曲笔"的传统，重视语言表述、提倡"文史不分家"的传统等，都长期为马克思主义史学家们所认可、所遵循，从而形成中国马克思主义史学所具有的鲜明的民族特色。[①] 近日，瞿林东先生也再次撰文论述中国史学的优良传统，他所列举的内容包括：书法无隐、秉笔直书的传统，求真的原则与追求信史的传统，丰富多样的史书体裁以及史书内容与形式相协调的传统，讲究史文表述的传统，明理、明道与经世致用的传统，史学家的广阔胸怀与自觉的历史使命感和社会责任感的传统，关注史学批评和理论探讨的传统，重视史家修养的传统，史学中蕴含着丰富的人文精神和优秀的民族精神的传统。[②]

史学传统是史学的灵魂。中国古代史学所积累的优良传统也同样被中国马克思主义史学家所认同、所追求，也可以说，中国古代史学的优良传统都已经内化在中国马克思主义史学家的心中。中国老一辈马克思主义史学家郭沫若、范文澜、吕振羽、翦伯赞、侯外庐等人身上所体现的高尚情操，正是

---

① 瞿林东：《白寿彝史学的理论风格》，河南大学出版社，2001年版，第13—14页。
② 瞿林东：《史学理论与史学史学刊（2004—2005年卷）》，社会科学文献出版社，2005年版，第100—118页。

我们民族特有的史学传统的表现。而且，这种传统会一代代传递下去，成为今天新一代史学家的精神追求。

其三，中国马克思主义史学在历史研究方法上也坚持自己鲜明的民族特色。

中国马克思主义史学在研究历史问题的基本宗旨上与中国传统史学是有所不同的，特别是在马克思主义史学家所关注的有关中国社会发展和人类社会发展的带有规律性的宏观问题上，用传统史学的方法是不能奏效的。但是，不论怎样的宏观历史研究都必须以微观的研究为基础，都必须建立在严格的史料考证的基础上。在这一点上，传统的治史方法就大有可资借鉴的价值。在中国史学史上，从司马迁到司马光，再到清代乾嘉时期的学者，以及近代以来的许多中国学者，都给马克思主义史学家留下了许多可以借鉴的东西。中国马克思主义的史学家对乾嘉时期的学者所运用的史料考证方法给予了很高的评价，对近代以来的中国学者的治学方法也给予了很高的评价。在当代中国史学家所编撰的史学概论、史学方法论一类著作中，哪怕书名为"马克思主义史学概论"，但在讲到史学方法特别是史料考证方法时，都不可避免地要以中国古代或近代学者的治学方法作为基本方法。近日笔者在读宁可先生的《史学理论研讨讲义》时注意到，他在讲史料的考证问题时，特别推崇钱大昕的《廿二史考异》、梁启超的《中国历史研究法》、陈垣的《校勘学释例》、钱穆的《先秦诸子系年》、胡适的《校勘学方法论》《评论近人考据老子年代的方法》、张舜徽的《中国古代史籍校读法》等讲考证方法的著作，同时还提到王崇武的《论万历征东岛山之战及明清萨尔浒之战》《李如松征东考》，孟森的《清初三大疑案考实》《世祖出家事考实》《世宗入承大统考实》，陈寅恪的《元白诗笺证稿》和王国维的《古史新证》等实际的考证作品。① 由此可见，如果把中国史学中那些传统的研究方法都去除掉，那么具体的历史研究方法特别是史料考证方法就会成为一片空白。即使都用马克思主义史学家的治史实践来填补，而其方法的来源还是上述那些史学家。这就形成了中国马克思主义史学在史学方法上挥之不去的民族特性。

我们可以看到，在那些马克思主义史学家身上似乎有一种中国传统史学的情结。郭沫若写于1944年的《甲申三百年祭》是纪念明朝灭亡和李自成起义失败三百周年的文章，写于抗日战争时期的重庆。文章的题目本身就具有鲜

---

① 宁可：《史学理论研讨讲义》，鹭江出版社，2005年版，第160—163页。

明的民族特色。"甲申",按照中国传统的天干地支纪年方法指明朝崇祯十七年,清朝顺治元年,也就是公元1644年。而"祭"在中国古代有祀天、供祖或用某种仪式追悼死者的意思。郭沫若在这里写甲申三百年的"祭",是把它本身的含义扩展了。"甲申",既不是天,也不是祖,更不是死人,但确有可"祭"的内容,大家也都能理解其中所包含的意义。从文章的内容上看,作者显然不是祭奠因国亡而自尽的崇祯皇帝,而主要是阐述明末农民战争的爆发原因、历史作用,特别是总结李自成起义失败的经验教训。如果说写一篇纪念文章来赞颂明末农民起义的作用,在当时的重庆,可以参考《明史》《明季北略》等一些史料价值比较高的资料。但促使郭沫若放下古代社会的研究而转向明史研究的动力却是他看到了《剿闯小史》这样一份珍贵的史料。在《十批判书·后记》中他回忆说:"我以偶然的机会得以读到清初的禁书《剿闯小史》的古抄本。明末农民革命的史实以莫大的力量引起了我的注意。适逢这一年又是甲申年,是明朝灭亡的三百周年纪念。我的史剧创作欲又有些蠢动了。"①虽然当时郭沫若是想创作一个历史剧,但不论是写文章还是写历史剧,《剿闯小史》这个史料的激励作用不可低估。这不仅体现了马克思主义史学家对于研究农民战争的历史责任,也体现了他们像传统史学家那样特别重视史料的作用。

其四,中国马克思主义史学在编撰体例上也体现出鲜明的民族特色。

中国马克思主义史学作品的编撰长期以来是采用近代学者所开创的章节体,突破了中国史学的传统体例。但是,中国马克思主义史学家并没有否定传统史学编撰体裁的长处,并且在考虑如何继承这些长处,希望在新的条件下创造出新的综合体。白寿彝先生主持编撰的多卷本《中国通史》就是非常典型的例子,我们将在下面的问题中谈及。

三、中国马克思主义史学具有与时俱进的特点,它能够适应社会形势的发展,从内容到形式不断进行创新,不断地改进和发展自己

中国马克思主义史学家们是一些具有历史使命感和时代责任感的学者,他们时时刻刻关心国家和民族的命运,因而他们的历史研究工作往往与时代的要求相联系。在马克思主义史学产生的初期,中华民族处于帝国主义和封

---

① 郭沫若:《十批判书》,《郭沫若全集·历史编》(第二卷),人民出版社,1982年版,第475页。

建主义的双重压迫之下，探索中华民族的历史命运就成为史学工作者的重要责任。在那时候，他们接受了马克思主义这个揭示人类社会发展规律的理论，所以必然要运用这种理论来探讨中国的过去、现在与未来。因此，这一时期马克思主义史学家所关注的课题多是关于中国历史、中国社会的一些宏观的课题，如郭沫若的《中国古代社会研究》《青铜时代》《奴隶制时代》，吕振羽的《史前期中国社会研究》《殷周时代的中国社会》《中国民族简史》《中国政治思想史》。再进一步，他们则致力于通史的编撰，如范文澜的《中国通史简编》《中国近代史》，吕振羽的《简明中国通史》，翦伯赞的《中国史纲》第一卷、第二卷，以及新中国成立以后郭沫若的《中国史稿》、范文澜的《中国通史简编（修订本）》、翦伯赞的《中国史纲要》等。马克思主义的历史观揭示了人类社会的发展规律，因而中国的马克思主义史学家们必然会积极地运用这种理论来探索中国的历史，探寻中国历史发展和整个人类社会历史发展的共同规律。所以，无论是20世纪二三十年代曾经热烈开展的中国社会史问题论战，还是五六十年代有关中国历史的一些宏观问题争论，都是这种探索的体现。

新中国成立以前，史学家们虽然做出了巨大的努力，但他们的工作环境使他们的研究受到很大的限制，更深一步的研究延续到中华人民共和国成立以后。中国革命的成功，中华人民共和国的建立，必然会鼓舞广大史学工作者运用马克思主义的历史观进一步对中国的历史问题进行深入的研究。新中国成立之前已经涉及的问题会继续深入讨论，如亚细亚生产方式的问题、中国封建社会的长期延续问题、中国古代史的分期问题等。中国共产党所领导的反帝反封建革命的胜利，必然会激发史学工作者对农民问题、土地问题的关注，于是中国古代史上的农民战争问题、土地所有制形式问题都成为史学家的研究重点。中国反帝反封建的民主革命的胜利也必然会激发起历史学者对近百年来中国反帝反封建的革命斗争历史的回顾与研究，鸦片战争、太平天国运动、洋务运动、中法战争、中日战争、戊戌变法、义和团运动、辛亥革命等中国近代史上一系列重大问题的研究都是与这种形势有关的。

"文化大革命"的十年，马克思主义史学遭到了严重的破坏与摧残。在十一届三中全会以后的一个时期，中国马克思主义史学的首要任务就是要恢复中国史学。所以，那一时期的史学作品往往带有拨乱反正的性质。但拨乱反正毕竟只是一个时期的历史任务，改革开放的新时期到来以后，中国马克思主义史学得到全方位的恢复与发展，历史研究的深度与广度远远超过了"文化大革命"之前。

适应改革开放的新形势，在中国马克思主义史学的园地内，以唯物史观为指导重新对中国历史的各个领域进行研究，产生了一系列新的重大成果。中国古代史、中国近代史、中国现代史、中国政治史、中国经济史、中国社会史、中国文化史、中国军事史以及这些领域的分支学科都有了新的进展，马克思主义的史学研究得到了极大的加强。

中国史学工作者在努力重新研讨中国历史的同时，也在积极开拓对于世界历史的研究，极大地改变了中国史学对世界历史研究的薄弱局面。中国学者不仅研究欧美发达国家的历史，也研究亚洲、非洲、拉丁美洲各国的历史。中国学者不仅把世界各个地区、国家、民族的历史作为自己的研究对象，也在探索从全球史的角度来建立新的世界史研究体系。随着中国改革开放和社会主义现代化建设事业的发展，中国学者认识世界的视野更加开阔，世界历史的现代化进程也成为中国学者关注的一个焦点。"现代化"成为重新审视近现代世界历史发展的一个新视角，对于中国历史、世界各国历史，都可以从现代化的角度予以探讨。

新时期的中国马克思主义史学已经不像在它的发展初期，只是少部分马克思主义史学家的事业，它已经扩展到史学的各个分支学科、辅助学科、相关学科以及地方史等各个领域。当今中国马克思主义史学的发展趋势已经不像在它的建立时期可以以若干位史学家和史学著作为标志了，中国马克思主义史学的形态已经成为可以含括整个史学领域的一种主流形态。

新时期中国马克思主义史学的特点还表现在它在方法论方面所表现出的包容性。中国马克思主义史学的主要特点在于它以唯物史观作为它的历史观和方法论的基础，但是对于中外史学家在加深历史研究的一切有效方法上并不采取排斥态度，而是善于吸收其中的有益因素来充实和强化自己。前面我们已经谈到中国马克思主义史学对于清代学者和近代学者的研究方法，特别是史料考证方法的借鉴，中国马克思主义史学对来自西方的史学流派、史学方法也是积极进行研究，吸收其中的有益因素。例如来自西方的比较史学就受到中国学者的普遍关注，中国学者深入研究历史比较方法的积极作用，也对西方学者在历史比较研究中的形而上学的倾向提出批评，同时探索以唯物史观为指导来运用这种方法。今天，历史比较方法已成为中国学者在进行历史研究时经常使用的方法，特别是通过中外历史的比较，能够更好地认识中国历史在某一方面的特点，对于深化史学研究具有很好的作用。

　　除了在研究方法上的与时俱进、不断创新以外，中国马克思主义史学工作者在史书编撰体裁方面也在不断进行创新。他们在唯物史观的指导下，经过多年的潜心研究，对于历史内容的丰富性和多层次性有了新的认识，力求在史书的体裁上有所突破，以求更好地表现多层次的历史内容。在这方面，白寿彝先生从 20 世纪 70 年代末开始进行多卷本《中国通史》的构思与实践最具有代表意义。因为这项工程延续时间长，涉及学者多，工程规模大，社会影响也大。中国马克思主义史学家在从近代学者那里接受了章节体以后就一直沿用它，很少考虑体裁创新的问题。白先生则认为，历史编撰不是单纯的技术问题，其中还存在如何正确地反映客观历史的问题。他主张采用综合的体裁来写历史，不仅要吸收古代史学家的长处，还应该超过他们。他主张发扬综合运用的优良传统，多体裁配合、多层次地反映历史，所以，他所构想的新的《中国通史》采用序说、综述、典志、传记四个部分相配合的新的编撰体裁。序说，包括基本史料的论述、研究概况的论述以及各卷的编撰意图和要旨；综述，是对各个历史时期的民族、政治、军事和社会发展的基本情况进行论述；典志，是关于经济、政治、军事及法典等制度的撰述；传记，主要是各方面代表人物的传记。这样就包括史论、编年、纪事本末、典制、传记等多种体裁，此外还有图版，所以是更广阔的"综合体"。这种新综合体批判地继承了中国史学的丰厚遗产，同时扩大了中国马克思主义史学的表现形式，促进了中国的历史科学向着"中国作风和中国气派"的方向发展。白寿彝先生主持制定的《中国通史》编撰思想和编撰体例被认为是"20 世纪后期在历史编撰上，以科学理论为指导进行重大创新的代表"①。

　　中国马克思主义史学的特点与风格还应该有许多方面的内容。比如它在长期的发展过程中，特别是在它尚未发展到中国史学的主流地位的时候，经受了许多误解与恶意攻击，为了战胜那些错误的，甚至是反动的东西，它必然要在战斗中发展自己，因而形成了它的批判性、战斗性的风格，这种风格也保留到新中国成立以后。中国马克思主义史学在追求历史事实的真实性方面，与古今中外一切富有良知的历史学家所追求的是一样的。但中国马克思主义史学由于以科学的历史观和方法论为指导原则，所以它的成果所体现的科学性要远远超过历史上的各种史学流派。由于上述问题过去史学界已多有

---

　　①　陈其泰：《历史编撰与创新精神》，《史学与民族精神》，学苑出版社，1999 年版，第 75 页。

论列，本文不再重复。本文只是强调中国马克思主义史学在理论基础上的中国化，对其在史学研究的内容、史学研究的旨趣、史学研究的方法和表现形式等方面所体现的民族性和与时俱进、不断创新的特点与风格加以论述，并以此求教于史学界同人。

（原载于《上海大学学报(社会科学版)》2006 年第 3 期，收入本书有改动）

马克思主义史学对传统史学方法的继承与创新

摘要：中国马克思主义史学家的治史方法是有中国特色的马克思主义史学方法。这种方法既坚持与唯物史观基本原则相联系的方法论原则，同时也充分吸收了中国传统的治学方法。这两者的结合，一方面增强了史学研究的效能，另一方面也充实、发展了马克思主义的史学方法本身。

关键词：史学方法；唯物史观；传统治史方法；乾嘉学派

中国马克思主义史学方法不是凭空产生的，也不是完全从国外传入的。在中国马克思主义史学方法形成的过程中，既包括对唯物史观基本原理的运用，也包含对中国传统史学方法（既包括如清代乾嘉学者的传统治史方法，也包括近代学者的新考据学的治史方法）的整理、批判、吸收和借鉴。这种融汇形成了有中国特色的马克思主义的史学方法。

一、给传统的史学方法以科学的地位

唯物史观本身具有方法论的意义。马克思、恩格斯曾经把他们的理论称作"研究历史的引线""研究历史的指南""进一步研究的出发点和供这种研究使用的方法"等，这都体现了马克思主义历史观的方法论特性。这一点确实具有根本性的意义，如果没有这些建立在唯物史观基本原理上的基本方法，那也就不是马克思主义的史学了。但是，唯物史观的运用也必须与各国、各民族史学研究的具体传统相结合。因此，中国的马克思主义史学必须和中国的传统治史方法相结合，才能真正把中国史学研究的水平提高到一个新的层次。这种结合不仅可以有效提高史学研究的效能，也能够避免在运用唯物史观研究历史过程中的公式主义、教条主义的倾向，使唯物史观真正起到研究的"指南"的作用。

中国是一个史学遗产极其丰厚的国度。这不仅包括三千年来所积累的大量的历史文献和史学工作的遗存，也包括近代以来在史学近代化过程中所有历史学者共同做出的杰出贡献。要充分继承和弘扬史学遗产，为发展中国的马克思主义史学服务，就必须对这些遗产做系统的研究、分析及整理，并且给予它们一个科学、合理的地位。

白寿彝于 1983 年提出关于建设有中国民族特点的马克思主义史学的问题。他指出："我们建设有民族特点的马克思主义史学，必须是在我们过去的历史学的基础上，在我们对过去的史学遗产的总结的基础上来进行工作。"他强调："马克思主义是普遍真理，那是讲它的原理、原则方面。但具体起来，它用于不同的民族、不同的国家，就应该有不同的特点。"[1]白寿彝这里所讲的建设有中国民族特点的马克思主义史学，就是强调要把唯物史观的原理与中国的历史学遗产相结合。

中国马克思主义史学家从来没有排斥或贬低过传统史学家的治史成就，并且认为马克思主义史学家应该以传统史学家的成就为出发点。郭沫若在《中国古代社会研究·自序》中曾经高度赞扬王国维、罗振玉的研究方法，认为王国维的"（'遗书'）外观虽然穿的是一件旧式的花衣补褂，然而所包含的却多是近代的科学内容""他留给我们的是他知识的产品，那好像一座崔嵬的楼阁，在几千年来的旧学的城垒上，灿然放出了一段异样的光辉"；"大抵在目前欲论中国的古学，欲清算中国的古代社会，我们是不能不以罗、王二家之业绩为其出发点了"。[2] 郭沫若在《十批判书》中又指出："关于文献上的辨伪工作，自前清的乾嘉学派以至最近的古史辨派，做得虽然相当透彻，但也不能说已经做到了毫无问题的止境。而时代性的研究更差不多是到近十五年来才开始的。"这就意味着马克思主义的史学家必须沿着前辈学者所开创的路数继续拓展下去。

但是，由于曾长期受到"左"的思潮的影响，对前人史学方法的梳理和研究长期处于缓慢发展的状态，那些非马克思主义史学家的治史成就一直没有得到充分的肯定，甚至一度被当成资产阶级的史学方法而遭到批判和冷遇。人们所期待的"真正"的马克思主义史学方法体系又没有形成，具体表现就是新中国成立后三十年来没有出现过一本史学方法论之类的教材和著作，所以具有中国特色的马克思主义史学始终未能真正形成。

---

① 白寿彝：《关于建设有中国民族特点的马克思主义史学的几个问题》，《白寿彝史学史论集》，中华书局，1999 年版，第 383—384 页。

② 郭沫若：《郭沫若全集·历史编》（第一卷），人民出版社，1982 年版，第 7—8 页。

　　中国马克思主义史学家真正梳理、研究、吸收前人的史学方法还是在 20 世纪 80 年代以后。在解放思想、实事求是思想路线的指引下，中国史学界开始重新思考传统史家在史学研究方法上的成就。白寿彝指出，五四运动以后的一些历史学家，不是运用马克思主义理论研究历史的，但在史学研究工作上，也取得了不少成绩，给我们留下了可贵的史学遗产。"王国维先生、陈寅恪先生、陈垣先生、顾颉刚先生等的成绩都很多，对我们今天的研究工作还是有益的。他们的成就，主要是在历史文献方面，而他们的学风又各不相同。从历史文献学的角度看，陈垣先生做出了一些示范的工作，在目录学方面、在校勘学、在避讳学、在辑佚学、在年代学等方面，都做出了成绩。顾颉刚先生在古书、古史的辨伪上，陈寅恪先生在中外史料的综合利用上，都做出了很好的成绩。"①齐世荣在《杨妃入道之年考读后》一文中，高度赞扬了陈寅恪、陈垣两位先生在考据方面的成就，论述了考据的一般方法，并指出："考据作为治史的一种工具，过去有用，今天还有用。"②

　　当前，无论是乾嘉学派的传统治史方法，还是 20 世纪以来新考据学家们的治史方法，都在现今流行的各种史学史、史学概论的教材和著作中得到了科学的评价。

　　乾嘉学派的治史方法得到了学术界的高度关注，大家普遍认为乾嘉学派的治史方法是在清初学术方法的基础上发展起来的。由于"文字狱"的影响，他们淡化了清初学者在经世致用方面的抱负，但在求实精神方面却继承和发展了清初学者的传统。他们强调"一物不知，以为深耻"，把考据方法扩大到对历史、地理和经史专门著作的辨析上。乾嘉学派在校注旧史、重订旧史、重辑旧史等方面对史学研究方法做出了贡献。近年来出版的各种史学史类的著作都对乾嘉学派的治史方法给予了肯定，如张岂之就曾指出："乾嘉考据学的方法有一定的科学性和有效性，他们运用各种考证方法考证文献，克服了司马迁以来史家依靠个人的学识主观先验地凭事理推测、鉴别史料方法的局限，建构了一套行之有效的操作程序，对于史学的科学化、客观化起了重要推动作用。"③

　　近些年，学术界高度重视王国维、陈寅恪、陈垣、胡适、傅斯年、顾颉

---

①　白寿彝：《谈历史文献学——谈史学遗产答客问之二》，《史学史研究》，1981 年第 2 期。

②　齐世荣：《齐世荣史学文集》，人民出版社，2002 年版，第 388 页。

③　张岂之：《中国近代史学学术史》，中国社会科学出版社，1996 年版，第 192 页。

刚等人的新史学方法，进行了大量的研究，出版了各种著作，不仅总结了他们的学术成就，也梳理了他们的研究方法论。学术界普遍认为：

王国维的史学研究视野开阔，认为研究问题要运用抽象的思辨，采用综括与分析二法，求其原因，定其理法。同时需要具有广博的知识，不仅要有中西历史的基本知识，还要有哲学以及社会学、人类学、神话学、语言学、教育学等方面的知识。他在方法论领域的最大贡献是提出了二重证据法。二重证据法既以地下出土的资料（如甲骨文、金文等）证传世文献，又以文献证甲骨文、金文等资料。他对甲骨卜辞、钟鼎款识、封泥玺印、秦砖汉瓦、石经木简、玉贝古钱、历代权衡、碑刻铭志等都进行过一定的研究。

陈寅恪期望根据传统方法的长处，结合西方学术方法形成新的史学方法。他在新史学方法体系中最大的贡献是主张结合考据和从文化史角度研究学术，开辟了新史学中文化史学的方法途径。他把古往今来的一切文化印迹都作为史料，打破了经史子集的局限，形成了广义的史料。他还重视佛经、道藏、神怪小说、笔记野乘、地志药典等。他不仅利用汉文的书籍进行考证，还能参照各种文字资料进行比较，他懂梵文、巴利文、蒙文、藏文、突厥文、西夏文、波斯文、土耳其文。

陈垣的史学方法论的目标，就是要在全面继承传统史学方法论的基础上，创造新史学的研究方法。他在整理和革新传统考据法方面做出了突出贡献。他在研究中以碑文、郡书、地志、诗文集和语录为主要史料，以正史、稗史、游记、随笔、杂记为辅助史料，并参考类书、档案、世谱、书谱和信札。他重视目录学、校勘学，并且提出"史源学"。他非常重视工具书，创新历史年代学和避讳学，著有《中西回史日历》和《史讳举例》。同时，他不以考据自居，而且重视史事疏解和思想表微。他把讨论文献版本、目录、考订史实真伪的工作看成一切研究的基础，还在这基础上说明史实的发生、发展，并揭示其思想价值。

胡适提出了"整理国故"的主张，并且提出了整理国故的原则和方法。他提出要以"历史的眼光"，"还他一个本来面目"。胡适还具体提出了整理国故的方法。在《中国哲学史大纲》中，他提出把史料区分为原料和副料，认为凡一切社会生活的文献和非文献资料都是史料。在审定史料方面，还提出内考证和外考证的具体程序。在处理史料和史论的关系上，胡适提出了"大胆的假设，小心的求证"的口号。

傅斯年在近代新史学方法体系中的贡献，是他提出了"近代历史学只是史料学"的主张，发展了比较研究法和历史语言研究法。他主张把历史学建设成和生物学、地质学等同样的科学。强调历史研究中自然科学知识和方法的运用，认为地质、地理、考古、生物、气象、天文等学科，无一不为研究历史者提供工具。这就意味着傅斯年明确提出了史学科学化的主张，试图把历史研究建立在严密的史料考辨和形式逻辑之上。

总之，近代学者这种把中国传统史学方法与西方近代科学方法结合，力图使中国史学走上科学化的努力受到了当代学术界的认同与高度重视。有学者在评论 20 世纪中国史学进程中的"乾嘉范式"，亦即"新考据学派"时说："在这个范式下从事考据作业的史料考订派……，身具极其深厚的实证功力，内储取之不尽的旧学资源，矜尚考史但不著史的为学基准，怀抱'为真理而求真理'的治史理念，奉行以小见大、小题大作的作业方式，擅用穷源毕流、竭泽而渔的'清儒家法'，推崇'以事实决事实，决不用后世理论决事实'的致知门径，"①对中国史学的现代化做出了巨大贡献。

这样的认识基础为中国马克思主义史学吸收传统史学在治史方法上的有益成果、建立有中国特色的马克思主义史学方法论体系创造了条件。

二、对传统史学方法的研究与应用

对中国史学遗产的继承问题包括的内容比较多，就史学方法论来说则包括史料的搜集鉴别、历史事实的考证、历史著作的编纂等众多方面。这里，仅以历史事实的考证问题为中心略加论述。

乾嘉学派史学的历史考证方法是中国史学遗产的一个重要方面。白寿彝指出："乾嘉学派的烦琐学风，我们不提倡，它比明清之际那种经世致用的学风，在思想上是倒退的，但在整理历史文献的技术方面是有成就的。我们还是应该吸收过去关于这方面的成果，其中有目录学的、版本学的、校勘学的、辨伪的、辑佚的、注释的等等方面。过去这些工作基本上是就事论事、就书论书的多。把它们组织起来、条理化起来的工作，过去是做得很少的。我们可以先把过去的已有成绩整理出来，使其便于利用。"②

新时期以来，史学工作者对乾嘉以来的史学研究范式的研究高度关注。

---

① 王学典：《20 世纪中国史学评论》，山东人民出版社，2002 年版，第 20—21 页。
② 白寿彝：《白寿彝史学史论集》，中华书局，1999 年版，第 385—386 页。

在各种史学概论和史学方法论的教材中都做了大量介绍，还出版了不少专门研究乾嘉学者在史学方法论上的成就的著作。① 到世纪之交，不仅有了综合研究乾嘉学派史学研究理论和方法的著作，还有研究乾嘉学派史学代表人物（如赵翼、钱大昕、崔述等）的一系列著作。② 如罗炳良对研究乾嘉史学的理论和方法投入了大量的精力，先后出版了《18世纪中国史学的理论成就》《清代乾嘉史学的理论与方法论》《清代乾嘉历史考证学研究》等著作。他从乾嘉史学代表人物、代表著作中钩沉梳理出他们在考证方法上的主要特点，如通过赵翼的《廿二史札记》、钱大昕的《廿二史考异》、王鸣盛的《十七史商榷》、崔述的《考信录》，总结出他们归纳考证、比较考证、辩证考证、溯源考证、会通考证等考史的具体做法，揭示出乾嘉学派在史料考证上带有方法论特点的共同经验，总结出乾嘉学派的"历史考证方法论"，包括归纳演绎考证的方法、比较考证的方法、溯源考证的方法、实事求是考证的方法、参互考证的方法及辩证考证的方法。对乾嘉学派的这些研究，不仅为当代学人学习、运用他们的方法创造了条件，同时也为建立有中国特色的历史学理论体系，做出了自己的贡献。

我们看到，在当代中国史学家所编撰的史学概论、史学方法论一类的著作中，在讲到史学方法特别是史学研究的基本方法时都不可避免地要以乾嘉学者或近代学者的治学方法为基础。如宁可在《史学理论研讨讲义》中讲到史料的考证问题时，特别推崇钱大昕的《廿二史考异》、梁启超的《中国历史研究法》、陈垣的《校勘学释例》、钱穆的《先秦诸子系年》、胡适的《校勘学方法论》和《评论近人考据老子年代的方法》、张舜徽的《中国古代史籍校读法》等讲考证方法的著作，同时还提到王崇武的《论万历征东岛山之战及明清萨尔浒之战》《李如松征东考》，孟森的《清初三大疑案考实》《世祖出家事考实》《世宗入

---

① 如漆永祥著：《乾嘉考据学研究》，中国社会科学出版社，1998年出版；郭康松著：《清代考据学研究》，崇文书局，2001年出版；罗炳良著：《清代乾嘉史学的理论和方法论》，兰州大学出版社，2004年出版；陈祖武、朱彤窗著：《乾嘉学派研究》，河北人民出版社，2005年出版；罗炳良著：《清代乾嘉历史考证学研究》，北京图书馆出版社，2007年出版。

② 如赵兴勤著：《赵翼评传》，南京大学出版社，2002年出版；白兴华著：《赵翼史学新探》，中华书局，2005年出版；方诗铭著：《钱大昕》，上海人民出版社，1996年出版；顾吉辰主编：《钱大昕研究》，华东理工大学出版社，1996年出版；王记录著：《钱大昕的史学思想》，社会科学文献出版社，2004年出版；张涛、邓声国著：《钱大昕评传》，南京大学出版社，2006年出版；邵东方著：《崔述与中国学术史研究》，人民出版社，1998年出版；吴量恺著：《崔述评传》，南京大学出版社，2001年出版；等等。

承大统考实》、陈寅恪的《元白诗笺证稿》等实际的考证作品。在总结前人考证方法的基础上，宁可论述了十一种考证方法，包括本证（内政）、外证（他证）、参证、旁证、反证、默证、理证、孤证、类证、丐证、证伪。这是对传统的考证方法的创造性发展。①

即使 21 世纪最新出版的史学概论著作，也是把历史学的考证问题作为历史学的"基本层面"来看。王学典主编的《史学引论》设专章"历史考证：事实的确定"来论述这个问题，不过，作者已经将中国传统的历史考证方法与西方实证主义史学的考证方法结合起来进行论述了。同时，作者还以王国维、郭沫若、吴晗等史学大家的考证方法为例，提出了考证方法的综合运用问题，如多重证据法、内在和谐原则、演绎推理法、问答逻辑等。

如今，传统史学的治史方法已经成为广大马克思主义史学家从事研究活动的基本技能和素养。

三、对新考据学派方法的创造性应用

对传统的历史考据学方法的研究、总结固然十分重要，但是在治史实践中创造性地运用这些方法则是更重要的事情。

传统的史学考据方法所探讨的对象往往是一些史料或史实上的个别具体问题，现代中国史学家在持续运用传统考据方法研究历史的重大问题上做出了贡献。罗尔纲就是这样一位学者，他生前是中国社会科学院近代史所的研究员，是研究太平天国史的一代宗师，他整理过的太平天国史料都做了仔细的校勘、去伪存真，为太平天国史的研究提供了丰富的史料。他毕生勤于著述，正式出版的著作达到 40 多种。经他手整理的太平天国史料，粗略估计有1200 多万字。原有太平天国史料中谬误之多，历史罕见，不认真进行辨伪、考订，盲目依靠这些材料去研究，对太平天国史的研究就会陷于混乱。罗尔纲从 1930 年代开始就进行太平天国史料的考证工作。当时他立志做一个"清道夫"，即通过对史料的辨伪、考证，为后人研究太平天国的问题创造必要条件。

罗尔纲走上考证并专门研究太平天国的道路是与其老师胡适对他的指导分不开的。胡适教人考证要"大胆的假设，小心的求证"，罗尔纲真正领会了

---

① 参见宁可：《史学理论研讨讲义》，鹭江出版社，2005 年版，第二讲。

这个原则的要领。考信、辨伪是一项非常艰苦的工作，很枯燥，研究者不仅要有能坐冷板凳的精神，还要有"打破砂锅问到底"的执着。吴晗形容罗尔纲的考证方法就像剥笋一样，一层一层地剥，最后把笋心露出来。而且他还不以问题解决到是对还是错为止，他还要进一步考证出出错的原因，所以他的考证结果往往让人心服口服。同时，他还会进一步对他所考证的事物（人物、事件）做出评价。所以，其学术成就不仅仅在于考证方面，他还有许多研究太平天国的著作。1930年代，他写出了《太平天国广西起义史》，20世纪四五十年代出版了《太平天国史稿》，而到晚年又有四卷本的《太平天国史》问世。

罗尔纲在太平天国史料的考证中有一个特别的贡献，那就是辨别李秀成自述的真伪。给李秀成自述做注释并考证其真伪的工作，可以说伴随了他的一生，从1930年代到1990年代他一直在进行。1931年他开始注意到清朝政府根据李秀成自述抄录的《李秀成供》。1944年，广西通志馆派人去湘阴曾家抄录了自述原稿，请罗尔纲做注释。他于1951年出版了《忠王李秀成自传原稿笺证》，后于1957年出版了增订本。此后，又不断修改、补充，完成了《增补李秀成自述原稿注》并于1982年出版。这已花费了他半个世纪的心血。20世纪八九十年代，他还在继续搜集资料，不断有所发现，将新的材料、新的注释及时补充进去。1995年，中国社会科学出版社出版了他的增补本《李秀成自述原稿注》，这是他六十多年严谨治学的成果。

罗尔纲说，他做考证用的方法，是乾嘉学派用的考据方法。这种方法从实际出发，依据证据，实事求是地鉴定史料或史实的真伪，其特征和长处就是务实、严谨和缜密。他强调，在狭隘的范围内，在研究事物的简单的、寻常的关系时，还可以应付；一超出这个界限，需要深入研究事物的本质和内在矛盾，需要把握周围世界的发展时，这种初等的形式逻辑就无能为力了。这就是乾嘉学派考据方法的局限性和片面性。他认为："要解决复杂的问题，就不能遵守乾嘉学派的严格法则，我已经越过局限，对个别事物的互相联系进行解释了。"因此，他得出结论说，要全面地、深入地发掘历史事件的内容，就"非掌握着马克思列宁主义的观点、立场这一个武器不可"①。正是由于他既能够熟练地运用乾嘉学派的考据方法，又能掌握马克思列宁主义的理论，并巧妙地把二者结合起来，才能解决一些深层次的历史问题。

二重证据法是著名学者王国维提出的研究古史的方法。新时期的历史学

---

① 罗尔纲：《太平天国史记载订谬集·自序》，读书·生活·新知三联书店，1955年版，第3—4页。

家创造性地运用二重证据法研究中国古代历史，取得了巨大突破。如苏秉琦利用新中国成立以来的考古新发现，在对中国文明起源问题的研究上做出了巨大贡献。

苏秉琦是一位考古学家，从 1934 年起即从事田野调查、考古发掘工作，新中国成立后在中国社会科学院考古研究所和北京大学从事考古工作。他从事的大量考古工作对揭示中原地区新石器时代仰韶文化和龙山文化的面貌及其类型划分，具有重要的学术价值。他一方面从事实际考古工作，一方面又具有开阔的学术视野和全局观念，善于进行理论思考。特别是 1980 年代以来，他发表的一系列学术论文，就考古学文化的渊源、特征、发展途径等一些问题做了尝试性分析，对中国新石器时代文化的区域分布格局、系统等问题提出了创见，他打破了中华文明起源于黄河流域的单一中心的"摇篮说"，建立了关于中华文明起源具体途径的"三历程""三部曲""三模式"的一整套理论。

1981 年，他发表的《关于考古学文化的区系类型问题》一文，对中国的新石器文化及部分青铜文化做了全局性归纳，提出了著名的"中华文化六大区系"论。把中华文化分为六个区域：陕豫晋邻近地区、山东邻近部分地区、湖北邻近地区、长江下游地区、鄱阳湖—珠江三角洲地区、以长城地带为中心的北方地区。他认为，各个区系都显示出了独立发展的明显脉络，但又是互相影响的。他的这一理论不仅解释了新石器考古文化的差异性，建立起中国考古学文化的谱系，而且展示了中国文明起源的多源性，打破了中华文明从黄河流域单一中心起源的学说。他认为，把黄河中游称作"中华文明的摇篮"并不确切，如果把它称作在中华民族形成过程中起到最重要的凝聚作用的一个熔炉，可能更符合历史的真实。1980 年代中期，辽西地区相继发现了红山文化的祭坛、女神庙、积石冢和绥中到秦皇岛的秦代离宫建筑群等，他根据这些考古新发现提出"中国文明的起源恰似满天星斗"的观点，认为各地、各民族跨入文明门槛的步伐有先有后，同步或不同步，但都以其自身特有的文明组成、丰富了中华文明，都是中华文明的缔造者。

1990 年代以后，苏秉琦又发表了《关于重建中国史前史的思考》等文章，进一步做出了中华文明"多元一统"的宏观概括，指出中国古代文化是"多条线互有交错的网络系统"，"同世界其他文明古国的发展模式不同，多元、一统的格局铸就中华民族经久不衰的生命力"。在《迎接中国考古学的新世纪》一文中他又说道："重建中国古史，是考古学科发展的转折点，是中国历史研究的转折点，甚至也是世界史研究的转折点。"于是，他从考古学领域提出了"古文化、古城、古国、方国、帝国"这样一个有规律的社会历史发展框架。这些宏观上的精辟论述形成了他对中国古史的一个系统的认识，即建立起了中国古史框架，阐明了中国国家起源与发展的特征。

林甘泉是研究中国古代史的学者，他把马克思主义的方法和传统的二重证据法结合起来研究中国封建土地制度问题，做出了出色的成绩。20 世纪 50 年代，林甘泉和侯外庐先生对于土地所有制形式问题进行了讨论。1954 年侯外庐先生提出："中国中古封建是以皇族地主的土地垄断制为主要内容，而土地私有权的法律观念是比较缺乏的。"侯外庐这里所说的"皇族土地所有制"，实际上也就是封建国家土地所有制。侯外庐的观点在史学界引起很大的轰动，有人赞成，也有人反对。1957 年，林甘泉发表了《试论汉代的土地所有制形式》一文，与侯外庐进行商榷。1963 年林甘泉又发表了《中国封建土地所有制的形成》一文，肯定了中国封建社会存在着封建国家土地所有制、封建地主土地所有制和自耕农小土地所有制三种形式，而以封建地主土地所有制占支配地位，此后他就对这种封建土地所有制的形成过程做了进一步的研讨。

林甘泉对中国封建土地所有制的特点及其形成过程的研究在 20 世纪七八十年代有了进一步的深入。他在这一时期的研究主要是实践了王国维的二重证据法，将地下出土文物和历史文献互相印证。例如，1975 年陕西岐山县董家村出土一批周共王时期的青铜器，这些青铜器的铭文就是研究西周土地关系的珍贵资料。《文物》1976 年第 5 期发表了这批青铜器的发掘简报，林甘泉写了《对西周土地关系的几点新认识——读岐山董家村出土铜器铭文》，与简报同时发表。在这批青铜器的《卫盉》《五祀卫鼎》《九祀卫鼎》的铭文中都有关于土地转让的记载，但它们是不是土地自由买卖的证据呢？林甘泉认为，铭文的记载只能说明西周中叶以后，土地私有化的过程已经日益明显，但这种土地交换还带有相互馈赠的性质，而并非属于商业行为的土地交易。

1986 年，林甘泉又发表了《中国古代土地私有化的具体途径》一文，利用出土文物对土地制度史做了进一步的研究。1972 年山东临沂银雀山汉墓发现的竹书《孙子兵法·吴问篇》和《田法》，对说明春秋战国时期土地关系的变动有重要意义。另外，1975 年湖北云梦睡虎地发现的秦简中的《田律》也有对古代土地制度的反映。林甘泉认为，《田法》中所说的"三岁而壹更赋田"，就是指三年更换份地的制度，州、乡的耕地分为上、中、下三等，分别授给各家农民耕种。但从《孙子兵法·吴问篇》的记载中也能看出土地私有化在迅速发展，许多农民家庭实际占有的土地已经超出原有份地的面积，所以"百步为亩"的亩制也被突破了。有的以一百六十步为亩，有的以二百四十步为亩，这些新贵族势力扩大面积，正是适应了土地私有化发展的要求。

正是由于运用了文献资料和地下考古资料相结合的研究方法，使林甘泉的土地制度史的研究向前推进了一大步。1990年，由林甘泉主编的《中国土地制度史》（第一卷）出版，这一研究成果体现了在唯物史观的指导下，史学方法的进步推动了历史研究的深化。

经过三十多年的实践过程，具有中国特色的马克思主义史学体系正在逐步形成，特别是在方法论的继承与创新上有了很大进展。当今史学家在从事史学研究的过程中，除了坚持与唯物史观密切联系的基本史学方法之外，还能够创造性地运用中国传统史学的基本方法，使这些方法的效能得到进一步提升，在史学研究中取得了更大成绩。在唯物史观的指导下，史学家们进一步梳理、挖掘、研究中国传统史学方法，逐渐形成一个系统的中国传统的史学方法论体系，同时认真总结几十年来新史学家们在运用传统史学方法上的实践与创新，并将两者结合起来，对建设有中国特色的史学方法论体系必将产生积极的意义。

（原载于《河北学刊》2011年第5期，收入本书有改动）

关于建构中国特色马克思主义史学的思考

摘要： 2016 年 5 月 17 日，习近平总书记在哲学社会科学工作座谈会上的讲话中提出打造具有中国特色和普遍意义的哲学社会科学学科体系的任务，这其中也包括历史学。建构有中国特色马克思主义史学是史学工作者的共同责任。中国特色马克思主义史学必须坚持马克思主义理论的指导，必须建立马克思主义的史学话语体系，要深刻总结中国史学的优秀遗产，形成中国史学特有的风格、特点。中国特色马克思主义史学必须把世界历史作为自己的研究范围，建立自己的世界史研究体系；必须贯彻"百家争鸣"的方针，鼓励不同学派的争鸣；还要应对来自各方面的挑战，在应对挑战中发展、完善马克思主义史学。

关键词： 中国特色；马克思主义史学；话语体系；百家争鸣；应对挑战

2016 年 5 月 17 日，习近平在哲学社会科学工作座谈会上的讲话中指出："要加快完善对哲学社会科学具有支撑作用的学科，如哲学、历史学、经济学、政治学、法学、社会学、民族学、新闻学、人口学、宗教学、心理学等，打造具有中国特色和普遍意义的学科体系。"这就表明历史学也属于对哲学社会科学具有"支撑作用"的学科，毫无疑问，打造具有中国特色和普遍意义的历史学学科体系是一项非常重要的任务，是每个史学工作者都应关注的问题。

一、中国特色马克思主义史学的理论基础必须是马克思主义

习近平指出："在对待坚持以马克思主义为指导问题上，绝大部分同志认识是清醒的、态度是坚定的。同时，也有一些同志对马克思主义理解不深、理解不透，在运用马克思主义立场、观点、方法上功力不足、高水平成果不多，在建设以马克思主义为指导的学科体系、学术体系、话语体系上功力不足、高水平成果不多。社会上也存在一些模糊甚至错误的认识。有的认为马克思主义已经过时，中国现在搞的不是马克思主义；有的说马克思主义只

是一种意识形态说教，没有学术上的学理性和系统性。实际工作中，在有的领域中马克思主义被边缘化、空泛化、标签化，在一些学科中'失语'、教材中'失踪'、论坛上'失声'。这种状况必须引起我们高度重视。"①习近平指出的这些问题在史学领域也是存在的，同样也是历史学工作者需要高度重视的。

长期以来，总有摆脱、取消、淡化马克思主义对历史研究的指导作用的观点、主张、做法存在。有的人在反思新中国成立以来的史学发展时，不加区分地把新中国成立以来的史学都看作极"左"的政治产物，是教条主义的史学，是意识形态话语体系的产物，实际是在说明马克思主义对历史研究的指导只是起了负面作用；有人通过批评旧的哲学教材对唯物史观的阐释，认为传统唯物史观的理论存在严重的理论缺陷，如果以这种唯物史观做指导，马克思主义史学将难以继续保持在我国史学的主导地位，而只能沦为一个史学流派，因此提出要"超越"唯物史观；有的人由于中国新时期以来工作重点发生转移，不再强调阶级斗争，于是否认马克思主义阶级斗争的理论对于解释人类历史发展的重要意义；还有人在解释历史发展的动力时否定人民群众对历史发展的作用。在一些历史研究的成果中，已经看不到马克思主义对史学的指导作用，也看不到对有关历史发展的规律性问题的探讨。

马克思主义对历史研究的指导作用问题是一个老问题。列宁在 19 世纪末就曾经指出："自从《资本论》问世以来，唯物主义历史观已经不是假设，而是科学地证明了的原理。在我们还没有看见另一种科学地解释某种社会形态（正是社会形态，而不是什么国家或民族甚至阶级等等的生活方式）的活动和发展的尝试以前，没有看见另一种像唯物主义那样能把'有关事实'整理得井然有序，能对某一社会形态作出严格的科学解释并给以生动描绘的尝试以前，唯物主义历史观始终是社会科学的同义词。"②

马克思主义自传入中国以来，获得了一大批历史学家的衷心信服并在研究工作中自觉运用。郭沫若、吕振羽、范文澜、翦伯赞、侯外庐等一大批马克思主义史学家都是终身信奉唯物史观的，他们创立了马克思主义史学中国化的范例。有的历史学家，他们最初并不信奉马克思主义，但他们学习了马克思主义以后，感受到它的魅力以及它在解释历史过程中的作用，从而坚

---

① 习近平：《论党的宣传思想工作》，中央文献出版社，2020 年版，第 221 页。

② 中共中央马克思恩格斯列宁斯大林著作编译局：《列宁专题文集：论辩证唯物主义和历史唯物主义》，人民出版社，2009 年版，第 163 页。

信唯物史观是最科学的、最有效的历史观。何兹全先生是 20 世纪 30 年代北京大学的学生，师从过陶希圣；毕业后留学日本，曾在沙坪坝中央大学历史系和重庆的中央研究院历史语言所工作，直接受傅斯年的指导；40 年代后期又留学美国。这样一个学术背景应该说对他接受马克思主义并不利，但他在回国以后却接受了马克思主义。他晚年时明确地对来访的青年学者说："到目前为止，马克思主义的唯物论、辩证法仍然是观察社会历史最科学、最有力的理论。西方的东西有它进步的地方，但它没有经过辩证法的过滤、提高，这正是中国年轻一代的史学家应该从事的工作。你们应该用辩证法来总结西方的史学思想，这样的话，20 年后，中国的史学思想会超过西方的史学思想。"他真诚地对年轻人说："如果你们对马克思的历史理论、对辩证唯物论接受得还不够，还要多学习学习。"①这样的观察与思考，这样亲切真诚的教诲，反映了老一代史学家对马克思主义的坚守。

中国马克思主义史学发展的历史证明，我们今天之所以要坚持以马克思主义来指导历史学研究，正是因为它是一种科学的理论、一种完整的世界观，至今没有任何其他的理论可以超越它。列宁曾经指出："沿着马克思的理论的道路前进，我们将愈来愈接近客观真理（但决不会穷尽它）；而沿着任何其他的道路前进，除了混乱和谬误之外，我们什么也得不到。"②今天依然是这样。当然，由于百年来的情况十分复杂，我们一定要分清哪些是必须长期坚持的马克思主义基本原理，哪些是需要结合新的实际加以丰富、发展的理论判断；哪些是必须破除的对马克思主义的教条式的理解，哪些是必须澄清的附加在马克思主义名下的错误观点。我们要用科学的态度对待马克思主义，用发展着的马克思主义指导新的实践。

二、总结中国马克思主义史学诞生以来的学术理念和方法，形成中国特色马克思主义史学话语体系

当代中国马克思主义史学话语体系的建设，是建构中国特色马克思史学的核心问题。中外史学发展的历史表明，每一个时代的史学，每一个思想体

---

① 邹兆辰：《我的人生与治学之路——访何兹全教授》，《变革时代的学问人生：对话当代历史学家》，首都师范大学出版社，2011 年版，第 23 页。

② 中共中央马克思恩格斯列宁斯大林著作编译局：《列宁专题文集：论辩证唯物主义和历史唯物主义》，人民出版社，2009 年版，第 50 页。

系下发展起来的史学，每一个民族或国家的思想传统下形成的史学，都会有自己独特的话语体系。这个体系不是先验的，而是在众多的史学家的努力下，经过时代思想、理论、观念、方法的不断冲刷、提炼而逐步形成的。古代希腊罗马史学的话语体系与西方中世纪史学的话语体系不同；同样，中国马克思主义史学的话语体系与中国进化论思想、实证主义思想影响下的史学话语体系也不同。每一种话语体系都有自己的形成、发展、凝结、更新的过程。

李大钊是最早主张用马克思主义来指导史学研究的学者，他最早指出了马克思的唯物史观与历史学可以上升到科学地位："马克思所以主张以经济为中心考察社会的变革的原故，因为经济关系能如自然科学发见因果律。这样子遂把历史学提到科学的地位。……与吾人以一个整个的活泼泼的历史的观念，是吾人不能不感谢马克思的。"①这里，李大钊把马克思的唯物史观和历史学上升到科学的问题联系在一起，从本质上揭示了马克思主义历史学的特点。李大钊认为，研究历史的任务一是"整理事实，寻找它的真确的证据"；二是"理解事实，寻出它的进步的真理"。这里，"整理事实"，可以用各派历史学家共同认可的有效方法；而"理解事实"，进一步解释事实，就要靠各派历史学家自己的话语体系了。

史学的话语体系既然是一种"体系"，就不会是简单的一种观点、一种概念、一种方法。核心内容是其历史观，如马克思主义史学话语体系的核心是马克思主义的历史观。此外，还应该包括解释历史、说明历史的主要的理论、观点、概念、侧重点以及研究方法，等等。这种话语体系往往会在一些大型的史学编纂工程中运用和体现出来，如马克思主义史学家范文澜1940年主持编写了著名的《中国通史简编》。新中国成立以后，范文澜修订了这部通史，使其成为多卷本的中国通史。从1954年到1963年，他不断修改这部通史的"绪言"，使之成为这部通史编撰的指导思想。他在"绪言"中提出此通史的编撰坚持"劳动人民是历史的主人""阶级斗争论是研究历史的基本线索""封建社会开始于西周"等观点。这从一定程度上反映出20世纪40—60年代中国马克思主义史学的话语体系的基本内容。

改革开放以后，白寿彝主持编撰大型的中国通史，从20世纪70年代末开始酝酿，到90年代末全部出齐。参加编撰的学者有几百人，这么大型的史学编纂工程必须要有一个共同的指导思想，也就是话语体系。1989年率先出

---

① 李大钊：《史学要论》，《李大钊全集》（第四卷），人民出版社，2006年版，第402页。

版的《中国通史·导论》涉及 9 个方面的内容，即统一的多民族的历史；历史发展的地理条件；人的因素，科学技术和社会生产力；生产关系和阶级关系；国家和法；社会意识形态；历史理论和历史文献；史书体裁和历史文学；中国与世界。在最初讨论《导论》的提纲时，曾经涉及 12 个方面、346 个问题，经过整理和归纳形成了最终的 9 个方面。这说明话语体系的形成要经过一番讨论、筛选、提炼和归纳，最终形成一些要着重说明的问题。

改革开放以来，中国学者在自己的世界史研究中，在批判"欧美中心论"的基础上提出了自己的话语体系。如吴于廑的"世界史宏观理论"提出：世界历史这一学科的主要内容是"对人类历史自原始、孤立、分散的人群发展为全世界成一密切联系整体的过程进行系统探讨和阐述。世界历史学科的主要任务是以世界全局的观点，综合考察各地区、各国、各民族的历史，运用相关学科如文化人类学、考古学的成果，研究和阐明人类历史的演变，揭示演变的规律和趋向。"[1]他认为，人类历史发展为世界历史，经历了纵向发展和横向发展漫长的过程。纵向发展，"是指人类物质生产史上不同生产方式的演变和由此引起的不同社会形态的更迭。"而横向发展，"是指历史由各地区间的相互闭塞到逐步开放，由彼此分散到逐步联系密切，终于发展成为整体的世界历史这一客观过程而言的。"[2]历史正是在不断地纵向、横向发展中，在越来越大的程度上成为世界历史。

中国马克思主义史学的话语体系的形成是一个历史过程，会随着史学研究的不断发展而充实、完善自己的内容。21 世纪，中国马克思主义史学将总结自己的发展历程，汲取其中优秀的思想成果，顺应时代的发展和学术的发展，形成自己崭新的话语体系。

三、必须从中国丰富的史学遗产中吸取营养，使这个史学体系更具有中国特点

中国特色马克思主义史学体系最显著的特点是具有民族的特点。这个民族特点是中国史学在三千年来的史学发展的实践中逐渐积累、升华出来的，这是中国史学遗产的作用。

---

① 吴于廑、齐世荣：《世界史·总序》，高等教育出版社，2001 年版，第 4 页。

② 吴于廑、齐世荣：《世界史·总序》，高等教育出版社，2001 年版，第 12 页。

白寿彝指出："我们建设有民族特点的马克思主义史学，必须是在我们过去的历史学的基础上，在我们对过去的史学遗产的总结的基础上来进行工作。"他说："马克思主义没传入中国以前，中国历史学不可能有一个历史唯物主义的思想体系，这是没有问题的。但这并不等于说，我们过去没有正确的历史观点。""尽管过去人没有历史唯物主义的思想体系，但有好多正确思想，我们还是应该发掘，应该阐述，应该发展，从而丰富我们的史学思想。"①

在历史理论方面，我们可以从历史学遗产中找到很多可以借鉴的内容，而在史学理论方面我们则可以从史学遗产中得到更多的启示。如中国传统史学所具有的求"通"的特点，应该在中国特色马克思主义史学中得到很好的继承和发扬。司马迁讲的"究天人之际，通古今之变，成一家之言"是中国历代史家所向往的最高境界。出于这种对"通"的追求，中国史学史上出现了一批求"通"的大家。在司马迁的影响下，唐代有杜佑的《通典》，宋代有郑樵的《通志》，元代有马端临的《文献通考》，世称"三通"，都体现了古代史家求"通"的志向。如果把这"三通"加上刘知几的《史通》、司马光的《资治通鉴》、章学诚的《文史通义》合为"六通"，就更加彰显出中国史学的求"通"精神。中国特色马克思主义史学必须继承这种精神，不仅要通上下古今、中国与周边，与世界也要通；不仅从历史学的视角要通，在与其他社会科学、考古学、文字学甚至自然科学相关联的视角上也要通。再如，中国史学遗产中有"以史为鉴"的传统，讲求"见盛观衰""稽其成败兴坏之理""鉴前世之兴衰，考当今之得失"。历代的史家都把经世致用作为研究和撰写史书的重要原则。新中国成立以后，毛泽东提出"古为今用"的方针，这些依然应该是今后中国特色马克思主义史学必须继承的传统。史学不能"经世"，不能为当今的经济、政治、思想和文化建设服务，这样的史学是没有前途的。

中国史学在三千年来的发展过程中，形成了一个史家培养自身必备素养的标准，即"史德""史学""史才""史识"。从刘知几到章学诚再到梁启超，对此都做过精辟的论述，可见这些标准在中国史学家中已经形成了共识，并且以这些标准来衡量、检验自身的史学工作。这是中国优秀的史学遗产中最具有应用价值的判断标准。这些标准无疑对今天建构中国特色马克思主义史学仍然具有现实意义。

---

① 白寿彝：《关于建设有中国民族特点的马克思主义史学的几个问题》，《中国史学史论集》，中华书局，1999年版，第383—385页。

中国传统史学讲求"秉笔直书",这不仅是对史学家的道德的要求,也是对历史撰写的实际操作的要求。南史氏和董狐成为中国史家追求直笔精神的先祖。清代乾嘉考证学家提出的"实事求是"考史理念,就是讲考证学家要以记载和考证历代典制与事迹的真实为己任,然后写出尊重真实事实的信史。这种学风为传统史学向近代新史学的转变奠定了基础,对中国近现代史学产生了极其深远的影响。在今天,我们建构中国特色马克思主义史学仍然不能放弃这种精神。

中国史学在长期的发展过程中形成了丰富的体裁形式,从纪传体到编年体,从典制体到纪事本末体,到现当代又出现了综合体。当然,这些体裁的运用不排斥来自西方的章节体。历史研究的内容是丰富多彩的,史书撰写的形式也应该是多种多样的,这应该成为中国特色马克思主义史学的一个特征。

中国史学在阐述历史内容时,在表述形式、表述风格方面也有自己的特点,中国特色马克思主义史学也应该保持自己的特点,突出自己民族的风格,不应为了去和国际"接轨"而使中国史学成为西方史学的中国版。比如中国史学著述在阐述理论问题时,往往是"未尝离事而言理",虽然思辨色彩不突出,但是这样会使读者感到亲切,这是中国史学有别于西方史学的一个特点,即言简意赅、平实易懂。

四、中国特色马克思主义史学必须站在世界史学的高度, 吸收国外史学的丰富成果,建立中国的世界史研究体系

中国特色马克思主义史学承担着"究天人之际,通古今之变"的使命,不仅弘扬中国传统史学的积极内容,而且有其特定的时代特征和具体的历史内容。它不仅为了解和研究中国的前天、昨天和今天服务,它的视角也扩展到整个世界。有学者提出:"今天,中国和世界的联系密不可分,中国已不再是处于世界体系边缘的旁观者,也不再是国际秩序被动的接受者,而是积极的参与者和建设者。抗日战争胜利和新中国成立后,中国洗雪国家耻辱、恢复民族自信,自强自立于世界民族之林,从当今世界发生的任何重大事件中都不难看到中国直接或间接的影响。中国作为影响现代世界历史进程的重要力

量之一，必须对现代世界有真切的了解。"①要了解世界的今天，也必须了解世界的昨天。正如习近平在给第二十二届国际历史科学大会的贺信中所说："今天世界遇到的很多事情可以在历史中找到影子，历史上发生的很多事情也可以作为今天的镜鉴。重视历史、研究历史、借鉴历史，可以给人类带来很多了解昨天、把握今天、开创明天的智慧。"他说："历史是人类最好的老师。"②因此，我们建构中国特色马克思主义史学的目的和研究的对象，不仅是指中国的历史，也包括世界的历史。它既具有中国特色，又具有世界的眼光。

首先，中国特色马克思主义史学在考察世界历史、阐释世界历史时必须坚持自己的思想武器和话语体系。我们应该有选择地汲取外国史学的优秀成果为我所用，但不能不加分析地照抄照搬西方的史学理论，更不能放弃自己的理论体系和话语体系去与西方"接轨"，使我们的学术研究受制于人，丧失起码的学术尊严和民族自信。习近平指出：我们"要开门搞研究"，"对人类创造的有益的理论观点和学术成果，我们应该吸收借鉴，但不能把一种理论观点和学术成果当成'唯一准则'，不能企图用一种模式来改造整个世界，否则就容易滑入机械论的泥坑。一些理论观点和学术成果可以用来说明一些国家和民族的发展历程，在一定地域和历史文化中具有合理性，但如果硬要把它们套在各国各民族头上、用它们来对人类生活进行格式化，并以此为裁判，那就是荒谬的了。"③

其次，中国的史学工作者要更多地关注人类的命运、国际形势的变迁，从历史的视角阐释这种变迁。当今世界正在发生复杂、深刻的变化。世界多极化、经济全球化深入发展，文化多样化、社会信息化持续推进，科技革命孕育新的突破。同时，我们也要看到世界很不安宁。国际金融危机影响深远，全球发展不平衡加剧，霸权主义、新干涉主义有所抬头，全球性的问题日益突出。习近平在中共十八大以后，明确提出"人类命运共同体"的问题。他多次指出：国际社会日益成为一个你中有我、我中有你的"命运共同体"，面对世界经济的复杂形势和全球性问题，任何国家都不可能独善其身。"人类命运共同体"成为近年来中国政府反复强调的关于人类社会的新理念。人类命运共

---

① 于沛：《铭记历史，开创未来——学习"习近平致第二十二届国际历史科学大会的贺信"札记》，《史学理论研究》，2015 年第 4 期。

② 中共中央党史和文献研究院：《习近平书信选集》（第一卷），中央文献出版社，2022 年版，第61 页。

③ 中共中央党史和文献研究院：《论党的宣传思想工作》，中央文献出版社，2020 年版，第229 页。

同体超越种族、文化、国家与意识形态的界限，为思考人类未来提供了全新的视角。习近平曾经说过："历史是最好的教科书，也是最好的清醒剂。"只有清醒地认识到机遇和挑战并存的国际国内现实，才能够激发起我国学者研究世界历史的热情和责任感。比如从 2000 年起商务印书馆陆续出版了彭树智主编的 13 卷本《中东国家通史》，这是我国出版的第一部中东国家通史。这对国内史学来说是我国世界史学科的一项重大成果；对国际史坛来说，这体现了中国特色马克思主义史学坚持自己的话语体系，是对"西方中心论"的有力批判。又如中国社会科学院和一些高校的世界史学者经过近 10 年的艰苦努力，完成了多卷本的《世界历史》。这是一部专题研究与编年相结合的通史著作，包括理论和方法、经济发展、政治制度、民族与宗教、战争与和平、国际关系、思想文化、中国与世界 8 卷，科学地回答了人类历史发展过程中的一系列重大理论问题，揭示了人类历史不可逆转的进步趋势，也在此基础上概括了人类历史发展的一般规律和特殊规律。该书还广泛使用了跨学科的研究方法，汲取哲学社会科学相关学科的理论和方法，表现出当代中国世界史学者在马克思主义的指导下对世界历史的独特理解，是中国学者对世界历史的一个新的探索，也是对世界历史阐述的一个创新。

最后，中国特色马克思主义史学应该善于从国外史学理论和方法的积极成果中吸取营养，丰富和提高我们自己的研究手段。改革开放以来，国外史学中的新学理不断被介绍到中国，如法国年鉴学派的史学理念就受到中国史学工作者的极大关注；问题意识、长时段、比较方法、社会史、心态史等对中国学者也有很大启发。中国特色马克思主义史学不应该是封闭的，应该积极参与和国际史坛的交流对话，争取在各国学者共同关心的史学课题上有自己的发言权。

五、在"百花齐放，百家争鸣"的学术氛围中发展中国特色马克思主义史学

繁荣和发展中国特色马克思主义史学，必须坚持"百花齐放，百家争鸣"这一我们党繁荣和发展社会主义科学和文化事业的重要指导方针。1956 年 4 月 28 日，毛泽东在中共中央政治局扩大会议上说："艺术问题上百花齐放，学术问题上百家争鸣，我看应该成为我们的方针。"同年 5 月 2 日，毛泽东在最高国务会议第七次会议的总结讲话中说："百家争鸣，是说春秋战国时代，

二千年以前那个时候，有许多学派，诸子百家，大家自由争论。现在我们也需要这个。"①新中国成立几十年来，"百花齐放，百家争鸣"的方针对促进哲学社会科学的繁荣发展起到了重要的作用，这是大家有目共睹的事实。

在建设中国特色社会主义文化事业中，同样需要学派、呼唤学派。2004年12月23日，习近平在浙江省社科联第五次代表大会上的讲话中说道："浙江历史上出大师、出传世之作，将来也完全有可能出大师、出传世之作，出现以大师为统帅的学科学派，提高浙江哲学社会科学在全国乃至世界的影响力，提高浙江的文化软实力。"②"以大师为统帅的学科学派"是推动哲学社会科学发展的重要力量。历史上如此，今天依然如此。

今天，马克思主义史学内部是不是可以有学派？长期以来对这个问题缺乏讨论。有人认为马克思主义史学内部不应该有学派，在他们看来，1949年以来的学术史是学术思想与国家意识形态高度统一的，无论哲学、史学或一切社会科学，都不可能有所谓独立学派的产生。其实，在马克思主义史学内部，由于研究理念、研究路径、研究方法、研究风格上的差异，形成学派是很自然的事情。如侯外庐学派把思想史的研究与社会史的研究结合起来，开辟了一条思想史研究的新路径。又如中国政治思想史研究中的王权主义学派或刘泽华学派在中国古代政治思想史研究中开拓了一系列重要领域，如政治哲学、政治文化、政治文明、政治思维方式、思想与社会互动等。再如当代中国史学史研究中的白寿彝学派高度重视中国古代优秀的史学遗产，主张在继承和弘扬这些史学遗产的基础上建立有民族特点的史学。

笔者认为，在当代社会科学的学术研究中，强调学派意识对于推进学术研究是有好处的。承认学派的存在，鼓励不同学派的学者在平等对话的基础上开展争鸣，这不仅有利于发挥领军人物的学术理念的积极作用，并且能够不断推动学术的创新与发展，对于建构中国特色马克思主义史学是有积极意义的。

当前，中国史学的发展已经形成了一个结构比较齐全的学科体系。在史学领域里已经有了中国史、世界史、考古学这样三个一级学科，在这三个一级学科之下的二、三级学科也在逐渐完善，这个体系对于学术的发展非常重

---

① 中共中央文献研究室：《毛泽东文艺论集》，中央文献出版社，2002年版，第143页。

② 习近平：《干在实处 走在前列——推进浙江新发展的思考与实践》，中共中央党校出版社，2006年版，第315页。

要，如专业设置、课程设置、人才培养、资金投入等方面都要依托这个学科体系。但是，仍然有一些新兴学科、交叉学科很难在这个学科体系中找到自己的位置，这就在很大程度上限制了这些学科的发展。事实上，改革开放以来有些新型学科、交叉学科的发展恰恰是史学发展的亮点，但是没有得到充分的重视。因此，需要完善这个学科体系，补齐短板，使史学得到健康、蓬勃的发展。

六、中国特色马克思主义史学必须面向今天的社会实际，主动应对来自各方的挑战

我们所说的要应对的挑战，大体上包括两种：一种是学术性的挑战，另一种是非学术性的挑战。

2016 年春节前后，笔者对北京师范大学资深教授刘家和先生进行了一次访谈，主要谈学术发展与应对挑战的问题。他认为回应挑战与学术创新、学术发展有着密切关系。"人类历史就是在不断回应各种各样的挑战而逐渐创新中发展起来的。学术研究是人类生活中的一个重要部分，也需要积极发现并回应挑战，在克服困难中前进。"他说："我是把回应挑战当作学术能否创新的关键问题。这里我所说的挑战，是就其深层意义而言的，不仅是指人家向我们发起的挑战，而且更为重要或者说更深层次的，是我们必须能够自己向自己提出挑战。"他谈到了他是如何从黑格尔在《历史哲学》中关于"以史为鉴"的一段话中产生回应挑战的意识的。1959 年，他在读黑格尔的《历史哲学》时，其中有一句话引起他的思考——"人们惯以历史经验的教训，特别介绍给各君主、各政治家、各民族国家。但是经验和历史所昭示我们的，却是各民族和各政府没有从历史方面学到什么，也没有依据历史上演绎出来的法则行事"。刘家和说："这是不是对于'以史为鉴'的直接挑战呢？他的话并非不值一驳，不理不行。问题在于如何回应……"他觉得黑格尔那一段话里有合理之处，也有其自身的问题。刘家和指出，黑格尔认为对于历史教训人们有自己的选择自由，这话的确不错。在殷商、秦、隋等王朝因不接受历史教训而灭亡的同时，还有，周、汉、唐等王朝因乐于接受历史教训而兴起。怎么能说没有人接受了历史的经验教训呢？所以，黑格尔在这里犯了以偏概全的错误。因为讨论还在经验的层面，所以黑格尔是在经验分析论证中犯了片面性的错误。刘家和是从 1959 年开始读黑格尔的著作的，到 2010 年才把他的观点正式发

表出来，这中间经过了约50年的思考。他认为，中国人完全可以站在理论思维的高度与西方学术大师进行对话。这种对话是平等的、富有理论性的、富有启发意义和建设意义的。他的文章在理论上回应了黑格尔对于"以史为鉴"的挑战。他说："如果不回应，'以史为鉴'的理论就会彻底被颠覆，我们中华民族几千年的文明史也就这样被颠覆了。回应这个挑战应该是我们中国史学工作者担负的神圣使命！"①刘家和这种敢于面对权威、积极应对挑战的精神是值得中国年轻一代学者学习的。如果我们认真思考，类似于黑格尔这样的西方学者提出的一些值得我们回应的问题确实很多，如果我们能够善于发现这些挑战，并能积极应对，这对中国特色马克思主义史学的发展肯定是有积极作用的。

在中国特色马克思主义史学面前，另一类要特别注意的是来自历史虚无主义的挑战。这种挑战有时也打着"学术"的旗号，从国际共产主义运动的历史到中国新民主主义革命的历史，从中国的社会主义革命和建设到改革开放以来的历史，几乎都遭到它的攻击和否定。对于一些正面历史人物，从马克思列宁主义的创始人到我们党和国家的领导人，甚至革命烈士、英雄模范、民族英雄，遭到污蔑和丑化；相反，一些反面人物却被美化、翻案。针对历史虚无主义的本质和危害，习近平曾指出："古人说：'灭人之国，必先去其史。'国内外敌对势力往往就是拿中国革命史、新中国历史来做文章，竭尽攻击、丑化、污蔑之能事，根本目的就是要搞乱人心，煽动推翻中国共产党的领导和我国社会主义制度。"②因此，我们要认识当前意识形态领域斗争的复杂性、长期性，增强同历史虚无主义斗争的坚定性、自觉性。同历史虚无主义思潮的斗争，不可能一两个回合就能胜利，必须有长期斗争的打算。同时，在同历史虚无主义思潮的斗争中，要不断完善以马克思主义为指导的、具有中国民族特点并为广大群众喜闻乐见的新史学。这是中国特色马克思主义史学工作者义不容辞的责任。

中国特色马克思主义史学要发展就必须应对来自各方面的挑战。上述两种挑战，不论哪一种都是要认真对待的，如果我们不去回应这些挑战，就等于默认其是正确的、合理的、符合客观事实的，而回应这些挑战，绝非简单

---

① 邹兆辰：《再谈挑战——访刘家和教授》，《中国史研究动态》，2016年第3期。
② 中共中央文献研究室：《十八大以来重要文献选编（上）》，中央文献出版社，2014年版，第113页。

地扣几个"帽子"就可以解决。刘家和回应黑格尔的挑战用了近50年的时间来思考、准备，而这个过程也是发展理论、创新理论的过程。中国特色马克思主义史学必须能够经受并积极回应各种挑战，才能使自己的理论体系更加系统、完善，使自己的学术研究成果的科学性达到更高的水平，同时具有更强的说服力、战斗力。

（原载于《当代中国史研究》2016年第6期，收入本书有改动）

史学批评与史学话语体系的构建

摘要： 20 世纪 80 年代中期以来，在中国古代史学理论的研究中，逐渐开拓出一个崭新而独特的领域——中国古代史学批评。从筚路蓝缕到收获硕果，瞿林东先生做出了突出的贡献。他所主编的《中国古代史学批评史》(7 卷本) 也已经出版。学者们从中国古代史学批评在史学发展中的作用、中国古代史学批评与传统史学理论的关系等方面探讨了史学批评的内在价值、研究方法和中国特色等。本文对中国古代史学批评与史学话语体系建构的关系发表了意见，以深化对该问题的讨论。

关键词： 中国古代史学；史学批评；史学话语体系

史学批评是伴随史学发展过程出现的普遍现象。历代史家根据当时社会和学术发展的需要，在继承前人的著史理念、体例、方法进行史学撰述时，往往还会对前代学人的著作进行整体的或局部的评论，提出或褒或贬，或有褒有贬的论述。也有少数史学评论家从史学发展的整体角度对前人的历史著述进行总结性评论，并提出一些问题。这种现象一直贯穿在中国史学发展史中，但长期以来史学史并没有形成一个学科，缺乏对史学批评现象进行系统性的总结、研讨，直到改革开放以来的新时期，由于史学史学科的发展，当代中国史学家才对古代史学批评进行学理性的探讨。

发现并提出史学批评的问题，需要对中国史学发展有系统而深入的研讨，对史学史有深厚的学识积累，还需要有敏锐的学术反思精神，能够对史学批评的各种现象进行理论性的思考。瞿林东先生从 1964 年起跟随白寿彝先生研读中国古代史学史，在教学科研实践中从集中关注唐代史学扩展到关注整个中国古代史学，撰写了通贯性的中国史学史著作。在长期读史过程中，深刻地察觉到中国史学史上这样一种批评现象，他强烈感受到这种批评现象是推动中国古代史学发展的一种动力，有必要认真加以梳理，于是他以"史学批评"的名目，开始对其进行持续、系统的研究。从 1991 年 1 月起，他在《文史知识》上开辟了"中国古代史学批评"的专栏，连续发表系列文章，并于 1994

年结集成书——《中国古代史学批评纵横》，由中华书局出版。此后 20 年里，他始终致力于对中国古代史学批评问题的探索，陆续发表了一系列重要论述，2016 年由重庆出版社出版了他的《中国古代史学批评纵横（增订本）》。2017 年北京师范大学出版社出版了《瞿林东文集》（第二卷），即《中国古代史学批评纵横》（外一种），其中的几十篇文章也都在不同层次上涉及史学批评问题。此外，瞿林东先生 2016 年起主持的教育部重大项目"中国古代史学批评研究"已经结题，近日推出多卷本《中国古代史学批评研究》，将把对于中国古代史学批评的研究推向新的高潮。瞿先生开创的中国古代史学批评的研究成为中国古代史学史研究的新的重要领域，同时这一研究也推动了史学理论问题研究的深入，成为促进史学理论与史学史学科发展的学术增长点。

只要仔细阅读瞿先生有关史学批评问题的系列论述，我们不难发现，提出史学批评这一视角，并且由此展开对中国古代史学史的新的研究，具有重大的学术价值，具体表现为以下几个方面。

第一，有关史学批评的研究揭示出了中国古代史学中的史学批评这一现象，抓住对史学发展中具有影响力的一些关键点进行了新的探索。于是这样一部贯穿史学批评的史学史就成了在撰史理念与方法方面相互关联、继承、发展，同时又存在不同意见的活生生的学术发展史。

汉代史学家司马迁开创了纪传体史学著作的先例，写出了名垂千古的史著《史记》，其书中就涉及了对《春秋》的高度评价。而司马迁的著作到了东汉时，史家班彪、班固父子就以他们的标准批评了《史记》的缺陷。班彪指出，"迁之所记，从汉元至武以绝，则其功也"；但他又批评说，"至于采经撰传，分散百家之事，甚多疏略，不如其本，务欲以多闻广载为功，论议浅而不笃"①。他的儿子班固也批评说："其是非颇缪于圣人，论大道则先黄老而后六经，序游侠则退处士而进奸雄，述货殖则崇势利而羞贱贫，此其所蔽也。"②但同时他们父子又称赞司马迁"善述序事理，辩而不华，质而不野，文质相称，盖良史之才也"（班彪）；"善序事理，辨而不华，质而不俚，其文直，其事核，不虚美，不隐恶，故谓之实录"（班固）。而且，他们父子都有继承司马迁的事业继续编纂汉代史书的志向。《汉书》就是班固继承《史记》的体例完成的首部断代史著作，也可以将它看成在史学批评基础上对史书编撰的创新。

---

① 范晔：《后汉书》卷 40 上《班固传》，中华书局，1965 年版，第 1325 页。
② 班固：《汉书》卷 62《司马迁传》，中华书局，1962 年版，第 2738 页。

再仔细观察，这种史学批评现象确实贯穿在整个史学史中。唐宋时期是中国史学的繁荣发展时期，也是史学批评发展的新时期。唐代产生了对中国史学发展进行全面总结、反思的著作——刘知几的《史通》，反映了史学批评的新水平。宋代出现了欧阳修、宋祁主编的《新唐书》，它本身就是对五代后晋时期由刘昫主持编纂的《旧唐书》的一种否定。因为《旧唐书》"芜杂不精"，从此很少流传。但《新唐书》不久也遭到批评。宋代出现了吴缜的《新唐书纠谬》，此书针对《新唐书》存在的问题提出了事实失实、事有可疑、自相违舛等20类460条问题。而且，吴缜还提出了作史的三原则：事实、褒贬、文采。不过吴缜的《新唐书纠谬》到了清代也受到了乾嘉学者的不同声音的批评，比如钱大昕批评它于地理、官制、小学等方面多有未达。

总之，瞿林东先生的史学批评论著给我们勾勒出中国古代史学批评的生动全貌，它赋予中国史学史一种新的生命力，这样史学史不再是单纯依赖历史文献对过去历史著作做僵死的叙述，它"活"了起来，在史学批评中发展起来并变得生机勃勃。

第二，瞿林东先生关于史学批评问题的各种论述涉及内容非常广泛，涵盖了史学史的诸多问题，并且形成了体系，初步构成了一个史学批评的范畴。他的一系列文章揭示了在中国古代史学发展史上，有关作史宗旨、史学功用、治史方法、史书编纂、史家修养等一系列范畴，它们大多是在史学批评中酝酿和提出的，如良史，信史，直笔、曲笔，会通、断代，叙事，史论，论史，史法，史意，史才、史学、史识、史德，体裁、体例，书法，事实、褒贬、文采等。他曾说过："从史学自身的意义上说，甚至可以认为，中国古代史学批评史造就了中国古代史学理论。"[1]我们可以公正地说，自从有了史学批评问题的探讨，中国古代史学理论和方法的研究大大地活跃起来。

第三，史学批评的研究使当代史学工作者与古代史家有了对话的条件，通过这种对话可以延续中国史学的优良传统，在史学批评中推动当代史学的发展。

历史本身就是历史学家与历史事实之间连续不断地相互作用的过程，是现在与过去之间的不断的对话。史学史不应是已经终结的史学的历史，当今的史学家在参与这场对话的过程中，不仅可以认识过去的史学现象，也可以起到推进当代史学发展的作用。我们看到"中国古代史学批评纵横"这一命题

---

① 瞿林东：《史学批评怎样促进史学发展》，《人文杂志》，2016年第10期。

本身就包括与古人对话的意思，其中也包括对史学批评者们的观点的质疑与批评，除了肯定他们正确的批评外，也指出他们的批评有欠公正之处或观点有局限之处。例如，瞿林东《关于章学诚史学批评的一点批评》一文就是关于这种对话的一篇代表作。他指出，章学诚因在史学理论领域有多方面"颇有新意"的论述，成为中国古代史学理论的总结者，章学诚的这种学术地位并不会因其学说有逻辑上的瑕疵和思想上的局限而有所改变。但是，我们过去研读《文史通义》，比较关注它在某一具体方面的精辟论述并为之赞叹，而较少考察它在这一方面的论述同另一方面的论述是否协调，是否完全符合逻辑。例如在这篇文章中，瞿林东对章学诚所说"唐、宋至今，积学之士，不过史纂、史考、史例；能文之士，不过史选、史评。古人所为史学，则未之闻矣"的观点提出质疑。在章学诚看来，只有像司马迁、班固那样，继承"《春秋》家学"的史著才堪称"史学"。如此看来，司马光的《资治通鉴》、袁枢的《通鉴纪事本末》、郑樵的《通志》等历史著作，还达不到"史学"的标准。瞿先生还认为，章学诚提出的"六经皆史"是一个积极的论断，多得后人赞许。但他在讨论历代史学发展时，多以"六经"为准则，史学演变的结果也都以回归"六经"为至善。这样一来，章学诚对于史学的许多论述就不能自觉地按发展、进步的观点进一步展开，而囿于"六经"的范围。

第四，史学批评问题的提出虽然是在史学史的范畴内，但其影响力不仅在于史学史，而是涉及整个史学研究。因为史学批评的问题涉及治史宗旨、编纂原则、编纂体例、治史方法、史家修养等一系列问题，它所提出的原则、理念、方法，不仅是古代史家要考虑的问题，对于今天的史学研究仍然具有重要的参考、借鉴价值。

当前，为了发展具有新时代中国特色的历史学，必须在加强史学的学科体系、学术体系、话语体系的建设上做更多的工作。在建构具有中国特色的史学话语体系方面，我们的历史研究必须大力倡导采用具有中国文化传统、语言风格的概念和术语。当然，我们也要吸收西方史学的有益学术成果作为借鉴和参考，丰富我们自己史学的话语体系，但我们不可能照抄、照搬西方史学的话语体系，也没有一个完整的话语体系可以供我们利用。因此在这个过程中，上面提到的中国古代史学批评范畴所运用的一些概念、术语可以在构建中国史学的话语体系中发挥积极的作用。

首先，史学批评范畴所产生的概念、术语不是后人空想出来的，也不是外国学术概念的翻版，它们来自中国重要的史家、史著，有着深厚的学术底蕴。

比如"良史"说，不仅出现早，而且延续到整个史学史中。最初出自孔子说董狐"古之良史也，书法不隐"①；后来，班彪说司马迁《史记》"善述序事理，辩而不华，质而不野，文质相称，盖良史之才也"②；班固说司马迁"自刘向、扬雄博极群书，皆称迁有良史之才"③。又如"史学、史才、史识"说出自刘知几。他说"史才须有三长，世无其人，故史才少也。三长，谓才也，学也，识也。"④"史德"说出自章学诚，他说刘知几所谓才、学、识"未足以尽其理"，"能具史识者，必具史德。德者何？谓著述者之心术也。"⑤"史法"和"史意"一对范畴也是来自章学诚，他说人们用他比拟刘知几，岂"不知刘言史法，吾言史意"⑥。再如"事实、褒贬、文采"说出自吴缜。他在《新唐书纠谬·序》中写道："为史之要有三：一曰事实，二曰褒贬，三曰文采。有是事而如是书，斯谓事实。因事实而寓惩劝，斯谓褒贬。事实、褒贬既得矣，必资文采以行之，夫然后成史。"⑦此外，"会通"与"断代"优劣说出自郑樵，他说："会通之义大矣哉"，会通之义，一是重古今"相因之义"，二是重"古今之变"。因此郑樵推崇司马迁的《史记》，批评班固"断代为史，无复相因之义；虽有仲尼之圣，亦莫知其损益。会通之道，自此失矣。"⑧对于这些概念、术语，瞿林东先生从20世纪90年代起就一个个进行过专门的探讨，可以说基本上涵盖了史学批评的基本内容，后来又有更多的学者进一步进行过论述，这就为我们今天探讨构建新时代中国史学的话语体系初步奠定了基础。今后，我们在研讨过程中或许会发现一些新的概念，但上述这些概念、术语无疑已经成为史学批评范畴的核心内容。

其次，这些史学批评者提出的概念、术语，思想内容深刻，语言简明精练，体现了中国的语言风格。

古代史学批评者们的概念、术语都是经过深入思考后提出的，对它们也都有相应的论证。如刘知几在提出他的"史才须有三长"，即才、学、识的观

---

① 《左传·宣公二年》，杨伯峻注本，中华书局，1996年版，第662—663页。

② 范晔：《后汉书》卷40上《班彪传》，中华书局，1965年版，第1325页。

③ 班固：《汉书》卷62《司马迁传》，中华书局，1962年版，第2738页。

④ 《旧唐书》卷106《刘子玄传》，中华书局，1965年版，第3173页。

⑤ 章学诚：《文史通义》卷3《史德》，叶瑛校注本，中华书局，1985年版，第219页。

⑥ 章学诚：《文史通义·家书二》，古籍出版社，1956年版，第333页。

⑦ 吴缜：《新唐书纠谬·序》，见《丛书集成》初编本，中华书局，1985年版，第3页。

⑧ 郑樵：《通志总序》，见《通志略》，上海古籍出版社，1990年版，第1—2页。

点以后，进一步解释说："夫有学而无才，亦犹有良田百顷，黄金满籝，而使愚者营生，终不能致于货殖者矣。如有才而无学，亦犹思兼匠石，巧若公输，而家无楩柟斧斤，终不果成其宫室矣。"①刘知几这里的论述非常生动，他没有给史学、史才下一个简短的定义，但是他的这种比喻能够让人理解史才和史学的内涵和它们的关系，因而多为后人所引用。章学诚在说明他的"史德"的观点时，撰写了《史德》一篇，更明确了"才、学、识"的含义。德、学、才、识的概念，到了近代被梁启超赋予了新的含义，并早已被中国广大史学工作者所熟知和认可。

再次，对史学批评范畴的探索，有助于今天史学话语体系的构建。

古代史学家在史学批评范畴内所运用的概念、术语为我们今天研究史学话语体系的构建，提供了丰富的思想内容。但由于当时社会环境的影响，这些概念、术语往往有其自身的局限性，若把它们作为当代史学的话语，还需要将其放在当代史学的语境下，注入当代科学的思想，赋予其理论内涵，克服其原有的局限性，这样才能使其为构建新时代史学话语体系服务。

令人欣慰的是，近30年来，随着史学界对史学批评问题重视程度的提高，许多学者已经开始注意对于史学批评范畴的研究。他们对史学批评的意义、史学批评范畴的内涵和史学批评的诸多概念进行了深入的探讨，对史学批评在史学史上各个时代的体现进行了系统的挖掘，扩展了不同时代的内容，积累了丰厚的学术成果。1997年，瞿林东先生的第一位博士生江湄的毕业论文就选择了对史学批评范畴问题的研究，此后罗炳良、白云等学者持续就史学批评范畴问题进行了整体的探讨。罗炳良的文章阐述了史学批评的意义，说明了史学批评与一般史学评论的区别，指出"在史学批评的实践中，通过对研究对象的高度概括和本质反映，就会形成规定史学批评的评价类型和学术规范，确定史学批评的统一标准和基本原则，这就是史学批评范畴"②。

对史学批评范畴中具体问题的研究也引起了学者们的重视。刘开军从"史德"范畴的演进谈到史学批评的深化。他说，在史学批评范畴体系中，"史德"属于基本范畴。如刘勰提倡"素心"，李延寿重视"良直"，刘知几倡言"史识"，曾巩则论说"道德"，这样就形成了对于史家品质的一种规劝和评论。元末揭

① 《旧唐书》卷106《刘子玄传》，中华书局，1965年版，第3173页。
② 罗炳良：《中国古代史学批评与史学批评范畴》，《郑州大学学报(哲学社会科学版)》，2009年第1期。

僾斯提出"心术"说，这一概念较之"良直"则更加抽象，具有学理上的意义。到清中期，章学诚正式提出"史德"说，并较系统地阐释了"史德"的内涵与修养方法。但是，必须指出，章学诚关于"史德"的观点仍然未能摆脱"名教"的羁绊，我们必须认识到其局限。① 舒习龙则从历史编纂学的角度论及"史德"问题。他认为，中国古代史家的"史德"观由最初的"素心""公心"与"直笔""求真"等，到章学诚强调慎辨主观与客观，尊重客观，不以主观强加于客观，以及"史德在于心术"，完成了中国古代史德观念的建构。②

"史才"的范畴也受到当代学者的重视。谢贵安认为，"史才"在中国古代具有三种既相互关联又有所区别的概念，一是指史家修史的才能，二是指史学主体的综合素质（才、学、识、德），三是指史学人才。由于"史才"最基本的含义是修史才能，为史学工作者职业身份确定的标志，因此它也成为包括史学"三长"及"史德"在内的史学主体综合素质的代称，并进而指代史学主体本身。③

周文玖撰文论述了"直书"和"名教"两个范畴。他认为，在中国古代史学批评中，"直书"和"名教"是两个重要的标准。这两个标准是相辅相成而又相互制约的，是矛盾统一体的两个方面，二者统一于传统史学的"史义"之中。④

朱露川论述了史学批评中的"良史"现象与"良史"论。她认为：在中国古代史学的长期发展过程中，"良史"是人们常用的概念，并形成了较为稳定的内涵，成为中国古代史学批评的重要范畴。从其由来和含义看，"良史"指优秀的史家和价值高的史书，有时也指史家的修史志向。不同时期人们的"良史"观带有时代特征。唐人的"良史"观有丰富的内涵：一是在修史活动中明确"良史"的标准，二是指出"良史"难得，三是在学术辩难中凝练"良史"的特点。这反映了唐人鲜明的"良史"意识，说明唐代是中国古代史学批评史上"良史"观发展的重要阶段。⑤

此外，白云探讨了"文与质""文与史""曲与直""创与循""名与实""简与

---

① 刘开军：《"史德"范畴的演进与史学批评的深化》，《天津社会科学》，2014 年第 2 期。

② 舒习龙、陈舒玉：《史德的演进及其对中国历史编纂的影响》，《河北学刊》，2015 年第 2 期。

③ 谢贵安：《评中国古代史学的"史才"论》，《史学史研究》，2003 年第 3 期。

④ 周文玖：《直书、名教和传统史学批评的特点》，《河南师范大学学报（哲学社会科学版）》，2008 年第 6 期。

⑤ 朱露川：《浅谈古代"良史"的三种含义》，《历史教学问题》，2015 年第 6 期；《试论唐人的史学批评与"良史"观念》，《人文杂志》，2016 年第 10 期。

繁"等问题，刘开军探讨了"史权"问题。

　　当代学者对史学批评范畴的讨论内容是十分广泛的，许多学者特别是青年学者提出了一些富有新意的见解，这是值得重视的。由此可见，自从 20 世纪 90 年代瞿林东先生开始论述史学批评问题并提出重视史学批评范畴的研究以来，对于史学批评范畴的研究已经成为当代史学工作者学术研究的一个重要话题。当然，这里还需要梳理、选择、规范含义并形成一个较完整的史学批评范畴的内容体系。随着这些概念、术语被深入地研究和运用，史学批评范畴的内涵也会逐渐明确，这无疑会对构建新时代中国特色马克思主义史学的话语体系发挥积极作用。有中国特点、中国风格的史学话语体系的构建不会一蹴而就，但它的构建不可能脱离中国史学发展的实际，同时也必然要从中国史学工作者耳熟能详并高度认可的话语中充分吸收营养和借鉴。

　　　　　　　　（原载于《史学理论研究》2020 年第 2 期，收入本书有改动）

马克思主义史学基本方法的创新*

摘要：在中国史学家接受唯物史观并以其作为指导进行历史研究以后，史学研究方法发生了革命性的变革。几十年来，史学工作者对于唯物史观的方法论特性在认识上有了明显的提高，逐步克服了教条主义的狭隘理解，扩展了马克思主义史学方法论的内涵。如何在新的条件下坚持马克思主义史学的基本方法，并在史学活动中创造性地运用这些方法，争取获得新的研究成果，是新时期马克思主义史学家面临的重要课题，许多学者对此给出了自己的回答。

关键词：中国史学；唯物史观；史学方法；深化创新

史学方法论是马克思主义史学理论的重要内容，它的形成与发展受到唯物史观的直接影响，是唯物史观与历史研究对象直接联系的重要中介环节。运用马克思主义的理论研究历史问题，需要伴随某些具体的方法。方法运用不当，唯物史观的指导作用就难以正确发挥。在唯物史观的思想体系中，史学方法论与史学理论融会在一起往往不易分割。但是，我们从一定视角来看，又不能不看到史学方法论的相对独立性。为了促进马克思主义史学在新形势下的发展，我们需要对近 60 年来史学方法运用中的成绩、失误和新形势下的创新进行深刻的思考和总结。

一、史学方法论需要与时俱进

马克思、恩格斯在创立唯物主义历史观时，不仅提出了一系列基本理论原则，也相应地运用了一系列基本的历史研究方法，如社会经济形态的分析方法、阶级分析方法、社会矛盾的分析方法、历史发展合力分析法、逻辑与

＊ 本文系瞿林东教授主持的国家社科基金项目"唯物史观和中国历史学研究"（项目号：04AZS001）的阶段性成果。

历史一致的分析法，等等。同时，他们也必然运用当时社会科学中一切有效的研究方法，如归纳和演绎、分析和综合、从抽象上升到具体、历史比较等，来综合地认识和研究历史。由于马克思、恩格斯使用了这些科学分析法，才使马克思主义的历史研究产生了巨大的生命力。

马克思主义的历史观本身就具有方法论的意义。当年，恩格斯看到了梅林发表在《新时代》上的《莱辛传奇》后，感到十分满意，称它的确是"一篇出色的作品"。这个作品之所以让恩格斯感到"鼓舞"，是由于"20 年来唯物史观在年轻党员的作品中通常只不过是响亮的辞藻，现在终于开始得到恰当的应用——作为研究历史的引线来应用。"①1895 年 3 月，恩格斯对于他们所发现的新历史观总结道："马克思的整个世界观不是教义，而是方法。它提供的不是现成的教条，而是进一步研究的出发点和供这种研究使用的方法。"②

这里马克思、恩格斯所说的"研究历史的引线""进一步研究的出发点和供这种研究使用的方法"等，都是强调马克思主义历史观的方法论特征。这一点确实具有根本性的意义。马克思主义的史学方法与 19 世纪以来的实证主义的方法、传统的史料考证方法、20 世纪以来的各种新史学方法有着非常不同的特点，但又不是完全对立、互不相容的。马克思主义的史学方法已经运用了一百多年，到现在仍然是研究历史问题的有效方法，之所以有如此长久的生命力，与这种方法本身的特点是有关系的。

马克思主义史学之所以受到国际学术界的关注，正是由于它有特定的理论和方法。当代英国史学家巴勒克拉夫在谈到马克思主义史学对历史学家的启示时指出：马克思主义的影响之所以日益增长，原因就在于人们认为马克思主义提供了合理地排列人类历史复杂事件的使人满意的唯一基础。他认为，马克思主义从五个主要方面对历史学家的思想产生了影响：(1)促进历史学研究方向的转变，从描述孤立的（主要是政治的）事件转向对社会和经济的复杂而长期的过程的研究；(2)提出需要研究人们生活的物质条件；(3)促进了对人民群众历史作用的研究；(4)促进了社会阶级结构观念以及对阶级斗争的研究；(5)重新唤起了对历史研究的理论前提的兴趣以及对整个历史学理论的兴趣。他还指出：马克思认为"历史既是服从一定规律的自然过程，又是人类自

---

① 中共中央马克思恩格斯斯大林著作编译局：《马克思恩格斯全集》第三十八卷，人民出版社，1972 年版，第 310 页。

② 中共中央马克思恩格斯斯大林著作编译局：《马克思恩格斯全集》第三十九卷，人民出版社，1972 年版，第 406 页。

己写作和上演的全人类的戏剧。马克思和恩格斯一方面强调历史学家不仅应当记载按年代顺序发生的一系列事件,而且应当从理论上对这些事件进行解释,为此目的,就应当使用一整套成熟的概念。"①巴勒克拉夫这里所说的"一整套成熟的概念"就包括马克思主义的史学理论和史学方法。巴勒克拉夫注意到,马克思、恩格斯明确宣称他们的理论和方法"绝不提供可以适用于各个历史时代的药方和公式",历史事物本身是复杂的,充满了特殊性和偶然性,历史研究的理论和方法必须适应它的研究对象的发展和变化。历史研究的理论和方法不但不能公式化和教条化,而且必须与时俱进,不断充实与发展自己,这样才符合唯物史观的品格。

20世纪以后,唯物史观在中国得到了广泛的传播,并产生了巨大的影响。二三十年代马克思主义史学流派的产生,就是由于一些学者尝试运用唯物史观这种新理论、新方法来观察和研究中国历史;而在50年代以后,唯物史观成为广大史学工作者普遍应用的理论和方法。在这几十年中,许多人都声称运用马克思的方法,但应用的结果却很不同。真正按照马克思、恩格斯的方法来研究历史的,便产生了积极的效果,推进了史学的发展;反之,则"转变为自己的对立物",既贻害了历史科学,也损害了马克思的历史观。因此,对马克思的历史理论作为一种方法论的探索远远没有结束。我们有必要不断地重新反思这种历史观在方法论上的内涵和具体要求,并在新的条件下继续充实和发展这种方法。

马克思主义史学方法论虽然是史学理论中的重要部分,但也是相对薄弱的环节。它并没有作为一门独立学科而引起史学界的关注和重视,更谈不上对它开展有组织、有计划的专门讨论和研究。虽然从20世纪80年代以来出版的各种史学概论、史学理论与方法之类的教材中,都涉及史学方法论的内容,但这只是对历史系大学生进行的入门教育,而专业的史学工作者则很少对唯物史观的基本研究方法进行系统总结,也很少进行从已有的史学新成果中发现、探究史学方法方面的新尝试,并加以提高和总结。非马克思主义学派在方法论上的学术成就已经受到了重视,研究刚刚开始;对于西方史学的种种新史学方法,还只是在介绍、评论阶段,深入的研究也刚刚开始。至今为止,我们还没有一部在总结当代史学发展成就基础上的、超越入门教材的高水平的史学方法论学术专著。这就使本应极为丰富的史学方法长期得不到

---

① [英]巴勒克拉夫:《当代史学主要趋势》,杨豫译,上海译文出版社,1987年版,第26—27页。

发展，在相当程度上限制了史学工作者能力的提高和潜力的释放，影响了史学人才及其素质的发展。

在 21 世纪的今天，马克思主义史学面临着新的考验。人类历史经历过 20 世纪的巨大发展变迁，为史学工作者提出了重新认识历史的新的要求。20 世纪以来，自然科学、社会科学的迅猛发展都对历史学的研究方法提出了新的要求。历史研究和解释的工具如果不能跟上时代的脚步，就会阻滞历史学本身的发展。在这样的形势下，马克思主义的史学方法论如果不能与时俱进，就会逐渐被边缘化。正如巴勒克拉夫所说："马克思主义的历史解释所涉及的面越宽，就越是感到在特殊的历史环境下对它加以应用时需要有灵活性，需要基本概念的清晰和准确性，需要在方法上加以改进。""'旧的社会学词汇已经越来越不足以囊括历史发展的全部复杂现象'。这种说法绝不意味着对马克思主义的否定，而是要求马克思主义在新的知识背景下，在我们生活于其中的迅速变化的世界条件下，有所提高，有所发展。"[①]他这里所说的"有所提高，有所发展"自然也包括史学方法在内的整个史学理论研究水平的提高。

巴勒克拉夫在说这些话时并不是直接针对中国的马克思主义史学，因为当时苏联史学的影响力显然要更大。而今天，要实现巴勒克拉夫半个世纪前提出的上述要求，显然要对中国的马克思主义史学赋予更多的期待。因此，我们要以高度的紧迫感和使命感来重新认识史学方法论的特性，反思我们在史学方法论上认识的误区，总结我们在史学方法论上的新探索和新尝试，为建立适应 21 世纪史学发展需要的史学方法论体系做出我们的努力。

对学习运用唯物史观并以此作为历史研究的指导思想的中国史学家来说，他们对唯物史观的方法论原则的认识是有一个发展过程的。这是一个从片面到全面、从僵化到辩证、从公式主义的套用到把握其精神实质的灵活运用的认识转变过程。然而这个认识的转变过程经历了很长的时间，并且付出了相当沉重的代价。

在很长的时间里，中国的马克思主义史学家们认为，马克思主义的史学方法就是阶级分析的方法，因而他们高度重视阶级分析方法在历史研究中的作用，强调它是研究历史的基本线索。

20 世纪 50 年代，范文澜在修订《中国通史简编》时在其"绪论"中指出，"阶级斗争论是研究历史的基本线索"，也是他的修订本中的重要指导原则。

---

① ［英］巴勒克拉夫：《当代史学主要趋势》，杨豫译，上海译文出版社，1987 年版，第 42—43 页。

他说："马克思主义给我们指出了一条基本线索，使我们能在这种看来迷离混沌的状态中找出规律性来。这条线索就是阶级斗争的理论。忘记了这条线索，固然不可能讲明历史，但是，即使记住了这条线索，要讲明历史也还是很困难。因为，阶级斗争的情景既是那样复杂，要了解它，不仅要分析各个阶级相互间的关系，同时还得分析各个阶级内部各种集团或阶层所处的地位，然后综观它们在每一斗争中所起的作用和变化。"①

蓢伯赞早在 20 世纪 30 年代写作《历史哲学教程》时就阐明了历史科学的阶级性。他指出，马克思主义是无产阶级的世界观，唯物史观就是无产阶级的历史观，只有以这种历史观去观察历史、分析社会，才能正确地认识历史，才能使历史学成为科学。新中国成立以后，蓢伯赞又多次写文章强调重视阶级斗争观点和阶级分析方法。他曾强调："阶级矛盾和阶级斗争是历史的动力，在写历史的时候，忽略了这一点就会犯原则性错误。"②

应该承认，阶级斗争理论和阶级分析方法的运用使中国史学的研究产生了革命性的变化，对新生的中国马克思主义史学产生了重大的影响。一个重要的事实是：阶级分析的方法曾经广泛地影响到 20 世纪二三十年代开始的中国社会史论战及其以后延续几十年的关于中国古代历史分期问题的讨论。受到马克思的社会经济形态理论的影响，人们试图运用这个理论来解释中国的历史，其中就包括划分出中国历史的阶段性来。因此，探讨中国历史的分期问题就成为一个比较带有必然性的热门话题。特别是在确定奴隶制和封建制的分期问题时，用阶级分析的方法确定社会成员的身份就是一个很重要的方法。

郭沫若、田昌五等战国封建论者指出：判断一个社会是否为封建社会，关键在于抓住封建社会中的农民阶级与地主阶级这个主要矛盾，而且特别是地主阶级这个矛盾方面。如果在某一个历史时期中，严密意义的地主阶级还不存在，那么那个时期的社会便根本不能是封建社会。而范文澜、蓢伯赞、杨向奎等西周封建论者也是用阶级分析方法，分析当时生产资料的占有情况以及劳动者在当时的地位。他们认为，周初大分封，就是自天子、诸侯以至采邑主等大小土地所有者向农奴和自由身份的农民征收地租，表现了封建的土地所有权形态，体现了农民对土地所有者的人身隶属关系。尚钺、王仲荦、

① 范文澜：《范文澜历史论文选集》，中国社会科学出版社，1979 年版，第 22—23 页。
② 蓢伯赞：《蓢伯赞史学论文选集》第三册，人民出版社，1980 年版，第 59 页。

何兹全等魏晋封建论者认为，当时的土地所有主有官僚体系中派生出来的世家大族，有从商人转化来的地方豪强，都带有浓厚的父家长色彩。受他们压迫的是依附农民——部曲、佃客。封建主用封建地租的形式占有依附农民的剩余劳动，用超经济强制来实现封建剥削，把依附农民束缚在土地上。由此不难看出，古史分期争论中的各家各派观点虽然不同，但是他们都是在运用大体一致的方法来对当时的社会状况进行分析。

同时我们也可以看到，以阶级斗争的理论和阶级分析的方法来研究历史，使史学家获得了一个观察和研究历史的全新视角，并使历史学家获得了一种全新的分析和解释历史问题的理论武器。农民起义和农民战争史的研究就是这一理论和方法最适用的领域，这一领域随即掀起了研究的热潮。

阶级斗争的理论和阶级分析方法的运用也大大开阔了历史研究的领域，促进了历史学学科的发展。根据马克思的理论，阶级本身是个经济范畴，阶级的存在仅仅同生产发展的一定历史阶段相联系。所以要研究不同国家、不同历史时期的阶级状况，就需要研究当时的社会生产状况，研究每个时代的社会经济史。这样不仅形成了一个重要的方法论原则，同时也促进了社会经济史等相关学科的发展。

由此可见，阶级斗争理论和阶级分析方法的运用对于中国马克思主义史学的形成和发展是功不可没的。但是，在对阶级斗争理论和阶级分析方法的长期研究和实践过程中，特别是随着一定历史时期阶级斗争扩大化的社会思潮的出现，史学研究中出现了把阶级分析方法绝对化的倾向。把阶级分析方法绝对化，就会把历史研究局限在一定的范围。阶级斗争是历史前进的直接动力，是观察和把握阶级社会历史发展脉络的主要线索，阶级分析方法也是科学的历史方法的一项基本内容。但是，即使在阶级社会，阶级斗争也不是历史发展的唯一动力，更不是最根本的动力，当然也不是我们观察和把握历史运动的唯一角度和唯一线索。阶级关系是阶级社会中主要的却不是唯一的人际关系。把阶级分析方法绝对化，势必会忽略对统治阶级历史作用的研究，忽略对很多非阶级关系问题的研究，如对社会各种群体、个人的研究，对社会生产、社会生活以及社会文化等诸多方面的研究，而这些因素同样是构成历史运动的要素。把阶级分析方法绝对化，还表现为用家庭出身作为判定历史人物阶级属性的主要依据，造成历史人物研究中的"脸谱化"，丰富多彩的各类历史人物研究变成了给历史人物贴阶级标签，这是把马克思主义庸俗化的一种表现。

在这种把阶级分析方法绝对化的思潮中，会出现不考察阶级斗争的实际内容，而以阶级斗争的形式作为评价历史运动标准的现象。如一些对近代中国历史的研究，不从历史事件本身的情况出发，凡是属于革命运动的事件评价较高，而对像戊戌维新运动这样影响巨大的改良主义运动则评价很低。

中国马克思主义史学发展的历史表明：阶级分析方法在促进中国马克思主义史学的形成和发展的过程中曾经起到过积极的作用；根本否定阶级分析方法的作用，就否定了马克思主义史学。但是，阶级分析方法的绝对化也大大地损害了马克思主义史学。在这种倾向的影响下，史学研究的课题非常狭窄，能够着重研究的历史事件、历史人物十分有限，研究的方法也十分单一，使得本来丰富多彩的历史现象的研究变成了极其乏味的历史公式的展现。今天，马克思主义史学的影响力之所以降低，不能不承认与这种损害有关。因此，不科学地、不全面地认识和运用马克思主义的史学方法论，就不可能应对时代对历史学提出的新挑战，也不可能发展马克思主义史学。

二、重新认识马克思主义史学方法论的特性

改革开放以后，史学界对长期以来将马克思主义史学方法论简单化、庸俗化的观点和做法进行了深刻的反思和批判，对马克思主义的史学方法论特性进行过很多新的思考。在近 30 年所出版的各种史学概论、史学方法论的教材中，在很多学者关于史学方法的论著中，提出过很多建设马克思主义史学方法论的新设想，归纳起来可以包括如下方面。

第一，马克思主义史学方法的最主要的特征在于它不是某种单一的、僵死的、公式化的方法，而是与马克思主义的整个思想体系紧密联系在一起的一整套科学的思维方法、研究方法。

马克思在 19 世纪中期系统地表述过他通过对政治经济学的研究而得到的关于人类社会发展规律的认识，他的这些思想被称为社会经济形态理论。马克思的社会经济形态理论是马克思批判地吸收以前的思想家们关于社会运动理论的合理因素，通过实现历史观的变革，吸收了被历史唯心主义所掩盖的一些合理因素而产生的理论，也是研究社会历史的基本方法。比如，关于人类的野蛮史和文明史的划分的思想，以及欧洲文明社会史进程的思想，奴隶制、封建制、资本主义所有制的定义等内容，都被吸收到他的理论体系中来。总之，马克思就是用生产关系的历史运动，而不是用自由意识、情欲、理性

等来描述人类社会历史运动的过程。它不是一般的社会运动理论、人类历史理论。这一理论所展现的内容主要是生产力和生产关系这一矛盾的历史运动，以及这种历史运动发展的阶段性。

掌握马克思社会经济形态理论的方法论，就要求掌握唯物史观的基本理论，从生产力和生产关系、经济基础和上层建筑的矛盾运动来说明历史发展的进程和原因。生产关系决定着国家的性质和社会发展，一定的生产关系形式同一定的劳动方式和生产力的发展阶段相适应，自然条件和历史变迁对生产关系和国家形式产生着重要影响。运用马克思社会经济形态理论研究历史，首先要做到对历史进行生产关系的分析，这样才能抓住和揭示历史的本质。

第二，马克思主义的史学方法是建立在辩证思维基础上的方法，它能够有效地解释历史的变化和发展，包括前进的变化和后退的变化。

马克思主义的史学方法是探索历史事物对立统一发展的方法，是分析事物矛盾的方法。这种方法是认识历史事物的本质的方法。范文澜说过："研究历史就是研究矛盾。我们做史学工作不光是要记得许多事情，记事情当然是必要的，但只是记得许多事情还不够，历史科学是研究历史上的问题，问题是什么呢？问题就是事物的矛盾，事物能存在和发展，就是因为它有矛盾，有矛盾才能存在和发展。研究历史上的各种事件，就是要研究历史上的各种矛盾，从这些矛盾中找出历史发展的规律来。"①

第三，马克思主义的史学方法本身就是一个多层次的研究问题的方法体系，它对于揭示和解释各种复杂的历史现象具有很强的功能。

马克思主义本身是多学科性的，这也必然会使其具有哲学、政治经济学等多学科的方法论。这种多学科的方法论能够多角度地解决历史研究中遇到的复杂问题，具体运用何种方法解决历史问题要根据历史研究的对象来决定。比如，研究社会经济领域的历史问题就需要采用经济学的方法，分析特定历史时期的错综复杂的社会现象往往要用矛盾分析的哲学方法。马克思在研究历史问题时还主张运用历史比较的方法、计量统计的方法、系统研究的方法等，虽然在马克思那里并没有对这些方法做过方法论的说明，但人们都可以在他那里找到运用这些方法的思想和实践。

因此，马克思主义的史学方法并不是一种单一性的方法，而是由多层次、

---

① 范文澜：《历史研究中的几个问题》，《范文澜历史论文选集》，中国社会科学出版社，1979年版，第210页。

多领域的方法结合而成的方法体系，它适合于对各种领域的历史问题的研究，既可以运用于整体的、广泛性的历史问题的研究，也适用于具体的、单一性的历史问题的研究。这就是说，马克思主义史学方法既适用于宏观研究，也适用于微观研究。

第四，马克思主义的史学方法能够吸收各种传统史学方法的长处，在唯物史观的指导下使这些传统方法的运用达到新的水平。

马克思主义史学方法的理论基础是马克思的历史观，而这个历史观的形成就是吸收了当时自然科学、社会科学等多种学科的研究成果而形成的科学理论，因此以这种历史观为指导的马克思主义史学方法论不可能是封闭的。

马克思主义的创始人马克思、恩格斯都是学识极其渊博的人，他们不仅研究哲学理论，也研究自然科学。既然马克思主义的历史观是吸收了众多学科的研究成果才得以形成的，那么在它的发展过程中，就必然要继续从众多学科中吸收营养，充实和发展自己。这就是说，从马克思主义史学方法的理论基础看，它是具有包容性的科学方法。

中国最早的一批马克思主义史学家是由一批受中国传统思想文化长期熏陶、传统的治史方法功底十分深厚的学者们组成的。在他们身上，马克思主义的历史观与传统的治史方法是内在地结合在一起的，这使他们的研究水平超过了前辈学者。此外，一些非马克思主义史学家对于中国传统史学家的治学方法的运用也达到了相当高的水平，这些非马克思主义史学家的治学方法今天也受到了高度的关注，成为马克思主义史学方法的来源之一。

第五，马克思主义史学方法能够在吸收西方各种有益的史学方法的过程中充实和发展自己。

在改革开放以后的新时期，一批中青年学者一方面坚持马克思主义的历史观，同时也能很好地分析、运用西方新的观点和方法。今天，无论是法国年鉴派的史学理论和方法、英国马克思主义的史学理论和方法，还是各个史学领域内的各家各派史学理论和方法，都成为马克思主义史学家吸收和借鉴的对象。因此，马克思主义史学方法是与时俱进的，实事求是是它的思想的灵魂。为了提高在新形势下解决历史问题的能效，马克思主义史学必然会不断吸收新时代的新理论、新知识、新方法来充实自己、发展自己。

总之，马克思主义史学方法既包括从它的创始人那里形成的它本身特有的理论和方法，也包括马克思主义史学诞生以来所吸收的古今中外各种在历史研究实践中被证明确实有效的，同时经过了唯物史观鉴别和提炼的新理论、新方法。没有前者，就丧失了马克思主义史学的特性，无异于取消了马克思主义史学；没有后者，马克思主义史学就会丧失新的血液，丧失它的生命力，成为西方史学家所说的那种"过时"的史学派别。

三、马克思主义史学基本方法在中国史研究中的新运用

如前所述，马克思主义史学方法是一个内容广泛的、多层次的思想体系和方法论体系，它与其他学派的许多研究方法具有相容性，因此具有广泛的适用性。但是，马克思主义的史学方法也有它的核心内容和基本要求，这是其他学派的研究方法所不具备的。正是由于这些基本方法的使用，才显示出马克思主义史学的特性。

社会经济形态理论是马克思主义理论的基础，也是马克思主义史学方法论的精髓。以这个理论和方法考察历史，是马克思主义史学的一个重要特色。在探讨一些宏观的、长时段的社会发展问题时，是无法回避社会经济形态理论的，同样也回避不了建立在这个理论基础上的研究方法。当前，在运用这个理论阐释历史问题的过程中遇到一些障碍，产生了一些分歧。特别是长期以来，教条地运用社会经济形态理论导致的不良后果，使一些学者在研究中回避谈社会经济形态问题。由于对社会经济形态理论的理解不同所导致的一些学术争论，如中国古史分期问题等也陷于停顿。对于"五种生产方式"是不是人类历史发展的普遍规律，人们在认识上存在较大的分歧。在这样的形势下，人们不免要问：运用社会经济形态理论考察人类社会的历史发展，仍然是马克思主义史学必须坚持的一种方法吗？

要回答这个问题我们必须回顾历史，看这种方法是如何产生的，在运用它的过程中解决了什么问题、遇到了什么障碍，同时我们更要看在今天的新的条件下一些学者又是如何坚持运用这种方法的。

郭沫若在1930年发表的《中国古代社会研究》之所以被认为是中国马克思主义史学诞生的重要标志，就是因为该文运用了社会形态理论研究中国古代社会的历史。当年，郭沫若在读过恩格斯的《家庭、私有制和国家的起源》后，既感到异常兴奋又感到不能满足。因为有了这样的著作，自己的研究方法"便是以他为向导"，"外国学者已经替我们把路径开辟了，我们接手过来，正好

是事半功倍"①。但是恩格斯的《家庭、私有制和国家的起源》中"没有一句说到中国社会的范围",所以郭沫若把自己自 1928 年以来写成的几篇研究中国上古史的文章汇集起来,在 1930 年以"中国古代社会研究"为名出版,并把它看成《家庭、私有制和国家的起源》的"续篇"。由此可见,郭沫若是真正地把马克思的社会经济形态理论作为自己研究中国古代历史的方法论的"向导"了。

《中国古代社会研究》的出版是中国历史研究方法上的一次革命,在当时的史学领域产生了巨大的影响,赞成者有之,反对者也有之。郭沫若的这部著作虽然是属于用新的历史观研究和解释历史"草创时期的东西",他所运用的材料有的没有把时代性划分清楚,他所得出的结论在他自己那里也经过多次改变,有的结论直到 20 世纪 50 年代初才基本确定。但是这部著作在方法论上却具有极其重要的开创性价值,可以说影响了那个时代众多的马克思主义历史学家。

对郭沫若的观点,学术界有种种不同的评论,这也是自然的事情。人类社会发展的一般规律是要通过各民族的具体历史实际而实现的。各国、各民族文明社会的形成,都要以一定的生产力发展水平为前提;但各国、各民族发展的自然和历史条件差别很大,所以划分历史阶段的标准也不可能完全相同。郭沫若一方面坚持马克思主义的社会经济形态理论的方法论原则;另一方面又坚持从本国、本民族实际情况出发,不断修正自己的观点,使之符合历史的实际状况。郭沫若的这种研究方法在当时的中国史学研究领域中影响力是非常巨大的。

探讨中国古代社会的特点和发展规律这样宏观的历史问题,马克思主义的社会经济形态理论是一个有效的工具。自从郭沫若运用这个理论探讨中国古代社会的特点和发展规律以来,社会经济形态理论也影响到当时一批史学工作者,使他们的史学研究方向与方法均发生了变化。20 世纪二三十年代,史学界开展了一场有关中国社会史和中国社会性质问题的论战,许多论战的参与者都以马克思的社会经济形态理论作为自己的思想武器,虽然他们不一定是信仰马克思主义的学者,但是论战却使社会经济形态理论得到普遍关注。同时,一批真诚信仰马克思主义的史学家也在这个过程中成长起来,社会经济形态理论成为中国马克思主义史学家共同运用的方法。到了 50 年代,中国

---

① 郭沫若:《中国古代社会研究·自序》,《郭沫若全集·历史编》(第一卷),人民出版社,1982年版,第 9 页。

史学界产生的一系列历史理论问题的争论都与社会经济形态理论有关。可见这种研究方法影响了那个时代的中国历史学家，大大地推动了新中国成立以来中国新史学的发展。

同样是运用这种方法，但侯外庐的观点就与郭沫若的观点差距很大。在20世纪40年代，他曾出版《中国古典社会史论》一书，扩充内容后改名为"中国古代社会史"，1955年的修订版又改名为"中国古代社会史论"。侯外庐认为，从殷末周初到秦的统一是中国的古代社会，即奴隶社会。他的研究从亚细亚生产方式入手，不采取当时学术界任何一种现成的观点，下力气进行寻根问底的重新研究，得出自己的答案。他提出了奴隶社会的起源和发展存在两条路径和两种类型的观点。他认为，"古代"是有不同路径的，在马克思、恩格斯的经典文献上，所谓"古典的古代"和"亚细亚的古代"，都是指奴隶社会。但是两者的序列不一定是亚细亚在前，两者是可以平列的。这种观点与当时苏联学者所主张的"古代东方所代表的是早期奴隶制，希腊、罗马的古典古代代表的是发达奴隶制"的观点很不相同。侯外庐的观点并没有被当时的学者们普遍接受，但是今天看来，"侯氏的'路径'说实际上超出了对亚细亚生产方式理解的意义，它最重要的理论创新价值，是在遵循社会经济形态更替理论的前提下，开辟了一条认识中国历史特殊性的途径"①。侯外庐对中国古代社会研究的特点是他不拘于对马克思主义理论的一般理解，而是能够在对中国古代历史规律的探索中，更注意发现中国历史的特殊性、普遍性及其相互联系，强调判明中国具体的社会发展，对中国古代若干另当别论的特别条件万不可抹杀，例如国家、财产、奴隶、法律等，都要仔细区别。因此，他的研究成果较好地把马克思主义和中国历史实际结合起来，既反映了中国的历史实际，又体现了马克思主义的理论原则。

侯外庐关于中国奴隶社会的特殊路径和类型的理论，在学术界产生了相当大的影响，许多学者沿着亚细亚古代和古典古代属于奴隶社会不同类型的观点继续深入进行探索，在认识中国古代社会的特点上取得了进一步的发展。改革开放以来，包括持西周封建论和战国封建论不同学术观点的一些学者，也都受到了侯外庐的"路径"说的影响，纷纷对自己的观点进行进一步的拓展和深化。

在对中国古代社会发展路径的探讨上，也产生了较大的分歧。在改革开

---

① 陈其泰：《中国马克思主义史学的理论成就》，国家图书馆出版社，2008年版，第135页。

放前，主要是奴隶社会和封建社会的分期的论争，而在改革开放后论争的焦点主要是在中国历史上是否经过了奴隶社会的问题。无论是有奴隶社会论者还是无奴隶社会论者，他们的争论仍然是依据社会经济形态理论。值得注意的是，许多学者提出，在今天的形势下，我们必须探讨有中国特色的社会形态理论。

有的学者认为，中国的社会形态研究应当建立起自己的话语系统。国外学术界的新观点应当吸收和借鉴，但代替不了自己的研究。我国自古以来就有自己的礼制和社会制度的用语，用它们说明古代社会情况非常得体，没有必要非得换成西方的某个用语。如用"宗法"一词说明西周、春秋时期的社会情况，切中肯綮。而"奴隶"一词，是汉魏时期出现的一种特殊身份名称，并不具备现代意义上的普遍意义。整个中国古代的社会形态，以秦统一为分界，可以划分为"氏族时代"和"编户齐民时代"这样两个前后相连的阶段。夏商以降的先秦时代是氏族封建制社会、宗法封建制社会，而秦以后则是地主封建制社会。这就是说，中国自从走出野蛮时代以后，便步入了漫长的封建社会。①

与上述观点不同，有学者继续探讨中国奴隶社会的存在及其特点，并且取得了在学术界很有影响力的新成果。《早期奴隶制社会比较研究》②一书以古今中外典型的早期奴隶制社会的翔实资料，展示了奴隶社会的阶级关系和等级结构。认为无论是荷马时代的希腊、王政时代的罗马、凯撒和塔西佗时代的日耳曼人，或是中国的商代和民主改革前的四川凉山彝族社会，统治阶级都是贵族自由民，被统治阶级包括奴隶和被保护民。该书作者认为，奴隶社会的一个主要特征是贵族奴隶主阶级占有土地等生产资料，直接占有奴隶并且一定程度地直接占有被释奴或被保护民的人身。奴隶社会另一个主要特征是依靠对外掠夺解决奴隶来源和奴隶劳动力的更新问题。同时，该书还着重指出，奴隶制的根本特点是奴隶主对奴隶人身的直接占有，因此在奴隶社会中，除物化奴隶外，还有大量授产奴隶的存在。该书作者还对奴隶和农奴的起源与发展问题，以及原始社会瓦解后为什么必然出现奴隶社会的问题，进行了有说服力的阐述。③

---

① 晁福林：《先秦社会形态研究·自序》，北京师范大学出版社，2003 年版，第 2 页。

② 胡庆均：《早期奴隶制社会比较研究》，中国社会科学出版社，1996 年版。

③ 有关此书的评论，参见陈其泰：《中国马克思主义史学的理论成就》，国家图书馆出版社，2008 年版，第 143—148 页；马克垚：《评〈早期奴隶制社会比较研究〉》，《世界历史》，1997 年第 3 期。

　　尽管具体观点不同，但是当代许多中国学者都有这样一个探讨有中国特色的社会形态理论的想法。他们认为，中国文明是世界上最古老的文明之一，历史上的中国一直是一个对周边国家有着巨大影响力的大国，历史上的中国人口也一直是世界上人口最多的国家。特别是中国古代的历史文明一直延续，从未中断。中国的历史发展应该是世界历史文明中的一个正常的、典型的文明发展现象。从中国历史发展过程中所梳理出来的理论应该是具有典型性的，特别是在东方国家中是具有典型意义的。所以，从中国历史发展的实际出发，建立有中国特色的社会形态理论，应该是当代中国史学工作者的一项使命。这一点，应该说是中国新一代学者坚持以马克思主义的方法论研究历史的一种抱负和使命。

四、以马克思主义基本方法探索西欧封建社会的历史

　　以社会形态理论为核心的研究方法，在新时期不仅被继续用于中国古代史的研究，也在世界史研究的领域中被实践，并取得一定的成果。《西欧封建经济形态研究》《英国封建社会研究》是这方面的代表作。①

　　《西欧封建经济形态研究》是专门研究西欧中世纪封建经济形态的著作。作者认为，二战以后，随着亚、非、拉地区民族解放运动的开展，对这些地区古代历史的研究也取得长足进步，前资本主义社会诸形态以前所未有的多样性、复杂性呈现在史学家面前。过去单纯从西欧总结出来的有关奴隶社会、封建社会的一些定义、概念遇到了严重挑战。因此，作者从20世纪60年代亚细亚生产方式的大讨论中感觉到，应该对前资本主义社会的一些特点和规律进行再认识，根据世界主要国家和民族的历史，综合比较出前资本主义社会的共同特征，真正体现世界历史发展的统一性。这种再认识包括两个方面，一方面是深入研究亚、非、拉地区的古代史，总结出规律性的东西；另一方面就是对西欧历史已经形成的概念、定义，根据实际情况进行重新考察，看它们是不是科学的抽象，同时看它们是不是真的符合西欧的具体情况。在两方面都取得成果的基础上，再进行综合比较，这样才能发现真正共同的特征。他就是从以上的想法出发，开始对西欧封建社会进行重新考察的。

---

　　① 马克垚：《西欧封建经济形态研究》，人民出版社，1985年版；马克垚：《英国封建社会研究》，北京大学出版社，1992年版。

作为一个中国学者，进行这种研究难度之大是可以想象的。因为在这个领域里，外国学者已经耕耘了几百年，相比之下我们资料缺乏，困难很大。但作者认为我们也有有利条件。因为西欧封建经济形态的一些概念，如封臣制、封土制、庄园、农奴、公社、城市等，大多是19世纪西方学者特别是德国学者提出来的，他们的研究多从法学定义入手，根据典型的少数史料做出普遍概括，而对实际的多样性则关注不够；随着新发现的史料越来越多，地方史的研究逐渐深入，即使对西欧来说，原有的普遍性结论也需要进行修正。另外，作者认为我们还有一个有利条件，就是有个参照系，即东方国家，首先就是中国封建社会的情况可以用来进行对比。

在《西欧封建经济形态研究》这本书里，作者提出了中国学者对西欧封建制的一些独特看法。比如庄园制问题，过去大家都以为典型的西欧封建时代的农业组织就是庄园，其实这种看法并不正确。那种村、庄合一，组织严密的农奴劳役制大庄园在西欧中世纪只占少数，大多数地区的庄园是一种松散的组织，甚至完全没有庄园。我们过去以为西欧封建时代完全庄园化，部分原因是西方学者的"庄园"概念中包含着法律形式的成分，主要指封建主对领地的管辖权，是指封建主的整个领地。再比如农奴问题。西欧中世纪"农奴"的概念源自罗马的奴隶，这是西方学者研究的结果。但实际上，当时西欧呈分裂割据状态，法律不统一，主要实行的是习惯法，而这种习惯法的地区差别很大，因此各地农奴的情况也不一样，其身份地位、受剥削程度、劳役负担、实物货币交纳等情况千差万别。所以，真正分清楚哪些人是农奴并不容易。过去认为西欧封建时代农村主要劳动力是农奴的看法并不准确。由于这本书对于西欧封建社会诸形态做出了一些新的解释，澄清了原来在我国学术界流行的一些不甚确切的概念，所以引起了史学界的关注。

作者认为，在对西欧封建经济形态进行一般研究的基础上，选择一些典型，对其古代社会做深入的重新研究，相互比较，能够使我们对世界历史发展的统一性有更深入的了解，对各国家、各民族的历史特殊性也能把握得更准确。所以，他写的《英国封建社会研究》就是以英国为典型，来对西欧封建社会做重新剖析。[①]

由以上实例我们可以看出，马克思主义的社会经济形态理论在对人类历

① 马克垚、邹兆辰：《我对世界通史体系的思考——访马克垚教授》，《历史教学问题》，2008年第2期。

史发展的过程进行宏观考察的过程中，仍然是有其生命力的，它是以马克思主义为指导研究历史问题的基本方法。当代中国学人对这个理论的新探讨既促进了对这些历史问题本身的研究，也是对以社会经济形态理论研究中外历史的基本方法的新运用、新发展。尽管当今许多学者以种种理由避开社会经济形态理论的运用，避开研究比较宏观的历史发展课题，避开对历史理论问题的深入探讨；但是 21 世纪的历史研究不可能总是绕开一些长时段的社会发展问题而仅仅做个别历史问题的微观层次的研究，一旦研究涉及长时段的社会历史问题时，社会经济形态理论作为一种方法论的效力就会充分显示出来。

（原载于《史学理论与史学史学刊（2009 年卷）》，收入本书有改动）

三十年来中国史学思潮及史学发展

摘要：30 年前进行的真理标准问题的讨论和十一届三中全会的召开是一场真正的思想解放运动。思想解放导致了史学工作者观念的变化，出现了诸多顺应时代潮流和学术发展的新思潮，并直接影响了近 30 年来中国史学的发展。本文在突破思想禁区，实现理论与方法论的变革与创新，打破学科藩篱，多学科、多视角地考察历史，克服闭塞状态，在与国际史学的交流互动中发展自己等方面，梳理了史学发展的趋势。

关键词：中国史学；思想解放；史学思潮；史学发展

30 年前的真理标准问题的讨论和十一届三中全会的召开是一场真正的思想解放运动，这次运动所造成的结果直接影响到中国历史学的发展。史学的发展变化首先表现为史学工作者思想观念的变化，而这种观念的汇集就形成了种种新的史学思潮，这是史学自觉地顺应时代潮流和学术发展新趋势的结果。回顾 30 年来中国史学思潮变化的轨迹，即可以反观出这次思想解放运动对当代中国史学发展的影响。

一、突破思想禁区：史学理论和方法论的变革与创新

1978 年 5 月 11 日，《光明日报》特约评论员的文章《实践是检验真理的唯一标准》引发了一场震动全国的真理标准问题的大讨论。在同年 12 月的中央工作会议上，邓小平同志发表了《解放思想，实事求是，团结一致向前看》的讲话，在全国引起了强烈的反响。许多学者认识到，根据史学战线的现状，应该进行一次大规模的思想解放，以冲破"禁区"，解放史学。所谓"禁区"，是指在"左"的思想影响下，在一些历史问题上设置的禁锢人们思想，压制正常、科学的历史研究的区域。这些"禁区"及其相应的"禁条"，"把统一的历史整体肢解得四分五裂，使人们不能从整体上去研究历史，不准从整体上去考

察历史，也就扼杀了历史科学"①。它所造成的直接后果是"学术界死气沉沉，没有人敢说话"。因此，这场思想解放运动对于史学的影响，首先就是史学家们史学理念的改变，也就是指导思想的解放，这涉及史学理论和方法论的根本问题。

（一）打破唯一动力论，全方位探索历史发展

史学界的思想解放是从历史发展动力问题的探讨开始的。随着 1978 年 5 月真理标准问题讨论的提出，以及同年 12 月十一届三中全会的召开，中国历史学正式翻开了新的一页。

1979 年 3 月，中国社会科学院在成都召开了历史科学规划会议。在这次会议上，戴逸做了题目为"关于历史研究中阶级斗争理论问题的几点看法"的发言，提出了"推动社会历史前进的直接的、主要的动力是生产斗争"。由此引发了历史动力问题讨论的热潮。这场讨论提出了一个重要问题，就是如何用实践和历史实际去检验史学界长期奉行的所谓"流行的马克思主义"观点，并以此为契机努力抛弃"流行的马克思主义"，走向真正的马克思主义。

历史动力问题的讨论是直接针对"阶级斗争是历史发展的唯一动力"的流行观点展开的。马克思主义经典作家曾经对阶级斗争的历史作用有过一些论述，毛泽东在《中国革命和中国共产党》一文中提出："在中国封建社会里，只有这种农民的阶级斗争、农民的起义和农民的战争，才是历史发展的真正动力。"这个观点成为历史研究的重要指导思想，凡是涉及农民战争问题的历史研究几乎都是在论证这个论述的正确性。这次讨论中，学者们提出了各种不同的动力观，如生产力是历史发展的根本动力、生产斗争是历史发展的根本动力、生产力内部的矛盾运动是历史发展的本源动力、生产方式是历史发展的根本动力、社会基本矛盾是历史发展的根本动力、生产斗争和阶级斗争是交替推动历史发展的两股动力、社会的"总的合力"是历史发展的真正动力、人民群众是历史发展的根本动力、人类的物质经济利益是历史发展的根本动力、人的欲望是历史发展的动力、科学技术是历史发展的唯一动力等不同的观点。讨论进行了几年，虽然没有得出一个完全统一的结论，但这次讨论的意义并不在于此，因为它的思想解放的作用要远远超过问题讨论的本身。通过这次讨论，学术界打破了史学研究只能按照经典作家的某些现成结论来诠释历史的模式，形成了真正能够从历史本身出发去实事求是地探讨历史问题

---

① 刘泽华：《打碎枷锁，解放史学》，《历史研究》，1978 年第 8 期。

的新思路。

经过各种意见的充分表述和多年的冷静思考，人们对历史发展动力问题也有了进一步的认识。20世纪90年代，有学者谈到这个问题的争论时说："认为生产关系与生产力之间的矛盾是社会历史发展的根本动力，或者认为生产力是社会历史发展的根本动力，或者认为生产方式是社会历史发展的根本动力，都是正确的。应当说，这是在不同层次上对历史发展的根本动力的理解。"同时也有文章指出："需要注意和重视历史发展的多样性、复杂性，重视影响历史发展的各种因素、各种力量及其相互作用，注意人的作用及其意志与抉择，注意偶然性的作用，而不能把经济与阶级斗争的动力作用简单化、单一化、绝对化"；当然，片面地、绝对地强调历史发展的多样性，夸大个人的自由意志的作用，或强调笼统的"合力论"，忽视或否定历史发展有终极的、决定的因素，也是不正确的。①

(二)打破史家主体不能参与历史认识过程的禁区，实现认识理论上的突破

长期以来，在考察历史问题的过程中，史家主体是不能参与其中的，他们必须进行无主观意志的"客观"研究，否则就被认为会犯主观唯心主义的错误。这无疑是史学家必须遵守的一个信条。但是，20世纪80年代以来，历史认识论开始受到学者的关注，之前的禁区逐渐被打破。

20世纪西方历史哲学的发展呈现出从思辨的历史哲学日益转向分析的历史哲学的趋势。这种思潮反映了现代西方史学理论上的一场大换位，即把史学的立足点从客位上转移到主位上来。西方历史哲学潮流的变化也影响到中国的思想界和史学界。80年代初，意大利哲学家克罗齐的史学理论代表作《历史学的理论和实际》的中文版引起了中国学术界的强烈关注。克罗齐提出"一切真历史都是当代史"的著名命题，认为历史绝不是用叙述写成的，只有现在生活中的兴趣方能使人去研究过去的事实。克罗齐的观点无疑会给那些希望认真了解西方史学理论的学者一种新鲜感。

紧接着，1986年由何兆武、张文杰翻译的英国哲学家柯林武德的代表作《历史的观念》出版，这使得西方分析的历史哲学思想在中国又一次产生新的冲击。柯林武德认为，历史的过程不是单纯事件的过程而是行动的过程，它有一个由思想的过程所构成的内在方面；而历史学家所要寻求的正是这些思想的过程。"一切历史都是思想史。""一切历史，都是在历史学家自己的心灵

---

① 宁可：《宁可史学论集》，中国社会科学出版社，1999年版，第104页。

中重演过去的思想。"尽管在基本的历史观上，柯林武德的观点与我们不同，但他所提出的问题却引起了更多的中国学者的思考。

20世纪西方历史哲学从思辨日益走向分析的趋向表明，历史哲学正从探讨历史过程本身的问题转向对历史认识的思考，其思考的方向是对客观主义、实证主义史学传统的反动，思考的起点是自然科学方法在历史领域中的可适用性，思考的中心就是历史认识的主体性问题。这一趋势唤起了中国史学家自身主体意识的觉醒，具体表现就是80年代后期形成的历史认识论讨论的高潮。

1987年在成都召开了以历史认识论为中心议题的第四届全国史学理论讨论会，其后历史认识论的讨论不断深入开展，讨论涉及历史认识的主体性、认识主客体之间的关系、历史认识的一般过程、历史认识的特点、历史事实与历史解释、历史认识的层次与种类、历史认识的真理性及其检验等。当时的主要史学刊物如《历史研究》《史学理论》《世界历史》《史学月刊》等都发表了有关历史认识论研究的文章。当时的学者们认为：西方学者强调作为认识主体的历史学家在历史认识过程中的主观能动作用，这确实应予关注。历史认识论问题的提出本身应看作是同整个史学的变革紧紧联系在一起的，是史学为了适应新时期现实生活发展的需要而实行自身改革的一种反映。

学者们认为：最近几年，我国史学终于发展到再也不能无视西方史学，而要求与当代世界科学并驾齐驱的地步。当代西方批判的历史哲学发展的势头理所当然地引起了人们的深思。多少年来，一种潜在的认识偏见使我们忽视主体认识能力方面的研究，不敢承认在历史研究中加强主体意识、发挥史家主观能动性的正当性与合理性。这不能不说是一定时期内我国史学沉闷、迟滞、缺乏活力的重要原因之一。他们也指出，柯林武德、克罗齐等人在强调作为认识主体的历史学家在历史认识过程中的主观能动作用方面，确有其合理处。但问题在于，历史学家在认识历史时发挥作用的那种"自我意识"究竟是一种什么性质的意识呢？它是从哪里来的呢？怎样才能使那种意识比较符合客观实际呢？如果不能对这些问题做出正确回答，就说不上科学地研究史学认识论。

在历史认识论讨论的基础上，有的学者进一步提出建立科学的历史认识论的问题。史学家们建议，需要对历史认识、历史思维的特殊规律进行系统的专门研究，需要自觉地将历史认识同现代科学的发展，特别是现代思维科学的发展联系起来，需要对传统的和当代世界各国的历史研究实践及各种史学理论做认真的清理与总结，建立马克思主义的科学的历史认识论。建立科学的历史认识论的建议得到了史学理论研究工作者的广泛响应。庞卓恒等学者提出历史学的理论体系主要由本体论、认识论、方法论三个部分组成，当时出版的各种史学理论著作也把历史认识论问题列入史学理论的总体框架之中。历史认识论问题越来越受到史学理论工作者的关注，其在整个史学理论中的地位也越来越重要，这不能不说是史学界思想解放的结果。

（三）打破封闭式的史学模式，实现方法论上的突破

中国马克思主义史学诞生以后，史学家们在自己的论著中往往引用马克思主义经典作家的论述作为自己的立论根据，在说明历史问题时也往往以经典作家的言论作为理论和方法的依据。这种方法如果运用得当也是无可非议的。但长期以来，史学界在运用马克思主义作为研究工作的指导思想时存在一种教条主义的倾向，把这种"指导"变成对马克思主义理论的简单套用，或作为对马克思主义经典作家个人言论的注解或证明，这就严重地削弱了史学研究的科学性，史学研究工作不可能得到深入发展。

郭沫若的《中国古代社会研究·自序》中曾经把自己的著作看成恩格斯《家庭、私有制和国家的起源》的续篇，但在全书的具体论述中极少引用经典作家的言论。随着马克思主义著作的逐渐普及，以及史学家对马克思主义经典著作学习的深入，学者们在自己的论述中引用经典作家的言论逐渐多起来。到20世纪五六十年代，竟形成了一种模式，即在历史论著的开始必定要引用经典作家的论述，以作为立论的根据，到文章的结尾也要引证经典作家的论述，说明自己的研究成果正好印证了经典作家的某一种观点。当然，在论述过程中也往往要引证经典作家的言论，以体现马克思主义的指导作用。这样一种模式愈演愈烈，引证的范围包括马克思、恩格斯、列宁、斯大林、毛泽东，"文化大革命"十年还把这种引用的文字排成黑体字，以表明突出马克思列宁主义、毛泽东思想的指导。似乎引用越多，越能体现突出马克思主义的指导。这样一来便形成一种僵化的公式，马克思主义历史观的指导被庸俗化，成为简单的文字游戏，而其真正的思想内涵反而被忽略。这一僵化的模式不仅损害了史学，也损害了马克思主义本身。不突破这种教条主义的模式，历史学就不能得到发展。

在思想解放运动的影响下，史学工作者逐渐明确了怎样才是正确地运用马克思主义指导史学研究。历史学家白寿彝在1978年的一次学术报告中指出："理论方面有两个问题，一是理解，一是运用。理解上，要求完整地、准确地学习，不容易。怎样才能做到呢？就是不能离开经典著作的当时的历史条件和经典作家的意图去理解当时的论断。离开当时的历史条件和经典作家的意图去理解经典著作，就不可能完整、准确。当然这要下更大的功夫。在运用上，往往在理论运用上运用得好，就是对马克思主义的发展。要求理论上的发展，是符合马克思主义的，不要求发展，停滞不前，让理论僵化，那不是马克思主义。"①

方法论方面还有一个重要问题就是历史著作的体裁问题，特别是如何编纂大型的中国通史的问题。长期以来，通史著作一直是章节体，即按照章节分述不同历史时期的政治、经济、文化等内容，逐渐形成一种固定的模式。这些通史著作不仅以社会经济形态理论作为指导思想，同时以之作为划分历史阶段的线索，甚至也把它们作为划分章节的依据。由于这个体系不断被沿用，所以这种编写模式逐渐呈现僵化的趋势，很难有所突破，于是造成了一些弊端。例如，由于以社会经济形态为划分历史阶段的标准，而经济形态的变化是个长期的历史过程，没有明确的划分标志，所以会造成各种通史著作在分期上的混乱。此外，通过这样的通史著作很难了解到一个历史时期的整体状况；人的历史活动被遮蔽，通过这样的通史著作无法了解到当时重要历史人物的全面情况；同时，对该时代的各种典章制度也无法获得较为系统的信息。

突破这样传统的历史编纂模式，不仅需要有相当高的理论素养，而且要有非凡的创新魄力。只有经过思想解放的洗礼，才能突破传统的历史编纂模式的束缚，形成新的历史编纂模式。白寿彝先生主编的多卷本《中国通史》在编纂体裁的创新上进行了大胆的探索，实现了一次历史性的突破。

白先生的多卷本《中国通史》在历史编纂模式上的一个重要突破，就是他没有把马克思主义关于社会经济形态的理论简单地搬过来作为剪裁中国历史的公式，并作为通史分卷的依据。他在分期问题上，把马克思主义关于人类历史发展阶段的理论与中国历史的特点结合起来，把中国历史划分为远古时代、上古时代、中古时代和近代四个大的阶段。例如上古时代，就包括了夏、商、周等朝代，这就没有因历史分期的不同观点而割断大历史阶段的完整。在近代部分，也没有像过去那样以革命性质划分不同阶段，而将 1840—1919

---

① 白寿彝：《关于史学工作的几个问题》，《白寿彝史学论集》(上)，北京师范大学出版社，1994年版，第 328 页。

年称为近代前期，将 1919—1949 年称为近代后期。这样划分历史阶段，既体现了马克思主义的指导，又坚持了中国历史本身的特点。

多卷本《中国通史》在编纂模式上的另一个重要突破是创立了一种"新综合体"。全书除第一、二卷外，其余 10 卷都各包含 4 个部分：（1）序说，阐述有关历史时期的历史资料、研究状况、存在问题和本卷撰述旨趣。（2）综述，阐述有关历史时期的政治、军事、民族等方面的重大事件，勾勒这个时期历史进程的轮廓，便于读者明了历史发展大势。（3）典志，阐述有关历史时期的各种制度及相关专题，丰富读者对"综述"部分的认识。（4）传记，记述有关历史时期的各方面代表人物，展现人在历史运动中的能动作用和历史地位。多卷本《中国通史》章节体的形式融入了纪传体等传统史书体裁的风格，把古今史书体裁的优点结合起来，形成一种"新综合体"，从而容纳了极为丰富的历史内容，也活泼了历史编撰形式，使其具有突出的民族特色。① 综上所述，史著编纂模式上的变革与创新，也是史学界思想解放的结果。

二、打破学科藩篱：多学科、多视角地考察历史

真理标准问题讨论之前，史学工作者不仅在指导思想上受到"左"的思想的束缚，在实际的研究工作中，在对历史研究的视角和研究课题的选择上，也受到"左"的思想的束缚。历史研究一直是以政治、经济、思想三大块为主要领域，以阶级斗争史、农民战争史为研究重心，这样就忽视了许多非阶级的因素，如风俗习惯、生活方式、民族心理、人物性格及自然环境等因素对历史的影响，从而造成了研究视野的狭隘、分析的简单、理解的偏失。把一些本该属于历史的内容摒弃在研究视野之外，留下了许多无人问津的薄弱环节。30 年来的思想解放过程，也正是史学工作者拓展学术视角的过程，因而也是史学园地繁荣发展的过程。这里我们择要谈几个方面。

（一）社会史的兴盛拓宽了史学的研究领域

史学家思想的解放促进了社会史的复兴，而社会史的复兴又极大地拓展了人们的历史视野，给史学注入了新鲜的血液，那些过去被排斥于历史之外的领域，被肯定具有了一定的研究价值。家庭宗族、婚姻风俗、服饰礼仪、

① 瞿林东：《白寿彝教授和〈中国通史〉》，《白寿彝史学的理论风格》，河南大学出版社，2001 年版，第 163 页。

乡土信仰、食俗游艺、社会心态、妇女儿童、人口生育等问题都成为经久不衰的史学课题。历史学改变了它苍老干瘪的形象，变得鲜活而饱满起来。

1986年10月在天津召开的中国首届社会史研讨会对社会史的复兴起了重要的作用。在这次会上，学者们不仅探讨了关于社会史的研究对象、研究范畴，以及社会史与其他学科、专史、马克思主义的关系问题，而且提出开展社会史研究的重大学术意义和现实意义在于开拓史学研究领域，改变史学研究现状，推动其他相关学科的发展。这次会议的成功举办，标志着中国史学界正式举起了社会史的大旗。《历史研究》于1987年第1期以大量的篇幅发表了一组有关社会史的文章，如冯尔康的《开展社会史研究》、陆震的《关于社会史研究的学科对象诸问题》等。《历史研究》评论员撰写了《把历史的内容还给历史》一文，"吁请史学界扩大视野，复兴和加强关于社会生活发展的研究"，认为这是一条可以"突破流行半个多世纪的经济、政治、文化三足鼎立的通史、断代史等著述格局"的重要途径，这样可以将原本属于历史却被排除于历史的内容还给历史。

当社会史在新时期的历史条件下"破土而出"时，必定会有一些史学家迅速地转变观念，更新自己的知识结构，开拓新的研究领域。社会史发展的方向给这些史学家提供了重新思考、重新解释、重新综合研究历史的眼光和方法，给他们的具体研究工作带来了新的意义。社会史复兴以后，很快在一些方面取得了突破性的进展。

一是关于社会生活的断代性研究。如刘志远等人的《四川汉代画像砖与汉代社会生活》，宋德金的《金代的社会生活》，冯尔康、常建华的《清人社会生活》。这些著作分别展现了那些时代的社会生活，涉及人口、市民生活、服饰、食俗、礼俗、交通、民居等当时人们日常生活的各个方面。二是关于社会结构的研究。如刘泽华的《士人与社会》，系统分析了先秦知识分子阶层的起源、理想、社会影响与历史作用；高世瑜的《唐代妇女》，分类研究了唐代妇女的10个阶层，对她们的社会地位、社会生活、心理状态，以及她们的社会影响与业绩都做了细密的探讨。三是关于婚姻、家庭、家族的研究。如彭卫的《汉代婚姻形态》、史凤仪的《中国古代婚姻与家庭》、李晓东的《中国封建家礼——中国风俗文化集萃》、陈支平的《近五百年来福建的家族社会与文化》等。四是关于社会风俗的研究。如王可宾的《女真国俗》、王任兴的《中国年节食俗》等。五是关于市镇的断代性研究。如樊树志的《明清江南市镇探微》、傅宗文的《宋代草市镇研究》等。

进入 20 世纪 90 年代以后，社会史的系统性研究明显增强。1992 年由乔志强主编的《中国近代社会史》问世，它是从宏观层次上系统研究中国近代社会的代表性著作，其间贯穿了作者对社会史理论的理解，开创性地提出了社会史的理论体系，即中国近代社会史的模式。陈旭麓也于 1992 年出版了《近代中国社会的新陈代谢》一书。此书将他提出的中国近代社会史的理论模式进行了具体实践，即整体地、动态地反映出近代中国社会的变迁，并把这种认识概括成"新陈代谢观"。冯尔康主编的《中国社会结构的演变》，则是国内第一部关于中国社会结构史的系统性研究专著。全书在中国社会结构的历史状况、演变过程、内部的矛盾斗争及其成因等方面都进行了一些新的探索。

社会史的兴盛是史家转变研究视角的结果，而研究视角的转变又极大地开拓了史学的研究领域，使一大批具有新思想、新内容、新方法的史学著作问世，促进了历史学的发展、繁荣。

(二)文化史研究的崛起促进了史学范型的更新

过去的史学研究往往简单化地看待经济基础对历史的决定作用，并认为文化是附属于政治、经济的，在通史的体系中处于一种次要的地位。在阐述特定时期的文化时，也是从哲学、史学、艺术等文化的各个具体领域来分别介绍，这也就形成了一种研究模式。在史学家的思想解放过程中，"文化"的作用被凸显出来。文化不再是历史内容的次要方面，它变成一种观察历史的新视角。从文化的视角观照历史，历史就是人类的文化过程，是人类文化的创生、积累和发展。人类历史上的一切活动，作为文化现象，体现着主体与客体的动态统一。全部的历史，即一个以"实践"为中介的物质变精神、精神变物质的过程。而考察历史的文化视角，首先突出了主体意志、能动性在历史中的重大作用，强调了历史乃是被人制造、被人选择的人的命运。

文化作为"生活的样式"，是经长时段衍生的历史的深层结构，它尽管无踪无影、无声无息，却从过去流向现在、通往未来，潜在地支配着历史行程。"传统"一词就很好地形容了文化结构的延续性和稳定性。所以，对文化功能的认识要求历史研究能够挖掘历史的深层，进入人们丰富而真实的精神与生活世界，揭示古今之变中的因果联系，充分重视文化在历史发展过程中的影响，深入探讨在特定社会文化中的历史发展道路的多样性、复杂性。

这种新的文化史是建立在"大文化"的概念之上的，并以此为前提来界定自己的对象和范围。文化史研究要把握住"精神"这一主线，以人的精神活动和心灵世界为研究重心，研究精神如何外化、对象化进而作用于历史进程，以及历史实践活动如何向内积淀而形成一定的精神世界。文化史研究对象和范围的特殊性决定了它在历史学科中的特殊地位，它不仅涵盖了意识形态领域的一切专史，而且与历史各分支学科都有交叉，是一门多层次、多维度的综合性学科。

30年来，文化史的研究非常兴旺。从1984年开始，文化史研究就以前所未有的态势崛起。文化史研究专刊《中国文化》《中国近代文化史研究专辑》，以及"中国近代文化史丛书""中华近代文化史丛书"等都陆续开始推出。短短时间，文化史研究的专著、丛书、期刊陆续出版，民间文化团体、文化沙龙蓬勃兴起，各种层次的文化讨论会陆续召开，有力地推动了大众文化热情的高涨，"文化"成为人们谈论最多的一个话题。

归纳起来，文化史的崛起应该包括以下几个层次。

第一，理论层次的研究。在文化史勃兴之始，以理论化了的社会意识形态为研究对象的思想史曾是文化史的主要组成部分，如关于文化的基本概念和传统文化的特性，弘扬传统、批判传统等。以后研究视线下移，注重"大传统"与"小传统"之间的联系，并深入一般民众的知识观念体系。如葛兆光所著《禅宗与中国文化》《道教与中国文化》。1998年，葛兆光写成了《一般知识、思想与信仰世界的历史》，力求从"经典"以外的思想材料中理出"真正支配历史"的"思想世界"。陈来所著的《古代宗教与伦理——儒家思想的根源》，从早期文明社会"大传统"与"小传统"的分离过程考察儒学的起源与发展，着重于对一个时代总的文化氛围的把握。

第二，各种专题的文化研究。有关饮食、服饰、丧葬、祭祀、节庆、集会、消费、婚俗、礼制等方面的论著在近年来文化史研究中占了最大的比例，对民众生活方式、礼俗风尚的研究成为文化史的主要部分。大规模"风俗文化"丛书层出不穷，如上海古籍出版社的"中国古代生活文化丛书"，陕西人民出版社的"中国风俗丛书"，中国社会科学出版社的"中国古代社会生活丛书""江湖文化丛书"，辽宁教育出版社的"中国文化精神文库""人间透视大型书系之中国文化五大层面"，四川人民出版社的"中国民俗文化系列"，北京师范大学出版社的"中华雅风美俗丛书"等。

第三，建立系统的文化史学科体系。进一步明确文化史学科的研究对象和范围，需要进一步构架文化结构，以厘清文化史学科体系。在这方面，冯天瑜等著的《中华文化史》，对文化结构的理解和剖析能够把握主客体动态统一的原则，体现出文化的"精神—心态"内核。

总之，近30年来，文化史的研究出现了与以前完全不同的面貌，它的复兴和发展不仅扩大了历史学的研究领域，而且为历史学研究提供了一个新的视角，使历史研究的观念发生了深刻的转变，是非常值得注意的新学术发展趋向。它对于历史学科自身发展的意义远不止于领域的拓展。文化史作为对历史的文化研究，展示出一套从文化视角观照历史的独特方法体系。尤其是"大文化"概念对历史的阐释被广泛接受，这就活跃乃至更新了人们的历史思维，对新时期以来史学研究范型的变革确实起了重要作用。

(三)心理学方法的运用使史学研究的触角深入群体及个人的内心世界

在真理标准问题讨论之前，史学工作者的思想受到禁锢，他们很少能够关注某一时代的社会心理或某个历史人物的性格特征，因为那样做难免会陷入唯心主义的泥潭。所以，无论个人心理还是群体心理，都是史学研究的禁区。史学家所写出的历史人物或群体往往都是千人一面，是没有个人性格特点的人。史学家思想解放的结果必然会冲开这个禁锢，向更深层次的历史领域去探究。

心理史学的出现有这样一些背景：一是转换研究视角和方法的需要。我国史学工作者人数众多，很多长期受到史学工作者关注的课题都已经被研究过，再加上海外的学者也都有些共同关注的问题，这样就容易造成研究课题老化、研究方法单一、研究成果重复的现象。这就促使一些学者转换视角，并力求在方法上有所突破。比如，史学界对五四运动的研究已经有几十年了，长期以来学者们所关注的主要是五四运动对中国的政治和思想文化方面所产生的影响和主要代表人物。由于课题比较陈旧，在20世纪90年代，就有学者开始把五四运动时期的社会心理作为博士论文的选题，并且写出了相关的著作。史学界对孙中山的研究自他逝世以后就长盛不衰，除大陆学者外，我国港台以及日本、欧美等都有不少学者在研究，如果不从理论和方法上有所改进的话，研究的深化也是很困难的，这就促使一些学者去对孙中山的人格特征进行研究。二是我国社会史研究热潮的必然走向。当历史学家从政治形式的外表深入社会生活的深处时，社会史的研究就必然会得到发展，而社会史与心态史的区别很难说清楚。正如法国年鉴派史学家伏维尔所说："心态史远不是社会史的对立面，而最多只是研究社会史的终结和归宿。"因此，社会史的研究对象最后都表现为人们的态度和群体表象。也就是说，心态史的研究是社会史的自然的延续和补充，所以有些社会史的研究者也就自然把研究视角转向心态史。

心理史学的关注点主要有以下几个方面。

第一，研究某一个特定历史人群在特定历史时期的社会心理或心态是我国心理史学研究的一个重点。比如，程歗的《晚清乡土意识》，把研究视角从个别思想家转向中国的乡里社会，研究以农民为主体的乡里社会大多数成员的日常意识、政治意识、民族意识、宗教意识等。心理史不是系统的意识形态，而是浮表层次的心理活动，乐正的专著《近代上海人社会心态（1860—1910）》就是这方面的代表性成果。

第二，研究某一历史人物一生的人格或某个特定历史时期的心态，是当前心理史研究的另一个重要方面。胡波的《岭南文化与孙中山》一书，是运用心理史方法研究孙中山人格的一部专著；陈雪良的《司马迁人格论》一书则全面论述了司马迁的人格状况。此外，还有唐文权的《同盟会倡始时期宋教仁心态研究》、杨奎松的《蒋介石从"三二〇"到"四一二"的心路历程》、欧阳跃峰的《义和团运动时期慈禧太后心态剖析》等心理史方面重要文章。

第三，研究某一历史时期或某一社会运动中的社会心理问题。周晓虹的专著《传统与变迁——江浙农民的社会心理及其近代以来的变迁》是研究近代以来一直到改革开放时期江南地区农民的社会心理的著作，是历史学和社会学结合的著作，具有明显的跨学科特点。王跃的《变迁中的心态——五四时期的社会心理变迁》也是这方面的代表性著作。

从以上三点可以看出，史学的发展有赖于史家研究视角的转变，而研究视角的转变必须有史家观念的解放。这种视角的转换是促进新时期史学发展的重要动力。

三、克服闭塞状态：在与国际史学交流互动中发展

长期以来，我国社会科学界忽视对现代西方学术的研究，更谈不上批判地吸收。在"左"的思想的禁锢下，学界把凡是哲学观点或世界观上不符合马克思主义基本观点的东西都从总体上予以否定，而不管它是否有正确的要素与合理的内核。结果导致对当代国外的特别是西方的新学术、新观点、新理论持某种虚无主义态度，视而不见，从而把史学变成封闭的、僵化的体系。在 30 年来思想解放的潮流影响下，中国史学工作者越来越关注国外史学的发展趋势，而国际史学的发展新趋势也对中国史学本身的变革产生越来越大的影响。

(一)历史比较研究方法的运用首先受到中国学者的关注

比较史学是 20 世纪上半叶兴起、二战后兴盛起来的国际史学新潮流、新方法，不仅在西方国家盛行，在苏联也受到重视。法国年鉴学派创始人马克·布洛克对比较史学的运用起了开创作用。他的《欧洲社会历史的比较研究》《封建社会》等论著对比较史学的理论和方法产生过很大影响。二战以后，西方传统史学的理论和方法发生巨变，现代西方比较史学兴起。各国都为比较史学的发展开辟园地，如美国有《社会与历史的比较研究》杂志，国际性的比较史学讨论会也不断召开。

改革开放新时期以来，首先在我国产生较大影响的西方史学流派就是比较史学。20 世纪 80 年代初我国的学术刊物上就有宣传、介绍比较史学的文章，也有些中国学者尝试运用比较方法研究中外历史。有关学术单位还举办过多次中外历史比较的学术讨论会。庞卓恒的《比较史学》和范达人、易孟醇的《比较史学》等专著也相继出版。

在西方比较史学的启示下，我国史学家以唯物史观为指导，在运用比较史学中大大地推动了史学研究的深化。20 世纪八九十年代以来，史学刊物上论述比较史学理论和方法的文章很多，而尝试运用比较方法研究历史问题的文章和著作更多。这些研究涉及古今中外的历史问题，包括政治史、经济史、文化史以及各种历史事件、历史人物、历史制度，甚至包括不同的历史著作。在这些历史比较中，大多涉及中外历史问题的比较，大大促进了对这些问题研究的深化。运用比较方法研究历史成为新时期我国史学研究工作的突出亮点，产生的成果非常丰富。这里，我们仅对涉及中外历史比较的一些研究成果加以梳理，如中外政治制度和政治改革的比较、中外经济发展的比较、中外社会状况的比较、中外文化发展和文化传统的比较、中外学术思想的比较、中外历史人物的比较等。这种广泛的历史比较无疑会加深对中国历史与世界历史的了解。马克垚、刘家和、朱寰、庞卓恒、廖学盛、梁作檊等学者都有关于比较研究的著作，也有论述比较史学理论与方法的文章。学术刊物上运用比较方法研究中外史学问题的文章较多。新时期以来出版的 20 多本史学概论、史学方法论的著作大都将比较史学的方法列为史学研究的一种基本方法。

在西方比较史学的影响下，通过我国学者的多年努力实践，现在运用比较方法研究历史的重要性已经成为众多学者的共识。他们认为：世界历史就是要从宏观上把握世界历史发展的共同规律和特殊规律，具体阐明世界历史发展的同一性和多样性。要弄清世界历史中哪些是共同规律，哪些是特殊规律，社会发展的共同性怎样寓于特殊性之中，特殊性又如何体现了共同性，不经过比较和鉴别是很难取得共识的。此外，对于如何运用比较方法，以及历史比较的困难和局限，也受到很多学者的重视，他们分别提出了自己的见解。庞卓恒认为："西方比较史学真正的困境在于，他们普遍奉行一种非科学的社会历史观。""那些具有不同程度的科学价值成果只有在科学的历史观和方法论的指引下才能被纳入科学比较史学的严整体系之中，使之上升到探求因果必然性规律的科学高度。"①

中国学者在运用历史比较方法的过程中，对人类历史发展的普遍性与特殊性规律有了进一步的认识。他们指出：古代各国、各个社会虽然千差万别，但在大致相同的生产水平和经济条件下，它们的政治、经济、社会各种形态的结构应该是大致相同的，它们的发展趋势也是类似的；但是这种普遍性是寓于特殊性之中的，各国、各民族的历史发展有自己的特点，应该透过这些特点寻求其本质上的相似之处。

（二）现代化进程研究的兴起拓展了近现代史的范围

对现代化问题的历史研究是西方学术领域中的一个亮点，兴起于 20 世纪中期。改革开放 30 年来，学术界对于西方各种流派的现代化理论进行了介绍和引进，这对中国学人了解西方在现代化问题的各种理论，并且进一步分析、批判与借鉴起到了重要作用。这些西方现代化理论包括所谓的原生现代化理论、后发现代化理论和各种现代社会发展理论。在各种现代化的理论中，特别受到我国历史学家关注的是美国普林斯顿大学布莱克教授的比较历史研究方法，他的《现代化的动力——比较历史研究》《日本和俄国的现代化》等著作受到广泛关注。

如何对待这些西方学者的现代化理论呢？我国学者认为：西方学者按照各自的历史观和方法论去研究现代化进程，这是毫无疑义的。但这种情况绝不能成为马克思主义者忽视这个研究课题的任何理由。正相反，研究这个课题，正是今天马克思主义学术界的一个重要任务。

我国史学界对现代化问题的关注，一方面是受到了西方学者的现代化研究的启示，另一方面也是同中国现代化发展的现实要求密切联系的。罗荣渠在 1984 年就提出："一个对当前我国四化建设具有直接现实意义、对过去的历史研究也能起推动作用的世界史研究课题，就是关于现代化问题的理论的

---

① 何兆武、陈启能主编：《当代西方史学理论》，中国社会科学出版社，1996 年版，第 323—326 页。

和历史的研究。"①华中师范大学章开沅教授也从中国史研究的角度提出了同样的问题，他说："从我们的前辈到我们这一代，为中国现代化道路的探索，已经经历了一个半世纪以上的漫长岁月；然而我国对于现代化理论的探讨却起步甚晚，贻误甚多。中国理论界应该急起直追，加强现代化理论与实践的研究，力求为当前的'四化'建设贡献自己的智慧。"②

1986 年罗荣渠组建北京大学世界现代化进程研究中心，编辑"世界现代化进程研究丛书"。其中，罗荣渠的《现代化新论——世界与中国的现代化进程》和《现代化新论续篇——东亚与中国的现代化进程》受到了学术界广泛的关注。此外，《从"西化"到现代化》《中国现代化历程的探索》《各国现代化比较研究》《东亚现代化：新模式与新经验》等对于人们了解现代化问题研究的历史及推动现代化问题的研究起了重要的作用。章开沅主持了中外近代化比较研究课题，陆续出版了"中外近代化比较研究丛书"，如章开沅的《离异与回归——传统文化与近代化关系试探》、罗福惠的《国情、民性与近代化——以日、中文化问题为中心》、易升运的《西学东渐与自由意识》、唐文权的《东方的觉醒——近代中印民族运动定位观照》、范铁城的《东方的复兴——中印经济近代化对比观照》、严昌洪的《西俗东渐记——中国近代社会风俗的演变》、赵军的《折断了的杠杆——清末新政与明治维新比较研究》。而由章开沅、罗福惠主编的《比较中的审视：中国早期现代化研究》则是这一课题带总结性的研究成果。

中国学者还推出了一批关于世界现代化进程的著作，如丁建弘主编的《发达国家的现代化道路——一种历史社会学的研究》③，是全面研究和论述发达国家现代化—工业化各阶段具体的经济、政治、文化之间的互动、互补作用和对世界影响的专著。此外，我国学者还推出了研究东亚现代化、中东现代化，以及美国、日本、德国、俄国等国家现代化历史的专著。

在对世界现代化进程进行宏观考察的过程中，也需要对中国的现代化问题进行新的考察。学者们认为：从中国现代化开始启动的 19 世纪中叶直到 20 世纪的最后阶段，中国社会的一切变迁、动荡、冲突，中国所有的政治制度更替、经济结构转型、意识形态更新，都包含在现代化变迁的大框架之内，

---

① 罗荣渠：《有关开创世界史研究新局面的几个问题》，《历史研究》，1984 年第 3 期。

② 章开沅、罗福惠主编：《比较中的审视：中国早期现代化研究·序言》，浙江人民出版社，1993 年版。

③ 丁建弘主编：《发达国家的现代化道路——一种历史社会学的研究》，北京大学出版社，1999 年版。

都可以在现代化这一宏大的主题下重新获得解释和价值意义。洋务运动、戊戌变法、辛亥革命、清末的立宪改革，以至近代的工商业、商会、学堂、文化、社会风尚问题，包括与现代化有关的各种人物的问题，都可以进行整体的研究。有的学者从某一特定方面，如近代中国的资产阶级、近代中国的市场和商会、晚清的改革、近代教育发展、城市发展、传统文化对现代化的影响等，来研究现代化的问题。吴承明的《中国的现代化：市场与社会》①一书考察了 16 世纪以来数百年间中国的市场、物价、人口、耕地、税收、货币、社会和思想等各方面的变迁情况。虞和平的《商会与中国早期现代化》②一书，深入探讨了商会发展的历史过程，着重论述了商会与资产阶级自身现代化的问题以及商会在早期现代化中的作用。为深入、系统地探讨中国的早期现代化过程，虞和平还主编了三卷本的《中国现代化历程》一书。

　　现代化的历史研究打破了长期以来以阶级斗争为中心的单一的历史解释模式，学者们开始探索以现代化为中心的世界近现代史的新体系，推动世界近现代史研究的深化。

（三）生态环境史研究的展开打开了探索人类与自然互动的新领域

　　生态环境史是中国史学与国际史学接轨后产生的新的史学领域。尽管在接触西方环境史之前，我国学者也不乏研究历史发展的地理环境方面的论著，但是真正作为一个新兴的学科去研究，则是在 20 世纪末期。

　　20 世纪六七十年代以来，环境史研究在西方发达国家方兴未艾，他们不断推出引起学术界震撼的著作，提出一个个发人深省的问题。1959 年美国学者塞缪尔·海斯的《保护与效率主义》和 1967 年美国学者罗德里克·弗雷泽·纳什的《荒野和美国思想》的出版，被认为是环境史出现的标志。纳什第一次使用了"环境史"这个概念。他认为，环境史是"人类与其居住环境的历史联系，是包括过去与现在的连续统一体"，因而，环境史"不是人类历史事件的总和，而是一个综合的整体。环境史研究需要诸多学科的合作"。环境史要弄明白什么？美国学者沃斯特首先提出，环境史是"研究自然在人类生活中的作用和地位"的。显然，从广义上讲，这个观点是可以为众多学者所认可的。它概括了环境史的要义是说明人和自然的关系，而不是人事关系，从而使环境史与其他历史学科，如政治史、经济史以及 20 世纪中期活跃起来的社会史有

---

① 吴承明：《中国的现代化：市场与社会》，生活·读书·新知三联出版社，2001 年版。
② 虞和平：《商会与中国早期现代化》，上海人民出版社，1993 年版。

了差别。这样一来，环境史的领域无疑要比先前的各种历史学科宽多了，它的范围扩展到了整个自然，从而打开了历史研究的一个新视角。环境史研究不得不向自然科学靠拢，必须进行跨学科研究，这些都是环境史不同于其他历史学科的地方。

在 20 世纪末，中国学者开始进行对外国环境史的介绍和引进。侯文蕙在1995 年出版了我国第一本研究外国环境史的专著《征服的挽歌：美国环境意识的变迁》。此外，侯文蕙还翻译了美国学者唐纳德·沃斯特1979 年推出的《尘暴——1930 年代美国南部大平原》(后简称《尘暴》)一书，此书在美国被认为是环境历史领域里的一部开山之作，是美国大学环境史教学与研究领域的必读书，是被环境史学家们经常引用的一部书。我国环境史学家认为，《尘暴》虽然是一部美国环境史专著，但是它所呈现的环境史特质和它特有的研究方法，以及它的思考方式和写作风格都使我们得到启发。它是一部集生态学、经济学、社会学、地质学、气象学以及农学等多种学科于历史学之中的佳作。

2004 年，德国学者约阿希姆·拉德卡的新著《自然与权力——世界环境史》在我国翻译并出版。拉德卡认为，世界史总是潜在地由人与环境的相互作用决定，环境史很快在世界范围内成为一个迅速发展起来的学科。作者同时指出，环境史绝不仅仅是危机和灾难的历史，同样也是人和自然的联系以及自然环境的默然再生的历史。

世纪之交，国内的一些学术期刊开始讨论环境史的问题。《史学理论研究》2000 年第 4 期发表了包茂宏的《环境史：历史、理论和方法》一文，从全球视野对环境史的兴起、发展、理论、方法以及存在的问题进行了全面的分析。作者认为，环境史建立在环境科学和生态学基础上，以当代环境主义为指导，利用跨学科的方法研究历史上人类及社会与环境之间相互作用的关系；通过反对环境决定论、反思人类中心主义文明观为濒临失衡的地球和人类文明寻找一条新路，即生态中心主义文明观。《史学月刊》2004 年第 3 期发表了一组环境史研究的笔谈，景爱、侯文蕙、梅雪芹、夏明方、石楠等学者分别发表了自己的见解。《世界历史》2004 年第 3 期也发表了一组笔谈，其中包括美国学者唐纳德·沃斯特的文章《为什么我们需要环境史》。梅雪芹编著的《环境史学与环境问题》和王利华主编的《中国历史上的环境与社会》集中探讨了有关环境史学的理论问题。

随着环境史研究在国内兴起，我国一些学者开始从环境史的视角研究传统的历史问题，包括政治史、经济史等。张敏写作《生态史学视野下的十六国北魏兴衰》①一书，就是受了生态环境史的影响，该书通过对十六国北魏时期历史进程的考察，揭示生态环境变迁与政权兴衰、社会经济发展之间的复杂的互动关系。钞晓鸿的《生态环境与明清社会经济》②一书也具有明显的环境史的特色。

2005年8月在南开大学举行的中国历史上的环境与社会国际学术讨论会，可以反映当代中国学者研究生态环境史的最高水平。这次讨论会不仅涉及问题的范围广，而且理论视角和技术方法也趋于多元化。除了涉及生态学、农学、历史地理学、考古学外，还涉及民族学、人类学、社会学、经济学、民俗学、地质学、森林学、地貌学、水文学、气象学、灾害学、生物学、医药和公共卫生学等学科的专门知识和方法。

环境史学的兴起得到了诸多史学工作者的关注，它不仅仅是史学领域的一门新的分支学科，而且很大程度上改变了中国史学的传统模式，体现了一种史学研究的新面貌，可谓意义深远。

(四)对全球史观的关注将形成中国世界史研究的新模式

全球史也叫"新世界史"，20世纪下半叶兴起于美国。一般认为，1963年美国学者威廉·麦克尼尔出版的《西方的兴起》一书是全球史诞生的标志。40多年来，全球史在西方史学界蓬勃发展，在20世纪80年代走向成熟。1995年第19届国际历史科学大会将"'全球史'是否可能"列为讨论主题之一，说明全球史已经得到世界各国学者的关注。全球史并不是全球历史的总和，不是全球每个国家或主要国家历史的累加，它是一种新的史学研究方法，一种以全球为视角研究具体历史的方法。它把全球视为一个整体，研究这个整体如何运行，而不是单纯地罗列组成这个整体的每一具体国家的发展过程。

全球史的基本出发点是，在世界历史发展过程中，跨国家、跨民族的联系、交流与互动起着非常重要的作用。比如跨国贸易不仅促进各参与国的经济发展，而且通过贸易往来传播了文化，促进了不同民族之间的了解，有时甚至导致新文化类型的生成。又如现代美洲文化就是欧洲、非洲和印第安文化的综合体。更重要的是，这种联系还会导致植物、动物、微生物、疾病的传播，这对于各地区的发展也会产生非常重要的影响。再如，由于地理、气候、交通、文化、种族等方面的原因，在世界历史发展的某个特定时期，可

---

① 张敏：《生态史学视野下的十六国北魏兴衰》，湖北人民出版社，2004年版。
② 钞晓鸿：《生态环境与明清社会经济》，黄山书社，2004年版。

能某个区域、某海洋周围、某一大洲、某个半球乃至全球的发展表现出某种共性或可比性。分析这些共性和可比性会使我们更加清楚地认识人类历史进程，也会赋予我们更多的解决人类问题的智慧。受当代全球化现实的启发，史学家们意识到"以国为本"的世界史认识误区，于是开始关注"跨国"现象。这就是全球史的贡献，所以只能说全球史是一种方法、一种认识的角度。

全球史学者关注较多的问题是疾病的蔓延、物种的交换与传播、人口的迁移与文化的交流等。他们通过这些问题把世界各个地区联系为一个整体，跳出了民族、国家的界限研究整体的历史。最近十几年，科学家对疾病、语言、生态、天文和人类进化的研究有了新的突破，很快这些知识开始与历史研究结合起来，成为全球史学家研究的对象。他们认为，生活在地球上的人类文明由孤立、分散发展为联系和交流，期间也包括竞争与合作，这都是人类社会不断向前发展的动力。因此全球史学者在空间上、时间上、学科上将研究范围不断扩大。如在学科上，世界历史学家开始与环境学、人类学、语言学、天文物理学、化学、地理学、生态学等其他学科的学者合作交流，并将各个领域的成果和研究方法融入全球史的研究之中。

在中国也有一些学者持类似全球史观的见解。历史学家吴于廑在《中国大百科全书·外国历史》中写道："世界历史是历史学的一门重要分支学科，内容为对人类历史自原始、孤立、分散的人群发展为全世界成一密切联系整体的过程进行系统探讨和阐述。世界历史学科的主要任务是以世界全局的观点，综合考察各地区、各国、各民族的历史，运用相关学科如文化人类学、考古学的成果，研究和阐明人类历史的演变，揭示演变的规律和趋向。"他认为，既然历史在不断的纵向和横向发展中已经在越来越大的程度上成为世界历史，那么，研究世界历史就必须以世界为一全局，考察它怎样由相互闭塞发展为密切联系，由分散演变为整体的全部历程，这个历程就是世界历史。

20世纪80年代末，美国学者斯塔夫里阿诺斯所著的《全球通史：从史前史到21世纪》被译为中文，从那时起，国内史学界开始更多地关注并讨论全球史观问题。进入新世纪，这一讨论进入高潮。2005年，《史学理论研究》和《学术研究》均在其第1期刊发了有关全球史观的笔谈。2005年10月，中外学者近两百人在北京讨论世界通史教育问题。这表明全球史已经成为国内外史学界关注的热点。学者们认为，从史学思维的角度看，全球史观属于宏观历史思维范畴，具有全球性和整体性、系统性和联系性、客观性和公正性的特点，是一个全方位、开放性的体系。他们指出，全球史观的第一个特征是力图摒弃西方中心论的传统，把每个地区或民族的历史以及这些历史的每一方面都纳入相互联系的世界历史的整体的进程当中；第二个特征是十分重视整体与局部、中心与边缘的关系。

美国学者斯特恩主编的《世界文明：全球经历》(中译本书名为"全球文明史")，展现了最近西方学术界关于世界历史的一套系统观念，被认为是一部较为成功地用全球史观撰写的世界历史著作。彭慕兰的《大分流：欧洲、中国及现代世界经济的发展》也是一部有关全球史观的力作。该书不仅强调全球性的关联，而且重视各国家间的大跨度比较，被称为一本以破为主的重估历史之作，引起了中国学者的关注。

近年来，国内也出现了一批以全球视野思考世界历史发展进程的著作。如吴于廑、齐世荣主编的六卷本《世界史》，齐涛主编的《世界通史教程》，李植枬主编的《宏观世界史》，马克垚主编的《世界文明史》等。总之，全球史问题越来越受到中国世界史学者的关注，成为他们认识与研究世界历史的新视角、新方法，并在这个基础上与外国学者进行交流。相信全球史会成为中国世界史研究的一个新的学术增长点，中国学者的世界史著作将会更多地带有全球史的特点。

四、思想解放与史学思潮及史学发展小结

以上，我们概述了自真理标准讨论以来的思想解放运动和30年来史学思潮变迁与史学发展的关系。这只是一个大致的趋势，这30年来史学思潮的变化是非常复杂的，绝不限于这些方面；但是这里所提出的几个问题，是这种变化的一些重要方面。我们应该看到：

第一，30年来史学思潮出现的一系列变化必然是思想解放的结果。没有真理标准问题讨论带来的思想解放，就不可能冲破"左"的思想在史学领域所造成的思想禁锢，就不可能出现30年来中国史学前所未有的发展与繁荣。在这个意义上我们可以说：没有30年来的思想解放，就没有30年来史学的发展与繁荣。

第二，真理标准问题讨论所带来的思想解放是在马克思主义的科学原理指导下的思想解放。思想解放并不意味着摆脱唯物史观，而是在新形势下发展唯物史观。尽管这些年史学领域也出现过一些不和谐的声音，但史学界的主流是健康的。

第三，30 年来史学思潮的变化过程是各种思潮此消彼长的过程。有些思潮只是一时的现象，有些则在持续地发展。实践是检验真理的唯一标准。30 年来所出现的各种新理论、新观点、新方法、新流派，都必须接受实践的检验而决定对其的弃取。只有那些能够经受历史和实践检验的理论、观点、方法，而不是昙花一现的东西，才能体现史学思潮的主流，才能真正促进史学的发展与繁荣。

第四，真理标准问题讨论所带来的思想解放已经走过 30 年的历程，大量的事实可以证明这种思想解放对于史学发展所起到的促进作用。凡是从这个时代走过来的人都可以深刻地感受到 30 年来中国史学所发生的深刻变化。但是这个历程并没有结束，30 年来思想解放的成果必将作为一种新的动力，继续促进历史学的改革、发展和创新，推动中国的历史科学在 21 世纪继续发展与繁荣。

（原载于《史学理论与史学史学刊(2008 年卷)》，收入本书有改动）

改革开放 40 年来的中国史学理论研究

摘要：改革开放对历史学科的重要影响之一就是产生了独立的史学理论学科，可以说没有改革开放就没有中国的史学理论学科。40 年来，史学理论学科在学科建设、学术体系建设、话语体系建设等方面都取得了显著成绩，史学理论对整个历史学的影响力不断增强。在总结 40 年史学理论学科成绩的时候，也需要对学科发展中深层次的问题进行反思，以利于学科的健康发展。

关键词：改革开放；40 年；史学理论

改革开放 40 年来，中国史学发生了巨大的变化，史学理论学科的建设与发展就是其中的一项重要成果。当今，史学理论学科的发展反映着整个中国史学发展的态势；史学理论学科中存在的问题也在一定程度上反映了整个史学发展中存在的问题。在改革开放 40 年后的今天，反思一下史学理论学科发展的成就和存在的问题，对促进其健康发展应该说是必要的。

一、改革开放与史学理论学科的产生

改革开放对于中国历史学来说，其中一个重大的影响就是史学理论学科的产生。众所周知，改革开放以前虽然一直存在着对于史学理论诸多问题的研讨，但不存在一个史学理论学科。史学理论学科是改革开放以后史学发展的产物。

党的十一届三中全会重新确立了"解放思想，实事求是，团结一致向前看"的思想路线，历史科学迎来了自己的春天。史学工作者打破"左"的精神枷锁，一系列史学理论问题的讨论为发展新时期中国史学做出了重大贡献。1979 年 3 月，在成都召开的全国历史学规划会议明确提出加强马克思主义史学理论研究的问题，立即得到广大史学工作者的认同。1983 年 5 月，全国哲学社会科学规划会议在长沙召开，会议再次强调加强史学理论研究，包括外国史学理论研究，并做出了定期召开全国性的史学理论研讨会的决定。1984

年，第一届全国史学理论讨论会召开。中国社会科学院院长胡绳专门指示历史研究所、近代史研究所和世界历史研究所都要成立史学理论研究室，而且强调，世界历史研究所的史学理论研究室主要是研究外国的史学理论。1985年，中国社会科学院世界历史研究所筹备并成立了外国史学理论研究室。1987年，第一份全国性的史学理论研究专业刊物《史学理论》创刊；1992年，《史学理论研究》创刊。与此同时，各地高校也在根据自己的条件开设史学概论课，第一批史学概论课的教材也开始问世，这样就产生了一批从事史学理论教学与研究的学者。中国社会科学院研究生院、北京师范大学、华东师范大学、山东大学、天津师范大学等高校开始招收史学理论与史学史专业的硕士、博士研究生，有的高校还成立了史学研究所，在史学理论和史学史的教学、科研和研究生培养方面做出了重要的贡献。

1990年10月，国务院学位委员会和国家教育委员会联合下发的《授予博士、硕士学位和培养研究生的学科、专业目录》中，开始把史学理论和史学史列为历史学下的第一个二级学科。这意味着经过多年的发展实践，史学理论这门改革开放前不曾存在的学科已经正式获得了学术界的承认。

回顾史学理论近40年的发展历史，我们感受到改革开放的时代潮流对史学理论学科产生的决定性影响。《史学理论》在创刊时的《发刊词》中写道："我们的时代是改革的时代，开放的时代。改革和开放，是我们时代的最突出的特征，最重要的要求，最强大的潮流"，"改革的时代，必然是创新的时代，探索、开拓、创新，便是我们的时代精神"，"要改革，必然要开放。要开放，就要'引进'，要吸收和借鉴国外一切有用的东西。"①今天，在纪念改革开放40周年的时候，我们不能不感谢最初一批高举思想解放的旗帜，冲出长期以来遏制史学理论发展的种种"左"的思想桎梏的学者，感谢最早把国外史学发展新思想、新方法、新动态介绍给国内的思想界、学术界的学者，他们给渴望了解国外学术状况的青年们送来了一股清澈的甘泉。这种时代潮流的涌动，使每一个从那个时代过来的人回想起来都会感到激动不已。

史学理论学科的产生和发展需要区分一些当时人们还认识不太清楚的概念，如唯物史观与史学理论、历史理论与史学理论。应该说在当时的情况下，学术界对于史学理论是否有自己的研究对象、能不能成为一门独立的学科，在认识上还是不清楚的。

---

① 《时代·历史·理论——代发刊词》，《史学理论》，1987年第1期。

1984 年，宁可在《历史研究》上发表了《什么是历史科学理论》的文章，受到史学理论界的广泛关注。他主张区分一般的历史科学理论和严格的历史科学理论，而严格的历史科学理论就是探讨历史学本身的理论问题。他把当时史学理论涉及的内容概括为六大方面：一是历史唯物主义一般原理或规律的探讨；二是关于客观历史发展的辩证法问题；三是历史唯物主义原理或规律在特定时代、地区、民族和社会现象领域的具体化；四是历史学本身的理论和方法问题，如历史学的对象、任务、特点，历史与现实的关系，历史认识的特点，历史学的层次与结构，历史学的方法等；五是史学史和当代各种史学思潮、流派、观点的研究和评论；六是对当前历史研究倾向的研究与评论。他指出：从严格的意义上说，历史科学理论应该有自己专门的概念、范畴、原理和规律，并且构成一个严整的科学体系，那么只有上述六个方面的第四个方面，也就是只有历史学自身的理论和方法问题，才属于历史科学理论的研究对象。[1]

1986 年 12 月，陈启能在《光明日报》上发表文章，强调区分"史学理论"和"历史理论"两个概念。他认为史学理论是指历史学本身和与其有关的各种问题的研究，包括同历史学有关的理论问题，历史认识论、史学方法论、史学新领域和新流派、跨学科和跨文化史研究、历史写作理论，等等；而历史理论则是对客观历史进程的研究，包括各种相关的理论方法论问题。[2] 瞿林东在《史学理论》创刊号的圆桌会议上指出：我们"认识到历史唯物主义对马克思主义史学的发展具有的总的指导意义，但历史唯物主义并不能代替史学理论；因此，史学工作要有更大的发展，必须建立起本学科的理论体系。"[3]

区分"历史理论"和"史学理论"两个概念，对于史学理论学科的建设有重要的意义。它是把发展历史科学需要研究的各种理论、方法论问题进行一个相对的区分：一个是研究客观历史过程的理论，一个是研究历史学自身的理论问题。但这种区分并不意味着史学理论学科的建设和发展可以脱离马克思主义历史理论的指导，并且在具体的研究实践中，两者往往也有着不可分割的关系。

---

[1] 宁可：《什么是历史科学理论——历史科学理论学科建设探讨之一》，《历史研究》，1984 年第 3 期。

[2] 陈启能：《历史理论与史学理论》，《光明日报》，1986 年 12 月 3 日。

[3] 瞿林东：《史学理论与历史理论》，《史学理论》，1987 年第 1 期。

二、史学理论学科的发展

(一)史学理论学科的基础建设

改革开放以后，特别是 20 世纪 80 年代以后，史学理论学科建设受到空前重视，很多高校开设了史学概论的课程，史学概论的教材建设也提上日程。

1978 年，教育部委托山东大学历史系和云南大学历史系共同编写《历史科学概论》教材，由葛懋春担任主编。1983 年，该书由山东教育出版社正式出版，成为最早的一部史学概论教材。20 世纪 80 年代初，白寿彝先生就感到有开设史学概论课程的必要，1981 年他提出了编写提纲，组织青年教师进行讨论并分工撰写，1983 年由宁夏人民出版社正式出版。此后十余年，出现了一个史学概论教材编写的热潮，各种不同体系和风格的史学概论著作纷纷问世，吴泽、宁可、庞卓恒、姜义华、瞿林东、赵吉惠、李振宏等学者都参与了史学概论教材的编写，有的教材还经过多次修订再版。有的高校历史系史学概论课教师编写、出版了本系适用的教材，史学概论教材出现多样化的局面。为了加强马克思主义理论对史学概论教材的指导，马克思主义理论研究和建设工程的重点教材《史学概论》于 2009 年出版，它总结了改革开放以来史学概论教材多次编写的经验，由这个领域的著名专家编写，形成新时期史学概论教材中影响最大的一部。

新时期以来编写的各种史学概论教材的体系、内容、风格和适用对象不尽一致，但是这些教材的编写体现了改革开放以来史学理论学科受到高度重视的现实，为史学理论学科的建设奠定了基础。通过史学概论课程的讲授，对历史专业大学生进行有关史学理论和方法论的教育，对于提高他们的史学理论素养起到了积极作用。在史学概论教材编写过程中所涉及的各种问题，为进一步开展相关的学术研究创造了条件。史学概论课的教师成为进行史学理论研究的重要力量。但是，史学理论学科建设本身涉及的内容很多，通过一本教材和一门课程解决历史专业大学生的史学理论素养的问题还是有困难的，需要从不同的途径来解决。

(二)史学理论学术研讨平台的建设

全国史学理论研讨会是全国性的史学理论研究的重要平台。1984 年 11 月在武汉举行了第一次全国史学理论讨论会，从此开启了全国性的史学理论研讨的传统，受到全国史学理论界学者的高度重视。这个研讨会先后就历史与现实、历史发展的统一性与多样性、自然科学方法与历史研究、历史学方法论、历史认识理论、社会经济形态理论、外国史学理论的传入及对中国近现代史学的影响、东方历史发展道路、中外马克思主义史学的理论成就、全球化与全球史、中国世界史研究体系建设、西方史学理论研究中的热点问题、新世纪唯物史观面临的挑战和机遇，以及新中国成立以来史学理论研究的回顾与展望等问题进行了研讨。

中国社会科学院世界历史研究所和《史学理论研究》编辑部一直是全国史学理论研讨会的主办者。2017 年 11 月，在北京召开了第 20 届全国史学理论研讨会，主题是"当前史学理论与史学史研究的前沿问题"；2018 年 10 月，在上海召开了第 21 届全国史学理论研讨会，主题是"传统史学与现当代史学"。从第一届全国史学理论研讨会召开至今 34 年来，该研讨会持续举行，表明新时期史学理论研讨的热潮还在持续，新一代的史学理论研究的队伍正在成长。

《史学理论研究》是史学理论工作者经常性的学术研讨平台。1987 年创刊的《史学理论》是它的前身。1992 年正式创刊以来，从事史学理论研究的许多前辈和学者在这里发表了高水平的学术成果，许多学术新秀也是在这里开始进入史学理论的学术园地。2017 年第 2 期的《史学理论研究》开设了纪念该杂志创刊 30 周年的专栏。专栏"编者按"指出："30 年来，杂志坚持为改革开放这一伟大时代主题服务，自觉坚守唯物史观的指导地位，展示当代中国历史学理论与方法论研究的优秀作品，并引介外国史学理论研究成果，从理论和实践的结合上推动着我国马克思主义史学理论新形态的构建。"这一评价，应该是符合实际的。

中国社会科学院为加强马克思主义史学理论的研究，从 2013 年起陆续举办了马克思主义史学理论论坛。从历届论坛的情况看，与会学者们就新时代条件下如何理解马克思主义经典作家原著、唯物史观基本原理如何与历史研究实际结合、唯物史观与历史学各分支学科建设和理论构建、历史虚无主义思潮新形态的评析等问题展开讨论。论坛受到各科研院所和高校学者的重视，对促进新时期史学理论研究起了积极作用。中国社会科学院历史研究所马克思主义史学理论和史学史研究室创办的《理论与史学》，每年一辑，自 2015 年创刊以来已经出版 3 辑。该刊陆续发表了一些高水平的史学理论和史学史的研究成果，期望成为史学理论工作者"发表心得和进行交流的平台"。

北京师范大学史学理论与史学史研究中心成立于 2000 年，是教育部全国普通高等学校人文社会科学重点研究基地。该中心自成立以来，每年都要举办一次国际性或全国性的史学理论与史学史的学术研讨会，联系众多海内外研究史学理论和史学史的学者，推动了史学理论问题的研讨。该中心主办的《史学理论与史学史学刊》自 2002 年起创刊。该刊每年一册，发表史学理论领域的重要学术成果。当时的中心主任瞿林东在创刊号的"卷首语"中指出："'学刊'是反映史学界同仁在史学理论、史学史研究领域之最新进展的一个学术园地。其宗旨是贯彻'百花齐放，百家争鸣'的方针，继承优秀史学遗产，促进中外史学交流，切磋学术，开拓创新，推动史学理论、史学史研究的不断进步。"十几年来，该刊确实起到了这一作用，为史学理论和史学史工作者提供了重要的交流园地。此外，自 1981 年正式创刊的《史学史研究》，虽然侧重于中外史学史的研究，但进行史学理论的研究也是该刊的重要办刊宗旨之一，也为史学理论的研究提供了阵地。

改革开放新时期以来特别是新世纪以来，除了固定的全国史学理论研讨会、史学理论与史学史研究中心的活动、《史学理论研究》和《史学理论与史学史学刊》等学术交流平台以外，全国高校也陆续组织了一些不定期的史学理论方面的学术讨论会，这些讨论会对于扩大史学理论学科的影响、扩大史学理论学者队伍、深化史学理论问题研究起了很大作用。如复旦大学、南开大学、华东师范大学、兰州大学、华中师范大学、河南师范大学等高校都组织过这样的研讨会。也有一些地方高校学报开设了史学理论与史学史的栏目，如《首都师范大学学报》《淮阴师范学院学报》《廊坊师范学院学报》等。中国人民大学的报刊复印资料《历史学》虽然不属于一线平台，但它广泛转载各地报刊的史学理论研究成果，展示高水平史学理论研究成果，对于促进这些成果的交流起了重要作用。

（三）高层次史学理论人才的培养

史学理论学科与史学史学科的发展，有赖于史学理论与史学史高层次人才的培养。山东大学、北京师范大学、复旦大学、华东师范大学、南开大学、天津师范大学等高校从 20 世纪 80 年代起，陆续招收了史学理论和史学史专业的硕士研究生。从 20 世纪 90 年代开始，具备条件的高校如北京师范大学、复旦大学、南开大学、首都师范大学等开始招收史学理论和史学史专业的博士生。近 20 年来，许多具有博士学位的史学人才不断充实到史学理论和史学史学术研究的队伍中来。据统计，从 20 世纪 90 年代到 2017 年，仅北京师范大学史学所的导师们就培养了史学理论和史学史专业的博士 120 余位，他们的论文选题方向侧重于中国史学理论和史学史，以史学史的方向居多。复旦大学历史系则成为培养西方史学理论和史学史的专门人才的学术重地，他们培养的西方史学史专业人才不仅承担了重要的学术研究任务，并且充实了高校西方史学史的教学、科研人才队伍。此后，其他高校也陆续培养了史学理论与史学史专业的博士生。

今天，史学理论与史学史专业已经成为培养史学人才的重要来源。早期毕业的博士生走上教学岗位后已经培养出自己的史学理论和史学史专业的博士生，史学理论专业的人才培养已经形成了良性发展的局面。

(四)学科体系的新发展

2017 年以前，史学理论和史学史是历史学一级学科之下的二级学科，在学术研究和研究生培养上，有的侧重于中国史学理论和史学史，有的侧重于外国史学理论和史学史。2017 年新的学科目录公布，中国史和世界史形成了两个独立的一级学科，各自都有史学理论和史学史的二级学科，这样就形成了中国史学理论和史学史、世界史学理论和史学史这样两个并立的学科，这在史学理论的学科建设上无疑是一个新的发展。从此，史学理论与史学史专业的发展将会在更广阔的领域获得更深入的发展。

三、史学理论学术体系建设与发展大势

历史学是哲学社会科学中"具有支撑作用"的一门重要学科，而史学理论学科是历史学的重要分支学科，史学理论的发展是整个历史学发展的重要动力。因此，史学理论学科的学科体系、学术体系、话语体系建设对于整个历史学的发展都有重要的影响。40 年来，史学理论学科的学术体系建设是通过教材编写、学术讨论、论著发表、人才培养、对外学术交流等各种途径逐步建设起来的。这个体系不是一蹴而就的，是在长时间的学术研讨中形成的初步具有中国特点的史学理论学术体系。

从 20 世纪 80 年代开始，学者们就在思考如何建立史学理论的学术体系。

庞卓恒在 1988 年第 1 期的《历史研究》上发表文章，认为历史学的理论体系主要是由本体论、认识论和方法论这三个部分组成。他的观点受到史学理论界的高度重视，并对当时的史学理论教材编写工作产生了重要影响，许多教材都以史学本体论、历史认识论、史学方法论为基本框架来阐述史学理论的基本内容。宁可在《史学理论研讨讲义》中则把史学理论的体系分为历史本体论、历史认识论、历史价值论、史学方法论、历史学的任务和史学工作者的素养几个方面。

(一)历史认识理论的探讨

在史学理论学术体系的建设上,最早开始的是历史认识论的研究。从 1987 年在成都召开的全国史学理论研讨会开展了关于历史认识论的讨论以后,形成了一个历史认识论研究的热潮。学术界先后发表了刘泽华、张国刚的《历史认识论纲》(《文史哲》1986 年第 5 期);陈启能的《加强历史认识问题研究》(《世界史研究动态》1987 年第 11 期);翁飞的《历史认识的一般模式及主要特征》(《社会科学研究》1987 年第 6 期);赵轶峰的《历史认识的相对性》(《历史研究》1988 年第 1 期),李振宏的《论史家主体意识》(《历史研究》1988 年第 3 期)、《论历史认识中的客体范畴》(《史学月刊》1988 年第 4 期);刘爽的《历史认识系统的结构与功能》(《学习与探索》1988 年第 6 期);等等。

学术界关于历史认识问题的讨论也在教材的编写中反映出来,如李振宏、刘克辉的《历史学的理论与方法》(河南大学出版社 2008 年出版),宁可、汪征鲁编著的《史学理论与方法》(中央广播电视大学出版社 1991 年出版),庞卓恒主编的《史学概论》(高等教育出版社 1995 年出版),姜义华、赵吉惠、瞿林东的《史学导论》(陕西人民出版社 1989 年出版、复旦大学出版社 2003 年出版)等。李振宏的《改革开放以来的历史认识论研究》(《史学月刊》2008 年第 7 期)和周祥森所著《反映与建构——历史认识论问题研究》(河南大学出版社 2010 年出版)一书全面反映了这场历史认识论问题讨论的情形。袁吉富的《历史认识的客观性问题研究》(北京大学出版社 2000 年出版)、于沛的《历史认识概论》(中国社会科学出版社 2008 年出版)、林璧属的《历史认识的科学性》(科学出版社 2008 年出版)则是有关历史认识论问题的学术专著。

历史认识论的研究,是学者们受到哲学认识论的启发,同时也受到西方史学思想的影响,结合中国史学实际形成的有中国特点的史学理论学术体系中的重要内容。几十年来,历史认识论问题的讨论涉及历史认识的主体、历史认识的客体、历史认识运动的形式、历史认识的本质属性、历史认识的特点、历史认识的检验等问题,可以说初步形成了历史认识论的学术体系。

(二)史学方法论的探讨

史学方法论是史学理论学术体系建设的重要内容,近 40 年来学者们对这方面的探讨持续不断。新时期以来所编著的史学概论教材,无论其体系有何不同,都不能没有史学方法论的内容,而且都希望能够有更新、更全、更能为年轻的史学工作者把握的史学方法论。

从 20 世纪 80 年代后期到 90 年代初期,学术界出现了一个探讨史学方法论的高潮。1986 年的全国史学理论研讨会就是以史学方法论的建设为主题的,学者们围绕方法论的问题各抒己见,1987 年出版了《历史研究方法论集》(河南人民出版社出版)。当时,学者们对史学方法问题的探讨十分积极,类似的著作还有彭卫、孟庆顺的《历史学的视野——当代史学方法概述》(陕西人民出版社 1987 年出版),赵吉惠的《史学方法论》(四川人民出版社 1987 年出版),赵光贤的《中国历史研究法》(中国青年出版社 1988 年出版),李振宏的《历史学的理论与方法》(河南大学出版社出版)也在 1989 年推出,庞卓恒的《比较史学》(中国文化书院 1987 年出版),范达人、易孟醇的《比较史学》(湖南出版社1991 年出版)等 20 世纪 80—90 年代出版的各种史学概论教材中都有相当部分的史学方法论的内容。此外,还引进了国外史学方法论的著作,比如项观奇编的《历史比较研究法》(山东教育出版社 1986 年出版),波兰学者托波尔斯基著的《历史学方法论》(华夏出版社 1990 年出版)也在 1990 年翻译出版。

这些史学方法论著作编著的目的在于,以马克思主义唯物史观为指导,在批判地继承与吸收中国传统史学方法,借鉴西方史学新方法的基础上,试图提出一个具有中国特色的马克思主义历史学方法论的新体系。

回顾 20 世纪 80 年代以来有关史学方法论的学术探讨,可以看出以下几种趋势。

第一,集中关注西方史学方法的介绍、分析。由于中国史学长期以来与外界隔绝,中国学者对国外的史学方法一无所知,当改革开放的新时代到来时,大家自然把目光转向域外的新史学方法。在 20 世纪 80 年代,曾经出现过史学研究与自然科学方法论的探讨,系统论的方法、计量的方法也曾经引起过很大关注。此外,比较史学、心理史学、计量史学、口述史学、跨学科研究的方法,都曾被认为是新史学方法,被引入各种史学概论教材的编写中。

第二,关注中国传统史学的治学方法,关注民国时期史家的治学方法,此外,对西方新史学方法的关注也引起一些学者的思考。原来,这些西方史学方法都有适用范围,有局限,这些方法不能普遍地运用于中国的史学问题研究,因此大家回过头来,更多地关注中国学者曾经应用的方法,所以对乾嘉学派的治史方法以及王国维、梁启超、胡适、傅斯年、陈寅恪、钱穆等学者的治学方法研究成为一个时期新的热潮。仅对乾嘉学派史学方法的研究,就有漆永祥的《乾嘉考据学研究》(中国社会科学出版社 1998 年出版),罗炳良的《清代乾嘉史学的理论与方法》(兰州大学出版社 2004 年出版),陈祖武、朱彤窗的《乾嘉学派研究》(人民出版社 2011 年出版)等著作出版。

第三,对于史学方法问题的深入研究。学术界在国外新史学方法的研究的基础上,结合中国学者自己的实践推出了新的学术著作。如赵世瑜总结了区域社会史的研究理念和方法的《小历史与大历史——区域社会史的理念、方法与实践》(读书·生活·新知三联书店 2006 年出版)、周国新主编的《中国口述史的理论与实践》(中国社会科学出版社 2005 年出版)、陈新的《西方历史叙述学》(社会科学文献出版社 2005 年出版)、李剑鸣的《历史学家的修养和技艺》(北京大学出版社 2007 年出版)、包茂红的《环境史学的起源和发展》(北京大学出版社 2012 年出版)、杜君立的《历史的细节:马镫、轮子和机器如何重构中国与世界》(上海三联书店 2013 年出版)等。此外,台湾学者王尔敏的《史学方法》(广西师范大学出版社 2005 年出版)、杜维运的《史学方法论》(北京大学出版社 2006 年出版)也在这时期出版,丰富了学者对史学方法论的了解。

第四,重新认识马克思主义史学方法。史学理论界对于史学方法的探讨经过很长时期的摸索,经过一定的反思,感觉到这些年来对于马克思主义史学方法的认识存在一定的误区。马克思主义史学家是坚持用唯物史观指导史学研究的,但并不排斥中国传统的史学研究方法,同时也注意吸收国外有益的史学研究方法。要辩证地运用唯物史观分析历史,社会经济形态的分析方法、生产力生产关系的分析方法、阶级分析的方法、历史人物的分析方法、社会史与思想史结合的分析方法都是有广泛的适用性的。新世纪以来的史学理论与史学史的著作都注意到马克思主义史学方法的运用,如瞿林东等著的《唯物史观与中国历史学》(上海人民出版社 2013 年出版),就设专章分析唯物史观指导下史学方法的进步问题。

(三)史学评价理论的建立

从中国史学史的角度看,史学评论对于史学理论的产生和发展起到了巨大的作用。唐代刘知几的《史通》是中国第一部系统性的史学理论专著,包括的范围基本上可以概括为史学理论和史学批评两大类。由此我们可以看出,没有史学评论也就产生不了史学理论。

改革开放以来,许多学者非常强调史学评论的重要性。瞿林东认为,史学评论是史学发展的内在动因之一。"从一定的意义上说,司马迁对《春秋》的评论,班固对《史记》的评论,范晔对《汉书》的评论,正是他们得以创造出新的历史著作的内在驱动力之一。而他们的评论和他们的杰作,又激发着后来的史学家们的思考、评论和创造，推动着史学的发展和进步。"①瞿林东从 20 世纪 80 年代起，就撰写了《谈史学评论》《略说中国古代的史学评论》《史学评论与史学工作者的自我意识》等文章，倡导开展史学评论。1991 年起，他在《文史知识》上撰写了《中国古代史学批评纵横》的系列文章，到 1994 年结集成书，由中华书局出版；2016 年，重庆出版社出版了他的《中国古代史学批评纵横（增订本）》。他曾强调，中国古代史学理论的发展，并不全表现在史学批评中，但往往是在史学批评中实现的。

改革开放以来，史学理论界对于历史评价问题发表了大量的论著，如何在此基础上建立起历史评价的理论是一个新课题。邓京力的专著《历史评价的理论与实践》（人民出版社 2009 年出版），就是在总结新中国成立以来前辈学者在历史评价论研究方面成果的基础上，从哲学领域引进了价值论的理论和方法，将之与历史学研究的实践结合起来，创造性地提出了一系列历史价值论的新理念，初步构建了一个历史评价论的理论体系。她通过探讨历史评价的认识功能，历史评价的本质、过程与特征，历史评价标准，影响历史评价的若干因素，历史评价的检验，历史评价的科学化等问题，构建出历史评价论的一个理论体系。孙麾、吴小明主编的《唯物史观与历史评价——哲学与史学的对话》（中国社会科学出版社 2009 年出版）一书，则从哲学与史学关系角度探讨了历史评价问题。

历史人物评价的研究是历史评价研究的重要方面。在 20 世纪以来的史学发展中，历史人物的研究是一个重要方面，历史人物评价的理论问题自然也受到史学工作者的重视。改革开放以后的历史人物研究与评价是个热门话题，参与讨论的学者多，研究的人物和问题多，论辩的水平高。20 世纪 80 年代前期，社会上拨乱反正的大背景促使历史人物评价高潮的到来，而 90 年代中后期则出现了对历史人物研究的新的高潮，主要涉及人物研究的价值论、方法论和对于一些具体人物的研究。方敏、宋卫忠、邓京力著的《中国历史人物研究论辩》（百花洲文艺出版社 2004 年出版）一书，反映了学术界对这个问题的研究情况。

（四）史学理论话语体系的探讨

近年来，中国史学的话语体系问题也引起史学理论界学者的注意。

瞿林东 2011 年在《中国社会科学》上发表的文章指出：学术话语体系在很

---

① 瞿林东：《史学与史学评论·自序》，安徽教育出版社，1998 年版。

大程度上反映了一个时代的学术面貌及其走向，而学术话语体系的建构既有内在的历史联系与新的创造，又有内在和外在的沟通与借鉴。他认为：学术话语体系离不开学术思想、研究理念与方法、范畴或概念的运用、关于研究对象的解释以及语言表述的风格和特点等。因此，所谓的"话语体系"不仅是一个理论问题，而且是一个实际操作和运用的问题。瞿林东认为：当代中国史学话语体系的建构，应加强对中国史学遗产的研究，发掘和梳理其中有价值、有意义的成果，并加以继承和发扬，使其作为当代中国史学话语体系建构过程中不可缺少的重要资源。应当强调的是，这不仅是重要的，而且是必要的，因为这是建设和发展中国马克思主义史学的实际基础，也是显示历史学的中国特点、中国作风、中国气派的重要路径。①

乔治忠认为：所谓"话语"，实际是人们为申述思想、见解之概念和范畴所构成的体系，不同的话语体系会导致不同的理念。中国史学在长足的发展中形成了丰富的概念组合，如表达史家必备资质的史才、史学、史识、史德等概念，反映史籍存在形式的官修、私修以及不同级别的国史、野史、正史、杂史等概念，说明史学社会功能的鉴戒、资治、经世等概念，彰显治史准则的直书、实录、实事求是等概念，归纳史书编纂方式和内容范围的体例、通史、断代史等概念，揭示史学内在结构和层次的"事""义""文"等概念。这些概念经过新的整合与阐释之后，大多能融会到当代史学理论之中，并发挥积极的作用。②

史学理论话语体系的建设已经开始受到学者们的重视，但中国史学理论的话语体系建设必须和学术体系的建设结合起来，通过史学理论方面教材的编著、论文的撰写、学术讨论的开展等途径来进行。特别是导师们在指导硕士生、博士生撰写学术论文的过程中，应注重培养年轻一代学者探索运用中国话语论述史学理论问题的能力，这样以中国话语发展当代中国史学理论的目标才能逐步实现。

此外，40 年来史学理论界还就历史学的性质问题、历史的叙事问题、后现代主义史学问题、历史虚无主义问题、全球史观问题等展开过研究、讨论。近日，部分学者还就建立中国马克思主义的历史阐释学的问题进行了讨论。总之，当代中国史学理论研究的课题范围越来越广泛，研究的深度越来越加

---

① 瞿林东：《关于当代中国史学话语体系建构的几个问题》，《中国社会科学》，2011 年第 2 期。

② 乔治忠：《用中国话语发展当代史学理论》，《中国社会科学报》，2016 年 5 月 12 日。

强，有些问题的研究还涉及国际史学理论研究的前沿问题，在史学领域的影响力越来越大。

四、反思 40 年来史学理论发展的几个问题

改革开放 40 年来，中国史学理论和史学史学科发展之成绩显著，有目共睹。我们在总结这一学科的发展成就时，想就其发展中的一些深层次的问题进行一些思考，以期为今后的学科发展提供参考。

（一）史学理论与历史理论

改革开放以后，史学理论作为一个独立学科得到了迅速发展，成绩巨大。但是，历史理论和史学理论作为广义的历史科学理论，它们之间是有着不可分割的内在关系的。如探讨唯物史观与中国历史学的发展的问题，应该说既属于历史理论的课题，也属于史学理论及史学史的课题，两者是不宜分开的。许多历史理论的课题，本身也是从史学理论与史学史的研究中提升上来的。要研究中国古代的历史理论问题，就离不开对中国古代的史学著作的研究。同时，许多历史理论问题的研究，需要从事史学理论的学者来参与，从事史学理论与史学史研究的学者不应该把历史理论的问题看作自己研究对象之外的问题，否则就会从总体上削弱历史科学的理论研究。我们看到近些年来，对历史理论问题的关注显得不足，这种状况是不利于史学的整体发展的。因此，从事史学理论研究的学者也应该更多地关注历史理论问题的研究，提高理论问题对史学研究的影响力。

（二）史学理论和史学实践

改革开放以前，史学理论没有成为一个学科，也没有专门从事史学理论研究的学者，但史学理论的研讨十分热烈。之所以如此，是因为当时参加讨论的学者都没有离开史学研究的实践。比如，参加中国古代历史分期问题、中国古代农民战争问题、历史主义与阶级观点问题、土地所有制问题等讨论的学者都是同时从事中国古代史研究的学者；参加资本主义萌芽问题和近代史分期问题讨论的学者都是从事中国近代史研究的学者。正因为这些学者直接从事史学研究的实践，所以在理论问题的研究上才有发言权。特别是老一辈的史学家，他们在专业历史问题的研究上很有成就，史学理论的素养也很高，所以才能形成史学理论研究的热潮。但是，近年成长起来的新一代史学理论及史学史专业的学者，大多对实际历史问题研究缺少功底，他们往往专

注于自己的领域，在历史问题上自然也就没有发言权。

史学理论的研究应该与史学发展的现实密切联系，脱离历史学发展的实际而形成抽象的纯史学理论，这对当代史学的发展是不利的。《史学理论研究》的副主编刘军研究员曾呼吁"史学理论研究要'接地气'"，他认为："史学理论是史学现实的发展，是从史学问题中来，又回到史学中去的理论。史学是社会现实的一面镜子，无论研究哪个领域都有现实的影子。但近些年，有些史学理论研究表现出从概念到概念、从理论到理论、从外国到外国、脱离史学实际、脱离中国问题的倾向。"他主张："要振兴马克思主义史学理论研究，既要回归经典文本，更要面向现实，面向当代史学研究，面向当代中国迫切需要解决的问题。"①

改革开放以来的史学理论发展对史学实践的关注不够，还表现在轻视史学评论的现象上。40 年来，许多学者在新的历史条件下撰写了许多优秀的学术著作，也在史学理论和方法论上提出了很多远见卓识，这些应该是新时期史学理论发展的重要成果，但学术界对此总结研究得还很不够。学术刊物上史学评论的文章篇幅较少，许多书评只是限于宣传和介绍，高水平的学术评论比较少见。对于史学理论学术研讨会的综述也是一般的报道，缺乏对焦点问题的深入揭示与评论，使得学术研讨会的影响力也日益萎缩。

(三)史学理论和史学史

自从 2017 年国家公布历史专业学科目录以来，史学理论和史学史就形成了一个新的专业，改变了过去两个学科之间过问较少的局面，对于专业的发展产生了很大的积极效应。对于史学理论来说，与史学史专业的结合使它的学科发展找到了深厚的基础。没有史学史的基础，史学理论就会成为空中楼阁。对于史学史来说，通过与史学理论的结合能够提升史学史研究的理论性，改变过去那种史学要籍介绍和评述的老模式。二者的这种结合，大大地提高了史学史研究的学术水平。

史学理论与史学史学科的结合，对老一辈史学家来说是不成问题的，他们既可以从事史学史问题的研究，也可以自如地上升到史学理论层次的研究。对于新进入这个领域的学者来说，在史学史研究中找到栖身之地后往往就不会再关注更广泛的史学理论问题。这样，史学理论和史学史研究的队伍虽然在不断壮大，但是对于史学理论问题的探讨来说，却往往会让人感到后继

---

① 刘军：《史学理论研究要"接地气"》，《史学理论研究》，2014 年第 3 期。

无人。

(四)中国史学理论与西方史学理论

在史学理论学科 40 年来的发展过程中，建立中国自己的、具有民族特点的史学理论体系一直是史学理论工作者努力的目标。在这个过程中，中国的史学理论工作者也从西方的史学理论中吸取、借鉴了大量有益的新学理，丰富了中国史学理论的内容，中国史学理论工作者在对当代世界史学理论问题的研讨中也会接触到国外史学理论的前沿问题，扩大了中国史学理论在国际史坛的影响，提高了史学理论研究的整体水平。今后，中国史学理论和西方史学理论各自成为一个独立的二级学科，然而中国史学理论学科的发展，除了坚持唯物史观的指导、继承中国传统史学的优秀遗产外，也不应脱离国际史学理论发展的大背景，不能放弃对西方史学新学理、新方法的有益吸收和借鉴，不放弃与国外史学理论界的交流与对话。这样，才能有利于中国史学理论整体学术水平的不断提高。

40 年来，中国史学理论学科的发展取得了长足的进展，在学科体系的建设、学术体系的健全、学术探讨的深入、高层次人才的培养等方面取得了巨大的成绩。这些成绩是在改革开放的大环境下取得的，也为新形势下中国史学的发展注入了巨大的活力。史学理论学科发展中存在的问题，值得所有从事史学理论教学、研究的学者们高度重视，在总结与反思 40 年来史学理论发展的基础上，为促进史学理论学科和整个中国史学的发展做出新的努力。

（原载于《史学史研究》2018 年第 3 期，收入本书有改动）

中　编
史家史著评论

李大钊的《史学要论》与新时期史学概论的编撰

摘要：李大钊撰写的《史学要论》于1924年出版，它是中国史学史上第一部以唯物史观为指导的史学概论性质的著作。这部著作已经问世九十多年，它对中国史学的科学化起到了巨大作用。它的影响力随着中国史学科学化的不断进展愈加增强。从新时期以来史学概论教材的不断重新撰写，可以明显地看出《史学要论》在其中的影响力。

关键词：李大钊；《史学要论》；史学概论

李大钊是中国最早传播马克思主义的思想家，也是最早用马克思主义的唯物史观考察历史的历史学家。他在中国史学史上的地位，不仅在于用唯物史观考察和解释了诸多的社会历史问题，更在于他对中国史学的科学化做出了巨大的贡献。他的《史学要论》一书，不仅在当时体现了他的史识的卓越、见解的深邃，就是在今天，史学家们在中外史学的巨大成就和史学理论的最新发展的基础上撰写史学概论教材时，也离不开李大钊在《史学要论》等著述中的远见卓识。李大钊的一系列重要论述在九十多年后的今天，显得更加熠熠生辉。

一、《史学要论》的学术价值在新时期史学理论的学科建设中被重新认识

史学概论类著作是特定时代以及特定的史学理论、史学思潮的产物。中外史学的发展历程中，每当一种史学思潮兴起甚至占据主流地位时，就会有相应的史学概论类的著作问世。它们可能是教材，也可能是专著。它们不以研究具体历史问题为宗旨，而是从这一时代的史学发展水平出发，致力于探讨对于历史、历史学、历史观、历史著述、历史编纂、史学发展、历史学家素养等问题的看法。许多这类著作成为史学名著，对后世历史学家的治史活动产生了重要影响。

中国古代史学史上，产生了唐代刘知几的《史通》和清代章学诚的《文史通义》两部名著。他们对于历代治史活动的卓越见解，往往成为后世史学家治史之圭臬。西方自19世纪以来，历史学日益形成专门化的学科，他们不仅有自己所奉行的治史理念，而且形成日臻完善的治史方法。法国史学家朗格诺瓦、瑟诺博司的《史学原论》，日本学者浮田和民的《史学原论》，美国学者鲁滨孙的《新史学》等都是这类的著作。

李大钊能在1924年推出反映他自己的成熟的史学思想的理论著作——《史学要论》，是有特定的条件的。

其一，李大钊这时候已经成为一个马克思主义者，他把唯物史观看成指导史学研究的基本原则。李大钊的《史学要论》一书是根据他从1920年开始在北京大学史学系讲授史学要论课程的讲义写成的。这时李大钊已经接受了唯物史观，并在北大讲授唯物史观课程，这就为他把唯物史观的理论引入史学创造了条件。

其二，20世纪初到20世纪二三十年代是新史学思潮蓬勃发展的时期，李大钊接触到国内外各派史学思想潮流的影响，能够有所比较、有所综合，形成他自己的史学思想。当时，国外各种史学思潮传入中国，并在中国涌动起新史思潮。国外的史学概论类著作纷纷问世，并为一些学术思想敏锐的中国学者所了解，为了建设中国自己的新史学，他们也开始编撰自己的史学概论类著作。在李大钊的《史学要论》出版前后，就有《史学概论》《史学通论》《中国史学通论》《史学常识》《历史研究法》等若干种著作相继问世，日本学者浮田和民的《史学原论》、坪井九马三的《史学研究法》，美国鲁滨孙的《新史学》，法国朗格诺瓦、瑟诺博司的《史学原理》也开始有中文译本。"史界革命"的倡导者梁启超在20世纪之初发表了《中国史叙论》和《新史学》的文章后，也在20年代陆续推出了《中国历史研究法》《中国历史研究法补编》等著作。但是，在这一系列著作、译著中旗帜鲜明地确立唯物史观对历史学的指导地位，认为只有用唯物史观解释历史才能使史学成为科学的著作的，唯有李大钊的《史学要论》。

其三，李大钊对于史学理论和方法论的研究实践为他撰成《史学要论》奠定了基础。在他的《史学要论》出版前，他就曾到其他高校做过有关历史学基本问题的讲座，1923年4月他在复旦大学就讲过"史学与哲学"，1923年11月在上海大学的讲座就叫"史学概论"。他对许多史学理论的问题都做过专题研究，这就为他的《史学要论》的形成创造了条件。

李大钊的《史学要论》出版后，在当时的史学界产生了一定的影响，他的什么是历史、什么是历史学的观点尤其受到学人的关注，有一些同类型的著作，如李则纲的《史学概论》等，大量地引用了《史学要论》的观点。

真正认识到《史学要论》在中国史学史上的地位，特别是在中国马克思主义史学发展史上的地位，是在改革开放以后。20世纪80年代以后，史学理论与史学史的学科建设受到空前重视，许多高校恢复了史学概论的课程，史学概论的教材建设也提上日程；同时，20世纪中国史学史的研究也开始恢复，在这个过程中大家重新认识到李大钊的《史学要论》的学术价值。

1978年，教育部委托山东大学历史系和云南大学历史系共同编写《历史科学概论》教材，1981年完成了试用本，1983年由山东教育出版社正式出版。在书中的第二章"唯物史观是唯一科学的历史观"中，用了很大篇幅讲述李大钊的贡献。书中指出："李大钊不仅是中国新民主主义革命的先驱者，而且是中国马克思主义史学的开创者。他不仅怀着极大热情在五四运动前后将马克思主义介绍到中国，而且最先将唯物史观应用于史学研究，尤其在史学理论方面建树最多。"①书中提到：1924年出版的《史学要论》一书是我国的第一部马克思主义史学概论。书中指出李大钊运用唯物史观对历史研究提出了一系列崭新的见解，明确了历史研究的对象，明确了历史研究的任务，论证了历史研究的目的，讲出了历史研究的特点，而且提出了运用唯物史观研究历史的许多方法论问题。书中还指出：李大钊在中国马克思主义史学的建立上有开创之功，他在史学理论上的贡献、他所指明的治史方向，直到今天仍不失其价值。

20世纪80年代初，白寿彝先生就感到有开设史学概论课程的必要，1981年他就提出了编写提纲，组织青年教师进行讨论、分工撰写，于1983年正式出版。书中设专章讲述马克思主义史学在中国的传播和发展，其中讲道："李大钊同志(1889—1927)是我国马克思主义史学的第一个奠基人。他的《史学要论》，是我国第一部系统地阐述历史唯物主义，并把它跟一些具体的史学工作相结合的著作，是为我国马克思主义史学开辟道路的著作。"②在这一章里，还设专题讲述李大钊同志的贡献，指出李大钊同志在他的论著中指明了马克思主义史学的发展方向。第一，阐释了马克思主义唯物史观的基本原理，还有

---

① 葛懋春主编：《历史科学概论》，山东教育出版社，1983年版，第109页。

② 白寿彝主编：《史学概论》，宁夏人民出版社，1983年版，第327—328页。

力地批评了形形色色的错误的或反动的历史观；第二，指出了唯物史观对于史学和人生的重要意义；第三，提出了马克思主义的史学方法论，这些方法论是跟研究历史的任务结合在一起的。书中指出，李大钊为我国马克思主义史学发展所开辟的道路是广阔的，所指示的方向是正确的。

马克思主义理论研究和建设工程（以下简称"马工程"）的重点教材《史学概论》出版于 2009 年，是新时期以来多种史学概论教材中出版最晚的一部。它总结了改革开放以来多次史学概论编写的经验，由这个领域的著名专家编写而成。该书依然十分重视对李大钊所著《史学要论》的评价与阐述。在阐述中国马克思主义史学的发展历程时该书指出："1924 年，李大钊出版了《史学要论》一书，以马克思主义观点全面阐述了对史学的认识，是中国马克思主义史学关于学科体系认识的奠基之作。"该书在论述"中国马克思主义史学的代表性著作"一节中，第一本介绍的著作就是李大钊的《史学要论》。书中指出：1924 年，李大钊（守常）的《史学要论》一书在商务印书馆出版。这是中国第一部以马克思主义为指导的史学理论著作，是中国马克思主义史学的奠基著作之一。它表明中国马克思主义史学从其诞生的时候起，就把对史学的认识放在首要地位。20 世纪 20 年代，李大钊提出了关于历史学学科体系的新认识。这个认识在当时学术上的价值是：它拓展了人们对历史学的认识，这是中国史学在走向近代过程中的又一个重大变革；它以马克思主义唯物史观为指导，使这一学科体系建立在科学理论的基础上；它展示出一种积极的史学观，认为史学对社会前途、对人生道路具有乐观的、奋进的影响。[1] 此外，该书还特别指出：李大钊的史学观以及他所提出的这一历史学的学科体系，在 20 世纪八九十年代以来产生的影响尤为突出。当时面世的一些史学概论教材，有的就是对《史学要论》的阐发。

以上这些事实说明，在 20 世纪八九十年代重新编撰史学概论教材的过程中，李大钊的《史学要论》在中国马克思史学中的地位及其在史学认识史上的价值才被真正认识到。

---

[1] 《史学概论》编写组：《史学概论》，高等教育出版社、人民出版社，2009 年版，第 108 页。

二、李大钊关于"什么是历史"的经典论述为各种史学概论著作所征引

李大钊在《史学要论》开始就开宗明义，讲了"什么是历史"，他说：

吾人自束发受书，一听见"历史"这个名词，便联想到二十四史，二十一史，十七史，《史记》《紫阳纲目》《资治通鉴》，乃至 Herodotus、Grote 诸人作的《希腊史》等等。以为这些便是中国人的历史，希腊人的历史。我们如欲研究中国史、希腊史，便要在这些东西上去研究，这些东西以外，更没有中国史、希腊史了。但是历史这样东西，是人类生活的行程，是人类生活的联续，是人类生活的变迁，是人类生活的传演，是有生命的东西，是活的东西，是进步的东西，是发展的东西，是周流变动的东西。他不是些陈编，不是些故纸，不是僵石，不是枯骨，不是死的东西，不是印成呆板的东西。我们所研究的，应该是活的历史，不是死的历史，活的历史，只能在人的生活里去得，不能在故纸堆里去寻。①

李大钊上述对"什么是历史"的论述成为一段经典论述，并为多种史学概论著作所征引。葛懋春主编的《历史科学概论》第一章第一节中，讲到"什么是历史"时，即全部引述了这段论述，并进而说明："历史是客观存在的，不是可以凭主观愿望随意改铸的，历史是过去的人类的活生生的活动，不是断烂朝报、流年老账的堆砌。要把客观历史过程同历史的记录区分开来。"②杜经国等人所著的《历史学概论》第一编"什么是历史"中引述了李大钊上述论述，并进一步说明："把'历史书'和作为客观上发生过的往事的'历史'混同起来，当然是很不科学的。但这也表明，'历史'一词在日常运用中实际上常常包含着这样两层含义。"③庞卓恒主编的《史学概论》第一章第一节讲述"什么是历史"时，全文引述了李大钊这段话，并且指出："李大钊已十分明确地认识到活生生的历史过程与历史著述是两种意义、性质完全不同的东西。但是，人们在使用'历史'一词时，通常既用来指客观的历史事物、现象和过程，也用来指历史著述，因而极易导致'历史'一词不同意义的混用。"④姜义华、瞿林东、

① 李大钊：《史学要论》，《李大钊全集》（第四卷），人民出版社，2006 年版，第 399 页。
② 葛懋春主编：《历史科学概论》，山东教育出版社，1983 年版，第 8 页。
③ 杜经国、庞卓恒、陈高华：《历史学概论》，高等教育出版社，1990 年版，第 2 页。
④ 庞卓恒主编：《史学概论》，高等教育出版社，1995 年版，第 4 页。

赵吉惠主编的《史学导论》也是一部很有影响力的史学概论教材，它在论述历史是什么时，也注意到李大钊的有关论述，并进行了大量的摘引。书中指出，人类的存在是历史的存在，历史就是人类存在的连续性。因此，历史就是人类的活动过程、人类的成长过程。李大钊在《史学要论》中指出："历史不是只记过去事实的记录，亦不是只记过去的政治事实的记录。历史是亘过去、现在、未来的整个的全人类生活。换句话说，历史是社会的变革。再换句话说，历史是在不断的变革中的人生及为其产物的文化。"①

"马工程"《史学概论》编写组的《史学概论》教材出版于 2009 年，这部教材在第一章讲授历史与历史著作的差别时，也引述了李大钊的上述论述。同时说明："我们说历史著述与历史有差异，但并不否认历史著述的科学价值。优秀的历史著述能够正确地反映历史的本质，是时代精神的折射，具体地反映了社会的进步和需求，它以客观历史自身为基础，是在先进世界观和历史观的指导下，对客观历史事实、历史进程进行正确认识的产物。离开客观历史本身，任何历史著述便成为无源之水、无根之木。"②对于李大钊关于历史和历史学的区别的论述，该书给予了很高的评价。书中说："李大钊以唯物史观为指导，在中国史学史上首次科学地阐明了历史和历史学的区别。"③

三、李大钊《史学要论》重要论述对当代史学的启示

（一）李大钊关于历史学的论述对新编史学概论著作的启示

李大钊在《史学要论》的第二章论述了"什么是历史学"的问题。其中对于历史学的性质与任务的论述是各种史学概论教材关注的焦点。李大钊曾经指出："史学的要义有三：（1）社会随时代的经过发达进化、人事的变化推移，健行不息。就它的发达进化的状态，即不静止而不断移动的过程以为考察，是今日史学的第一要义。（2）就实际发生的事件——寻究其证据，以明人事发展进化的真相，是历史的研究的特色。（3）今日历史的研究，不仅以考证确定零零碎碎的事实为毕乃能事，必须进一步，不把人事看作片片段段的东西，要把人事看作一个整个的、互为因果、互有连锁的东西去考察他。于全般的

---

① 李大钊：《李大钊全集》（第四卷），人民出版社，2006 年版，第 405 页。

② 《史学概论》编写组：《史学概论》，高等教育出版社、人民出版社，2009 年版，第 6 页。

③ 《史学概论》编写组：《史学概论》，高等教育出版社、人民出版社，2009 年版，第 283 页。

历史事实的中间，寻求一个普遍的理法，以明事实与事实间的相互的影响与感应。在这种研究中，有时亦需要考证或确定片片段段的事实，但这只是为于全般事实中寻求普遍理法的手段，不能说这便是史学的目的。"①

葛懋春主编的《历史科学概论》在讲述历史学的发展时，全文引述了李大钊的上述论述，并且指出："这些论述，讲出了历史认识的特点，讲清了整个历史研究的任务和考证在这当中的地位，就在今天，仍对我们具有启发、指导的意义。"②赵吉惠所著的《历史学概论》对李大钊所讲的"普遍理法"做了进一步的说明。他说："这里所谓的'普遍的理法'或'一般的理法'，即是指历史的普遍规律，亦可理解为历史的统一性。马克思主义的历史科学认为，通过考察历史的多样性，发现了历史的统一性，揭示历史运动的普遍规律，才是历史科学的根本任务。"③

贾东海、郭卿友主编的《史学概论》指出：《史学要论》是我国第一部马克思主义史学理论著作。他运用唯物史观的原理，对历史研究的对象、任务、目的、方法以及史学的社会功能，史学与其相关学科的关系等问题做了系统的阐述。书中概括了几个要点：

第一，明确了历史学的研究对象。由于"历史就是社会的变革"，所以历史学就是研究社会变革的学问，即是研究在不断变革中的人生及其产物的文化的学问。

第二，阐明了史学研究的任务。李大钊认为，人类历史的发展是有规律的，亦可完全认识的。"世界一切现象，无能逃于理法的支配者。人事界的现象，亦不能无特种的理法，惟俟史家去发见他，确定他了"。因此，我们研究历史的任务是：①整理事实，寻找它的正确的证据；②理解事实，寻找它的进步的真理。这就是说，史学研究的最终目的，就是寻找社会发展的规律——"理法"。

第三，提出建立"历史科学的系统"的问题。李大钊提出，记述历史可以分为个人史(即传记)、氏族史、社团史、国民史、民族史、人类史6个部分。因而历史理论也包括个人经历论(即比较传记学)、氏族经历论、社团经历论、国民经历论、民族经历论、人类经历论6个方面。他认为历史理论愈进步，

① 李大钊：《史学要论》，《李大钊全集》(第四卷)，人民出版社，2006年版，第411页。

② 葛懋春主编：《历史科学概论》，山东教育出版社，1983年版，第110—111页。

③ 赵吉惠：《历史学概论》，三秦出版社，1986年版，第136—137页。

史学系统才能更好地完成。历史理论"实为构成广义的史学的最重要部分"。

第四，阐明了史家研究的方法论问题。他认为历史研究法是教人应依如何的次第、方法去做史学研究的阶梯学问，是史学的辅助学问。①

"马工程"《史学概论》对李大钊所说要使史学成为科学，必须注重理论研究的问题做了进一步的阐述。书中说："李大钊指出：今日的历史学，即是历史科学，亦可称为历史理论。史学的主要目的，本在专取历史的事实而整理之，记述之，嗣又更进一步，而为一般关于史的事实之理论的研究，于已有的记述以外，建立历史的一般理论。严正一点说，就是建立历史科学。此种思想，久已广布于世间，这实是史学界的新曙光。"这就是说，史学不应停留在"整理""记述"的阶段，还应在此基础上做"事实之理论的研究"，并进而"建立历史的一般理论"。②

（二）李大钊关于历史观与史学关系的论述受到普遍重视

在《史学要论》中，李大钊对于历史观问题有很多精辟的论述。他说："一时代有一时代比较进步的历史观，一时代有一时代比较进步的知识，史观与知识的不断的进步，人们对于历史事实的解喻自然要不断的变动。""进化论的历史观，修正了退落说的历史观；社会的历史观，修正了英雄的历史观；经济的历史观，修正了政治的历史观；科学的历史观，修正了神学的历史观。"③

20世纪八九十年代的史学概论著作高度重视李大钊关于历史观问题的论述。白寿彝主编的《史学概论》指出，李大钊的《史学要论》等著作阐释了马克思主义唯物史观的基本原理，把马克思主义唯物史观概括为两个要点：其一是说人类社会生产关系的总和构成社会经济的构造。这是社会的基础构造。一切社会上政治的、法制的、伦理的、哲学的，简单说，凡是精神上的构造，都是随着经济的构造变化而变化。其二是说生产力与社会组织有密切的关系，生产力一有变动，社会组织必须随着它变动。他又阐述了马克思主义的阶级斗争学说。在宣传唯物史观的同时，李大钊还有力地批评了形形色色的错误的或反动的历史观。④

李大钊曾经说过："历史是有生命的，僵死陈腐的记录不能表现那活泼泼的生命，全靠我们后人有新的历史观念，去整理他，认识他。果然后人又有

---

① 贾东海、郭卿友主编：《史学概论》，中央民族学院出版社，1992年版，第326—327页。
② 《史学概论》编写组：《史学概论》，高等教育出版社、人民出版社，2009年版，第82页。
③ 李大钊：《史学要论》，《李大钊全集》（第四卷），人民出版社，2006年版，第404页。
④ 白寿彝：《史学概论》，宁夏人民出版社，1983年版，第330页。

了新的理解、发明，我们现在所认为新的又成了错误的，也未可知。我们所认为真实的事实和真理的见解并不是固定的，乃是比较的。① 在《史学要论》中指出："一切的历史，不但不怕随时改作，并且都要随时改作。改作的历史，比以前的必较近真。"②针对李大钊的这些论述，姜义华等编著的《史学导论》指出：李大钊的这些话，阐明了"新的历史观念"即当代意识对于历史学发展的重要作用。由此我们可以进一步作出这样的结论：如果历史学家不自觉地增强自己的当代意识，那么历史编撰就会成为毫无生气的"断烂朝报"，失却其应有的价值。③

"马工程"《史学概论》在引述了李大钊上述论述后，又补充了李大钊的另一论述：马克思主义"一方面把历史与社会打成一气，看作一个整个的；一方面把人类的生活及其产物的文化，亦看作一个整个的，不容以一部分遗其全体或散其全体，与吾人以一个整个的活泼泼的历史观念，是吾人不能不感谢马克思的"。④ 这就造成了历史编撰旨趣的重大变化，历史研究的内容、材料、方法，无一不因此而发生很大的转变。

(三)李大钊关于现代史学及于人生态度影响的论述受到高度关注

李大钊《史学要论》的最后一章"现代史学的研究及于人生态度的影响"是全书的结尾，篇幅不长，但论述非常精辟，受到特别的关注。

葛懋春主编的《历史科学概论》中说：李大钊是一位伟大的革命巨匠，他是从明确的革命目的看待历史科学的价值的。他充满激情地说："过去、现在、未来是一线贯下来的。这一线贯下来的时间里的历史的人生，是一趟过的，是一直向前进的，不容我们徘徊审顾的。历史的进路，纵然有时一盛一衰、一衰一盛的作螺旋状的运动，但此亦是螺旋着前进的、上升的，不是循环着停滞的，亦不是循环着逆反的、退落的，这样子给我们以一个进步的世界观。我们既认定世界是进步的，历史是进步的，我们在此进步的世界中、历史中，即不应该悲观，不应该拜古，只应该欢天喜地的在这只容一趟过的大路上向前行走，前途有我们的光明，将来有我们的黄金世界。这是现代史学给我们的乐天努进的人生观。"⑤《史学要论》一书即是以这样的信念结尾的：

---

① 李大钊：《史学要论》，《李大钊全集》(第四卷)，人民出版社，2006 年版，第 361 页。
② 李大钊：《史学要论》，《李大钊全集》(第四卷)，人民出版社，2006 年版，第 402 页。
③ 姜义华、瞿林东、赵吉惠：《史学导论》，复旦大学出版社，2003 年版，第 254 页。
④ 李大钊：《史学要论》，《李大钊全集》(第四卷)，人民出版社，2006 年版，第 446 页。
⑤ 李大钊：《史学要论》，《李大钊全集》(第四卷)，人民出版社，2006 年版，第 444—445 页。

"吾信历史中有我们的人生，有我们的世界，有我们的自己，吾故以此小册为历史学作宣传，煽扬吾人对历史学研究的兴趣，亦便是煽扬吾人向历史中寻找人生、寻找世界、寻找自己的兴趣。"①葛懋春主编的《历史科学概论》亦指出，李大钊关于治史目的的论证是十分明确的，也是十分正确的，他所指明的治史方向，直到今天仍不失其价值。

庞卓恒主编的《史学概论》在谈到历史学的学习可以培养人的高尚的道德情操时，引述了李大钊的论述："吾人浏览史乘，读到英雄豪杰为国家为民族舍身效命以为牺牲的地方，亦能认识出来这一班所谓英雄所谓豪杰的人物，并非有与常人有何殊异，只是他们感觉到这社会的要求敏锐些，想要满足这社会的要求的情绪热烈些，所以挺身而起为社会献身，在历史上留下可歌可泣的悲剧、壮剧。我们后世读史者不觉对之感奋兴起，自然而然的发生一种敬仰心，引起'有为者亦若是'的情绪，愿为社会先驱的决心亦于是乎油然而起了。"②并说：这种"见贤而思齐焉"的心理冲动，是不难体会的。历史上那些先贤的有血有肉的历史记载，是人们进行道德修养的最好教科书，历史使人明智，历史还使人品德高尚。

"马工程"《史学概论》也引述了李大钊在这一章中的论述，阐明史学对社会人生的作用。该书认为，李大钊对于史学对社会人生的关系问题有极深刻的见解，他认为，现代史学给予人们科学的态度，"这种科学的态度，造成我们脚踏实地的人生观"。③该书指出：这个论述，精辟地阐明了史学之所以能够产生社会作用的深刻原因。

四、结语

以上，我们具体地论述了李大钊的《史学要论》对于 20 世纪 80 年代以来的史学概论教材编撰的影响。由于这些史学概论教材太多，我们的论证是不全面的。但是，从对上述几部有代表性的教材的分析，已经可以看出这种影响的基本面貌。李大钊的《史学要论》为什么会对新时期史学概论教材的编撰产生如此大的影响呢？

---

① 李大钊：《史学要论》，《李大钊全集》(第四卷)，人民出版社，2006 年版，第 446 页。
② 李大钊：《史学要论》，《李大钊全集》(第四卷)，人民出版社，2006 年版，第 445—446 页。
③ 李大钊：《史学要论》，《李大钊全集》(第四卷)，人民出版社，2006 年版，第 444 页。

首先，《史学要论》一书本身的性质与史学概论是一样的，都是属于阐述史学基本问题的理论著作，具有教材的性质。可以作为大学历史系史学概论课的教材，也可以作为对史学有兴趣的自学者了解史学的基本读物。李大钊在书中所提出的问题，如什么是历史、什么是历史学、历史学的系统、史学在科学中的位置、史学与其相关学科的关系、现代史学研究对于人生态度的影响等问题都是历史学最基本的问题，任何时代、任何人编写史学概论都不可能回避这些问题。20 世纪是如此，21 世纪也是如此。

其次，《史学要论》是中国第一部以马克思主义历史观阐述历史学基本问题的著作，它开创了中国马克思主义史学的理论体系。几十年来，中国马克思主义史学经过了曲折的发展，其理论和方法论的内容也有了很大的丰富和发展，但是其理论的核心内容还是得到了延续。今天撰写新的史学概论著作，也不可能完全脱离其理论开创者的理论成果。开创与继承是不可分开的。

最后，李大钊在《史学要论》中确实对很多问题做了十分精辟、深刻的分析。李大钊既是一个学者，又是一个先进思想理论的宣传家。他既了解时代学术潮流的新发展，受过很多先进学术思想的熏陶；同时，他又是一个革命思想的宣传家，因此能够以通俗、生动的语言论述时代所关注的问题。他写的史学概论与纯粹书斋中的学者所写的论著不同，他的论述极具启发性、深刻性、批判性，因而能够一代一代地被人们所论及。他深厚的学养与优美的文字相结合，写出了令人回味无穷并长久流传的佳句，因而得到普遍引用。

（原载于《唐山学院学报》2016 年第 3 期，收入本书有改动）

郭沫若与中国马克思主义史学的诞生与发展

摘要：郭沫若在 1930 年出版的《中国古代社会研究》是运用马克思主义理论具体指导历史研究的开山之作。在他的影响下，一批史学家纷纷投入马克思主义史学研究，为马克思主义史学作为一个重要流派的形成奠定了基础。新中国成立以后，唯物史观成为历史研究的指导理论，马克思主义史学成为居于主导地位的史学流派。郭沫若的学术成果和他所承担的学术领导工作为马克思主义史学的发展做出了重要贡献。在改革开放新时期的今天，我们应该如何评价郭沫若在 20 世纪中国史学史上的地位和影响，如何看待郭沫若的马克思主义史学研究，我们需要有一个历史主义的回答。

关键词：郭沫若；中国古代社会研究；中国马克思主义史学

一、对中国马克思主义史学的开创性贡献

"草径已经开辟在这儿，我希望更有伟大的工程师，出来建筑铁路。"[1]这是郭沫若在 1930 年出版的《中国古代社会研究》一书的终篇中所写的话。这意味着在他看来，他筚路蓝缕、艰辛奋斗所踏出的路，只是一个"草径"，他期待着将来会有"伟大的工程师"沿着这条路"建筑铁路"。时光已经过去了近 90 年，在他踏出的"草径"上，已经修建好一条宽敞、坚固的"铁路"，这就是中国马克思主义史学所走过的路。这条路尽管有曲折、有艰辛，但它毕竟成为一个队伍强大、学科齐全、成果丰厚的社会科学基础学科，与当年郭沫若著书时的境况不可同日而语。抚今追昔，回顾几十年的历程，我们不能忘记这位中国马克思主义史学的开拓者、新史学的一代宗师。同时我们也应该看到，郭沫若不仅是中国马克思主义史学之路的开创者，之后的几十年他也是在这条"草径"上建筑"铁路"的"伟大的工程师"之一。他对中国马克思主义史学不仅有开创之功，也有促进发展之功。

---

① 郭沫若：《郭沫若全集·历史编》第一卷，人民出版社，1982 年版，第 270 页。

从《中国古代社会研究》出版到新中国成立前，郭沫若为中国马克思主义史学派的建立做出了开创性的贡献。

在郭沫若之前，李大钊于1924年写出了《史学要论》，提倡史学研究要以马克思的理论为指导，把史学研究上升到科学的层次。郭沫若在1930年把自己几年来运用唯物史观研究中国历史的实践之作《中国古代社会研究》推向社会、推向学界。一方面，要通过熟练地应用马克思主义的这种方法，而使它"中国化"；另一方面，想就中国的思想、中国的社会、中国的历史，考验辩证唯物论的"适应度"。这在当时非常复杂的中国史学界、思想界，无异于举起了一面旗帜。他继承了中国古代优秀的思想文化遗产，运用新的理论研究中国古代社会历史，为中国的古史研究开辟了一个新纪元。在他的《中国古代社会研究》《青铜时代》《十批判书》等著作中，以《易经》《书经》《诗经》和甲骨文字、金石文字等史料追寻中国历史的开端和历史的发展，他解开了一个通往古代世界的神秘的谜。尽管当时他的著作还包括一些缺点甚至错误，但是站在当今的时代高度来看，他为马克思主义史学所设计的格局和开创的章法，在中国史学发展史上的重要意义和深远影响大大超过了他的作品本身。

《中国古代社会研究》出版后，正逢20世纪30年代的社会史大论战，郭沫若的著作成为反对者集中攻击的目标，他的理论和观点掀起一场轩然大波。反对者认为他的理论"铸成了大错""极缺乏世界历史的概念""方法极不健全""独断主义的论断""穿凿附会"等。然而一些信仰马克思主义的历史学家纷纷响应、积极行动。在具体观点上可能有所不同，但对郭沫若提出的路径是赞同的。

吕振羽也是最早运用马克思主义研究历史的史学家。他认为，在当时的史学斗争中郭沫若起了一定程度的旗手作用，他是最先应用历史唯物论系统研究殷周社会的，其他人都是后起者，追随他而去的。1934年吕振羽在他发表的《中国经济之史发展阶段》《史前期中国社会研究》中，依据马克思主义关于人类社会发展的普遍原理，将中国社会发展的历史划分出具体的阶段。同时，他还以唯物史观为指导，运用考古资料，结合神话传说，全面揭示了中国原始社会的发展规律，论述了从原始社会向奴隶社会的变革。他在1936年出版的《殷周时代的中国社会》中，支持郭沫若关于中国历史上存在奴隶社会的论断，在殷周两代的社会性质问题上，又提出了与郭沫若不同的观点，提出了殷代是奴隶制，西周是封建制，首创了西周封建论。

范文澜也是继郭沫若之后应用马克思主义研究中国历史并取得巨大成就

的马克思主义史学大家。他认为，郭沫若是世界著名的考证家和历史学家，他用唯物史观的方法研究中国古代历史，其功甚伟，其影响亦甚大。他从1940年起在延安撰写《中国通史简编》，他自称其编撰的立意与《中国古代社会研究》是一脉相承的，并且在此基础上有所前进和发展。

翦伯赞1938年撰写的《历史哲学教程》对郭沫若关于殷代社会性质的判断等提出了批评，认为其会"给予中国古代史研究以不正确的影响"。但他认为郭沫若是用马克思主义研究中国古代历史发展的一位大家。他说："首先把中国历史的研究冲破'历史怀疑主义'的迷魂阵的是郭沫若的《中国古代社会研究》。郭沫若对中国古代社会的研究，除了根据胡适认为可信的《诗经》以外，还大胆地应用了胡适认为'无哲学史料可说'的'卜筮之书'、'没有信史价值'的《尚书》以及胡适无力应用的甲骨金石文字。他把中国历史研究提前到殷代，并承认中国也有一个奴隶制度的历史时代存在。"①

马克思主义史学大家侯外庐说，他在1930年从国外回来不久后读到郭沫若的新著《中国古代社会研究》，受到郭沫若的影响而开始转向史学研究。虽然它在某些方面还不够成熟，甚至还有明显的缺点和错误，"然而毕竟是它首先成为马克思主义史学的拓荒之作，开辟了'科学的中国历史学的前途'"。"从三十年代初开始，我已经把郭沫若同志看作是指引我学习和研究中国历史的老师。"②侯外庐在1934年就出版了《中国古代社会与老子》，1943年和1944年又出版了《中国古典社会史论》和《中国古代思想学说史》，随后又出版了多卷本的《中国思想通史》。

从1930年郭沫若的《中国古代社会研究》出版，到40年代末吕振羽、范文澜、翦伯赞、侯外庐等史学家的史学新著出版，标志着在新中国成立之前，已经形成了一个代表中国史学发展方向和拥有未来的马克思主义史学家群体，形成了中国的马克思主义史学学派。这个群体不仅限于上述五位史学家，而郭沫若正是引领这个史学潮流的开拓者。

二、对新中国马克思主义史学发展的贡献

新中国成立以后，大批史学工作者学习和运用马克思主义指导研究历史，

---

① 翦伯赞：《历史哲学教程》，北京大学出版社，1990年版，第153页。
② 侯外庐：《韧的追求》，读书·生活·新知三联书店，1985年版，第223—224页。

而郭沫若继续以"一家之言",促"百家争鸣",极大地推进了中国马克思主义史学的发展。

1949年以后,马克思主义史学有了健康发展的新条件,在史学领域内成为占主导地位的学术发展取向,而郭沫若本人与马克思主义史学的发展总是息息相关的。新中国成立后,郭沫若担任的行政职务和学术职务直接影响到中国马克思主义史学的发展。1951年,中国史学会成立,郭沫若担任第一届史学会主席。1953年,中央决定成立中国科学院历史研究所,第一所的所长由身为中国科学院院长的郭沫若兼任。由于毛泽东向郭沫若提议编写中国通史,1956年成立了中国历史教科书编辑委员会,郭沫若担任召集人。1957年开始分工,1958年列入国家计划编写《中国史稿》,由郭沫若负责。1959年,"中国历史提纲草案"座谈会举行,讨论了《中国史稿》的编写问题,在奴隶社会和封建社会的分期问题上,决定采用郭沫若的观点。郭沫若主编的《中国史稿》第1册于1962年由人民出版社内部出版发行,1976年正式出版。

新中国成立后,郭沫若的学术观点继续在史学界产生巨大影响力。1950年3月19日,郭宝钧在《光明日报》上发表《记殷周殉人之史实》一文,文中列举了商代大规模人殉的史实,但没有涉及与人殉相关的社会性质问题。两天后,郭沫若在《光明日报》上发表《读了〈记殷周殉人之史实〉》一文,文章根据殷墟发现的大规模人殉的史实,提出殷、周都是奴隶社会的观点。1952年,郭沫若修订再版的《奴隶制时代》系统地阐述了他的战国封建说,在史学界引起了一场关于中国古史分期问题的讨论。赞同此说的有杨宽、吴大琨、白寿彝、田昌五等。1954年,范文澜发表《关于中国历史上的一些问题》一文,阐述了对于西周社会性质的看法,认为周初的大分封是封建的生产关系,西周时代的生产者已经有了自己的生产工具和独立的经济生活。1955年,作者将此文作为再版的《中国通史简编》的"绪言",此文成为古史分期问题中西周封建论的代表作。古史分期问题的讨论由此展开。与范文澜观点相似的还有翦伯赞、吕振羽、徐中舒、吴泽、束世澂、王玉哲等。西周封建论与战国封建论各有一批支持者,相互争鸣,发表自己的意见。就在西周封建论与战国封建论争论的同时,李亚农等提出了春秋封建说,侯外庐提出了西汉封建说,周谷城提出了东汉封建说。影响较大的是魏晋封建论,20世纪30年代就有这种观点,1955年该观点在尚钺的《中国历史纲要》中又显露了苗头;"百家争鸣"方针的提出更鼓舞了持这一观点的学者,王仲荦、何兹全,以及后来的王思治、日知等学者也支持这种观点。于是,郭沫若首先提出的关于中国古代社会分期问题的讨论在史学界展开了热烈的争鸣。一些马克思主义史学家和实证派的史学家都参加了讨论。讨论一直持续到 20 世纪 60 年代。古史分期问题成为新中国成立以来中国史学界争鸣中的一个核心问题，据统计，发表的有关论文有 300 余篇，并出版了几本论文集。郭沫若关于古史研究的著作和他提出的中国古代历史分期等问题的观点，从出版、发表之后，就引起了史学界的强烈关注和讨论。他的观点有人赞成，有人反对，于是使参加中国古代史分期问题讨论的其他各派应运而生、发展壮大，从而繁荣了中国史学。总结过这场讨论的田居俭先生指出，"一言以蔽之：立说，争鸣，再立说，再争鸣，螺旋上升，相互促进，推动中国古代史分期问题讨论的深入开展，进而推动中国的马克思主义史学的发展"①。

此外，郭沫若于 1959 年 1 月 25 日在《光明日报》上发表《谈蔡文姬的〈胡笳十八拍〉》，3 月 23 日在《人民日报》上发表《替曹操翻案》；1960 年春推出历史话剧《武则天》，1962 年 7 月 8 日在《光明日报》上发表《我怎样写〈武则天〉》；1972 年再版《甲申三百年祭》（1944 年 3 月起曾在延安《新华日报》上连载）等，在史学界都引起了很大反响，对于运用马克思主义观点正确评价历史人物的问题产生了积极影响。

1978 年 6 月 12 日，郭沫若逝世。同年 12 月，党的十一届三中全会召开，中国历史进入改革开放的新时期。郭沫若等老一辈马克思主义史学家所开辟的史学道路得到继续发展，并获得更大成果。在 20 世纪五六十年代曾热烈开展过的中国古代史分期问题的讨论，在七八十年代还在继续。1978 年 10 月，在长春举行了中国古代史分期问题学术讨论会，引起了史学界关于这个问题的第二次大讨论，此后学者们撰写了一系列关于中国古代史分期问题的论著。同时，与历史分期有关的一些问题的研讨也在进行，如有关原始社会的研究、中国奴隶社会的研究、中国封建社会的研究。在这些讨论的促进下，中国古代经济史、中国近代经济史、中国古代社会史等领域的研究也逐步开展起来，并获得很大成果。以社会经济形态理论为指导的中国通史著作大量出版，郭沫若主编的《中国史稿》、范文澜主编的《中国通史》、翦伯赞主编的《中国史纲要》、白寿彝主编的《中国历史纲要》等通史著作陆续出版，影响巨大。

这些通史著作尽管在奴隶社会和封建社会的分期问题上观点不一，但研

---

① 田居俭：《〈奴隶制时代〉在中国史学发展中的作用》，《郭沫若史学研究》，成都出版社，1990 年版，第 255—256 页。

究问题的基本路线是一致的。正如白寿彝先生所说："史学界的同志们，无论是否同意郭老的观点，无论是否有独到的创获，但没有例外，都是随着郭老开辟的道路，随着郭老首先在史学领域里举起的马克思主义旗帜前进。"①白寿彝主编的12卷22册的《中国通史》1989年首先出版"导论卷"，1999年全部出齐，是继郭沫若主编的《中国史稿》、范文澜主编的《中国通史》以后，用马克思主义的基本理论撰写中国通史的一项巨大工程。白寿彝指出："自有文字记载以后，中原地区已进入上古时代，即奴隶制时代。到了春秋战国，是上古时代向中古时代的过渡，即奴隶制在中原地区向封建制过渡时期。公元前221年秦始皇统一六国，可以说是封建制在全国占支配地位的标志。"②白寿彝还提出在同一个历史时期多种生产关系并存的观点，提出要注意封建社会内部历史阶段的划分，注意从中原地区之外的全国范围来研究社会性质问题的观点。白寿彝主编的巨著和他的新观点，是在郭沫若等老一辈马克思主义史学家所开辟的史学道路上的新创获，意义十分重大。

三、新时期我们应如何反思郭沫若的史学

在改革开放以来的新时期中，郭沫若等老一辈马克思主义史学家为中国马克思主义史学的创建和发展所做出的贡献，是中国马克思主义史学继续发展的基础。今天的史学工作者之所以要学习郭沫若，是因为他以马克思主义为指导研究中国历史的正确方向和首创精神。不论人们是否赞同郭沫若有关具体问题的论述，都要充分重视郭沫若所开辟的路径，这一点是毫无疑义的。刘大年同志说："由于他是我国马克思主义历史学科的创始人、引导者，过去我们总是学习他。现在纪念他，表达我们的追怀和崇敬，最重要的还是学习他。"③

最近一个时期，史学界内部关于理论问题探讨的热情有所减退，史学领域中缺少20世纪五六十年代和80年代初人们所共同关注的理论问题，关于中国古代史分期等问题的讨论自然也就沉寂下来。出现这种情况的原因是多方面的。

① 白寿彝：《深切悼念开辟新史学的伟大旗手》，《光明日报》，1978年6月29日。
② 白寿彝主编：《中国通史》(导论卷)，上海人民出版社，1989年版，第81页。
③ 刘大年：《学习郭沫若》，《刘大年史学论文选集》，第569页。

一方面，从史学发展自身情况看，世纪之交的史学发展出现了新的趋势，史学研究本身的领域在扩大，史学工作者的关注点也大大扩展，以前研究薄弱的世界史学科有了迅猛发展。此外，众多新学科、新领域、新方法和对新资料的探索引起史学工作者的兴趣并投入很大力量。一些在史学领域中长期讨论的问题，经历了几十年的研讨，很难再突破。而且新一代的史学工作者往往不具有老一辈史学家那样的学养，无论是在理论方面还是在古文献的驾驭方面，所以他们宁愿选择新的研究课题。这样就使得一些老问题被冷落，尽管这些问题还需要进一步研讨。

另一方面，在学术的舆论环境上也有些不利的因素。曾经有人认为："在讨论中国历史到底经历了哪几种'社会形态'以及这些'社会形态'的各自特征时，看来必须跳出那种久已形成的既定历史话语系统，甚至必须以从根本上质疑和反省这种话语系统本身为起点。"还有论者认为：长期以来我们所使用的一系列概念工具，以及与这些术语相关联的许多社会历史理念、若干带有全局性的重大假设都有问题，譬如与"中国社会形态"密切相关的所谓"五朵金花"就是如此。假如"奴隶制"与"封建制"只是西欧历史上的经验事实，那么原先轰轰烈烈讨论过的古史分期问题就会化为乌有。"因此，当话语体系一转换，许多原来的命题就可能顿时失去了存在的前提和根据，从而不攻自倒。"[1]这种"假问题"的观点影响很大。如果讨论这些问题的意义得不到确认，学者们是不愿意为此投入精力的。特别是当前如果我们放弃那些"既定的历史话语系统"，而又没有一个大家可以接受的新的话语系统可以使用，那些传统的话题就很难被提到讨论的日程上来。

史学界一些老同志对这种状况很担忧，他们希望史学研究能够改变这种状况，重新热络起来。最近我采访了 85 岁的老史学家林甘泉先生，他是著名的秦汉史学者，曾经参与过《中国史稿》的撰写，总结过古史分期问题讨论，主编过《郭沫若与中国史学》一书。谈起一个时期以来史学界比较沉寂，没有大家都很关心的问题，他很是忧虑，他说："关于史学方面有些深入一点的问题，不应该出现一点争论，就不去研究了。有些问题要讲清楚，是需要深入展开讨论的。"说到社会经济形态问题，他说："关于社会经济形态问题，即中国历史上有没有奴隶社会、封建社会的问题，以及中国历史为什么没有进入

---

① 王学典：《"假问题"与"真学术"：中国社会形态问题讨论的一点思考》，《20世纪中国史学评论》，山东人民出版社，2002年版，第315—316页。

资本主义社会的问题，是可以也是应该讨论的，但是不要停留在字面上、概念上，要深入一些、实际一些。"他认为，中国的历史学应该很好地总结一下。用马克思主义研究历史到今天已经 90 多年了。史学的成绩在哪里？大家共同的认识都有哪些？不要一会儿这样，一会儿又那样。中国历史学在世界历史上应该有一定的地位。不能一切肯定，也不能一切否定。实际上，用某一种意见、观点来一统天下是不可能的。毛泽东主张历史学要"百家争鸣"，所以我们要认真地讨论。他呼吁："现在，我们应该考虑中国的历史学应该如何发展的问题。像现在这样冷清，不正常。"他认为，老问题还是可以讨论的。马克思主义史学哪些是值得肯定的，也可以讨论。有的研究不一定能得出大家都同意的结论，但是大家共同来建设，共同来研讨，是有好处的。① 林甘泉先生讲的对我们很有启发。我个人认为，"马克思主义史学哪些是值得肯定的，也可以讨论"，这就是一种辩证地看待中国马克思主义史学的态度，这就意味着包括郭沫若在内的老一辈史学家的学术观点也是可以讨论、可以总结的。

今天，我们研讨郭沫若，不仅仅是要公正地确认他在中国马克思主义史学发展史上的地位，同时也是总结中国马克思主义史学的一个很好的机会。结合具体的史学家来总结中国马克思主义史学比空泛的研究更深入，对推进中国特色的马克思主义史学的建设更有实效。中国马克思主义史学要应对来自各方面的挑战，同时也要在自我反思的过程中不断前进。

（原载于《史学理论研究》2017 年第 3 期，收入本书有改动）

---

① 参见林甘泉：《让史学研究热络起来》，《中国史研究动态》，2016 年第 5 期。

论马克思主义史学家的学术个性

——以侯外庐为例

摘要：马克思主义史学家应该具有自己的学术个性。在马克思主义理论的指导下，以严谨的科学态度治学，勇于提出并坚持自己带有创新性的学术见解，不去迎合某种潮流或趋势。作为一位在中国马克思主义史学发展史上颇具影响力的大家，侯外庐先生具有鲜明的学术个性。纵观其一生的学术历程，其鲜明的学术个性的表现、产生的原因及其对中国史学的影响，对我们深刻认识中国马克思主义史学以及中国的马克思主义史学家具有很大的启发。

关键词：中国马克思主义史学；学术个性；侯外庐

自从马克思主义史学诞生以来，用马克思主义历史观解释历史问题的学者们在诸多历史理论问题的认识上就存在着严重的分歧，各派学者坚持自己的观点，长期争论不休，有些问题争论几十年至今未获得一致见解。为什么会出现这种现象？依个人愚见，是史学家存在不同的学术个性使然。

马克思主义史学家的学术个性问题是一个值得探讨的问题。但在有些人看来，马克思主义史学是一种教条主义史学，是公式主义的体现，是适应战时环境需要的"战时史学"。而如果是这样的一种史学，自然也就不存在什么学者的学术个性，大家都是循着一种简单的公式人云亦云而已。不了解马克思主义史学发展历史的人，往往会赞同这种观点，甚至为这种观点所迷惑。为了澄清这个问题，本文拟从中国马克思主义史学发展史的角度阐明史学家的学术个性的表现、学术个性形成的原因以及学术个性的存在对史学发展的影响。为使叙述深入，避免泛泛而论，拟以著名马克思主义史学家侯外庐的个案为例，进行一些比较性的说明。

一、鲜明的学术个性

何谓学术个性？各家学者或早有各种不同见解。笔者的看法是：学术个性就是一个史学家在某种历史观、认识论、方法论的支配下，由于个人不同的家庭环境、社会背景、学术传承、治学经历、知识结构、性格特征等因素影响而形成的某种特殊的思维方式、致思路径、论说方式等在学术研究中的体现。

著名的马克思主义史学"五大家"郭沫若、范文澜、吕振羽、翦伯赞、侯外庐以及其他很多马克思主义史学家，总体上都信奉唯物史观，实践中也遵循马克思主义的理论和方法研究历史。同时，他们又都有很好的国学基础，尊崇乾嘉学者的治学方法，在掌握大量史料的基础上，对中国历史做过系统的研究，推出过许多重要的学术成果。因而，他们在历史理论上的共性是主要的，都被称为马克思主义史学家。但他们又都有自己的学术个性，他们的生活经历、学术历程各有不同，考虑问题的思维方法也不同，因此，在许多历史理论问题上的见解亦各有不同，甚至有时分歧还很严重。

具有鲜明的学术个性的学者，往往是在学术研究中勇于独树一帜、勇于开拓创新、敢于提出自己与众不同的见解，并且能够坚持自己观点的学者。以侯外庐先生为例，他在中国古代历史的研究中提出过很多独具新意的见解。他的学术成就主要在社会史和思想史两方面。多卷本《中国思想通史》这一皇皇巨著虽成于众手，但也体现了他自 20 世纪 40 年代以来对中国思想史研究的基本思考。为了使论述更加集中，我们暂且撇开他在思想史研究中的论著，只看他在中国社会史研究中凸显学术个性的若干表现。

（一）提出了中国古代社会"特殊路径说"

1930 年，郭沫若发表了《中国古代社会研究》，首先提出中国历史上经历过奴隶社会。为了回击"中国国情特殊论""中国历史特殊论"，他在书中着重阐述了马克思主义社会形态更替理论的普遍适用性，但对中国奴隶社会的特殊性注意不够。他认为，马克思所说的亚细亚生产方式是指原始共产主义社会，所以他没有从亚细亚生产方式或"古代东方"的角度考察中国奴隶社会的特殊性。吕振羽首倡殷商奴隶社会说，认为殷商具有亚细亚生产方式的特点。他认为亚细亚生产方式是古代东方的奴隶制，批评了其他学者的"封建变种论"。

与郭沫若、吕振羽的观点不同，侯外庐在 20 世纪 40 年代提出了奴隶社会起源和发展存在两条路径和两种类型的观点。1942 年，侯外庐写成《中国古典社会史论》并于 1943 年在重庆出版。后来，他又将原书加以扩充，改为《中国古代社会史》，1947 年由上海新知出版社出版，1955 年人民出版社出版修订版时改为《中国古代社会史论》。侯外庐认为，从殷末周初到秦的统一是中国的古代社会，也就是奴隶社会。他的研究是从亚细亚生产方式入手的，但没有直接采取当时学术界的任何一种现成观点，而是下力气进行寻根究底的研究。他说："简单地说来，我断定'古代'是有不同路径的。在马克思恩格斯的经典文献上，所谓'古典的古代''亚细亚的古代'，都是指的奴隶社会。但两者的序列却不一定是亚细亚在前。有时古典列在前面，有时两者平列"。"'古典的古代'是革命的路径，'亚细亚的古代'却是改良的路径。前者便是所谓'正常发育'的文明'小孩'，后者是所谓'早熟'的文明'小孩'，用中国古文献的话来说，便是人惟求旧、器惟求新的'其命维新'的奴隶社会。旧人便是氏族（和国民阶级相反），新器便是国家或城市。"[①]

在这种思想的指导下，《中国古代社会史论》以"氏族""财产""国家"三个关键词为中心，在中西对比的广阔视野下，深入论证了中国古代社会的生产关系、国家性质、政权组织、社会意识及其发展趋势，以此说明中国古代文明的形成和发展不同于古典古代的路径。这里的所谓"氏族"，是指原始社会延续下来的"家族"；所谓"财产"，是指"私有制"。20世纪80年代，侯外庐对他的中西古代不同"路径"说又做了以下概括："我用家族（氏族）、私有制、国家三个标志来说明形成古代文明的不同路径：'古典的古代'（如希腊）是由家族而私有财产而国家，国家代替了家族；'亚细亚的古代'（如中国）则是由家族而国家，国家混合于家族而保留着家族。前者是新陈代谢，新的冲破旧的，即扫除以血缘关系为纽带的氏族制度的革命的路径；后者则是新陈纠葛，旧的拖住新的，即保留氏族制度的维新的路径"。[②] 总之，侯外庐认为土地氏族国有的生产资料和家族奴隶的劳动力二者之间的结合关系支配着中国古代的社会构成，它和"古典的古代"是同一个历史阶段的不同路径。

对于自己提出的"特殊路径说"，侯外庐是经过慎重思考的。他说："我个人对这门科学探讨了十五年，在主要关键上都做过严密思考，对每一个基础论点的断案，都提出过自己的见解。但是我自己从事这项研究工作是有依据的，一是步着王国维先生和郭沫若同志的后尘，二是继承亚细亚生产方式论战的绪统，我力求在这两个方面得到一个统一认识。"[③]他认为，中国学者应该能够超出仅仅仿效西欧语言的阶段，应该能够活用自己的语言而讲解自己的

---

① 侯外庐：《中国古代社会史论·自序》，河北教育出版社，2000年版。
② 侯外庐：《侯外庐史学论文选集·自序》，人民出版社，1987年版。
③ 侯外庐：《韧的追求》，读书·生活·新知三联书店，1985年版，第224页。

历史与思潮，能够在自己的土壤上使用新的方法，发掘自己民族的文化传统。这就是他具有很强的学术个性的一种表现。

（二）提出了中国封建社会土地国有制的观点

20世纪50年代，侯外庐发表了10余篇关于中国封建社会史研究的论文，系统地阐述了对于中国封建社会史的一些重大问题的观点。其中，引起学界强烈反响的是他的中国封建土地国有制的观点。1954年，他在《历史研究》创刊号上发表《中国封建社会土地所有制形式》一文，正式提出了他的这个观点。他认为，理解中国封建土地所有制形式，必须要注意马克思、恩格斯、列宁关于"亚洲式的土地所有制形式"的论断。依据马克思、恩格斯的论述，自由的土地私有权的法律观念的缺乏、土地私有权的缺乏，甚至可以作为了解"全东方"世界的真正关键。他认为，马克思、恩格斯的这个理论是适合中国历史的具体情况的。"中国中古封建是以皇族地主的土地垄断制为主要内容的，而土地私有权的法律观念是没有的。这里所谓法律观念是指所有权在法律上的规定，至于在法律之外的事实如由于特权而得的占有权，是另一回事。"①比如，汉代贱商的法律规定：商人没有土地所有权，但商人由于交通王侯取得富贵，并借由身份性的改变，参加了土地的兼并。这不等于商人有土地私有权。侯外庐指出：君主是主要的土地所有者，这种制度是居于统治地位的。秦汉以来这种土地所有制像一条红线贯串着明清以前的全部封建史。之所以说是主要的，因为这种生产关系是居于支配地位的，并不是说此外没有其他占有权的存在。相反，这种主要的土地所有制形式是和许多领主占有制以及一定的私有制并存的。侯外庐的文章主要论述了中国封建社会史中这种占统治地位的皇族土地所有制，分析了这种土地所有制形式的两个阶段：前一阶段从秦汉起到唐代，后一阶段从唐代中叶到明末清初。这两个阶段，不但土地所有制的经营方式有区别，而且产生了相应的社会变化，在政治上以至文化学说上都产生了相应的变化。

1959年以后，侯外庐又对他的观点做了更加充实的论证，先后发表了《关于封建主义生产关系的一些普遍原理》和《中国封建社会的发展及其由前期向后期转变的特征》等文章。这些文章不仅论证了封建社会不存在自由的土地私有制的问题，而且论证了土地国有制及其有关问题在中国封建社会历史上的前后阶段的变化。他的这一观点贯穿了他有关中国封建社会史的全部研究，

---

① 侯外庐：《中国封建社会史论》，人民出版社，1979年版，第10页。

诸如关于租赋的变化、阶级关系的发展、政治经济制度的变更、思想关系的嬗变等的解释，都是以他的封建土地国有制观点为支柱的。

(三)提出了西汉封建论的观点

侯外庐在 20 世纪 40 年代的《中国古代社会史》中最初提出了西汉封建论的观点。在 1956 年发表的《论中国封建制的形成及其法典化》一文中，他又做了进一步的阐明。他认为，确定奴隶社会与封建社会的分界线，"应该从固定形式的法典来着手分析"。他说："中国封建制生产方式的广阔基础是从战国后期就在古代社会的母胎内逐渐形成起来，特别在秦并六国的时候已推及全国范围，而到汉武帝时才完成。"①为什么侯外庐要提出西汉封建论的观点呢？他认为，研究中国社会的封建化过程及其特殊的转化路径，要特别注意中国历史上的秦汉之际，因为秦汉的制度，包括经济、政治、法律以至意识形态，都为封建社会奠定了基础。从秦孝公商鞅变法"废井田，开阡陌"，个别方面就有了封建因素的萌芽，到秦始皇一统海内、皆为郡县，奴隶社会的经济构成便被封建社会的经济构成所代替，经过汉初的一系列法制形式，如叔孙通制礼、萧何立法、张苍定章程等，到汉武帝的"法度"，典型的封建构成得以完成。

侯外庐还论述了中国封建制的形成及其特点：一是封建主义生产方式的广阔基础是农业与家庭手工业的结合，即"男耕女织"。这种结合在商鞅变法中已有萌芽，至于其法典化则是在汉代关于"食货"的定义。"食货"就是农业与家庭手工业的结合。二是秦汉土地所有制的支配形式是土地国有制，皇帝是最高的土地所有者。三是秦汉的直接生产者主要是作为编户齐民的小农，奴婢仅是残余。秦汉社会的领民户口制的确立，意味着农民对领主的封建隶属，汉代的"户律"就是这种封建隶属关系的进一步法典化。

侯外庐关于中国古代社会若干问题的观点在当时并没有被学术界普遍认可，甚至有人对他进行了严厉的政治批判。有人根据他的学术观点指责他否定封建制度的存在，甚至进而"推论"出他否定土改的必要性。"文革"之中，其观点更成了他的"三反罪状"。

对于侯外庐这些具有个性的学术见解，无论学术界对他的观点有多大的异议，他自己一直是坚持不悔的。这也是他的学术个性。比如对他的亚细亚古代的"特殊路径"说，到 20 世纪的 80 年代他还在坚持。他说："一些朋友认

---

① 侯外庐：《中国封建制的形成及其法典化》，《历史研究》，1956 年第 8 期。

为，我对亚细亚生产方式的说明，是我独特的见解，其实，并无什么特别之处，只是作为历史的决疑，有我自己的一些理解和体会，而且至今不悔，依然确信不是闭门造车。"①在对待封建土地国有制问题上，他至今仍然坚持。他说："我做学问重在独立自得，不怎么喜欢与人争长论短，也很少写文章答复别人的批评。但在五十年代末以后，我在这个问题上受到的压力越来越大，当时在'左'的气氛下，是不容易申辩的，后来，到了'文革'时期，给我扣上了许多政治帽子，乃至学术界一些赞成我的封建土地国有论的朋友也因我而受株连，挨了棍子，现在说起来，也还是令人痛心的。至今我仍认为，封建土地国有论问题是可以而且应该探讨的一个学术问题，各种不同意见，完全可以展开讨论，互相争鸣。"②

二、马克思主义史学家为什么会有学术个性

中国老一辈马克思主义史学家事实上都存在明显的学术个性。这种学术个性的形成，与这些学者的家庭背景、学术传承、学术经历、知识结构、思维方式特点等都有一定的关系。

就侯外庐先生来说，他与其他老一辈史学家的共同点是在青少年时代就打下了很好的国学基础。他出生于旧式家庭，从 5 岁起，就在外祖父家办的私塾中接受旧式启蒙教育，在诵读"四书""五经"以及《资治通鉴》等古籍的过程中度过了童年时代，13 岁时便读完了"四书""五经"，把"子曰""诗云"之类背得滚瓜烂熟。虽然，当时实际理解的成分可能微乎其微，但是这种旧式教育却为他日后的学术研究奠定了扎实的国学基础。如他日后回忆说："我和许多同一代的学人，之所以能够驾轻就熟研究先秦各门学术，都因为早年所受的教育，强制性地要求我们掌握了大量先秦资料。"③青年时期，他在北平接受教育，在法政大学攻读法律，在师范大学攻读历史，课余时间便一头扎进图书馆，涉猎一切所能获得的书籍，尤其对哲学的兴趣最高。他用各种流派的哲学思想充实自己的头脑，眼界大开。

马克思主义史学家的一个共同点就是信奉马克思的历史观，以马克思主

---

① 侯外庐：《韧的追求》，读书·生活·新知三联书店，1985 年版，第 236 页。
② 侯外庐：《韧的追求》，读书·生活·新知三联书店，1985 年版，第 255 页。
③ 侯外庐：《韧的追求》，读书·生活·新知三联书店，1985 年版，第 6 页。

义的理论和方法为指导从事历史问题的研究。但是，他们每个人学习和接受马克思主义的途径是不同的，认识的程度也是有差别的。侯外庐的特点就是他在转入史学领域的研究之前，曾有一段用 10 年时间研读和翻译马克思《资本论》的经历，这种长时间的接触原著，使得他对马克思主义经典著作的把握与其他史家有所不同。

侯外庐决心研读马克思主义经典著作并翻译《资本论》，是受了李大钊的影响。在北京读书期间，侯外庐结识了李大钊。在李大钊的教育和帮助下，他与无政府主义决裂，迈出了接受马克思主义的第一步。李大钊曾告诫侯外庐，搞理论应从马克思、恩格斯的原著入手，从原著中可以汲取科学社会主义理论的真谛。侯外庐回忆说："与大钊同志的接触，使我的思想发生了根本性的变化，我开始以更高的自觉性和更大的热情参加学生运动。从他那里感染到的对理论的浓郁兴趣，对我一生都有影响。"①因此，侯外庐后来之所以能有那么大毅力翻译《资本论》，为之花费 10 年的时间，并能在以后的学术研究中显示出理论性强的特色，这在很大程度上是受了李大钊的影响。

1928 年，侯外庐到了法国，他的目的不是读学位，而是为翻译《资本论》做准备。翻译《资本论》除了具备语言文字的条件外，在知识上也需要补课，于是他精读了马克思的《剩余价值学说史》，学习了大量西方古典经济学和德国古典哲学的名著，涉猎了哲学史、经济史、西方文学、艺术知识等。20 世纪 30 年代回国后，无论在哈尔滨、在北平、在山西，他都没有放弃翻译，直到 1937 年全民抗战兴起，他才停止翻译，投入抗日救亡运动。这 10 年的翻译工作为他以后的史学研究打下了坚实的基础。晚年他曾回忆说："回想几十年的治史工作，自信不致迷失方向，坠入烟海，确是与学习和翻译《资本论》分不开的。我不敢自诩我这条路子为史学工作者所必由，但确信掌握马克思主义，尤其是它的哲学和经济学理论及其科学方法，对于驾驭浩瀚的中国史料，是具有极其重要意义的。"②他还曾明确说过，结束《资本论》翻译数年之后，"当我成为史学界一员时，以往那段为《资本论》、为政治经济学，孜孜苦斗的经历，反而不被人注意了。实际正是通过那段苦斗，赢得了理论上的武装，才构成我在社会史和思想史研究中的真正支柱。"③

---

① 侯外庐：《韧的追求》，读书·生活·新知三联书店，1985 年版，第 12 页。

② 晋阳学刊编辑部编：《中国现代社会科学家传略》（第 2 辑），山西人民出版社，1982 年版，第 270 页。

③ 侯外庐：《韧的追求》，读书·生活·新知三联书店，1985 年版，第 67 页。

史学家学术个性的形成因素，除了他们的学术经历以外，特别重要的还在于他们的思维方式。侯外庐研究历史问题的思维方式有他自己的特点。侯外庐曾经说过，对于他这样的蒙馆读经出身的知识分子来说，他一向欣赏乾嘉学派的治学严谨，一向推崇王国维的近代研究方法，但是，他没有陷入一味考据的传统，重要的原因在于《资本论》对他的熏陶。他说："我在历史研究中所注意的研究方法，相当程度上取决于我对马克思的唯物史观理论的形成和发展过程的认识。"他认为，自己10年来研读《资本论》，所获得的不在于章句语录和个别结论，而主要是思维方法和研究方法。他说："我从这部巨著中得到的，不仅在于其理论，而且在于其超群出众、前无古人的研究方式。《资本论》的理论和《资本论》本身所体现出来的方法论，是应予同等重视的。我个人在逐字逐句推敲中苦下了功夫，才领悟此中意义。翻译较之一般的阅读，其益处即在于他更严格地要求我们去理解，去重述理论的全部由来，更深入地去领会理论的阐述过程，乃至理论本身的逻辑构成……我常自庆幸，十年译读《资本论》，对于我的思维能力、思维方式和研究方式的宝贵训练。这方面的收获，决难以任何代价换取。"①他说："我的全部幸运在于，十年译读之后，伟大的时代驱使我将全身心投入新史学的踏勘。从而，对马克思的科学理论的点点滴滴的体会，都有了用武之地。"②

在学术论辩中，也有人指责侯外庐这种用马克思解释问题的方法来说明中国的历史问题是"教条"。对此，他不以为然。他说："几十年来，责备我'教条'的朋友实非个别，我向来绝少置辩，实在不是阿Q式地把'教条'当做美誉，而是期待严肃的理论探讨，甚至期待批评者以他们对马克思主义不断深化的认识，来解剖、检验我们以往的工作。我真诚地企望着史学理论的进步。"③

每个史学家都有他自己的性格特点，这种性格特点有时也能体现在学术研究上，形成自己的学术个性。侯外庐曾经针对郭沫若和杜国庠两位学者的不同个性做过比较。他说："论个性，杜老与郭老是很不相同的，郭老有诗人的热情和豪放，杜老则有哲学家的严谨和谦恭。郭老的精神世界充满诗人的浪漫气质，而杜老时时处处恪守墨家人格，是个一丝不苟的长者。"④

---

① 侯外庐：《韧的追求》，读书·生活·新知三联书店，1985年版，第91页。
② 侯外庐：《韧的追求》，读书·生活·新知三联书店，1985年版，第148—149页。
③ 侯外庐：《韧的追求》，读书·生活·新知三联书店，1985年版，第149页。
④ 侯外庐：《韧的追求》，读书·生活·新知三联书店，1985年版，第13页。

他还描述过周谷城的性格：周谷城学问广博，性格豪爽。每次到我家来，他总是声先于人，一路笑声进门，却没有大学者的骄矜气息。我和他在史学上分歧点不少，但是，我们既不用避讳分歧，也不会因为分歧影响做朋友。周谷城在我心目中的形象始终是明朗的，他一直保持着不隐晦观点的风格，这是很难能可贵的。

翦伯赞也有自己独特的个性和学术风格。侯外庐说："翦伯赞的史学著作党性强，而面目是活泼的、亲切的。他有一个原则，凡写的东西，一定要让尽可能多的读者读懂并接受，所以，他不仅注重理论原则，而且特别肯在文字上下功夫。他的作品能做到寓科学性、党性于优美而流畅的诗一般的文字语言中。凡读过《中国史纲》的人，无不有感于他锤炼文字的功力。"但在学术观点上，我们又有分歧。他说："在一系列学术问题上，我和伯赞的分歧一辈子都没有解决，不能说由此没有产生一点隔阂，但是，可以说，他和我，一辈子都是相互了解的。他了解我的论点的特点，了解我的为人和脾气，就如同我了解他的思想方法，了解他的品格和性格一样。我们确乎是真正认识对方的价值的。"①

而侯外庐自己则是另外一种性格。他曾回忆说："治史近五十载，比起许多朋辈和前辈，我的成绩是渺小的，观点和见解，或有偏颇；文字艰涩，又缩小了读者的范围；论点执拗，很少顾及舆论，更加容易造成同行学人的误会。"对于自己文字的艰涩，侯外庐也曾有过反思。那是在抗战胜利后的1946年，侯外庐见到了刚被释放的叶挺将军。叶挺对他说自己在狱中读了《近世思想学说史》，很得教益；又说内容很好，道理也很透，就是引文篇幅似乎过长了一点，如果能对引文做一些解释的话，读起来就不会那么深奥了。与叶挺的那次谈话让侯外庐感触很深，他对自己的语言不通俗感到很内疚，并反思了其中的原因："我笔下的文字风格，一生都没有改过来。一则由于早年自从学习白话文不久便开始翻译《资本论》十载，德文的文法对我的影响有如烙印，难以磨灭；二则也是自命文字服从内容，因而克服缺点不力，以至于因循至今。如果说我此生对自己的作品有所不安的话，有一点便是英雄叶挺初见所给予的恳切批评，后半生我没有认真克服而酿成悔恨。"②

---

① 侯外庐：《韧的追求》，读书·生活·新知三联书店，1985年版，第140页。
② 侯外庐：《韧的追求》，读书·生活·新知三联书店，1985年版，第176页。

三、马克思主义史学能够包容学者的学术个性

上面列举了几项侯外庐先生具有个性的学术观点，并分析了其学术个性产生的原因。侯先生的这些观点是他自己长期坚持的，是足以自成一家、自成体系的。他长期坚持自己的学术见解，不在乎别的学者提出的不同意见，也不常批驳别人，但也绝不肯轻易地改变自己的观点。如他所说，和某位史学家的分歧一辈子也没有解决，这就是学术个性。

同样是马克思主义史学家，他们的学术观点长期以来存在着巨大的分歧，每个人都有自己鲜明的学术个性，以至于在诸多史学理论问题上至今无法获得一致意见，这对于中国马克思主义史学有什么影响呢？

首先，应该看到中国马克思主义史学家之间在若干学术问题的认识上有着相当大的差异，这是客观事实，不能回避，也不能夸大。我们应该看到，学术见解存在分歧是马克思主义史学内部学术发展的正常现象，从宏观的角度看，他们之间也具有很多共同的特点。

其一，这些马克思主义史学家提出自己的学术观点并不是他们个人的标新立异，他们的观点往往是以对马克思主义经典作家的理论、观点的启示为依据的，只是他们的理解和解释不同而已。1941年，侯外庐开始撰写《中国古典社会史论》，这是他关于中国奴隶社会研究的第一部专著。书中他表示需要首先弄清楚亚细亚生产方式的理论问题，他的著作就是以亚细亚生产方式理论为中心的。可以说，他关于中国古代社会发展的"特殊路径"的理论，便是以马克思的亚细亚生产方式的论述为中心的。同样，他的中国封建社会土地国有制的理论和西汉封建说的观点，也是以马克思的理论指导为出发点的。他之所以提出中国封建社会土地国有制的论点，依据就是马克思、恩格斯、列宁关于"亚洲式的土地所有制形式"的论断。

其二，侯外庐的学术观点与其他马克思主义史学家的观点也存在一定的内在关联。侯外庐认为，郭沫若率先将唯物史观的理论方法运用于中国历史的研究，才具有了将手工业的中国历史学发展为科学的中国历史学的前途，而中国古代社会的构成及其编制才有研究的基础。他还指出，郭沫若的《中国古代社会研究》还存在明显的缺点和错误，需要做进一步的努力。侯外庐所提出的西汉封建论实际上也是受到郭沫若的战国封建论的影响，可以说，他的西汉封建论是对郭沫若的战国封建论的补充和发展。

其三，侯外庐和其他马克思主义史学家一样，同样重视史料的考证，重视乾嘉学派的研究方法。侯外庐在他的《中国古典社会史论》中就表明了研究中国古代社会史所应遵循的基本原则，其中第一条就是"必须接受清代考证的传统"，第二条是"必须接受卜辞金文家的传统"。研究古代，不能超越卜辞，清代汉学大师的古史辨伪，19世纪末卜辞的出土以及罗振玉、王国维对甲骨文、金文的探源寻绪，奠定了中国古代社会史研究的史料基础，必须严格遵循。这一点与郭沫若的方法是一致的。郭沫若在《中国古代社会研究·自序》中指出，"大抵在目前欲论中国的古学，欲清算中国的古代社会，我们是不能不以罗、王二家之业绩为其出发点了"，认为王国维"遗留给我们的是他的知识产品，那好像一座崔嵬的楼阁，在几千年来的旧学的城垒上，灿然放出了一段异样的光辉"，而"罗振玉的功劳即在于为我们提供了无数的真实的史料"，他对于殷代甲骨的搜集、保藏、流传、考释，他关于金石器物、古籍佚书的搜罗颁布，都是中国文化史上应该大书特书的事件。

其四，也是最重要的一点，侯外庐与其他马克思主义史学家在历史分期问题上虽然认识不同，但都是以马克思主义的社会形态理论作为探讨历史问题的基本理论依据。

郭沫若首先举起了关于马克思主义社会经济形态理论的旗帜，1930年发表的《中国古代社会研究》是他以马克思主义社会形态理论研究中国古代历史的第一次尝试。他称他的著作是恩格斯《家庭、私有制和国家的起源》的"续编"，表明要以恩格斯的著作为"向导"，而于恩格斯所知道的美洲的印第安人，欧洲的古代希腊、罗马之外，提供了其未曾提及一字的中国的古代。这就表明，在郭沫若看来，中国古代也曾存在和古代希腊、罗马一样的奴隶社会，马克思的社会形态理论同样适用于中国。

侯外庐20世纪30年代正在致力于《资本论》的翻译，没有参加中国社会史论战，但却一直密切关注着它的发展，并总结了正反两方面的教训，因而在对中国古代历史规律的探索中，十分注意中国历史的特殊性、普遍性及其相互联系。在20世纪40年代他曾说过："研究古代不可把'古典的'与'亚细亚的'等一而视，在一般的合法则性方面，我们固然不能离经叛道，但在特殊的合法则性方面，我们却要判别具体的社会发展，在中国古代，有若干'另当别论'的特殊条件，万不可抹杀。例如国家、财产、奴隶、法律等，就要仔细区别，要说明它们和希腊城市国家有何不同之点。"①所谓不能"离经叛道"，就是要遵循社会发展的普遍规律，但是他同时强调了在符合规律的条件下，又要重视中国的特殊性。这一点正是对郭沫若的见解的补充。尽管在对亚细亚社会的认识上，两个人见解不同，但这并不妨碍他们都遵循以马克思的社会经济形态理论认识中国历史。

从中国马克思主义史学发展史的整体过程看，学者们的学术个性对于马克思主义史学的发展是有正面影响的。这些不同见解提高了人们探讨马克思主义史学理论问题的热情，形成了百家争鸣的局面，促进了史学的繁荣。今天，我们的史学理论战线显得有些沉闷，正是因为缺乏这种在唯物史观的指导下，不同观点、不同见解、不同流派的切磋与讨论。

坚持马克思主义理论的指导与在学术研究中独立思考、发扬个性是不矛盾的。科学是在不断探索中发展的。如果一个学者不敢言前人之所不言，为前人之所不为，因循守旧而无所作为，是不可能把科学向前推进的。侯外庐的一些学术观点在当时的学术界有很大的争议，许多人不赞同他的观点。但是，今天我们回过头来看，侯外庐提出的一些历史理论的主张，仍然在启发着人们的思考，许多问题仍然值得认真探讨。正如胡绳同志所说："马克思主义的信念没有妨碍外庐同志在学术研究上独立思考，提出独创的见解。'宣传马克思主义'的宗旨也没有使他流于肤浅和教条主义。……他是发扬了乾嘉学派的严谨的治学态度，又批判地继承了王国维的近代研究方法，在马克思主义观点方法的指导下进行研究工作的。""外庐同志在中国社会史和思想史上的许多独创的见解和他所提供的思想资料，已为学术界接受，也有一些论断在学术界中仍有争议。我没有能力在此具体地评论。我想说的是，后来的研究者，纵然不同意他的这一个或那一个看法，但都不能不重视他的研究成果，从他和他的合作者的大量著作中吸取营养。"②

白寿彝先生曾指出："他（侯外庐）研究中国历史是想把马克思主义史学理论中国化，也可以说把马克思主义史学理论民族化。这一点很重要。……把中国历史特点抓出来，外庐同志是最突出的。在这一点上，外庐同志比其他几位同志贡献更大。它反映了我们中国马克思主义发展到新的阶段，外庐的

---

① 侯外庐：《中国古代社会史论·自序》，河北教育出版社，2000年版。
② 胡绳：《纪念侯外庐同志》，《纪念侯外庐文集》，陕西人民出版社，1991年版，第4—6页。

著作是这个阶段的标志"。①

陈其泰先生在最近主编的《中国马克思主义史学的理论成就》一书中说："对马克思提出的'亚细亚生产方式'，学术界有不同的理解。侯外庐的解释并没有为所有学者所接受。侯氏认为马恩所说的'古典的古代'和'亚细亚的古代'都是指奴隶社会，无疑是对的，但把'亚细亚的古代'和'亚细亚生产方式'等同起来则可商榷。不过，侯氏的'路径'说实际上超出了对亚细亚生产方式理解的意义，它最重要的理论创新价值，是在遵循社会经济形态更替理论的前提下，开辟了一条认识中国历史特殊性的途径。"②

只有发扬史学家的学术个性，才能真正实现"百花齐放，百家争鸣"。没有学术个性的史学，不是真正科学的史学。包容史学家的学术个性，才能促使历史学达到真正的繁荣。刘大年先生说："《韧的追求》一书写于80年代初期，表现了一个无产阶级著作家的特征：坚信自己追求的事业的正义性、先进性，他不像某些人轻易地改变自己的思想信仰，而去趋附于看上去似乎更有前途的思潮，从而博得读者的喝彩。这是侯外庐首创一个学派、治学活动的立脚点，也是他一生奋斗、取得成就的立脚点。"③这应该说是对侯外庐先生的学术个性的最好的评价。

（原载于《廊坊师范学院学报(社会科学版)》2012年第3期，收入本书有改动）

---

① 白寿彝：《外庐同志的学术成就》，《纪念侯外庐文集》，陕西人民出版社，1991年版，第21页。
② 陈其泰：《中国马克思主义史学的理论成就》，国家图书馆出版社，2008年版，第135页。
③ 刘大年：《他们做出了榜样》，《纪念侯外庐文集》，陕西人民出版社，1991年版，第148页。

马克思主义理论中国化的成功探索

——白寿彝主编《中国通史·导论卷》对马克思主义史学理论的贡献

摘要：白寿彝先生在 20 世纪 80 年代初就提出了建设有中国民族特点的马克思主义史学的主张，强调不要照搬、照抄外国的理论，要重视民族的史学遗产，要切合中国的历史实际。在他所主编的《中国通史·导论卷》中，提出了诸多适合中国情况的理论创见，并尝试运用史学文献资料阐述理论问题，这对促进马克思主义史学理论的中国化起到了重要作用。

关键词：白寿彝；《中国通史·导论卷》；马克思主义理论中国化

白寿彝先生主编的多卷本《中国通史》已经在 20 世纪末全部出齐，该书的问世在海内外产生了巨大的影响，成为 20 世纪中国史学发展史上具有里程碑意义的重大事件。《导论卷》作为 12 卷《中国通史》的第一卷在 1989 年 4 月先期出版。它的出版得到史学界的广泛关注，许多学者纷纷著文进行评论。今天，这部书已经出版 25 年了，经过四分之一世纪的风雨沧桑，我们重读这部书，仍然感到有很多应该讨论的话题。

《中国通史·导论卷》(以下简称《导论卷》)最大的特点在于，它是建立在对中国历史的全面讲述的基础上产生的理论著述，它既是多卷本《中国通史》本身写作的理论指导，同时也是独立的史学理论专著。它以马克思主义理论为指导，结合中国历史的具体特点，运用了中国的史学遗产，阐述了史学理论的一系列重大问题，为马克思主义理论的中国化做出了巨大贡献。

一、白寿彝先生关于建设有中国民族特点的马克思主义史学的思想

马克思主义理论中国化的问题，是建立、发展中国马克思主义史学的重大问题。自中国马克思主义史学产生以来，马克思主义理论成为史学研究的

指导思想，极大地推进了中国的史学研究。但是，伴随着马克思主义史学的产生，教条化、公式化地运用马克思主义理论的问题也就出现了，并在很大程度上损害了中国的马克思主义史学。因此，如何使马克思主义理论中国化，始终是中国老一代史学家关注的问题。白寿彝先生早在 20 世纪 80 年代初期就提出了"建设有中国民族特点的马克思主义史学"的主张。

1983 年 4 月 6 日，白寿彝先生在陕西师范大学历史系有一篇重要的讲话，集中阐述了他关于建设有中国民族特点的马克思主义史学的思想。

第一，要不要建立有中国民族特点的马克思主义史学。

马克思主义的普遍真理怎么会出来一个具有民族特点的马克思主义？对此，白寿彝先生指出："我们讲马克思主义是普遍真理，那是讲它的原理、原则方面。但具体起来，它用于不同的民族、不同的国家，就应该有不同的特点。普遍真理体现在不同民族的、不同国家的特点里面，二者并不矛盾。""我们建设马克思主义史学，应该有中国的民族特点，这不是照抄的，不是把马克思主义现成的词句搬来就成。我们要用马克思主义解决中国历史的问题、解决中国历史学的问题，这是一个有创造性的工作。"[1]这就是说，史学工作需要马克思主义基本原理来指导，但是建立有中国民族特点的马克思主义史学也是必需的，两者是不矛盾的。过去，我们在这方面存在误区，认为只要以马克思主义基本原理指导历史研究就是马克思主义史学，谈不上什么中国民族特点，似乎也不需要这样一种马克思主义史学。这样，中国马克思主义史学虽然已经诞生了几十年，但基本上是照搬、照抄国外的理论，用以解释中国的历史问题。这样的解释方法必然会遇到"水土不服"的问题——用外国的理论模式套中国的历史实际，结果套不下去。这样就引起了对这种马克思主义理论本身的质疑，从而损害了马克思主义史学。

早在 1978 年 10 月，白先生在长春对史学工作者的一次谈话中就谈到这种照搬方法的危害。他说，长期以来我们史学界有好多历史问题没有解决。例如，"中国史上奴隶社会是从什么时候开始的？现在大家在争论。究竟是什么时候开始的？我说不知道，解决不了。有的同志专搞这项研究，想研究、有兴趣，但没有材料，靠推测不行。有的同志没有办法，引证几段经典著作，一下子就从原始社会过渡到奴隶社会了。那不行。中国历史究竟是怎么回事？

---

[1] 白寿彝：《关于建设有中国民族特点的马克思主义史学的几个问题》，《中国史学史论集》，中华书局，1999 年版，第 384 页。

要用事实解释，不能这样搞。这个不是科学的态度，不能用经典词句代替历史事实。"①

第二，有中国特点的马克思主义史学的思想来源是什么？

白先生指出："我们建设有民族特点的马克思主义史学，必须是在我们过去的历史学的基础上，在我们对过去的史学遗产的总结的基础上来进行工作。"他说："马克思主义没传入中国以前，中国历史学不可能有一个历史唯物主义的思想体系，这是没有问题的。但这并不等于说，我们过去没有正确的历史观点。""尽管过去没有历史唯物主义的思想体系，但有好多正确思想，我们还是应该发掘、应该阐述、应该发展，从而丰富我们的史学思想。"②

白先生认为，中国历代的史学家、历代的思想家，有不少的人都有他们的历史思想、历史观点。他们讲到社会发展、社会思想的时候，讲到政治思想的时候，离不开史学思想。对于具体历史问题、具体历史现象、具体历史人物、具体历史事件，过去也曾经有过不同程度的正确看法，这些看法不可能都写在马克思主义经典里面，但是它们是正确的。在今天我们有马克思主义指导了，对于这些前人所做的成果，我们不要一脚踢开，应该吸收过来做我们的营养。这样做，可以丰富我们的史学思想。他以司马迁讲秦始皇为例：司马迁既肯定了秦始皇的统一功绩，认为在历史上很起作用，同时对他的暴虐、对人民的虐政进行了谴责。白先生说，如果我们提高了说，司马迁也是有两点论的，他对历史人物，对秦始皇的评价还是对的。再比如说，过去历史家讲历史，总是要讲人心向背的问题。人心向背同我们讲劳动人民创造历史有区别，不是一个意思，但是这里面肯定了人民群众在历史上也还有某种作用。过去历史家评论一个政权，评论一种政策的得失，总是要看它得不得人心。它不得人心，那就不行；得人心，就行。像这样一类的关于社会变化、关于政局变化、关于兴亡得失的评论，今天拿来看看，也还是有用处的。

第三，研究中国历史学的特点，就是研究中国史学遗产的特点。

为了建设有中国民族特点的马克思主义史学，白寿彝先生特别强调史学遗产的重要性，提出对历史资料要重新估价。他说，中国历史很长，这是大家都知道的。中国历史自有文字记载以来，基本上是连年不断地记载，量也

---

① 白寿彝：《关于史学工作的几个问题》，《中国史学史论集》，中华书局，1999年版，第353页。

② 白寿彝：《关于建设有中国民族特点的马克思主义史学的几个问题》，《中国史学史论集》，中华书局，1999年版，第385页。

很大。但是对于中国的历史学，知道的人就不多了。甚至搞历史的人也不注意这个问题。搞历史的不搞自己的史学史，看不见中国的历史学的长久的历史和丰富的内容。曾经有人认为，马克思主义传入中国以前，中国没有历史学；如果有，也全是唯心的观点，全是荒谬的。他认为这种观点是不对的。他指出："我们中国的历史学很有特点，很值得我们研究。研究中国历史学的特点，就是研究中国史学遗产的特点，对于我们建设一个有民族特点的马克思主义史学很有帮助。"[1]

重视我们的史学遗产，就要对历史资料重新估价。历史资料用于记载过去的事情，同时还用于解释现在的资料。如果不懂得历史资料，我们无法解释现在，对当前好多问题解释不了。这就是说，我们看历史资料，不光是为了了解过去，而且是为了了解现在。因此，"我们就不会把历史资料看作是死的东西，而是活的东西，有生命力的东西。一大部分历史资料是有生命力的，现在还有生命力。"他提出，历史资料不只是研究历史的资料，同时也是好多种学科的研究资料。比如，中国思想的发展，包含哲学思想、社会思想、政治思想、经济思想、文化思想等，这些可以是思想史的资料，但是这些资料里面提出的好多问题，关于哲学的、政治的、经济的、文化的等方面，今天对我们还有参考价值，这就不仅是思想史的资料，而是一种思想资料。这两种性质可以统一起来，我们可以把它叫作"历史资料的二重性"。[2] 这样，我们就可以看到历史资料很大一部分在今天还富有生命力，还能够加以利用，还应在原有基础上加以发展。

第四，历史理论从历史实践中来，要总结马克思主义普遍真理指导下的中国历史学发展的规律。

建立有中国民族特点的马克思主义史学就包括历史理论问题。白先生在陕西师大的那次讲话中专门谈到了"历史理论和历史现实"问题。他强调"历史理论从历史现实里面来，历史现实反过来可以推动历史理论的发展"。这里他所谈到的理论，既包括社会历史发展的理论，也包括历史学的理论，但道理是一样的。他强调要从历史现实里面总结出理论。他说："人类认识是无穷的，需要认识的对象是无穷的，人类总是在不断认识的过程中，在不断认识

---

① 白寿彝：《关于建设有中国民族特点的马克思主义史学的几个问题》，《中国史学史论集》，中华书局，1999 年版，第 383 页。

② 白寿彝：《关于建设有中国民族特点的马克思主义史学的几个问题》，《中国史学史论集》，中华书局，1999 年版，第 381 页。

过程的发展中总结出来理论。因此，一方面讲，理论对历史有指导意义；另一方面讲，理论总要不断地发展，不断地完备起来。社会现象复杂得很，有了原则性的理论上的认识，还要对复杂的社会现象进行具体研究。"①仍以社会发展为例，他说社会发展是由低级到高级，这一条是对的。说某种社会一定要发展到某种社会，说非经过什么样的社会阶段不可，这就很难说了。从长远的历史进程看，历史总是发展的，而发展中有波折、有停滞、有倒退，也可以有某种局部、某种程度的重复。

白先生强调要从历史实际中总结出理论，理论要运用到实践中。这个理论，有一个不断丰富、发展的过程。他强调"理论不是上帝，不能一下子就完美无缺。它必须在实践过程中不断地完美起来"。他指出："我们一方面不能脱离理论指导，又一方面也不能无所作为，对于理论抱着恩赐的思想。"他提出："我们要总结中国的历史，要总结中国历史和外国历史之间的共同性、差异性，总结一下在马克思普遍真理指导下的中国历史学发展的规律。懂得规律了，有利于推动研究工作的不断发展提高。总结规律的本身也有一个不断认识提高的过程。这个工作是艰巨的，但是这条路必须走，不管怎样走。"②他认为，现在很多人热衷于探讨枝枝节节的问题，光这样不行，还应该抓大的，纵观全局，从理论上看，在理论上下功夫。这表明，白寿彝先生早就有了探讨中国历史的发展规律、探讨中国历史学的发展规律这样的大抱负。多卷本《中国通史》就是他对中国历史学规律的探讨的成果，而《导论卷》则是对中国历史学规律的理论研讨的成果。

二、《导论卷》对于史学理论的贡献

《导论卷》在20世纪80年代那种重视史学理论的氛围下，对于建立、发展中国马克思主义的史学理论有着特殊的贡献。

第一，以《中国通史》导论的形式阐述史学理论的重大问题，体现了马克思主义理论与中国历史实际的结合。

高敏指出："为了把马克思主义历史唯物主义原理同我国古代历史的实际

---

① 白寿彝：《关于建设有中国民族特点的马克思主义史学的几个问题》，《中国史学史论集》，中华书局，1999年版，第392页。

② 白寿彝：《关于建设有中国民族特点的马克思主义史学的几个问题》，《中国史学史论集》，中华书局，1999年版，第393页。

结合起来，又能避免教条式地套用马列主义的词句，便以《导论》的形式，把研究和撰述中国历史所必须解决的若干重大理论问题集中予以阐发，并置于全书首卷，作为必须贯彻于全书的指导思想。这样做的本身，就是突出全书以马克思主义历史唯物主义为指导的集中表现。"①

在一部中国通史中，用整卷的篇幅论述理论问题，这还是首创。综观《导论卷》的全部论述，有许多加强了过去理论研究的薄弱环节（如历史地理的理论、中国史在世界史中的地位等），更有许多是开创性的研究（如关于中国民族史撰述的回顾、统一的多民族历史的编撰、多种生产关系的并存、社会政治思想的革新进取精神、多体裁配合、多层面地反映历史等）。因此，《导论卷》不仅为全书各卷的编撰提供了理论指导，而且将中国历史理论的研究提高到一个新的高度。

正如陈其泰所说："白寿彝先生在这一时期提出的多卷本《中国通史》的理论指导，明确地要求做到反映历史的规律性与反映历史的丰富性二者结合。这就体现了对于在唯物史观指导下如何更好地反映历史的理解，达到了新的高度；对于中国通史所应包含的内容的理解，达到了新的高度。依我看来，此项实则标志着本世纪通史编撰在理论指导上达到新的飞跃，这部内容空前宏富的巨著，就是以这一崭新的指导思想为统帅而成功地完成的。"②

第二，从中国历史实际和中国史学的实际提出和总结出理论问题，在诸多问题上有所突破和创新。

瞿林东指出：《中国通史》以唯物史观为指导，结合中国历史进程的实际，在深入研究的基础上，创造性地提出了关于中国历史发展的一些极为重要的理论认识，这些认识贯穿于全书之中，而在《导论卷》做了系统的和充分的阐述。其中大多属于历史理论范畴的理论问题，也有属于史学理论范畴的理论问题。对这两类理论问题，《导论卷》都是以唯物史观的基本原则为指导，从中国历史和中国史学的发展中总结出来的。讲理论而不脱离史实，举史实而提升到理论，读来容易理解而多有启发。

瞿林东的文章对《导论卷》中阐述的一些重大理论问题进行了梳理，认为这些阐述填补了历史理论研究与中国历史研究这两个方面的一些空白，有突

① 高敏：《读白寿彝先生主编之〈中国通史〉导论卷》，《史学史研究》，1990年第1期。
② 陈其泰：《他山之玉：史学体系的重大创新——白寿彝先生主编〈中国通史〉成就略论》，《史学理论研究》，2000年第1期。

出的理论创新意义。如关于中国历史上的统一问题、关于历史分期问题、关于地理条件与历史发展的问题、关于生产者与科学技术及社会生产力的问题、关于生产关系的问题、关于阶级结构的问题、关于封建社会中多种生产关系并存的问题、关于国家职能的问题等，关于中国历史与世界历史的关系问题等，多发前人所未发。

以上这几个方面，都显示出了《导论卷》对马克思主义史学的理论创新。

第三，有中国历史特点的理论创新之处。

《导论卷》有许多理论上的创新点，这些创新点也正好反映了中国历史的特点。

吴怀祺对《导论卷》中关于多种生产关系并存和中国历史的特点两个问题进行了专门探讨，认为白寿彝先生提出多种生产关系并存的理论是卓越的史识，对于我们认识中国历史的特点具有十分重要的意义。他认为，"从多种生产关系相互联结、相互作用，以及从它们之间的矛盾、消长来研究一个社会，就会丰富我们的历史研究。只重视对占支配地位生产关系的研究，忽略对其他生产关系的研究，或者对其他生产关系的影响估计不足，这对我们的历史研究带来不利的影响"[1]。在白寿彝先生看来，多种生产关系并存在人类历史上带有普遍性，它同时是中国历史特点的内在根据之一。从一定意义上讲，中国历史的发展就是一个多种生产关系并存、变化、运动的过程。这种多种生产关系并存的局面变化是中国历史运动过程的本质，体现出中国历史的特点。从多种生产关系并存的事实出发，对各个时期的变动及其运动走势就会看得更清晰，许多相关的问题也会得到理论的说明。

把中国的多民族问题作为首要问题展开论述，体现出白先生充分注意到中国历史这一突出特点。中国历史的一切问题都要从这一特点出发。吴怀祺在另一篇文章中指出：白寿彝先生在《导论卷》中把中国民族的问题作为史书的首要问题提出来，从这样的角度切入，对中国历史作出一系列的理论的概括，反映出深邃的思想、开阔的视野和对历史的辩证的思考，从而为我们理解错综复杂的中国历史、认识中国历史的特点予以重要的启示。[2]

---

① 吴怀祺：《多种关系并存和中国历史的特点》，《历史科学与历史前途》，河南人民出版社，1994年版，第234页。

② 吴怀祺：《统一的多民族的历史内涵和特征——读〈中国通史·导论〉》，《史学史研究》，1990年第1期。

三、以历史文献资料说明史学理论问题的尝试

20世纪40年代，侯外庐就说过："中国学人已经超出了仅仅于仿效西欧的语言之阶段了，他们自己会活用自己的语言而讲解自己的历史与思潮了。""他们在自己的土壤上无所顾虑地能够自己使用新的方法，发掘自己民族的文化传统了。"①不过，运用自己民族的文化传统，利用中国史学遗产的宝贵资料说明中国历史的特点，并不是一件容易的事情，尽管有许多学者在号召，但真正利用起来还是在摸索阶段。白寿彝先生在《导论卷》中进行了成功的尝试。《导论卷》共有9章，出于多人之手，每章阐述的问题不同，并不是所有的章节都运用了历史文献的资料展开论述，但其中第一章"统一的多民族的历史"、第二章"历史发展的地理条件"、第六章"社会意识形态"、第八章"史书体裁和历史文学"等运用的文献材料比较多。

以白寿彝先生亲自撰写的第一章为例。这一章总的题目是"统一的多民族的历史"，以下分为三节：第一节"关于中国民族史撰述的回顾"，第二节"党的民族政策和民族分布现状"，第三节"统一的多民族历史的编撰"。这其中只有第二节是讲新中国成立以后的民族分布的现实情况，不可能运用历史文献，而第一、三两节特别是第一节则大量引述了历史文献资料。写民族史撰述的历史固然离不开历史文献，但是对文献利用到什么程度，则与写作者对中国历史文献的掌握水平有极大的关系。而这方面，正是白先生的优势。

白先生把涉及民族史的历史文献大体分为两类，第一类是关于民族的传说和记录，第二类是有关民族史的撰述。前者属于史料范围，后者是史学史的著作。他重点谈的是第二类，认为在多民族史撰述方面，最值得称道的是司马迁的《史记》，班固的《汉书》和范晔的《后汉书》在民族史方面也有杰出的贡献。"《史记》把环绕中原的各民族，尽可能地展开一幅极为广阔而又井然有序的画卷。它写了《匈奴列传》《南越尉佗列传》《东越列传》《朝鲜列传》《西南夷列传》《大宛列传》，分别按地区写出北方、南方、东南、东北、西南、西北的民族的历史。把这六个专篇合起来，可以说是一部相当完整的民族史，其中有些记载是超过当时和今日国境范围的。"他称赞《匈奴列传》在材料的选择和表述的形式上都有创始的意义。白先生还指出，《史记》对汉族的形成做了很

---

① 侯外庐：《中国古代思想学说史·再版序言》，上海文风书局，1956年版。

多工作。《史记》有《夏本纪》《殷本纪》《周本纪》《秦本纪》《秦始皇本纪》以及汉以后的帝纪，它们所表述的不同的历史阶段，也就是汉族形成的不同阶段。"尽管司马迁还没有'汉族'的概念，他也不一定会意识到这是为一个民族的形成写历史，但实际上他做了这个工作。"①

白先生把三国、两晋、南北朝、隋唐时期称为民族重新组合的时期，把五代、辽、宋、金、元时期看成民族重新组合的又一时期。他指出，这两个时期民族史的资料相当多，但真正的民族历史撰述并不多，系统地记述民族重新组合的书简直没有。但记述民族重新组合中某一过程或某一过程的片段记载却不少。在这些记载中，反映了民族斗争的长期性和复杂性，也反映了某些人的民族歧视的情绪，有的人则具有较开明的态度。他比较了江统的《徙戎论》和刘知几的《史通》、杜佑的《通典》对民族问题的不同看法。

白先生认为，明清时期的民族史撰述与地方志和纪事本末体史书的发展有密切的关系。明田汝成著《炎徼纪闻》就是关于西南民族史事的重要著述。清代官修民族地方志有很多巨制，如《西域图志》《盛京通志》《广西通志》《云南通志》等。还有不少有关少数民族的纪事本末体史书，如《亲征平定朔漠方略》《平定准噶尔方略》《平定两金川方略》等。在民族观点方面，以民族歧视为特点的大民族主义占有很重要的地位，包括大汉族主义和少数民族的大民族主义。明清之际的著名思想家王夫之、顾炎武、黄宗羲都是民族思想很浓的人。他以黄宗羲的《原君》为例，说明黄宗羲的民族思想是与反对民族压迫、反对封建君主专制密切结合的。

由于运用了这些历史文献资料，所以"统一的多民族的历史"这一章不仅内容丰富，而且论述有力，这些文献资料的作用是不可取代的。

在第二章"历史发展的地理条件"中，执笔者瞿林东在第一节通篇论述地理条件与历史发展，从理论上探讨地理条件与历史发展的关系；第二节才展开对中国地理条件的特点及其与中国历史发展关系的具体分析。而在第一节的理论探讨中，专设"中国史学家的有关撰述"一目，充分展示了中国古代学者在地理条件与历史发展问题上的丰富认识，值得今人好好借鉴。

作者首先谈到中国历代史家非常注重物产的地域特点及其对人们的影响，并且由此产生对经济区域的看法。比如，司马迁在《史记·货殖列传》中，把汉朝的统治地区分为四大经济区域，即山西地区、山东地区、江南地区、龙

---

① 白寿彝：《中国通史·导论卷》，上海人民出版社，1989年版，第10页。

门碣石以北地区。他对经济区域的这种划分，主要是依据地理条件。司马迁对一些地区的记载，着重地理条件的状况、生产状况、经济生活状况和社会风俗的表现。这说明，司马迁以地理条件、生产状况划分经济区域的思想是明确的，而且是有全局性的。司马迁这种思想受到后来许多史学家的重视，如《汉书·地理志》《通典·州郡典》等，都有相关论述。作者也指出司马迁注意地理条件和人口分布的关系，自《汉书·地理志》以后，许多史家都是以人口分布与地理条件相结合的情况着眼的。从地理条件看政治上的兴亡得失，也是过去一些史学家、政治家、思想家感兴趣的，这里列举了《史记》《通典》《史通》等史籍在这方面的很多论述，使这一关系得到很具体的说明。

作者还指出，中国史学家关于地理条件跟历史发展关系的撰述是很丰富的，其中还有一个传统的特点，就是重视它的社会作用。顾炎武所编《天下郡国利病书》和顾祖禹所著《读史方舆纪要》是其中最有成就的代表作。前书记各地的自然环境、政区划分、经济状况和戍守形势，而以记述各地经济状况为主，因而在地理书中独具特色。后书是顾祖禹以20年工夫撰成的一部地理名著。它是一部以地理为基础，以阐明军事上的成败为主要内容，以总结政治兴亡为目的的巨著，显示了作者渊博的学识与独到的见解。

《导论卷》第二章在谈到中国地理条件的概貌和特点、地理条件的复杂性和经济发展的不平衡性、地理条件与历史上政治统治的关系、地理条件与民族关系等问题时，都离不开中国史学家的有关撰述，如《史记·货殖列传》《通典·州郡典》《通典·边防典》等有关论述。可见这些史学遗产的资料，不仅仅是史学的材料，也是史学思想的重要来源。

上述这些，体现了《导论卷》在运用史学遗产的资料阐述史学理论问题上的尝试。这些努力对马克思主义史学理论的中国化起到了重要的推动作用，使它不仅成为这部中国通史巨著的导论，也成为一部具有中国民族特点的马克思主义史学理论的专著。《导论卷》的成功尝试，为建立有中国民族特点的马克思主义史学发挥了重要作用。

（原载于《廊坊师范学院学报（社会科学版）》2014年第4期，收入本书有改动）

唯物史观如何成为新中国老一辈史家的理论武器

——以何兹全先生为中心的考察

摘要：新中国成立以后，一批在旧中国就已经从事史学研究的学者，开始接受并运用唯物史观从事史学研究。虽然他们的治学经历各有不同，学术观点也有诸多差异，但他们一旦接受了唯物史观，就坚定地以唯物史观作为观察历史的思想武器。本文以何兹全先生为例，具体说明他接受唯物史观的途径，特别是结合他一生的治史经验说明他对唯物史观的理论指导作用的认识，以及他是如何以唯物史观作为考察历史问题的理论武器的。

关键词：何兹全；唯物史观；理论武器

新中国成立以后，一批原来就从事史学工作的学者加入到新中国的史学队伍中来。他们通过不同途径或早或晚地接受了唯物史观，并用其指导自己的史学工作。他们勤于著述，除了自己的研究课题外，还积极参与史学理论方面重大课题的讨论，成为新中国史学队伍中的骨干力量。"文化大革命"结束后，他们的学术生命又获得再生，并结出累累硕果，成为新时期的史学大家。从他们一生的治学经历中，可以窥见马克思主义理论在这一代学人精神世界中的地位。何兹全先生正是这样一位具有代表性的史学大家。

一、青年时期：接受唯物史观的特殊途径

早在 20 世纪 30 年代初期，何兹全先生进入北京大学史学系学习时，便已经接触到唯物史观。据他晚年回忆，当时北大史学系的教授依据学术思想渊源，大体可分为三个流派：第一个是由钱穆教授代表的，以乾嘉史学为主导的学派，孟森教授、蒙文通教授可划在这一派里；第二个是乾嘉史学加西方新史学的学派，以胡适、傅斯年教授为代表；第三个是乾嘉史学加点辩证唯物论，这派的代表人物可以举出陶希圣。何先生强调：我是从学术观点的角度说陶希圣有点辩证唯物论，在政治组织上他是国民党的改组派，他不是

一个正统的马克思主义者，但他读过马克思、恩格斯、考茨基等人的著作，受他们的影响而标榜唯物史观、辩证法，使他成名，在学术上有高人之处。何先生承认，自己在北大的四年，对他影响最大之人莫过于陶希圣。当时陶希圣在北大开的两门课——中国社会史、中国政治思想史，他都选修过。而且何先生在北大读书时就已经开始了学术研究，他所选择的方向——中国经济史，就是受了陶希圣的影响。1934年12月，陶希圣主编的《食货》半月刊创刊，这是一个研究中国社会经济史的专门刊物，它的宗旨是集合当时从事中国社会经济史研究的人才，特别是正在搜集这方面史料的人，给他们提供一个交流心得、见解的平台。何先生早年的学术论文大多发表在《食货》上。

陶希圣是何兹全注重利用辩证唯物论研究中国社会经济史的引导者，但是何先生本人也在当时的社会潮流的影响下，读了一些社会科学的书籍，特别是宣传马克思主义的著作。其中，对他影响最深远的书是恩格斯的《家庭、私有制和国家的起源》《德国农民战争》，以及考茨基的《基督教的基础》《托马斯·穆尔和他的乌托邦》。他还读过日本学者河上肇的《唯物史观辩证法》。为了研究经济史，他也曾读过马克思《资本论》第一卷和第三卷中一些有关历史的章节，读懂了劳动和剩余劳动、原始积累的一些理论。他说，他自己的学术思想"杂而不纯"，"但我的学术思想的形成确不能排除马、恩及考茨基等人著作的直接影响"[1]。他认为，读过的那些书使他懂得，研究任何历史问题，都要从当时的整个时代、社会出发，都要从历史发展的大势出发。任何历史现象，从纵的方面说，都是历史发展长河中的一点；从横的方面说，都是当时全面形势中的一环。不了解历史发展大势和当时社会的全面形势，就不会真正认识任何历史现象和问题的本质。

从读大三开始，何兹全就开始写文章、发表文章，有的刊登在《华北日报·史学副刊》和《中国经济》上，更多的是发表在陶希圣主编的《食货》上。我们看一下他在北大读书时发表的7篇文章（《北宋的差役与雇役》《中古时代之中国佛教寺院》《魏晋时期庄园经济的雏形》《三国时期农村经济的破坏与复兴》《"质任"解》《三国时期国家的三种领民》《中古大族寺院领户研究》），就可以看出他当时的治史方向。很明显，他一开始治史，就把自己的方向确定在社会经济史的方向，从这里可以看出他已受到了唯物史观的一定影响。

这些文章写于1934年至1935年，当时他只是大学三四年级的学生。尽

---

[1] 何兹全著，潘雯瑾整理：《何兹全学述》，浙江人民出版社，2000年版，第16页。

管当时掌握的材料有限，但由于年轻气盛、胆大敢言，所以提出了一些独到的新见解，如魏晋时期自由民身份的低落，依附关系的出现，大族、寺院人口分割制，士家兵户身份的低落，寺院经济研究的开创，汉魏封建说的提出，等等。这些文章都是他青年时期的得意之作，并在很大程度上决定了他以后一生的研究兴趣和研究方向，成为他毕生治史的几块重要基石。

在他当年所写的文章中，有的文章用了"中古"或"中古时代"的提法。按当时的理解，"中古"就是封建社会。而且他在文字中多处说明"中古"就是魏晋南北朝隋唐时代，就是封建社会。例如，他在《中古时代之中国佛教寺院》一文的《引言》中就说过："中国历史的分期，至今尚无公认的定说。本篇所用中古时代是约指从三国到唐中叶即从 3 世纪到 9 世纪一时期而言。""中古中国的社会是封建社会。"这表明，何兹全在当时已经能够以马克思主义的社会形态理论来认识古代中国社会了。

当时，他不仅仅是简单地运用一些概念，而且对于中国封建社会的特征有了一定的认识。例如，他在文章中指出当时城市经济衰落，金属货币萎缩，人民身份依附化、等级化，贵贱分明，人口分割制盛行，大族和寺院都有成千上万的依附民，大族、寺院有特权庇护其属下的人口并免除他们对国家的租税徭役。在《魏晋时期庄园经济的雏形》一文中，他还讲了"豪族的发展""自由民到农奴的转变""新的社会——庄坞"等，由这些可以看出魏晋时中原地区社会经济发展的趋势：一是大族兴起，土地集中在大族手里；二是自由民衰落，他们丧失土地降为部曲、佃客、半自由的农奴；三是交换经济破坏，自然经济占优势，庄园经济渐具雏形。这种生产组织后来被入主中原的拓跋氏所模仿，使其制度化，建立起北朝的庄园制度。

他晚年回顾他在 20 世纪 30 年代所写的那些文章时说，那些文章说明当时他对汉魏之际到唐中叶社会的认识。这些认识有正确的方面，也有教条主义、生搬硬套的地方。这种生搬硬套主要是受了欧洲中世纪史的影响。比如说，庄园制度是欧洲中世纪封建社会时代的制度。中国古史记载中有"庄""田""庄田""田庄""庄宅"等词，但没有"庄园"，"庄园"这个名词可能是从日本的译文借用过来的。中国虽然不能说没有像欧洲那样的庄园存在，但却不典型。后来有的学者写文章批评庄园问题，认为中国中古时期没有庄园制度，何先生后来也放弃了这个提法。再有就是关于农奴的提法。中国史书上没有这个提法，而用"依附民"泛指一切身份高于奴隶、低于自由民的半自由的人。用"农奴"这个近乎欧洲中世纪专称的词指中国历史上中古时期的农民劳动者，似乎也不合适。后来他也不大使用了。

尽管当时他初步接触了一些唯物史观的理论，并试图加以运用来观察中国历史，但他当时并没有成为一个马克思主义者，他几乎是"两耳不闻窗外事，一心只读圣贤书"。整天上课、读书，连报纸也很少看。当时他在思想上还是一个三民主义者，认为三民主义符合中国国情。他当时对国民党充满失望，不满蒋介石依靠江浙财阀走法西斯独裁道路，脱离人民，成为新军阀。不过他对于中国共产党的党员，却是充满同情心的，认为他们是有理想、有才华的爱国人士，因不满国民党背弃孙中山的三民主义、政治腐败才投向共产党。但是，他承认自己在当时已经受到了马克思主义的影响。他认为，20世纪前半期西方史学思想对中国传统史学思想有两次大冲击：第一次是1919年五四运动带来的西方资产阶级新史学对中国史学思想的冲击；第二次是1927年北伐战争后带来的马克思主义史学思想对中国史学思想的冲击，具体来说就是1930年前后的中国社会史论战。在这场论战中，尽管参加者派系复杂，但没有不打着马克思主义、辩证唯物论旗号的。仿佛没有这个旗号，便没有参战的资格。他说："我就是在这次冲击中，接受了马克思主义历史理论、史学思想的。"[①]

二、新中国成立以后：在史学实践中运用唯物史观

新中国成立以后，和许多来自旧社会的知识分子一样，何兹全先生也面临一个转变政治立场的问题。1947—1950年，何兹全先生在美国学习和从事研究工作。1950年9月，他放弃了留在美国，也没有去台湾的史语所投奔傅斯年，而是选择回祖国工作。从50年代初起，他就在北京师范大学历史系工作。

对于刚刚回国的处境，何兹全先生有着清醒的认识。他说：新中国成立前，北大陶希圣是他的老师，他跟着陶希圣、傅斯年、钱穆，对他影响最大的是陶希圣。他在政治上是跟着国民党的，学术上是跟着陶希圣的。1950年从美国回来，他是具有爱国思想的，为爱国而转变，因为他觉得只有走共产党走的这条路，才能把国家弄好。因此，他放弃了他原来的政治见解。他说，

① 邹兆辰：《变革时代的学问人生：对话当代历史学家》，首都师范大学出版社，2011年版，第13页。

在中国共产党已经夺取政权的形势下，要图国家安定，想全力投入国家的建设事业，使祖国摆脱落后受辱的旧况而走上富强之路，就要在共产党的领导下，众人齐心努力。他就是带着这些想法登上了横渡太平洋回国的轮船。这些思想在回国后的几十年里不仅决定了他的政治命运，也挽救了他的学术生命。

在学术领域里，何兹全先生沿着自己20世纪30年代的思路继续深入下去，在不断地学习马克思、恩格斯著作的过程中，他以唯物史观为思想武器，对中国古代社会历史的认识逐步深化，并逐步系统化。他敢于在学术领域里独立思考，发人之所未发，在对于中国古代历史的认识上提出了与占主流地位的学术见解不同的观点，并把它逐步完善。

他的学术思路可以分作"50年代初—70年代末—90年代"这样一个三步走的过程。

20世纪50年代初，在"百花齐放，百家争鸣"的方针指引下，学术气氛比较宽松，学者们都非常重视历史分期问题，何先生也写了一篇《关于中国古代社会的几个问题》参与讨论。在这篇文章里何先生提出了三个问题：(1)西周春秋是前期古代社会；(2)战国秦汉时期的奴隶制在社会经济中所起的作用；(3)东汉以来奴隶制向封建制的过渡和封建社会的建立。这篇文章的观点与当时非常流行的范文澜在《中国通史简编》中提出的西周以来中国已是封建社会的观点是不同的。何先生认为，中国封建社会开始于汉魏之际，战国秦汉是奴隶制最盛的时代，是城市交换经济发达的时代。

按照何先生的这种观点，就要说明先秦以来中国原始社会解体、奴隶制的发展。为此，何先生不仅读先秦的古籍，也读马克思、恩格斯关于欧洲古希腊、古罗马的理论著作。他注意到从原始社会解体到阶级社会形成，中间有一个很长的过渡期，而西周春秋的社会正处于这个过渡期。氏族制正在解体，有了贵族、平民的分化，已经出现了奴隶，同时也出现了农奴和依附民。氏族部落的躯壳还保存着，征服族和被征服族各自的氏族部落是聚族而居的。这时期已经有阶级分化，但没有发展到阶级矛盾不可调和的阶段；虽然有古代国家因素的出现，但还是部落社会。他把西周春秋时期的社会称为前期古代社会。

战国秦汉时期，奴隶制发展起来，商业、矿业、手工业、大农业的发展多役使奴隶进行劳动。战国秦汉的600年间，是中国古代社会的繁荣时期。小农经济是社会繁荣的一面，奴隶制和奴隶经济在整个社会经济中的主导地位构成社会繁荣的另一面。

东汉以来奴隶制向封建制过渡，何先生从"城乡经济的破坏""自由民衰落而向农奴、依附民转化""奴隶解放为农奴、依附民"等方面加以说明。农民流亡成为西汉以来非常严重的社会问题，农民流亡就意味着生产力和生产资料的分离，导致社会生产的衰落。而东汉以来出现、魏晋南北朝发展起来的部曲和佃客依附于主人，没有离开主人的自由，他们也就没有离开土地的自由。劳动力和土地的再次结合推动了生产的恢复和发展。

这样，何先生就提出了自己的与学术界占主流地位的观点不同的"魏晋封建说"。那一时期他写的《秦汉史略》《魏晋南北朝史略》《中国古代和中世纪史讲义》也是沿着这一思路写的。他的观点虽然不为学术界大多数人所接受，但是也没有受到批判。

20世纪70年代末，学术界在思想解放氛围影响下，学术活动又活跃起来，何先生也更大胆地提出自己的观点。1978年10月，在长春举行的"中国古代社会分期讨论会"上，何先生做了"魏晋之际封建说"的发言，受到与会学者的高度重视。因为之前一段时间，中国古代史分期问题已经普遍采用郭沫若的"春秋战国之际封建说"的观点，现在何先生又提出"魏晋封建说"，自然有人会认为"魏晋封建说卷土重来"。他的发言整理以后，就用"魏晋之际封建说"的题目在《历史研究》1979年第1期发表，更加引起学界的重视。

他那次的发言和文章主要谈了三点：（1）西周春秋是从古代奴隶社会的前期，也可以说是从原始公社解体到发达奴隶制社会的过渡时期。这时的社会"骨架"还是以血缘关系为纽带的氏族制，但氏族制正在逐步解体、分化出阶级对立，有贵族和平民的对立。这时虽然已经有了奴隶，但也有了农奴，两者在生产关系中不占主要的支配地位，公社成员仍然是社会的主要生产者。奴隶制是新生事物，有待发展。（2）战国秦汉是中国奴隶制社会的发展时期。这时期，以奴隶劳动为基础的生产关系在整个社会中占支配地位，起主导作用；以占有和使用奴隶劳动为基础的商人、地主显贵，通过交换、高利贷剥蚀小农，使小农经济破产；以奴隶劳动为基础的大土地所有制与小农的斗争，以及土地兼并，导致小农经济破产，自由民沦为奴隶，这是战国秦汉时期社会斗争的主线。（3）汉魏之际是中国社会由古代奴隶制社会进入封建社会的时期。这一时期的社会变化有：由城市交换经济到农村自然经济，由自由民、奴隶到部曲、佃客，由土地兼并到人口争夺，由流民到地著。

这里他所讲到的汉魏之际的社会变化，也就是他在20世纪50年代所讲的魏晋之际社会经济的变化。但是在那时，他只是讲变化，而变化的性质不敢说。这次则明白地提出了是奴隶社会到封建社会的变化。与50年代相比，他并没有提出更多的新观点、新材料，只是大体维持原有的观点。不同的是，这时他已经不再战战兢兢、遮遮掩掩，而是毫无顾忌地、明确地把自己"汉魏之际封建论"的观点提了出来。

1991年，代表何兹全先生研究中国古代社会几十年心血结晶的《中国古代社会》一书出版，该书全面阐明了他运用唯物史观研究中国古代社会问题的基本观点。他的这部书上起商周，下到三国，重点不在于阐述魏晋南北朝的社会变化，而在于说明战国秦汉时期不是封建社会，而是他所着重论述的"古代社会"。而这里所说的"古代社会"，便是一般学者所说的奴隶社会。往前涉及其"来龙"——早期国家；往后谈到它的"去脉"——魏晋封建。

因此，何先生这部书比他以前所写的关于中国古代社会的论述有所发展，该书的基本思想有以下几点。

第一，他明确提出"早期国家"的观点。他认为，春秋战国之际是中国国家产生的时期；殷盘庚到东周初，社会仍以部落、部落联盟为基础，可以称为"早期国家"。早期国家中，社会已有阶级分化，氏族部落内部已经出现贵族，也有奴隶和各类依附民，王的地位已经突出，有了王廷和群僚，但氏族部落组织的血缘关系仍然是社会的组织单位，是氏族向真正意义的国家的过渡，并逐步接近国家。

第二，他不再使用"奴隶社会"的提法，而改称"古代社会"。他根据马克思的观点，认为从人类社会发展史的角度看，用"古代社会"比"奴隶社会"要好。

第三，他强调交换经济、城市经济在人类历史上所起的作用。认为交换经济在人类历史上有两次出现和发展。一次是在古代社会，一次是在封建社会后期。前一次出现发展了奴隶制，后一次出现为资本主义开路。封建经济是自然经济，秦汉战国时期正是城市交换经济兴起的时代。他在书中论述了从战国到西汉中叶这五六百年是中国古代社会的繁荣时期，他用大量材料说明战国秦汉时期奴隶制的发展、发达，大量奴隶被役使于矿业、商业、手工业和农业，也用大量的事实说明小农和小农经济的衰落。在古代社会中，小农经济是受奴隶经济支配的，在商品货币关系和奴隶经济发展下，在国家租税徭役负担的压迫下，它的命运必然走向没落。战国秦汉几百年的历史可以归结为这样一种斗争过程的发展史，即大土地所有制和自耕农小土地所有制的斗争过程和商业发展、土地集中、小农沦为奴隶过程的历史。

第四，他发展了马克思、恩格斯所提出的"农奴制曾在人类历史上出现两次"的思想（一次是在原始氏族社会解体时期，一次是在古代社会末期）。有些学者之所以认为西周是中国封建社会的开始，就是由于将原始社会末期出现的农奴制视为封建社会了。而汉末、魏晋时期出现的社会经济的变化，如从城市交换经济到农村自然经济，从编户齐民、奴隶到部曲、佃客，这才是从古代社会（奴隶社会）向封建社会的转化。这样，在这部书中何先生再次强调了他的"汉魏之际封建说"的观点。

三、晚年感受：马克思主义是观察社会历史最科学、最有力的理论

何兹全先生毕生学术论著甚丰，远远不止于上面提到的内容。就中国古代史研究方面来说，涉及中国古代社会和中世纪封建社会的研究，汉唐佛教寺院研究和汉唐兵制研究等，我们仅从他对中国古代社会研究和中世纪封建社会研究这一条主线，探讨了他几十年来运用唯物史观探讨中国社会历史的过程。何先生对自己几十年来的学术道路也不断有所总结，除了见诸报刊的文章外，他也多次对来访的学者谈论他对自己的史学思想的总结。笔者也在何先生90岁高龄以后，有幸几次聆听他对自己学术思想、治学道路的回顾，感到深受启发。像何先生这样年龄的学者的学术经历比较复杂，接受唯物史观总是要有一个过程的。他似乎没有被奉为"著名马克思主义史学家"，他自己也不以此为标榜。他的学术观点有自己的独特性，可能也不一定为大多数学者所认同。但从他晚年对自己走过的学术道路的分析来看，他确实是以马克思主义的历史观为自己治学的指导思想，不仅在治学的实践中努力遵循马克思主义的学术理念，而且在理论上不断升华，尊奉马克思主义是观察社会历史最科学、最有力的理论。

总结何先生的史学思想、学术道路，我们不难看出以下几条明显的特点。

第一，善于抓大问题。

从20世纪30年代开始研究中国历史后，何先生就选择大问题进行研讨。他曾说："我的特点是：（1）能抓大问题。我研究的题目都是有关国计民生的大问题和反映时代面貌的大问题。（2）我继承了中国史学传统，重材料、重考证，重把问题本身考订清楚。我受近代西方史学思想的影响，更受马克思主

义历史理论的训练。我重视从宏观、微观看问题，从发展上看问题，全面看问题，形成我宏观、微观并重，理论、材料并重的学术风格。"①何先生说他在历史研究中善于抓大问题，我们从他 20 世纪 30 年代以来的史学实践中确实能够得到证实。在北京大学读书时写的几篇文章，虽然是初露锋芒，但是他所选的题目都是很重要的。像《北宋的差役和雇役》《中古时代之中国佛教寺院》《魏晋时期庄园经济的雏形》《三国时期农村经济的破坏与复兴》《三国时期国家的三种领民》《中古大族寺院领户研究》等，都是有关一个历史时期社会经济发展中的重大问题，这些研究为他一生的学术研究奠定了一定的基础。1945 年，在李庄史语所期间完成了三篇论文《东晋南朝的钱币使用和钱币问题》《魏晋的中军》《魏晋南朝的兵制》，也都是涉及经济和兵制的重要问题。进入 50 年代，他的学术研究继续关注大的问题，如 1956 年的《关于中国古代社会的几个问题》，1958 年的《魏晋之际城市交换经济向自然经济的变化》，1961 年的《北魏文明皇太后》。80 年代初，他又发表《佛教经律关于寺院财产的规定》《佛教经律关于僧尼私有财产的规定》，也是寺院经济研究中的大问题。至于他的著作如《秦汉史略》《魏晋南北朝史略》《三国史》《中国古代社会》等，更是宏观的历史研究论著。正是由于他善抓大问题，能够以宏观与微观结合的方法解决问题，所以就为他在史学研究中运用马克思主义的史学理论创造了必要的条件。

第二，善于用马克思的思考方式来思考问题。

在何先生对自己的学术思想进行回顾和总结时，经常可以看到他的一些重要的学术观点或见解，是从马克思、恩格斯那里得到启示的。这一点，在他的代表作《中国古代社会》中就体现得特别明显。

例如，该书中论述到中国国家起源问题，就是以恩格斯在《家庭、私有制和国家的起源》一书中的观点为立论依据的。他认为，按照马克思主义的国家学说，国家是阶级矛盾不可调和的产物。国家与氏族不同的地方在于它按地区划分它的国民；国家要有公共权力的设立，包括武装的人（军队、警察等）和物质的附属物（如监狱和各种强制机关）；为了维持公共权力，公民需要缴纳捐税。如此看来，学术界把中国国家起源划在夏是早了些。因为夏仍在传说时代，有没有阶级分化都成问题，谈不上阶级矛盾。所以，在《中国古代社

① 邹兆辰：《变革时代的学问人生：对话当代历史学家》，首都师范大学出版社，2011 年版，第 17—18 页。

会》中，何先生认为盘庚以前的夏和商还在氏族部落时期；盘庚到东周初是氏族部落到国家的过渡时期，可以称为"早期国家"；而真正国家的出现是在春秋战国之际。

何先生在这部书中不再使用"奴隶社会"的提法，而改用"古代社会"。他认为，马克思、恩格斯在他们的论述中论述了奴隶制，但却没有找到"奴隶社会"的提法；反之，在《政治经济学批判序言》中，马克思论述社会经济形态演进的几个时代时，用的是"古代的"一词。所以，从人类社会发展史的角度说，用"古代社会"比使用"奴隶社会"好。

再如，在《中国古代社会》中，何先生强调了交换经济、城市经济在人类历史上所起的作用。认为交换经济在人类历史上有两次出现和发展，一次是在古代社会，一次是在封建社会后期。前次出现发展了奴隶制，而后次出现为资本主义开路。他说，这不是他的发明，而是受了马克思的影响。马克思在《资本论》中曾经说过："在古代世界，商业的影响和商人资本的发展，总是以奴隶经济为其结果。……但在现代世界，它会导致资本主义生产方式。"何先生受了马克思的启发，研究了中国的史料，论述了战国秦汉时期交换经济的发展对古代社会经济的影响，认为春秋战国的商业交换经济第一次出现，促进了原始氏族公社的瓦解，也促进了奴隶制的发展。

同时，他还发现马克思、恩格斯也曾提出农奴制曾在人类历史上两次出现。一次是在原始氏族社会解体时期，一次是在古代社会末期。按照马克思、恩格斯的观点，农奴制和依附关系不是中世纪封建社会才出现的，在氏族制解体时期，在奴隶制出现的同时就出现了。所以，农奴制和依附关系并不是特有的中世纪的封建形式。因此，不能将周代说成是领主制封建社会，把秦以后说成是地主制封建社会。中国真正进入封建社会，应该在汉末魏晋时期。

第三，坚持马克思主义，但不僵化停滞。

首先，马克思主义的理论本身就是不断前进、不断发展的。

何先生曾经讲道：马克思主义理论的发展，就过去的情况看，往往有阶段性。以苏联斯大林时代为例，斯大林说过的就是真理，而且真理就到此为止。斯大林没有说过的，谁也不敢多说一句，说了就可能犯错误，犯了错误，那是很危险的。因此，在那个时代，只能给斯大林的话加诠释、注解，不敢有半步逾越雷池。但客观形势是在不断发展的，对客观的认识也就要不断发展，新认识会不断出现。新的认识也就是新的真理，你不说，别人会说，你不提出来，别人会提出来。

他还说过：辩证唯物主义和历史唯物主义仍是指导历史研究的最正确的理论和方法。但我们应当突破教条，使辩证法在解释新事物中不断发展，不断吸收新因素，使自己更丰富、更活跃，站在时代的前列。任何先进的思想学说，如果人为地加以阻止、不许发展，就会变成落后的。[1]

在一次谈话中他说：马克思主义不是教条，马克思如果多在世一年就会多有一些东西。所以，学习马克思主义不要死守教条。学术上的东西可以经受较长时间的检验，而政治方面的东西变化很快。列宁看到资本主义已经到了腐朽没落阶段，但是资本主义还在发展，现在比那个最后阶段还要高得多。他是一个革命家，他预料明年、后年如何，都可能发生变化。列宁的东西否定得多，马克思的东西有没有要否定的呢？其实他自己也有时否定自己，这就是辩证法地看问题。辩证法就是承认变化、承认进步，就是正—反—合。[2]

同时，他认为以马克思主义为理论武器的学者自身也要与时俱进，不前进就要落后。

何兹全先生在他已是高龄的时候，还经常告诫自己，不要落后于形势，不要老了还不知道。他在一次谈话中说道：改革开放这近30年来的整个形势我说不大清楚，因为整个史学的发展、变化，超出了我这年龄的人所能了解的范围。我常跟青年人说，过去随着青年人的思想变化，我能够跟得上；但现在不行了，跟不上现在青年人的想法，史学思想也跟不上。现在我也怀疑，是年轻人思想不对路了，还是我成了"清朝遗老"了？总之，要警惕自己，已经老了还不知道。

何先生能够清醒地认识自己，看到自己的优势与不足。他说，我这个年岁搞历史的人，史学界有些人在过去参加革命，后来又搞历史了，但他们的文献知识不如我，文献读得没有我多，对历史了解得不如我多；有一些老知识分子如我的同班同学，文献书比我读得多，但没有接触过马克思主义，新中国成立后学一点马克思主义也是皮毛。你们看我这九十多岁的人在这方面，还是比较突出一点。与那些革命的人比，革命性没人家强；与那些读书的人比，又不如人家读书多。但是，又读书，又接触马克思主义，又革过命的人，我的同代人不如我。他认为，自己不是天才，是通过学习接受和掌握辩证法

<hr>

① 邹兆辰：《何兹全学述》，首都师范大学出版社，2011年版，第122—123页。

② 邹兆辰：《变革时代的学问人生：对话当代历史学家》，首都师范大学出版社，2011年版，第23—24页。

的。他说："我这个人是很笨的，不知你们承认不承认，不但没有天才，连中才都没有。但我有一个好处，是可以学习、可以钻研、可以想问题，像老鳖一样，慢慢往上爬，爬到别人那个境界。所以，我是通过学习，接受了辩证法，以辩证法为指导学习历史。我没有天才，只是靠后天的勤奋学习，提高到现在这个水平已经不容易了。"①

何先生谈到自己的治学态度时总强调《荀子》中的"不以所已臧害所将受"和《中庸》中的"诚之者，择善而固执之者也"。这两句话，也是做学问的人应该领会的。"不以所已臧害所将受"，就是不以自己已经接受的东西来排斥、损伤将要接受的东西。"择善而固执之"就是说人要有点固执精神，做事、做人、做学问都是一样。他认为这就是辩证地看问题，辩证地处理问题。他自己就是这么做的。他一方面坚持学习，用发展的态度看待马克思主义的历史理论，时刻警惕自己不要真是顽固了；但另一方面，仍然"顽固"。他坚持以马克思主义历史理论研究历史的方向没有改变，坚持"汉魏之际封建说"的观点没有改变。30 年代的论点，到 90 年代还在固执着。

第四，强调唯物史观是研究历史最科学、最有力的理论。

在一次访谈中，何先生对访谈者说："到目前为止，马克思主义的唯物论、辩证法仍然是观察社会历史最科学、最有力的理论；西方的东西有它进步的地方，但它没有经过辩证法的过滤、提高，这正是中国年轻一代的史学家应该从事的工作。你们应该用辩证法总结西方的史学思想，这样的话，20年后，中国的史学思想会超过西方的史学思想。接受它的思想，而同时批判它的缺点和不足，21 世纪初期中国史学如果会有个高潮的话，就在现在这一代了。要提高，要从现在西方史学理论所达到的高度来提高，这是中国史学家的出路、中国学者的出路，也就是你们的出路。不要像钻进水底的人什么也看不见，要使自己清醒一些，站得高一些。如果你们对马克思的历史理论、对辩证唯物论接受得还不够，还要多学习学习。这没有坏处，我不会害你们。"②

何兹全先生讲的话非常诚恳，也非常深刻。这是一位世纪老人从他一生的治学实践中体悟到的深刻见解。何先生的话不是为了迎合某种需要而做的

---

① 邹兆辰：《变革时代的学问人生：对话当代历史学家》，首都师范大学出版社，2011 年版，第24 页。

② 邹兆辰：《变革时代的学问人生：对话当代历史学家》，首都师范大学出版社，2011 年版，第23 页。

空洞表态，而是实实在在的内心感受。中国马克思主义史学到今天仍然在中国史坛中占据主导地位，像他这样的老一辈学者的努力坚持和辛勤探索功不可没。

（原收录于《唯物史观与新中国史学发展——中国社会科学院马克思主义史学理论论坛首届学术研讨会论文集》，中国社会科学出版社 2014 年出版，收入本书有改动）

田昌五：学养深厚、勇于探索的史学大家

田昌五(1925—2001年)，河南郾城人，生于一个贫苦农民家庭，幼年曾读过私塾，后考入本县召陵中学和安阳高中读书。1944年，参加抗日远征军，赴印度、缅甸抗击日军。抗战胜利后，1946年再入开封高中。1947年考入北京大学历史系，同年10月加入中国共产党，曾任北京大学中国共产党第四支部书记。1951年毕业后留校任教，曾任北京大学团委副书记。1956年调入中国科学院历史研究所，从此开始了他的史学生涯。1978年任研究员，1986年被评聘为博士生导师。1987年调入山东大学，任历史系教授、博士生导师、山东大学历史研究所所长，兼任中国社会科学院研究生院博士生导师、中国社会科学院古代文明研究中心学术顾问、中国文化书院导师。曾任中国殷商文化学会会长、中国农民战争史研究会会长、中国秦汉史研究会顾问等职。2001年10月6日病逝。

田昌五一生著述宏富、成就卓著，先后出版《王充及其〈论衡〉》、《中国古代农民革命史》(第1册，秦汉卷)、《古代社会形态研究》、《古代社会形态析论》、《古代社会断代新论》、《〈论衡〉导读》、《中国古代社会发展史论》、《中华文化起源志》、《中国历史体系新论》、《周秦社会结构研究》(与臧知非合著)等学术专著10余部。他是郭沫若主编的《中国史稿》第一卷、第二卷的主要撰稿人和组织者。主编《秦汉史》(与安作璋合编)、《中国封建社会经济史》(四卷，与漆侠合为总主编)、《华夏文明》系列专集和《中国原始文化论集》(与石兴邦合编)等大型学术著作文集，主持《马克思恩格斯论前资本主义社会诸形态》的编辑和出版。

田昌五是20世纪最具有历史使命感和时代责任感的史学家之一，在历史唯物主义立场和方法指导下推陈出新，在理论总结和史实考察等不同层面对中国历史发展提出了诸多有价值的见解，发表或出版了大量的学术论著，是史学界公认的一位大家。他既善于提出自己的一家之言，又能不断突破自己。虽然说几十年来无论是学术界还是他自己对一些问题的看法都已经有了改变，

但回顾一下他学术思想发展的路径，对于全面认识新中国马克思主义史学所走过的道路是有积极意义的。

一、在古史分期研究中的建树

古史分期问题的研究和讨论，是新中国史学界涉及人数最多、延续时间最长、观点分歧最大的一场讨论。这场讨论大大推动了对中国古代历史问题的研究，加深了对中国古代历史特点的认识，并且对于史学家如何正确认识马克思主义经典作家的理论有巨大帮助。

田昌五对古史分期问题的观点大多是在"文革"之前的讨论中提出来的，他对古史分期问题研究的主要建树是完善了战国封建论。

古史分期问题的争论从 20 世纪 30 年代的社会史大论战中已经初露端倪，一直持续到新中国成立以后。在涉及中国历史何时进入封建社会的问题上，马克思主义史学家内部先后出现了西周封建论、战国封建论、秦汉封建论、魏晋封建论等不同观点，即使到"文革"以后仍然没有取得一致的意见。最早提出战国封建论的是郭沫若，他的观点影响较大，在新中国成立后曾经被各级中国历史教材广泛采用。由于时代条件的关系，郭沫若对此问题的论述也还存在不足之处，学术界内部仍存在不同意见的讨论。

田昌五的观点虽然与郭沫若的观点不完全一致，但他基本上是战国封建论的主要代表者。在一系列论著中，他都在从理论和史学实践上完善这个理论，从而加强了战国封建论的说服力。他系统研究了马克思、恩格斯对封建生产方式的有关论述及其依据的相关事实，把封建生产方式的内容概括为四点："一、个体小农经济；二、封建土地所有制；三、超经济强制；四、封建地租剥削。四者结合起来就构成封建生产方式。"①他认为，这是封建社会最基本的东西，只有抓住这些基本的东西，才能解决古史分期问题。

田昌五对中国古代社会的研究是从研究亚细亚生产方式开始的。他以传统考证的方式，系统考察了马克思、恩格斯对古代东方社会史的有关论述。他认为，马克思、恩格斯对亚细亚生产方式论述的历史依据主要是原始社会在封建社会中萎缩了的遗存；与其说是东方型的不发达奴隶制，不如说是原始社会更贴切，而且其中还混进了封建社会的内容，不足以说明中国古代社

---

① 田昌五：《古代社会断代新论》，人民出版社，1982 年版，第 175 页。

会乃至亚洲古代社会的本质特征。他系统探讨了中国古代社会的形成和发展过程，认为我国古代的奴隶制与世界上所有其他古文明国家一样，都是从父系大家族奴隶制开始的，从家庭奴隶制度发展到宗族奴隶制，即家族奴隶制的联合体，就是中国的发达奴隶制。中国奴隶制向封建制的转变，是以宗族奴隶制的瓦解为前提的。中国古代社会是在没有外来因素干扰的情况下，由低到高逐步形成和成熟的，其间虽然有夏、商、周的朝代更替，但没有影响到这种由家族到宗族奴隶制的由低到高的发展进程，因而更具有典型性。

中国封建社会以何时为开端？田昌五提出以七国变法运动为标志，其绝对年代则是以商鞅的第二次变法（公元前 350 年）来确定比较科学。因为"这种变法运动是封建地主阶级领导的社会革命的集中表现和全面完成。它表明中国历史上从此不仅有了封建的经济基础，而且有了相应的封建上层建筑。我国封建社会的经济制度、政治制度和文化制度都是从这时建立并发展起来的"[①]。田昌五的这一系列观点，在当时的情况下对于完善战国封建论无疑是有积极作用的。

二、考察农民战争的历史作用

农民战争史研究是田昌五学术研究的重要组成部分，在他的学术思想中占有重要地位。他的这方面研究不仅是对中国古代史中重要学术问题的关注，而且体现了他对中国古代农民历史命运的持续关注、深刻理解与同情。这也是他探索中国历史发展规律的一个支点。

田昌五从 20 世纪 60 年代初起，持续思考着农民战争与中国历史发展的关系问题，出版专著《中国古代农民革命史》（秦汉卷，1979 年），并发表了《怎样分析历史上的农民战争》(1964 年)、《论秦末农民起义的历史根源和社会后果》(1965 年)、《论"皇权主义"的一些问题》(1979 年)、《坚持社会发展动力一元论》(1981 年)、《秦汉社会中的农民问题》(1982 年)、《论秦末农民起义的历史作用——兼评让步政策论》(1979 年)、《论农民的私有性与革命性》(1989 年)、《中国农民战争阶段性及相关诸问题》(1994 年)、《中国历史大循环的动力——重谈农民战争问题》(1997 年)等论文 10 余篇。可以看出，他对农民战争问题的研究从 20 世纪 60 年代持续到 90 年代末，其中既有具体问题的考

---

① 田昌五：《古代社会断代新论》，人民出版社，1982 年版，第 227 页。

辨，也有理论问题的深度分析。

从 1958 年起，学术界研究农民战争问题的焦点主要包括：农民战争是否反封建、农民起义军是否有自己的政权、农民战争对封建社会发展究竟有什么作用、农民是不是皇权主义者、农民平均主义是否具有先进性等。当时，对其中任何一个问题都有争议，田昌五对这些问题都发表了自己的意见。80年代以后，农民战争研究迅速沉寂，几乎无人问津，即便偶有学者涉及，也大多是对农民战争的全面否定。而田昌五则站在新时代的高度，一如既往地思考着农民战争、农民起义、农民历史命运与中国历史发展的关系等问题，将其置于中国封建社会经济结构的总体系中历史地考察。他与漆侠共同主编的《中国封建社会经济史·总论》辟出专节论述了农民历史命运与中国社会发展的关系，提出了他们独到的见解。

田昌五对中国古代农民战争的性质和农民战争的历史作用等问题提出了自己的看法。当时，有一种观点认为，农民是小私有者，是落后生产力和落后生产关系的代表，造反的目的就是获得小块土地，过自给自足的生活；农民没有阶级的自觉，没有意识到自身命运的苦难来自封建制度，所以农民起义和农民战争只反对单个的官僚、地主、官府，而不反对地主阶级和封建制度。相反，农民战争使封建制度不断地死而复生，中国封建社会长期停滞不前的原因就在于农民战争太多。另外一种观点认为，农民战争在封建社会上行阶段——生产关系基本适应生产力的时期，不反封建；而在下行阶段——生产关系已经不能适应生产力发展的历史阶段，具有反封建性质。田昌五认为，有人引用经典作家的论述否定中国农民战争具有反封建性。但马克思、恩格斯等经典作家所说的农民不是先进生产力、先进生产关系的代表，农民只是小私有者，起义的目的就是保证和实现其小私有，具有落后性，这虽然符合历史事实，但是并不能据此否定中国农民战争具有反封建的性质。因为经典作家所说的农民阶级的这种落后性，是相对于资本主义社会化大生产以及为了解决资本主义社会基本矛盾而实行的社会主义生产资料公有制而言的，并不能据此把农民斥为落后、反动的阶级，那样做是违背历史主义基本原则的。封建社会的农民确实没有对封建制度做过科学分析，也没有划分阶级的自觉，这是农民的历史局限性所决定的认识问题。但是，并不能据此认为，农民虽然反对封建剥削和封建压迫而没有也不可能反对封建制度、反对地主而没有也不可能反对地主阶级。不能因为农民战争没有反对封建制度和地主阶级的自觉就否定农民起义反封建的性质，不能因为农民具有私有性而否定其反剥削反压迫的"革命性"。

田昌五还对农民的"平均主义"思想发表了自己的观点，认为那种指责农民平均主义是落后反动思想的看法，是用现代观点衡量古人，是非历史主义的逻辑分析。他指出，农民平均主义本质上是"农民民主主义"。不能因为农民阶级没有阶级自觉就否认农民阶级有自己的思想，因为在阶级社会中，每个阶级都有自己的"主义"，有多少个阶级就有多少个主义，农民当然也会有自己的主义。他们的主义就是和封建等级思想相对立的、以政治上平等和财产上平均为内容的农民民主主义。

针对农民起义中的皇权主义思想，田昌五也发表了自己的见解。他认为，我们的任务是对皇权主义进行阶级分析，揭露其对农民阶级的欺骗和毒害，而不能把这种东西栽到农民头上，变成他们内在固有的思想灵魂。

田昌五认为，中国是传统的农业国，农民是社会生产的主力军，是社会财富的主要创造者。研究农民战争既不能根据既定理论也不能因为政治需求因时而异，科学的做法是本着历史主义的原则，将农民置于社会结构变迁过程中，考察所谓农民阶级落后性的历史原因，分析这些落后性是农民的天性使然还是当时的社会结构和社会矛盾使然。这就要用阶级分析的方法，考察当时社会发展面临着什么样的问题、有什么样的历史可能性、农民为什么要铤而走险、农民战争为社会变动打开了什么样的历史途径。正是基于这一立场和认识，田昌五是以深刻的同情研究农民问题和农民战争的，是在全面把握农民历史命运的前提下分析农民战争与历史发展关系的。

三、探讨中国文明起源

改革开放以后，田昌五以极大的热情参与了关于文明起源问题的讨论。他陆续撰写了《中国古代的氏族和部落》《关于中国奴隶制国家形成的一些问题》《我国是怎样从原始社会过渡到阶级社会的》《马克思主义与华夏文明起源的研究》《仰韶文化社会性质与中国文明起源若干理论问题》《中国文明起源问题讲话》《关于尧舜禹的传说和中国文明的起源》《对中国文明起源的探索》《先夏文化探索》等文章，分别收入《古代社会形态研究》和《古代社会形态析论》两部著作中，还出版了《中华文化起源志》《华夏文明的起源》等著作。

田昌五对中国文明起源问题的探讨主要涉及三个方面：第一，文明社会标准的认定。他认为，不能以城市、文字、铜器之有无作为文明起源的标准。

当然，并不是说这些因素不重要，而是要客观地根据各种文明起源的特点，对当时的社会物质生产、经济结构和社会形态进行分析，城市、文字、铜器只能是文明社会到来的标志，而不是文明社会的标准。第二，对氏族瓦解和阶级产生路径的探讨。中国古代社会中的家庭不能构成一个独立的生产单位而成为社会的经济基础。因此，氏族瓦解后，就出现了家庭、家族、宗族、姓族等多层次社会结构，并由此进入了文明社会。第三，中国文明起源途径。他以丰富的考古资料和传说资料相印证，论证了中国文明起源多元性的观点，指出中国文明是各种区域文化的冲突与联合、聚合与分散相伴而行的结果。中国在五千年以前已经进入文明时代，就传说资料来说，是在黄帝时代；若据考古资料来说，则是在中原龙山文化时期。他主要从物质生产技术、社会组织结构、古史传说三个方面探索中国文明起源的历史路径。

四、探讨封建经济循环发展规律

在田昌五为我们留下的大量史学遗产中，他关于中国封建社会发展的大循环理论是史学界备受关注的一项内容。

田昌五认为，从战国开始，中国进入了封建社会，下至鸦片战争，其间共经历了 2300 年左右。正像中国古代社会有自己的特征和运行规律一样，中国封建社会也有自己的特征和运行规律。他认为，中古封建社会既不是长期停滞或长期延续的，也不是缓慢发展或做维新式运行的，它的发展是循环性跳跃式前进的，可称为中国封建社会发展之大循环论。他认为，研究原始社会，应从血缘关系的演变入手；研究古代社会，应从父权家族入手(中国则为宗族)；研究资本主义社会，应从商品入手；研究封建社会，应从土地入手。正是在土地关系的演变中，可以看出中国封建社会经济有三次大循环。

第一次是战国时期的授田制。这是延续以前的井田制而来的，但授田的对象是个体农户，所以土地是以良田百亩为标准单位计算的，每个农户授予百亩之田。国家的赋役也以个体农户为单位来征收，责任与义务是相对应的。有功勋于国家者可以加授土地，或者给予相应的国家赋役。这样又脱离了宗族国家土地所有制和井田制，因而是封建社会确立的标志。这种授田制是一次性的，其结果是将国家土地化为私有土地。所以到秦始皇完成统一后，这种授田制也就基本上结束了。逮至魏晋，几经周折，出现了士族官僚大土地占有制，从此确立了封建特权地主土地所有制的支配地位。

第二次是从南北朝时期北魏实行均田制开始的。均田制也是一种授田制。其前提，一是北方自东汉以后断断续续出现了大量的无主荒地；二是北方自西晋以后涌入了大量的胡族人口；三是北方原有的汉族人口一批又一批地辗转迁移，其中不少迁到南方去了。在这种情况下，就有一个重新分土定居的问题。均田制和立长校户是同时实行的。前者可谓分土，后者则是定居。均田制是国有土地转为私有土地的过渡形式，但这种过渡在什么时候完成的，界限不那么明显。

第三次是辽、金、元的国有土地到明初通过屯田制转化为私有土地。这种国有土地是继承契丹、女真、蒙古的土地公有制而来的，因而在这个时期就出现了土地国有制和唐宋以来的土地私有制相并存的格局。辽、金、元的土地国有制并没有先后继承关系，而是相继消失的。从这种意义上，可以说是传统的土地私有制战胜了辽、金、元的土地国有制。所以，在明初的屯田制瓦解以后，满族入关时再要实行土地国有制，就行不通了。

田昌五认为，与中国封建社会经济的三次大循环的现象相似的是，中国的分裂与统一也经历了三个回合：从春秋战国的分裂到秦汉的统一，为第一回合；从魏晋南北朝的分裂到隋唐的统一，为第二回合；从宋、辽、金、西夏、大理、吐蕃的分裂到元明清的统一，是第三回合。在民族关系上，也有三个回合：从古代的姓族形成华夏族，华夏族再合其周围的蛮、夷、戎、狄而形成汉族，是第一回合；从南北朝到隋唐，原来的汉族和其他各民族，包括中亚来的胡人，互相融合形成唐族或新汉族，是第二回合；从宋、辽、金、西夏的对立到元明清北方汉族的更新和南方的民族融通，可谓第三回合。我们现在汉族居中，周边的兄弟民族与汉族杂处，就是在这样的历史中形成的。

田昌五对中国封建社会经济三次大循环的理论，不仅深刻地阐明了中国封建社会经济的历史特点，同时也阐明了中国历史的特点，是十分有见地的观点。他的这种见解深刻地驳斥了所谓中国封建社会长期停滞的错误观点，而且阐明了中国封建社会发展的历史规律，从而也阐述了中国历史的发展规律，是运用马克思主义理论阐明中国历史发展特点的具体证明。

五、探索中国历史的新体系

关于中国历史的体系问题，实际上就是探索中国历史发展规律问题。田昌五认为，以前我们讲的中国历史大多是按照某种公式编制出来的，而不是从中国历史本身的发展过程总结出来的，因而有必要重新探索这一重要课题。他经过十几年的反复探索，终于取得了突破性的认识，形成了中国历史发展体系的框架。山东大学出版社 1995 年出版了他的《中国历史体系新论》一书，2002 年山东大学出版社出版《中国历史体系新论续编》，概述了他的新体系的主要内容。他认为，按照五种生产方式的方法安排中国历史是不行的，需要找出另外的东西。他的新体系是在马克思主义历史观的基础上吸收西方新史学的合理的东西，再结合中国的历史实际而提出的一个新体系。这种马克思主义新史学不仅研究生产方式，而且要对社会进行全面考察，进行综合分析。

他的史学新体系主张把中国历史分为三个大段。

第一大段是洪荒时代。从中国这块土地上人类的产生起，直到一万年前的氏族社会止，其间约数百万年，这里包括了人类的起源。过去我们习惯地称这段历史为原始社会，但原始社会实际上仅指氏族社会，是不能涵盖这段历史的全过程的，用中国历史文献中说的"洪荒时代"概括这段历史更恰当。

第二大段是族邦时代，就是宗族城市国家。从 5000 年前起到 2400 年前止，其间共经历了 2700 年左右。在此之前，有一个氏族社会逐步解体和文明社会逐步形成的阶段，大约有 5000 年。这段历史既可以作为原始社会末期来叙述，也可以作为文明社会的前史来叙述。井田制起源于家族共耕制，国家是族邦体系。族邦体系瓦解于春秋战国之间，通过战争，多数宗族国家灭亡了。这里没有用发达奴隶制、不发达奴隶制的概念。古代社会存在着奴隶制，但是不能用奴隶制命名古代社会，田昌五把它定位为族邦时代，如果说社会，就是宗族社会，是宗族结构。社会结构是以王室、公室、宗室、家室为单位，这种"室"就是一个奴隶制单位。中国古代天子就是公认的大宗主。

第三大段是封建帝制时代。上承族邦时代，下至辛亥革命推翻帝制为止，其间共约 2300 年。这个时代的社会基础是农民，而统治者则是皇室、贵族、官僚地主。所以这一阶段既可称为农民社会，也可称为封建官僚地主社会。

田昌五认为，这个社会阶段共有三个大周期，按照统一、分裂的循环交替来说，中间是统一，两头是分裂。从战国一开始就是分裂，秦汉统一了，到三国魏晋南北朝，又是大分裂。从南北朝大分裂开始，经隋唐统一，五代、北宋以后，出现辽、宋、夏、金、蒙古对峙的分裂局面。然后，蒙古统一，以后元、明、清统一，到近代辛亥革命后又是大分裂，形成军阀混战，1949 年又统一。

田昌五关于建立中国历史新体系的构想具有很重要的理论价值。他的这一构想是从深入探讨中国历史发展的实际出发，在总结中国马克思主义史学几十年来的发展成就、克服传统历史体系框架弊端的基础上提出来的。尽管按照他的构想重新阐述中国古代历史的具体过程、编写出新的中国通史还需要付出很大的努力，但是在如何探索中国历史发展的规律、构建新的学术体系上，田昌五的构想无疑是可以给学界一些重要启示的。

新时代的史学工作者肩负着总结历史经验、揭示历史规律、把握历史趋势的任务。田昌五就是这样一位有高度历史责任感和使命感的历史学家，他主张建立中国特色的马克思主义历史学，并且为之不断地进行艰辛的探索。他为我们留下的宝贵的史学遗产和积极的学术探索精神，是值得我们很好地学习和发扬的。

（原载于《中国社会科学报》，2023 年 2 月 14 日，收入本书有改动）

史学工作者应有的史料意识

——读齐世荣先生关于史料问题的系列文章

摘要： 齐世荣先生近年发表了一系列关于史料问题的文章，阐述了运用史料应当官书与私记并重、新史料与旧史料兼采；同时，他又专门论述了回忆录、日记、私人信函等私人文件和小说的史料价值。通过中国史学及世界史学中的大量例证，说明了史料的扩充对于史学进步的关系。这些文章继承了中外优秀历史学家关于史料问题的深刻见解与实践经验，同时又在 21 世纪的历史条件下，以中西史学贯通的视野阐述了当代史学工作者应具有的史料意识。

关键词： 齐世荣；史料意识；史学工作者

齐世荣先生是中西史学贯通的学者。很多人知道他是一位从事世界史教学与研究的学者，实际上他中国史学的素养也十分深厚，这与他的师承关系是分不开的。1945—1949 年，他先后就读于燕京大学和清华大学，亲炙邓之诚、陈寅恪、刘崇鋐、雷海宗、齐思和、翁独健、邵循正、孙毓棠、吴晗、周一良等一代名流教授的熏陶指点，在治史的原则和方法上受过严格的训练，打下了坚实的史学基础。在几十年的教学、科研和人才培养方面，他坚持马克思主义理论的指导，坚持对本专业领域重大问题的探讨，同时他还特别重视史学方法论的教育。在给本科生、研究生讲授世界现代史、国际关系史的同时，还经常讲授史学方法论，让学生长期积累史学方法方面最重要的基本知识，把根底扎牢，使学生受益匪浅。

齐世荣先生曾连续发表了一系列关于史料方面的文章①，体现了这位年逾

---

① 这些文章包括：《谈小说的史料价值》(《首都师范大学学报》，2010 年第 5 期)；《谈日记的史料价值》(《首都师范大学学报》，2011 年第 6 期)；《谈回忆录类私人文件的史料价值》(《史学理论与史学史学刊》，2011 年卷)；《谈私人信函的史料价值》(《首都师范大学学报》，2012 年第 5 期)；《略说文字史料的两类：官府文书和私家记载》(《历史教学问题》，2013 年第 2 期)。齐世荣先生已经将上述五篇文章结集成书，由首都师范大学出版社在 2014 年 6 月出版，书名为"史料五讲"。另外《继承与创新》(《史学史研究》，2013 年第 2 期)，也涉及相关的史料问题。

八旬的老一辈学者的广博的学识和开阔的视野，以学贯中西的通识努力倡导开阔史料的范围，体现了他对深化中国史学研究所具有的远见卓识。综观齐先生新发表的这一系列文章，联系到他1989年发表的《杨妃入道之年考读后——兼论考据在史学研究中的作用和地位》，1989年发表的《加强合作，促进共同繁荣——评〈民国档案〉进入新的一年》与2001年发表的《合之则两美，离之则两伤——试论当代人写当代史与后代人写前代史》①等文章，都在不同角度谈到史料搜集和史料考据。这些涉及史料问题的系列论述，提醒史学工作者要增强史料意识，把那些具有史料价值而又可能被忽视的材料充分利用起来，以扩充史料的范围，加深对历史问题的研究。这些论述鲜明地体现了齐先生的史学思想，对于史学研究的深化具有重要意义。

一、史学工作者必须重视史料

齐先生在他关于史料、档案、考据等问题的一系列文章中，多次强调史学工作者必须重视广泛地搜集可靠的史料，以作为史学研究的基础。作为一个马克思主义史学家，他注意到马克思、恩格斯关于学术研究必须充分地掌握历史资料的相关论述，并以此来教育年轻的学子。如马克思所说，研究必须充分地占有材料，分析它的各种发展形式，探寻这些形式的内在联系。齐先生号召青年学子应该向马克思学习。因为马克思的《资本论》在当时是最新、最革命的学说，但又是以最朴实的材料为基础写成的。如马克思自己所说的，他的《资本论》一书引起了特别大的愤恨，因为书中引用了许多官方材料评述资本主义制度，而迄今为止还没有一个学者能从这些材料中找到一个错误。因为在他的著作中，观点与材料融为一体，达到了高度的统一。齐先生赞扬马克思、恩格斯在他们的著作中对史料的高度重视。例如，马克思写《资本论》第1卷第8章"工作日"，大量利用了英国的《工厂视察员报告》《童工调查委员会报告》等材料；恩格斯为了说明英国工人阶级的状况，除亲自调查外，还广泛使用了各种官方文件等资料。

前辈历史学家关于史料问题的论述，更是齐先生长期关注的重要方面，

---

① 《杨妃入道之年考读后——兼论考据在史学研究中的作用和地位》，原载《北京师范学院学报》1989年第5期；《加强合作，促进共同繁荣——评〈民国档案〉进入新的一年》，原载《民国档案》1989年第1期；《合之则两美，离之则两伤——试论当代人写当代史与后代人写前代史》，原载《史学理论研究》2001年第2期。三文均见于《齐世荣史学文集》，人民出版社，2002年版。

也是常常被引用来教育青年学者。如郭沫若所说，无论做任何研究，材料的鉴别是最必要的基础阶段。材料不够固然大成问题，而材料的真伪或时代性如未规定清楚，那比缺乏材料还要更加危险。陈寅恪关于新材料的学术价值也是他经常引用的话。陈寅恪也说过，一时代的学术，必有其新材料与新问题；取用此材料，以研求问题，则为此时代学术之新潮流。

为了说明史料对于史学研究的重要性，齐先生曾举例说明，如现代史的研究在很长时间内受到轻视，其中一个重要原因就是研究者看不到原始材料。他还指出：我国关于中国封建社会始于何时的问题，之所以长期争论不休，一个原因就是古代材料太少，以很少的材料立说，都显得证据不足，又都有一定道理。因此，各执己见，难有共识。

二、对待两类文字史料的态度

和大多数史学家对史料的认识一样，齐先生认为史料包括文字史料、实物遗迹和口头传说三大类，而文字史料是数量最多、包罗方面最广和内容最丰富的，因此治史者应该高度重视和充分利用。

对于文字史料的分类，各家说法不一。《隋书·经籍志》分史料为13类，《四库全书总目提要》把史部增为15类，各派史家还有种种不同的分类方法。齐先生认为，不论把文字史料分为多少种，但概括起来不外乎官府文书和私家记载两大类。随着历史学的演变和发展，治史者的研究范围越来越广，从传统的政治史拓展到经济史、社会史、文化史、思想史、宗教史等，使得官书与私记的内容越来越丰富，所以文字史料的类别已经远远超过古人的界定。按照当代中外史学发展的情况，他对两大类别的史料做了如下的划分。

官书：国家档案、起居注、日历、实录、正史、诏令、谕旨、奏议、政书、方略、法规、则例、公报、调查报告、会议记录、备忘录、公约、条约、协定、官方统计等。

私记：杂史、野史、回忆录、自传、自订年谱、日记、书信、墓志、家谱、族谱、杂志报纸、契约、佛藏、道藏、语录、笔记、地理书、游记、农书、医书、文艺作品（文集、诗集、词曲、歌谣、小说）等。

如何看待官府文书和私家记载两类史料对于史学研究的作用，是史著产生以来历代史家津津乐道的一个话题。不同的史家由于个人治学的经历、习惯的不同，思维方法的不同，对待各类史料的态度也有所不同。这些不同本是一般学人不太容易发现、分辨的问题，而齐先生在《略说文字史料的两类：官府文书和私家记载》一文中，从对大量事实的精研中，梳理出三种对待上述两类史料不同的态度。

第一种：扬官书而贬私记。

这派学者多认为，官府文书比私家记载更为真实可信。例如，清人万斯同说他自少时就"默识暗诵"列朝实录，"未敢有一言一事之遗也"。待其"长游四方"，经常"就故家长老求遗书，考问往事，旁及郡志邑乘、杂家志传之文，靡不刚罗参伍，而要以实录为指归。"

近人邓之诚著有《中华两千年史》，他认为"正史据官书，其出入微；野史据所闻，其出入大。正史讳尊亲，野史挟恩怨。讳尊亲，不过有书有不书；挟恩怨则无所不至矣。故取材野史，务须审慎，否则必至以伪为真，甚至以真为伪。"

第二种：扬私记而贬官书。

这派学者认为私记较官书更为真实可信。如梁启超说："所谓别史、杂史、杂传、杂记之属，其价值实与正史无异，而时复过之。"比如，陈寿的《三国志·诸葛亮传》记诸葛亮南征的事"仅得二十字耶"，而常璩的《华阳国志》，则有七百余字。我们要想知道该战役的情况，还是要依靠非正史的《华阳国志》。由此可见，正史如果当作史料来读，它的价值"与一不知谁何之人所作半通不通之笔记，亦可作等夷视也"。

鲁迅也认为，野史和杂记比正史更可信一些。因为正史"涂饰太厚，废话太多"，很不容易查出底细来。而看野史和杂记，更容易了然，"因为他们究竟不必太摆史官的架子"。

翦伯赞明确指出："就史部诸书而论，则正史上的史料，较之正史以外之诸史，如别史、杂史等中的史料，其可靠性更小。"

第三种：认为官书与私记各有短长，应当并重而不可偏废。

齐先生从古代到近代列举了一系列持这种态度的史家。刘知几在《史通》中，把全部史籍分为"正史"与"杂述"两大类。他首重"正史"，在《古今正史》中，勾勒了中国史学的发展大势，从《尚书》到隋唐诸史，都予以说明。但是刘知几在对"正史"的叙述中也有批判，对杂史也不轻视，认为"偏记小说，自成一家"，能与正史参行。清人王鸣盛也认为官方文书与私人记载互有短长。他主张"读史宜专心正史"，但是他并不轻视小说。他说："大约实录与小说，互有短长，去取之际，贵考核斟酌，不可偏执"；"采小说未必皆非，依《实录》未必皆是"。

近代学者也有多人持这种态度，齐先生举蔡元培、陈寅恪、傅斯年、顾颉刚的观点为例。例如，蔡元培说："官府文书和私家记载在史料的价值上各有短长，合综起来各有独到处，分开来便各不可尽信。大约官府的记载失之于讳，私人的记载失之于诬。"蔡元培强调："官文和私记'合之则两美，离之则两伤'呢！"傅斯年对这个问题的论述又更进一步了，他分析说："官家记载和私家记载的互有短长处，也是不能一概而论的。大约官书的记载关于年月、官职、地理等等，有簿可查有籍可录者，每较私记为确实；而私家记载对于一件事的来龙去脉，以及'内幕'，有些能说官书所不能说，或不敢说的。当然，这也不能成为定例，官书对于年月也很会出错，而私记说的'内幕'每每是胡说。"

齐先生本人对于两类文字史料的态度基本是赞同第三种的。他认为："各种类型的史料都有长处，也有短处，把它们综合起来，互相参照，研究的成果就有可能接近历史的真相。"①他认为，第三种的主张，是使用史料的比较妥当的办法，第一种、第二种的主张亦有可取之处。如万斯同、邓之诚重视实录、正史这类官书，有正确的一面。因为官府的载籍一直是历史文献的主体，比较系统地汇集了大量的史料。如《清实录》有 4363 卷，二十四史有 3249 卷，它们包括的内容都非常丰富，不仅包括政治，也涉及经济、文化、宗教等方面。无论从数量上还是从质量上看，零星的私记都比不上官书。同时，齐先生认为鲁迅、翦伯赞肯定野史、杂史的价值，如"不太摆史官的架子，所记较正史为真切""敢于暴露史实的真相"等，都是对的。

三、私人文件的史料价值不容忽视

(一)回忆录

齐先生在《谈回忆录类私人文件的史料价值》②一文中说：回忆录包括自传、自述（自叙）、自订年谱，是同一性质而各有特色的私人文件，具有直接史料的价值。回忆录大致可分两种：一种以个人为线索，多涉作者所处的时

---

① 齐世荣：《略说文字史料的两类：官府文书和私家记载》，《历史教学问题》，2013 年第 2 期。

② 齐世荣：《谈回忆录类私人文件的史料价值》，《史学理论与史学史学刊（2011 年卷）》，社会科学文献出版社，2011 年版，第 14—37 页。

代；另一种主要谈个人，旁及所处的时代。这两种史料都有"知人论世"的史料价值，治史者应该很好地运用，但这类史料也有它的缺陷和局限性。

齐先生对这类史料进行了如下分析。

第一类回忆录以个人为线索，多涉及时代各个方面的回忆录。

一些回忆录记载了政治方面的资料，如陈寅恪的《寒柳堂纪梦未定稿》和《读吴其昌撰梁启超传书后》，对研究戊戌变法，特别是了解光绪皇帝对变法的态度以及陈寅恪的祖父陈宝箴和父亲陈三立在湖南推行新政的作为，很有参考价值。又如《杜鲁门回忆录》涉及1945年美军向日本广岛、长崎投掷原子弹的情况。爱伦堡的《人·岁月·生活——爱伦堡回忆录》涉及很多二战前后的欧洲情况，对1938年《慕尼黑协定》签订后的法国社会也有生动的记载。

有一些回忆录涉及政治的某一个方面，如贪污的黑幕。齐先生列举了清人张集馨的《道咸宦海见闻录》中关于外官"馈赠"京官与封疆大吏贪污的情况。汪辉祖在《病榻梦痕录》中记载了乾隆三十五年（1770年）商人从福建、广东等地携回"洋钱"的情况，可供经济史研究参考。一些回忆录不仅可以反映经济问题，还有一些关于社会、文化方面的记载，如北宋人孟元老的《东京梦华录》、南宋人吴自牧的《梦粱录》。

第二类回忆录主要是谈个人往事，但也可旁及所处时代的情形。

司马迁的《太史公自序》开创了"自序"的体例，也是一种回忆录。该自序说明了司马迁的家世和学术继承关系，叙述了他秉承父亲遗志修史的经过，特别是遭受了腐刑的奇耻大辱之后仍能坚持修史的情形。蔡元培的《自写年谱》，其中涉及蔡元培整顿北京大学的经过和他所实行的原则，能很好地体现他的教育思想。胡适的《四十自述》和《胡适口述自传》是了解胡适其人的重要史料。杨树达的《积微翁回忆录》反映了杨树达这位著名的语言文字学家读书、研究和与学者交往的情况，记述了其治学过程和心得，也谈了治学方法的问题。

齐先生还列举了几位学者和老革命家在新中国成立以后写的回忆录。如吕思勉的《三反及思想改造学习总结》（1952年）和钱基博的《自我检讨书》（1952年）都是大学教授谈20世纪50年代知识分子"思想改造"的回忆。季羡林的《留德十年》生动地记录了他1935—1945年留学德国的经历，其中提到德国教授献身教育和科学事业的精神十分感人。曾志的《一个革命的幸存者——曾志回忆实录》，是一位1926年入党的老党员抱病口述的其一生的战斗经历，有的内容涉及井冈山时期与毛泽东的关系，是十分珍贵的资料。

齐先生也分析了回忆录的缺陷和局限性。他指出：(1)事后追忆以前的事情，特别是年代久远的，不可避免地会有错误。人们的回忆录不可能是对回忆对象的准确无误的再现，错误是常有的事。(2)回忆录总是经过筛选的，是残缺不全的。比如说，有些重要政治人物的回忆录内容十分贫乏，对于他们亲自参与的一些重大政治事件，可能只字不提。(3)回忆录不单是对过去的追忆，也掺杂了作者在写回忆录时的看法、思想、感情，既有过去的成分，也有现在的成分。(4)回忆录有相当强的主观性。因为写回忆录必然依据作者个人的主观印象和感受。(5)有些回忆录有扬己贬人的缺点。这里的"己"和"人"，不仅是指个体，也包括己方和对方的党派、团体、民族、国家等。

尽管回忆录有上述缺陷和局限性，但也不可全盘否定它的史料价值。对回忆录之类的作品，全信不可，全不信也不可，无论如何其中还是有不少东西是可以作为史料使用的。

(二)日记

齐世荣先生在《谈日记的史料价值》①中说：日记按照年月日记录作者的亲身经历和见闻，以及作者对人对事的看法，历来被认为具有直接史料的价值，是治史者必须参考的。他指出：由于日记是写给自己看的，故能比较真实地反映作者的个性。日记谈到的作者所处时代的政治、经济、社会、文化等方面的情况，也可以与官书和其他私人文件相互参照比较。

1. 政治人物的日记

齐先生列举了《翁同龢日记》《郭嵩焘日记》《齐亚诺日记》《和平大使：阿贝农勋爵日记》《能静居日记》，这些都是很有影响力的大部头日记。

《翁同龢日记》起于 1857 年，止于 1904 年，反映了咸丰和光绪年间的很多历史事实，也反映了作者在这一历史时期的思想与活动。例如，翁同龢在戊戌变法过程中的作用、在中日甲午战争中的活动等都有清楚的反映，因此具有重要的史料价值。《郭嵩焘日记》记述年限长达 37 年，由于郭嵩焘是清朝同治、光绪年间洋务派中最有见解的人之一，所以顽固昏庸的士大夫强烈反对他的主张，甚至诋毁他的人格。《齐亚诺日记》是意大利墨索里尼政府的外交大臣齐亚诺的日记。他所留下的两本日记反映了 1937—1943 年墨索里尼政府在内政、外交方面的一些不为人知的材料。《和平大使：阿贝农勋爵日记》是 1925 年英、法、德、意等国签订《洛迦诺公约》时的英国驻德国大使阿贝农

---

① 齐世荣：《谈日记的史料价值》，《首都师范大学学报(社会科学版)》，2011 年第 6 期。

勋爵写的日记。当时英国是促成公约签订的重要国家，而阿贝农本人有公约"教父"之称，了解很多条约签订背后的真实目的。因此，他的这份日记具有重要的史料价值。《能静居日记》的作者赵烈文是清代的一个小官，只做到知州，但是他是曾国藩十分信任的幕僚，他所记的咸丰到光绪年间 31 年的日记 64 册，内容非常丰富。由于他先后任曾国藩、曾国荃的幕僚，所以知道许多湘军的内幕。

2. 文人学者的日记

《越缦堂日记》的作者李慈铭是一个文人学者，他的日记始于 1854 年，止于 1894 年。日记的内容包罗甚广，"上自朝章，中至学问，下迄相骂"。日记中还保留了不少社会经济的史料，比如具体记录了当时京官与外官互相勾结的情况和京官的享乐生活。由于日记这方面的内容十分丰富，学者张德昌利用《越缦堂日记》写了一本《清季一个京官的生活》，还整理了咸丰、光绪年间银钱、物价、工资方面的资料。罗曼·罗兰的《莫斯科日记》是这位著名法国作家 1935 年应高尔基之邀去苏联访问近一个月所写下的日记。这是一种集中一段时间，又集中于一个主题的日记，所记的就是他的苏联见闻。陈白尘的《牛棚日记》记于 1966—1972 年，反映了"文革"期间知识分子的生活境遇。《朱自清日记》是朱自清先生从 1924 年到 1948 年前后 20 余年的日记。他的日记完全是供自己看的，所以内容真实可信。由于不准备发表，所以日记更直率地记录了对许多人和事的看法，记录了他本人内心真实的感情活动。记者威廉·L. 夏依勒的《柏林日记》，是这位美国著名记者 1935 年前往柏林时所写的日记，内容十分丰富，记述了希特勒和纳粹党发动第二次世界大战的过程和二战初期的战争情况。

齐先生指出，日记确实是一种有价值的史料，但使用日记时必须参照、对比其他各种史料，分析综合，方可得出比较正确的历史认识。同时，一些有名的日记中也有糟粕，比如在日记中恶语伤人，这样就容易"流于诬妄"。因此，在使用时一定要慎重。

(三)私人信函

齐先生在《谈私人信函的史料价值》①一文中列举了一些政治人物和文化人物的私人信函的史料价值，认为私人信函是治史者应该利用的一种史料。他指出：在私人信函(公牍除外)中，写信人所谈自己的境遇、思想、心情以及

① 齐世荣：《谈私人信函的史料价值》，《首都师范大学学报(社会科学版)》，2012 年第 5 期。

对人对事的看法等，往往是在公开的文字中看不到的，故在相当程度上能透露历史的真相。有关论学的内容，有些是在已发表的著作中没有谈到或谈得不充分的，也可以作为公开著作的补充。

曾国藩关于会剿金陵一事致其弟曾国荃的书信，反映了清军在攻克太平天国的都城天京前夕，曾国藩、曾国荃两兄弟对于要不要让李鸿章的淮军来会剿的问题上的心理状态，也从一个侧面反映了湘军与淮军上层的矛盾，具有史料价值。郭嵩焘 1875 年 9 月受命出使英国前后写给其他几位朝中大臣的几封私人信函，如行前致两江总督沈葆桢函，抵伦敦以后致李鸿章函、致朱克敬函，都论及他个人对赴英使命的感受，对英国社会制度的认识，对开展洋务运动必要性的深刻认识，朝廷有关人员对开展洋务运动的重重阻挠，以及对国家前途的深刻忧虑等。

国外重要人物的书信中也可以找到对于研究世界史有价值的史料，齐先生列举的张伯伦的书信就是很好的例子。尼维尔·张伯伦在 1937 年 5 月至 1940 年 5 月担任英国首相。张伯伦亲自掌握外交政策，在二战爆发前，他极力推行绥靖政策，企图以牺牲别国的利益来满足德、意等国的要求，以换取英、德的和解。他对他的政策非常自信，这在齐先生所选择的张伯伦致其妹艾达的信中有清楚的反映。到二战爆发，他的政策破产时，他仍然执迷不悟，这在他临死前数日给美国参议员约瑟夫·鲍尔的私人信件中有清楚的反映。

许多文人的私人信函则体现出特殊的学术价值。齐先生指出：司马迁的《报任安书》有很高的史料价值。通过这封信，我们可以知道汉武帝的专制淫威、汉代法律的残酷，更可以了解司马迁遭受腐刑这一奇耻大辱后之所以隐忍苟活的原因。嵇康的《与山巨源绝交书》反映了魏晋之际的思想斗争（自然与名教）和政治斗争（曹氏与司马氏），是有价值的史料。顾炎武在书信中谈到了著述的标准问题，他对学术著作要求很严，主张"采铜于山"，不能买旧钱以充铸，只有"采山之铜"，才能有真正的学术精品。

有的学者在公开发表的文章中对某人是一种评价，在私人书信中则是另一种评价，而私人书信中的评价往往是其真实的想法。齐先生举出王国维给罗振玉的书信中就反映出王国维对另一学者沈曾植的真实评价，从中也反映出王国维自负的一面。从胡适论当代学人的书信中可以看出胡适的为人：表面看给人的印象谦和有礼，对前辈学者、同辈学者都是十分称赞的；但他骨子里是十分骄傲的，对与他同辈的一些人十分轻视。如 1950 年 5 月 29 日胡适致杨联陞的信，反映了他对冯友兰的《中国哲学史》的评价很低。

（四）小说

齐先生在《谈小说的史料价值》[①]一文中论述了利用小说深化史学研究的意义，并从几个方面举例说明小说的史料价值。

小说因其能够在一定程度上反映出一定时代的历史面貌，故历来受到重视。恩格斯指出：巴尔扎克在《人间喜剧》里给我们提供了一部法国"社会史"，特别是巴黎"上流社会"的卓越的现实主义的历史，他用编年体的方式几乎逐年地把上层资产阶级在 1816—1848 年这一时期对贵族社会日甚一日的冲击描写出来。围绕着这幅中心图画，他绘及了法国社会的全部历史。梁启超指出：须知作小说者无论骋其冥想至何等程度，而一涉笔叙事，总不能脱离其所处之环境，不知不觉，遂将当时社会背景写出一部分以供后世史家之取材。陈寅恪认为，有些小说中所叙之人与事，未必实有，但此类事，在当时条件下，则诚有之。

为具体说明小说如何反映历史，并可以作为史料使用，齐先生列举了五个方面。

1. 反映一个历史时期的社会全貌或某一部分（道德标准、风气习惯等）

仍以法国小说家巴尔扎克的《人间喜剧》为例，巴尔扎克在"人间喜剧"这个标题下写了 91 部小说，被称为"社会百科全书"。它展示了 19 世纪前半叶，特别是王朝复辟时期的整个法国社会。齐先生列举了《人间喜剧》中的《贝姨》《欧也妮·葛朗台》《纽沁根银行》《古物陈列室》《高老头》《夏倍上校》等作品中的人物形象，说明了巴尔扎克所要达到的写作目的，非常生动形象。

2. 揭示典型环境中的典型人物

以吴敬梓的《儒林外史》为例，该书刻画了范进这样一个力图通过科举考试通往社会上层的典型人物，说明中国明清两朝实行八股取士的科举制度，把读书和升官发财直接联系起来，因此读书人醉心举业，认为"人生世上，除了这事，就没有第二件可以出头"。

3. 折射出真实的历史事件

有些小说的内容能够折射出当时确曾发生过的历史事件，有一定参考价值。从李复言的《续玄怪录》中可以看到唐宪宗被弑一事。陈寅恪在《顺宗实录与续玄怪录》一文中指出，永贞内禅和宪宗被弑是晚唐的两大事变，是阉党之深讳大忌，所以韩愈撰写的《顺宗实录》中对此事不能不有所避讳，而通过李

---

① 齐世荣：《谈小说的史料价值》，《首都师范大学学报（社会科学版）》，2010 年第 5 期。

复言的《续玄怪录》才可知宪宗被弑一事的真相。

陶渊明的短篇小说《桃花源记》寓言的性质十分明显。但陈寅恪认为，《桃花源记》既是寓意之文，也是纪实之文。在他的《桃花源记旁证》一文中指出，西晋末年戎狄盗贼并起，中原避难之人有的远离本土迁至他乡，有的纠合宗族乡党屯聚坞堡、据险自守，以避戎狄盗寇之难。蒲松龄的《聊斋志异》内容虽然多是鬼狐故事，但也有假借谈鬼说狐反映清军入关后在山东屠杀人民的历史事实。牟润孙在《〈聊斋志异〉所记清兵在山东的屠杀》一文中对此有详细的论证。

4. 觇人情而征人心

有的小说对于特定社会环境下的特定人群的心态描写得十分生动。如清人夏敬渠所著《野叟曝言》，对于当时理学家的心理有所反映。而《聊斋志异》中，对秀才入闱心态的生动描写是深刻入微的。如在"王子安"条中，写一个困于科场的东昌名士王子安入闱后期望甚切，他的心态变化有"七似"，描写极其生动。

5. 提供具体细节

齐先生认为，小说能够提供许多正史中没有的细节，对于深入了解历史，特别是社会经济史，是十分有用的。他说巴尔扎克在《人间喜剧》中不但写人，也写物，就是写出人物和他们思想的物质表现，总之是"人和生活"，比如财产、房屋、家具、器皿以及衣服等。这样用物来衬托人，使人物的形象更加饱满和生动。例如，《古物陈列室》这部小说里，对德·埃斯格里尼翁侯爵公馆的描写十分精彩，小说用客厅的陈旧摆设衬托出没落贵族荣华不再的凄凉景象，物与人浑然一体，堪称刻画入微的佳作。

四、史料的扩张与史料的应用

从齐先生近年来所撰写的一系列文章来看，他是特别重视史料的扩张的。他赞同傅斯年在《历史语言研究所工作之旨趣》中的说法："凡一种学问能扩张它所研究的材料便进步，不能的便退步。"他还说："能利用各地各时的直接史料，大如地方志，小如私人的日记，远如石器时代的发掘，近如某个洋行的贸易册，去把史事无论巨者或细者，单者或综合者，条理出来，是科学的本事。"傅斯年回顾过去中国的历史学，认为"在中国史学的盛时，材料用得还是广的，地方上求材料，刻文上抄材料，档库中出材料，传说中辨材料。"他赞赏司马迁、欧阳修、司马光对待史料的态度，慨叹道："到了现在，不特不能去扩张材料，去学曹操设'发塚校尉'，求出一部古史于地下遗物，就是'自然'送给我们的出土的物事，以及敦煌石藏、内阁档案，还由它毁坏了好多，剩下的流传海外，京师图书馆所存摩尼经典等良籍，还复任其搁置，一面则谈整理国故者人多如鲫，这样焉能进步？"

齐先生认为，西方史学的发展趋势也证明了史料的扩充确实有助于史学的进步。19 世纪末，历史学界出现了一种广泛的信念，认为历史学的选材必须扩大，对社会、经济、文化的作用应给予更多的重视。相应地，人们要求历史学应该更密切地与各类社会科学相联系。他认为，"从世界范围看，史学研究的领域正在不断扩大，我们理应发掘并利用各种性质的史料。在开拓了新的研究领域以后，过去从不看做史料的东西，也就有了价值。例如，我国笔记小说中有一类侈谈因果报应，这些迷信内容原无史料价值。但如果我们要研究心态史，便可利用这些废料，看出一定时期一定阶层的心态。"[1]

扩充史料的范围固然是重要的，但是，"扩大了史料范围以后，还要精于鉴别，取舍得当，方能收到综合运用的功效，这就有赖于史学工作者的眼光和素养了"。这个"精于鉴别"的工作就是考据。齐先生认为，"考据作为治史的一种工具，过去有用，今天还有用"。"考据的作用，概括说来，就是为史学研究提供可靠的材料。"考证究竟包括哪些内容，很难界说。大体来讲，从文字的校勘和训诂、版本的比较和鉴别，到史料真伪、可信程度的分析、史料内容的诠释、具体史实的考证，都属于考据学的范围。通过这一系列的工作，便能为进一步的研究打下扎实的基础。[2]

对于如何进行考证的问题，齐先生在《杨妃入道之年考读后——兼论考据在史学研究中的作用和地位》一文中曾经做过专门的论述。他在文章中提出四个原则和两个范例，值得我们深入领会。

原则之一，广搜证据。

他认为，在考据中广集证据是为了进行归纳。使用归纳法，一般说来，搜集的材料越丰富，归纳的结果也越可靠。援庵先生经常讲，搞材料要做到

① 齐世荣：《杨妃入道之年考读后——兼论考据在史学研究中的作用和地位》，《齐世荣史学文集》，人民出版社，2002 年版，第 383 页。

② 齐世荣：《杨妃入道之年考读后——兼论考据在史学研究中的作用和地位》，《齐世荣史学文集》，人民出版社，2002 年版，第 389 页。

"竭泽而渔"，便是这个道理。按照这个道理，研究问题时不能以孤证立说，不能胡乱抽出一些个别事实或玩弄一些实例，因为这是站不住脚的，是没有任何意义的。他批评清代学者朱彝尊在《曝书亭集》卷五五"书杨太真外传后"一条中，断言杨妃入道之年在开元二十五年正月二日，入宫时犹为处子。20世纪40年代，陈寅恪、陈垣二位先生也都考证过杨妃入道之年，两人不谋而合，得出相同的结论，即杨妃入道之年在开元二十九年正月二日。杨妃入道究竟在哪一年以及是否以处子入宫这个问题本身并不重要，但两位大师考证同一事实并得出同一结论这一点是很有意义的。两位学者比朱彝尊高明之处，首先就在于使用材料的广泛性，或者说读书时做到了"统观首尾"。朱彝尊得出的结论只根据《旧唐书·杨贵妃传》和《新唐书·杨贵妃传》的说法。而《新唐书》是沿袭《旧唐书》的，所以这也是一个孤证。陈寅恪和陈垣所用的材料则广泛得多，他们引用的材料有七条，包括《旧唐书·玄宗纪》《新唐书·玄宗纪》《旧唐书·贞顺皇后武氏传》《旧唐书·寿王传》《唐会要·皇后门》等，于是两位陈先生得出了与朱彝尊不同的结论。

原则之二，正史、杂史多种史料参用。

两位陈先生比朱彝尊高明之处还在于能够正史与杂史并用。他们不仅用了两唐书的材料，也运用了宋人乐史的《杨太真外传》，因为他们认为乐史生于北宋初年，"其言当有所据"。而朱彝尊不相信杂史所记，认为乐史的《杨太真外传》是"传闻之谬"，其得出的结论也是错误的。

原则之三，利用习见的材料。

齐先生认为，"高水平的考据，在于能利用世人习见的文献和普通的版本，看出一般人见不到的问题，得出精确的结论。而且，许多习见的材料之所以能够流传既久且广，正是由于它们具有高度的学术价值，故应予以重视。靠孤本秘籍，以偏僻的史料或字句的比勘立论，不仅不算功夫，甚至相当危险，因为这有陷于孤证的可能"①。

原则之四，考据应具通识。

齐先生认为，"第一流的考据必须以通识为基础。朱氏考杨妃入道之期之所以错误，两位陈先生之所以正确，原因之一在于有无通识"。他指出，朱彝

---

① 齐世荣：《杨妃入道之年考读后——兼论考据在史学研究中的作用和地位》，《齐世荣史学文集》，人民出版社，2002年版，第384页。

尊之所以错误，其中一个原因在于他虽然知道杨妃夺自寿邸，但由于"为尊者讳"的思想作祟，硬要考证杨氏虽已受册为寿王妃，但尚未迎亲、同牢，故入宫时犹为处子，大概是想借此说明玄宗的行为尚有可谅之处。他站在卫道的立场弥缝玄宗的丑行，用宋以后的眼光观察唐代史事，自然不免做出十分荒唐的考证。但陈寅恪认为，"考吾国社会风习，如关于男女礼法等问题，唐宋两代实有不同"。也就是说，李唐一代，皇室也不重视闺门礼法，太宗以弟妇（李元吉妃）为妃，高宗以父妃（武则天）为后，玄宗则夺儿媳（杨贵妃）为已有，这在唐朝并不被看作什么大事情，治史者应该有这样的通识。

什么是通识？齐先生认为，培养通识，应该学习和掌握马克思主义，用历史唯物主义研究历史。"有了这样的思想武装后，再来考证历史问题，就能由小见大，由具体看一般，由现象到本质，使考证服务于总的研究目标。"①

齐先生的《杨妃入道之年考读后》一文在批评清人朱彝尊对杨妃入道之年考证的谬误中，着重运用陈垣、陈寅恪两位先生对同一问题的考证结论，从而阐明了两位陈先生的学识渊博与考证方法之精良，以及他们所具有的通识。在《略说文字史料的两类：官府文书和私家记载》一文中，齐先生将陈垣、陈寅恪两位先生对史料的认识与运用问题用一节篇幅加以论述，进一步彰显两位大家在考证方面的卓越成就。

范例之一，陈垣先生运用史料的情况：

（1）陈垣著作中使用的史料非常丰富。他一再强调，收集材料应力求完备，常以"竭泽而渔"做比喻。他的名著《元西域人华化考》引证各类文献多达二百一二十种，所用材料以诗文集和金石录为主，其中元明人文集约百种。

（2）陈垣一生重点研究宗教史，主要研究宗教和政治、社会的关系，研究宗教的盛衰变化，而不谈教义。因此，他研究宗教史不仅利用教会典籍，而且利用教外典籍。

（3）陈垣虽然广采各种类型的私家记载，但是对于官方文书也很重视。撰写《元也里可温教考》，充分利用了《元史》的材料；研究明清之际的天主教史，也参考了清廷档案。他还向学生强调清初诸帝的朱批谕旨的史料价值。

（4）陈垣善于利用历史上的工具书。如他很重视《册府元龟》，认为它材料

---

① 齐世荣：《杨妃入道之年考读后——兼论考据在史学研究中的作用和地位》，《齐世荣史学文集》，人民出版社，2002年版，第388页。

丰富，自上古到五代，按人事人物，分门编纂，凡一千一百余门，概括全部十七史。所用之书，都是北宋前古本，可以校史，也可以补史。他曾用《册府元龟》《通典》补足流失八百年的《魏书》的缺页。

（5）史料愈近逾繁，应该进行分类研究。他认为，道光以来的一切档案、碑传、文集、笔记、报章、杂志，皆为史料。如此搜集颇不容易。宜分类研究，收缩范围，按外交、政治、教育、学术、文学、美术、宗教思想、社会经济、商工业等，逐类研究，较有把握。这些意见，是很有见地的。

范例之二，陈寅恪先生利用史料的情况：

（1）陈寅恪先生治史在史料方面的原则，一是尽可能扩充领域，二是取材详备，宁详毋略。他主张，历史研究，资料范围应尽可能扩大，结论则要尽可能缩小，考证要求符合实际。他赞赏《建炎以来系年要录》喜聚异同、取材详备。对导源于佛徒的"合本子注"的宋人长编考异法，陈寅恪也十分欣赏。

（2）陈寅恪著作中使用的史料极为丰富，在利用私人记载这类史料时，"以诗证史"和"以小说证史"尤具特色。他开设"元白诗证史"课，以"元白诗证史，用这个方法成一家之言"。他在晚年耗尽心血完成巨著《柳如是别传》，共引用约 600 种材料，包括正史、野史、年谱、志书、笔记小说和诗词戏曲文集，把以诗文证史的方法运用得炉火纯青。

（3）陈寅恪熟悉佛藏、道藏，长于从中搜集材料，与教外文籍结合，用以研究宗教与政治、社会、文化思想等方面的关系。

（4）陈寅恪对官书和私人记载是同等重视的。例如，他极力主张买下明清内阁大库档案，认为这些档案具有第一等原始材料的性质。他还参加了明清史料编刊委员会的工作，称"此残篇故纸，盖三百年前废兴得失关键之所在"。对于常见的传统史料他也十分重视。

（5）陈寅恪主张尽可能扩充史料的领域，也很重视新史料的发现。例如他很重视敦煌学的材料，除在理论上说明这些材料的重要性，还同时身体力行，利用敦煌文献撰写文章。

齐先生总结陈垣、陈寅恪二人使用史料的原则和具体办法是：官书与私记并重、兼采，根据研究问题的需要，用当所用。

齐先生有关史料问题的一系列文章提出了当今史学工作者应该具有的史料意识，同时也表现了他个人在驾驭史料方面的功力。他不仅能以广阔的视野寻求史料、运用史料，从而做到旁征博引，而且把史料的运用提高到史学方法论的层次上，体现为一种史料学思想。认真总结这些史料学思想对于深化史学研究无疑是很有价值的。他所主张的官方文书和私家记载应该同样重视的原则，以及他所列举的那些可能被人们忽视的私人史料的价值都给人以极大启发，特别是他所提出的考证方法和所推荐的运用史料的两位典范，今天仍然是值得治史者认真学习的。

（原载于《首都师范大学学报（社会科学版）》2014年第5期，收入本书有改动）

构建中国封建社会研究的新框架

——宁可先生遗著《中国封建社会的历史道路》的理论价值

摘要：在学术界对"封建社会"概念的诸多质疑声中，对封建社会的总体研究也相应淡化。宁可先生排除干扰，在《中国封建社会的历史道路》一书中对中国的封建社会进行了全方位的剖析，构建了一个研究中国封建社会的新框架。该书分析了中国封建社会建立的特殊的外部条件，即中国封建社会所处的地理环境，对中国封建社会的经济结构的特点进行了多层次的剖析，对中国封建社会上层建筑的情况进行了深入分析，从而对于全面地认识中国封建社会提供了一个清晰的解释模式，是宁可先生对中国封建社会研究的一个特殊贡献。

关键词：封建社会研究；宁可；《中国封建社会的历史道路》

手捧宁可先生这本依然散发着墨香的遗著《中国封建社会的历史道路》（北京师范大学出版社 2014 年出版，以下简称《历史道路》），就仿佛看到先生慈祥睿智的面孔，听到他精辟深刻的论述。他没有离开我们。书中所讲的不就是他几十年来一直向人们表述的他的基本史学思想吗？

宁可先生从 1953 年踏上高校历史课的讲台以来，一直研究和讲授"中国古代史"和"史学理论"课程，几十年来，他把马克思主义的历史理论渗透到中国历史实际之中，讲授了一门理论性很强的中国古代史课，构成了一个完整的中国封建社会历史道路的理论体系。正如他在书中序所说：这本书是他"五十年来教学与研究工作的结集"。书中作序时间标注为 2013 年 12 月，那时他已经因病重住进空军总医院，而他去世的时间是 2014 年 2 月 18 日。这表明他在住院期间还在为书稿的修改和敲定付出心血。这本书真正是他辞别人世时最后的献礼。

《历史道路》一书对中国的封建社会进行了全方位的剖析，构建了一个研究中国封建社会的新框架。该书分析了中国封建社会建立的特殊的外部条件，即中国封建社会所处的地理环境，以及地理环境对封建社会的形成与发展的影响；该书对中国封建社会的经济结构进行了多层次的剖析，特别是对封建社会的生产力状况，如农业生产力状况进行了具体的分析，对地主阶级和封建国家在经济结构中的作用也有精辟的论述；该书还对中国封建社会上层建筑的情况进行了深入分析，论述了中央集权专制制度的形成、发展及特点，古代吏治的得失，分析了封建社会意识形态的特殊表现，如忠君思想；对中国封建社会的阶级斗争和农民战争也有实事求是的分析；对中国封建社会发展中的一些规律问题进行了探讨，如人口变迁的规律、封建王朝兴亡的周期律等问题。该书还对 6—14 世纪中国社会生活的变迁情况进行了纵向的分析。总之，该书对于全面地认识中国封建社会提供了一个清晰的解释模式，在这个模式下人们还可以进行更加深入的研究，该节是宁可先生对中国封建社会研究的一个特殊贡献。

一、重视社会历史实质的研究，不在概念问题上做文章

探讨中国封建社会的历史道路，首先要确定中国是否存在封建社会。新中国成立以来，在马克思主义历史理论指导下，许多史学家运用社会经济形态理论探索中国封建社会的特点、中国封建社会的分期、中国封建社会的阶级斗争、中国封建社会的长期性问题等。他们对中国封建社会的政治、经济、文化、社会生活等各个方面都进行了大量的探讨，形成了非常丰硕的成果，许多历史学家（包括已故的历史学家）为此做出了自己的贡献。

近年来，学术界对封建社会和封建主义的认识发生了变化。过去流行并被视为马克思主义社会发展理论正宗的、依次更替的"五种社会经济形态""五种社会形态"或"五种生产方式"，已不再被认为是社会发展的普遍的必经的途径，相当多的人或对其公开否定，或悄然放弃，总之对其进行的研究至少是淡化了。代之而起的是形形色色的历史阶段划分，例如：酋邦社会—宗法社会—集权社会—专制主义社会；古代—中古—近古—近代—现代。对于封建社会、封建制度、封建主义等也有诸多的质疑和争论。目前最有影响力的一种观点是，认为封建主义是指先秦"封诸侯建同姓"的那种制度。秦始皇统一六国，废封建、行郡县、车同轨、书同文之后，中国已经不再是封建主义了，而应当是专制主义、专制制度或者说是皇权主义。这种状况使人们对社会形态问题产生了一定的思想混乱，近些年来对将"封建社会"作为一个历史阶段或社会形态来进行整体而宏观的探讨也逐渐减少。

宁可先生作为一个严肃的历史学家，对于学术界出现的这一系列问题非常关注，进行了认真的思考，并且在多数人往往避谈的问题上投入了更多的精力。进入 21 世纪以来，他围绕社会形态问题发表了一系列文章，在《历史道路》一书中他对这个问题进行了集中论述。

宁可先生认为，人们对战国以来的新的社会形态赋予了各种各样的名称，"但这种种称呼似乎过多地从政治或社会组织着眼而忽视了这首先而且决定性的是一种经济形态"。宁可先生追溯了"封建社会"这一概念产生的由来。"封建"一词，最早是日本人从"Feudal"转译过来而被中国人接受了的。"Feudal"所指的是西欧中世纪那种封臣以领地的形式从领主手中获得土地构成采邑或者庄园，生产劳动主要由农奴承担的社会形态。中国人移用这个词时，把它同形式相近的先秦的"封诸侯建同姓"的制度混同了。"不管怎样，中国的'封建社会'作为一个历史阶段和社会形态终究与 Feudal 有别而存在着了。"宁可先生说："其实仔细把它同西欧的 Feudal 对照，发现二者虽然有别，但相似之处也不少，那就是在小生产基础之上的大土地所有制。"在《历史道路》一书中，他再次强调："我们在找到更好的术语之前，暂先遵从习惯，把战国到新中国成立以前的这两千多年的历史称之为封建社会。"①

二、从地理环境与社会发展的关系入手

长时段的历史研究的一个重要特点就是重视研究对象所处的地理环境。法国年鉴学派的代表人物费尔南·布罗代尔的成名之作《菲利普二世时期的地中海和地中海世界》就是从总体历史的思想出发，把 16 世纪后半期即西班牙国王菲利普在位时期的地中海世界作为一个整体加以考察。该书首先以大量的篇幅讨论了地中海的自然地理状况，进而探讨了该地区的经济社会和文化生活状况，最后才涉及 16 世纪后期该地区的政治史，立体地再现了所述时代地中海及相关地区的社会全貌，从而形成了一个长时段的历史思考方式。长时段的特点就是在这一个较长的历史时期中，社会历史的环境几乎是很少变化的。中国历史从秦汉到清末这两千多年的历史发展，就是处在一个基本稳定的地理环境之下的。

在地理环境对历史发展的影响方面，宁可先生曾经做过理论上的考察，

---

① 宁可：《中国封建社会的历史道路》，北京师范大学出版社，2014 年版，第 125—126 页。

同时他也重视考察中国历史发展与地理环境的关系,《历史道路》一书中的第一章讲历史上的中国,第二章就讲中国历史发展的地理环境。

什么是地理环境？宁可先生提出了这样的概念："地理环境,或称自然环境、自然条件、自然基础,是社会物质生活和社会发展的必要条件之一。它包括在历史上形成的与人类社会活动相互起作用的自然条件,如地理位置、地形、气候、土壤、水文、矿藏、植物、动物等,而为上述诸方面及其相互作用下形成的复杂的综合体。"①

他指出：与人类社会活动交互起作用的地理环境是一个历史的范畴。第一,地理环境因自然本身的发展而引起的变化虽然一般说来是缓慢的、不大的,但终究对人类社会的发展有着相当大的影响。第二,随着人类社会的发展,与人类活动交互起作用的地理环境不断扩大,如今已伸展到了外层空间、深海和地层深处。第三,自人类从自然界分化出来以后,人类就通过劳动,从单纯依赖自然界、利用现成的自然条件,逐渐走上了改造与支配自然界,并将其为自己所用的道路。而这种改变了的自然界又给人类的历史活动带来了巨大的影响和前所未有的问题,如能源、污染、生态平衡等。第四,在人类历史发展的不同阶段,同样的自然条件在不同的历史条件下起着完全不同的,有时甚至是相反的作用。总之,地理环境的范围、深度,对人类社会的影响在社会发展的各个阶段各不相同,这不仅是由于自然本身的发展,更取决于人类社会的物质生产水平和社会制度以及由此而形成的人类改变、利用和控制地理环境的能力。因此,"我们说地理环境是一个历史的范畴"②。

宁可先生把中国各族人民祖先活动的地区称为"东亚大陆",它呈现为一个自西向东倾斜的大三角形。"东亚大陆"地理环境的复杂性、多样性与差异性,使得农业、牧业、渔业、林业、工矿业等都能因地制宜地得到发展,纷然并存,给中国的经济发展与交流带来了有利条件,也造成各地区经济生活、社会发展的差异性和不平衡性。

宁可先生把"东亚大陆"分为六个地理区域,即东部地区、北部地区、东北地区、西北地区、西部地区和西南地区。它们既是历史上的地理区域和经济区域,也是历史上的民族区域与政治区域。其中,东部地区是"东亚大陆"的核心地区,也是中国古代历史发展的中心地区。这个地区北到长城一线和

---

① 宁可：《中国封建社会的历史道路》,北京师范大学出版社,2014年版,第31页。
② 宁可：《中国封建社会的历史道路》,北京师范大学出版社,2014年版,第33页。

辽河中下游，东、南濒海，西到贺兰山，经四川盆地西侧的山脉到云贵高原东部，西北部凸出，即河西走廊。秦岭和淮河是划分"东亚大陆"东部地区南北的天然分界。这个地区大部分处于暖温带、亚热带和热带，在东亚季风区内，气候温和、雨量适中、土地肥沃、物产丰富、交通便利，很早就有了农业，是"东亚大陆"的主要交通区。黄河中下游地区首先进入阶级社会，成为中国古代经济文化的中心地区。由于气候逐渐变冷和北方战乱，黄河流域农业生产和人口数量大大下降，长江流域及其以南的地区发展水平超过了黄河中下游，逐渐取代黄河流域成为全国经济的重心，但全国的政治、军事重心仍然在北方。"东亚大陆"的东部地区在秦汉以来的两千多年中经常处于统一状态中，经济文化联系与交流也始终没有中断过。这个地区活动的民族主要是汉族，随着经济文化的交流和民族融合的不断进行，汉族日益扩大和发展，成为"东亚大陆"最大与最重要的民族，并对其他地区产生巨大的影响，是"东亚大陆"各地区、各民族在历史上形成一个统一体的主要力量。

地理环境对中国古代历史的发展产生过哪些影响呢？宁可先生提出以下几个方面。

第一，使中国古代历史发展具有早熟性而又有延续性。"东亚大陆"适宜的地理环境使它成为古人类的故乡之一。大陆中部与南部的暖温带、亚热带和热带气候与丛林草地交错的自然环境，有利于古猿的生息繁衍。大陆各地区的交往所受限制不大，古代中国文化发展可以由点到线、由线到面，面与面之间互相联结，形成更大的面，有广阔的发展余地。

第二，使中国古代历史的发展带有很大的独立性而又没有孤立性。黄河中下游是"东亚大陆"经济文化的中心，随着历史的发展逐渐扩展到长江中下游，使得本大陆各地区经济文化交往具有向心性，逐渐形成以汉族为中心的独立文化区，文化区内部有充分的发展余地。但是，由于中国文化向世界各地的扩散及其影响，外来文化也不断融入中国，因此中国古代历史的发展没有孤立性。

第三，使中国各民族文化具有多样性而又带有共同性。由于地理环境等因素，进入阶级社会后各地区文化发展具有差异性，各具特点，发展速度也不一样，人口数量与密度、经济文化生活各不相同，从而使中国历史发展与历史上各民族的关系呈现复杂的面貌。但是，各民族发展的共同性和统一性趋势仍然是中国历史发展的主流，以汉族为主干，具有强大的向心力。

古代汉族文化就是在大陆集约型农业基础上形成的文化。这种文化具有的特点是：第一，现世性。人们追求的是现世生活的安定、平衡和满足，不过多地寄希望于神秘的命运或偶然的机遇，也不过多地期望来世或天国。古代汉族的宗教观念、宗教情绪不甚浓烈，儒家成为最现世化的思想并成为古代中国思想的主流。第二，实用性。人们往往着眼于现世最需要处理和解决的种种实际问题，而不大去设想或构造一些遥远的东西。第三，经验性。思维方式更多的是经验的、实证的，是与实践、实际相结合，往往以对现实有无用处为标准，而不大设立一些抽象的标准，不大运用逻辑的推理去论证一些事物的真伪或是非。第四，重视人事，即重视人际关系、人的作用、道德伦理关系，是一种中国式的人文主义，追求从个人到家庭、宗族、乡里、国家之间的秩序，讲求正心、诚意、修身、齐家、治国、平天下。

三、从社会经济结构及其运转进行长时段探讨

宁可先生在对中国封建社会的历史道路的研究中思考最多的问题是中国封建经济结构及其运转的问题。早在 20 世纪 80 年代初，他就和一些学者组织发起了关于中国封建社会经济结构问题的学术研讨会，并和国内各方面学者一起探讨这个问题。在当时，这是一个引起国内学术界广泛关注的问题。大家知道，在古代漫长的历史时期中，我国曾经是世界上先进的封建大国，但到了近代却变成了落后的半殖民地半封建国家。这里面有许多历史经验教训需要我们加以总结，其中就包括要对中国封建社会经济结构有一个正确的认识。

当时，学者们对中国封建社会的经济结构认识不一，提出了各种不同的观点。有的学者认为中国封建社会的经济结构是以小农为主的小农业与家庭手工业相结合的自然经济结构，这种男耕女织的传统直到明清时期仍然是农村的普遍现象；有的学者认为中国封建社会经济结构的最终根源是地主制经济，秦汉以后，地主制经济结构一直延续到新中国成立前，地主残酷剥削压迫农民，使封建社会长期延续；有的学者认为中国封建经济结构的核心是小农经济，在封建社会前期土地国有制情况下更是如此，到封建社会后期，小农经济仍然占很大比重，他们强调的小农经济基本上是指自耕农经济；还有的学者认为大地主、大商人、高利贷者三位一体，使农业和手工业的商品生产以及私人工商业得不到发展，资本主义萌芽发展缓慢。中国封建社会经济结构的研究推动了史学界关于封建社会经济史的研究，推动了区域经济史、

断代经济史和各种专题的研究。

但是到 20 世纪 90 年代以后，过去流行的并被视为马克思主义社会发展理论正宗的、"五种社会形态说"不断受到质疑，人们经常说的封建社会的问题被认为是一种"泛化的封建观"。此后，关于封建社会经济结构的问题也就很少有人再讨论。宁可先生对封建社会经济结构问题的关注相比 20 世纪 80 年代的讨论有了新的发展，例如他在《历史研究》2000 年第 2 期上发表了一篇题为《中国社会形态研究中应当注意的一个方面——商品经济》的文章，提出在中国封建社会形态的研究中应当注意商品经济的作用。宁可先生认为，对于中国十五六世纪以后何以落在西方后面，中国的资本主义何以发展不起来，中国近代化的步子何以如此艰难，学者们提出了种种原因，如明清的闭关锁国政策、专制主义中央集权国家对经济的限制与控制、传统的重农贱商观念等。他认为，"还是应当特别从经济的深层，从历史发展的长过程中寻找原因。从中国社会形态的研究寻求中国历史发展的特点，不能不注重中国经济形态的特点，这里包括了商品经济的特点和作用，而寻求中国经济形态的特点，商品经济的特点和作用也许能给我们以线索和启发。"[1]他认为，商品经济可以说是封建经济的润滑剂、催化剂、驱动剂，没有它，封建经济就不能运转，更谈不上发展。我们甚至可以说，封建经济发展主要看商品经济的发展。

在《历史道路》一书中，有两章是谈中国封建经济结构及其运转的问题。宁可先生已经不像 20 世纪 80 年代一些学者那样过分地强调经济结构的某一特点，而排斥其他特点。例如要么强调自然经济而排斥商品经济，要么强调小农经济而排斥地主经济的作用，要么强调地主经济而排斥小生产的特点，还有的学者强调上层建筑对经济发展的阻碍而不谈经济基础的作用。宁可先生力图避免片面性地强调某一方面的特点而忽视其他因素的作用。

首先，他指出了什么是社会经济结构。他说："经济生活中包括生产、交换、分配、消费诸方面、诸关系、诸环节，它们之间的构成和关系即形成了社会经济结构。它不是静态、凝固不变的，而是动态的，一直在运转着、变化着、发展着。"[2]这里他以动态的视角考察经济结构的问题，是在经济结构研究的方法论上的一个巨大的进步，值得关注。比如，人们常常说封建经济是一种自然经济，即以生产使用价值为目的的经济。宁可先生认为，"这话也不

---

① 宁可：《宁可史学论集续编》，中华书局，2008 年版，第 142—143 页。

② 宁可：《中国封建社会的历史道路》，北京师范大学出版社，2014 年版，第 126 页。

错，但也不完整。"因为交换是必须的，仅仅是产品的交换是不够的，更需要商品的交换。封建经济并非一个绝对封闭静止的系统，它靠内部和外部的各种因素运转，具有相当多的开放性和活动性。商品经济就是这种开放性活动性因素。说封建经济是自然经济，并非说商品经济不重要，相反，没有商品经济，整个封建经济将很难运转，也很难发展。

在对中国封建社会经济结构的分析中，宁可先生谈到了个体小生产农业的问题，其中包括在个体小生产农业的生产力基础上形成的生产关系；对农民和地主的分析。他谈到了手工业在商品生产中的地位，包括家庭手工业、官府手工业和私营手工业。他分析了封建社会经济结构中商品经济的发展以及与商品经济相关联的城市与货币的问题。同时，他也谈到了封建国家的作用，认为国家权力是一种政治力量，也具有经济的力量，在经济领域中起着程度不等的作用。

在《历史道路》关于中国封建社会经济结构的分析中，最有特色的部分是宁可先生关于个体小生产农业的分析。他指出，人们常说封建经济的基础和特点是小农经济，但这不确切。因为经济包括生产力和生产关系两个方面，这是不能混淆的。小农经济论者一说小农经济，好像就只是小自耕农经济，农民的多数——佃农、依附农和雇农，不见了。他说，我们可以不用"小农经济"这个词，称之为"个体小生产农业"更恰当些，它是中国封建生产力的基础和主干。它的特点有：集约化农业；以一家一户为经营单位，独立从事生产全过程；生产资料——土地是小块的，最适合的形式是劳动者自己占有（自耕农），其次是劳动者个人长久使用（佃农、依附农）。这种个体小生产农业发展的速度是很缓慢的。[①]

同时，宁可先生也分析了地主经济在封建经济中的作用。他认为，封建经济并不就是农民经济，也不就是小农经济，而是地主经济占统治地位。地主经济是建立在个体小农业生产的基础上的，适应这样的农业生产力的特点，地主把土地分成小块，租给农民耕种，由农民独立经营，地主收取地租。这种封建地租是一种社会财富的强制性转移，其实际数量要超过土地作为生产要素的收益，是一种社会财富的积累。这些财富的去向，有地主的消费、购买土地、投入工商业、经营农村高利贷等。其中特别值得注意的一点是他谈

[①] 宁可：《宁可史学论集续编》，中华书局，2008年版，第154—155页；《中国封建社会的历史道路》，北京师范大学出版社，2014年版，第127页。

到了地主的奢侈性消费问题。地主消费奢侈性手工业产品，所耗劳动多、物料价格贵、技术要求高，这样的消费只限于少数人，不能转化为新的生产品或对生产有利，也不能提高多数人的生活质量和生活水平。实际上在很大程度上它是社会财富、劳动、资源、技术的浪费。从总体和实际上说，奢侈品消费需求的增长对真正发展缓慢的封建经济起不到促进的作用。地主奢侈性消费的增长往往导致农业生产的萎缩，也使农业这个大的生产部门的整体交换和再生产能力下降。他指出：农业是封建社会最基本的生产部门，农业危机导致了整个社会的危机。"因此，我们时常发现在一个比较长的封建王朝如汉、唐、宋、明、清等的末世，奢侈腐化浪费成风，吏治腐败，商业、城市畸形繁荣，而农村土地兼并激烈，国家赋税加重，农民生活困楚，整个社会处于崩溃的前夕。商业、城市的畸形繁荣是一种不正常的超前，并不完全标志着整个社会的发展进步，相反是社会危机的征兆，这是中国封建社会经济生活的一个特点。"①宁可先生的这种分析是非常深刻的。

宁可先生关于中国封建社会经济结构的论述中，最值得关注的部分是他对于这种经济结构运转情况的分析。他认为，中国封建经济结构诸要素的运转从农村开始，农产品大部分自行消费，然后再进行生产，这是一个小循环。其剩余产品和一部分必要产品循两条路线运行，一条经过封建国家赋役而注入其他地区和部门，这是非生产性的活动，或基本上是非商品性的活动；另一条是经过市场进入城市手工业领域，然后再回到市场，而后再进入农村，最终完成消费，这是一个大循环。小循环以中国的气候及农作物生长周期（一年）为运转周期。小循环的损耗是小的，效率是高的，但经济效益却不算高，至于大循环运转周期，难以一年为率，循环过程很缓慢，损耗也不小（自然损耗和人为浪费），经济效益虽不算高，但也还是有的。

探讨中国封建社会的经济结构，必然要回答明清以后中国经济为什么会落后于西方的问题。宁可先生从自己对封建社会经济结构的分析出发，正面地回答了这个从 20 世纪 30 年代起人们就开始热议的问题。他分析了人们常常说到的外力的作用问题、政治制度问题、政策的作用问题、意识形态的作用等。他强调：中国是一个大国，是一个历史悠久的大国，资源丰富，文化积淀深厚，从这样特殊的国情出发来探寻中国封建社会原先发展后来停滞的原因，固然应该考虑到各种因素的交互作用，尤其应该注重内部因素的作用，

---

① 宁可：《中国封建社会的历史道路》，北京师范大学出版社，2014 年版，第 132 页。

特别是更具决定性意义的经济因素的作用、长时性而非一时性（如政策）因素的作用。因此，这种以农业为主体的自然经济"是一种普照的光"，它渗透晕染到一切事物，以致一切事物、社会现象、制度、意识形态，无不染上农业和自然经济的颜色，构成一个完整、牢固的体系。虽然也有商品经济，但农民、地主和封建国家固有的、自发的本性，很自然地会维护自然经济体系，从而排斥、抵制、限制、摧残属于"另类"的商品和市场。这在很长时间内是不可改变、不可抗御的。此外，对于资本主义因素之所以发展不起来，还有两个因素在起作用：一是缺乏原始积累，二是人口的压力。"总的说来，中国原本发展比较先进，而后来又相对落后，主要是两千多年来积累的，内部的机制、内在的因素在起作用。而这种机制和因素，主要又应当从封建社会的经济方面去探求。这就是我们对中国明清以后为何较之西方相对落后的所谓'李约瑟难题'的简略回答。"①

四、揭示适应经济基础的上层建筑的特点

在《历史道路》一书中，宁可先生用五章的篇幅谈与封建经济基础相适应的上层建筑的情况，涉及封建社会的基本政治制度、主要的意识形态、政权兴亡更替的原因及规律等问题。不仅内容十分丰富，而且在思想上对我们认识封建社会也有十分重要的启示。这里择要列举如下几点。

（一）中国地主经济的政治上层建筑为什么是专制主义中央集权制度

封建生产方式具有细小、分散及个体的性质，为什么在此基础上会产生专制主义中央集权的制度呢？宁可先生指出：一是地主对土地的所有是独立的、分散的，不像西欧的各级领主那样在土地的所有、占有的权益上有那么多层次和联系。地主既然分散、独立、互不统属，那就需要在他们之上有一套权威的机构与一批权威的人物集中地处理各种问题。就是说，他们必须把自己的政治权力交出一部分，集中地给予既定的权威机构和人物，以代表他们整体的、共同的、长远的利益，并处理地主个人、集团、阶层之间的矛盾和冲突。二是由于地主经济本身的特点及在比较发达的商品货币经济影响下出现的土地买卖，土地所有权的转移是比较频繁的。各个地主的经济地位也随土地所有权的转换而升降浮沉，不是很稳定，也不易维持长久，从而他们

---

① 宁可：《中国封建社会的历史道路》，北京师范大学出版社，2014年版，第166页。

个人的政治地位也就不能保持稳定和维持长久。所以，维持一个稳定的、具有连续性的政治统治是必须的，即由世袭的皇权及其官僚机构来稳定、长久地行使政治统治职能。三是地主制经济下是十分分散的以一家一户为单位的个体小生产者，地主对农民的超经济强制不像西欧领主制下那么强。经济上土地买卖可以使少量富裕农民有可能上升为地主，政治上农民子弟通过科举制也可能跻身官僚行列，这样单靠一个一个的地主分散地对农民行使统治权力是不行的。

总之，"封建生产的细小的、分散的、个体的性质所带来的地主经济的独立性、分散性、不稳定性，使得地主阶级需要建立一个高度集中的、权威的政治上层建筑来代表他们行使政治统治权力，这就是专制主义中央集权制度，而中国封建社会中占上风的统一的趋势，则促使了专制主义中央集权制度的维系与加强。"①

(二)专制主义中央集权制度的历史地位

学界对于专制主义中央集权制度的历史地位问题，争议很大，肯定者有之，否定者更多。有些论者把它同封建主义和儒家思想一起当作一切罪恶的本源，使中国无法进入近代社会，认为直到今天，其流毒仍然存在；今天要现代化，就要推翻专制主义中央集权制度、皇权思想等。宁可先生认为，这种观点不能说没有一点依据。但是我们评价专制主义中央集权制度的历史地位，不能脱离当时的历史条件，要看它在当时的具体历史条件下究竟起什么作用，而不能用今天衡量事物的标准去衡量历史的事物在历史上的作用。他认为：

(1)国家政权包括政体，归根到底是经济发展到一定阶段的产物，并且是为经济基础服务的。因此，不能把封建社会的一切问题和弊病都简单地归于国家制度，特别是一些根本性的、长时期的问题。例如，中国封建社会长期延续、中国资本主义萌芽、中国近代落后问题等，不能简单地把专制主义中央集权制度、儒家思想、理学、八股文之类当成祸乱之源，而是要问一下：这些东西形成的历史条件或经济根源是什么？何以到明清时期形成阻碍社会发展的力量？

(2)中国封建国家是地主阶级专政，其形式是专制主义中央集权制度，因此谈专制主义中央集权制度的历史作用，归根到底是讲国家或地主阶级在历

---

① 宁可：《中国封建社会的历史道路》，北京师范大学出版社，2014年版，第173—174页。

史上的作用，不能抽象地讲制度的作用。地主阶级在历史上出现的时候是必要的，是生产力发展到一定阶段的产物，比起奴隶制社会它是一个进步。为这种生产关系服务的政治上层建筑有其产生的历史原因，不是偶然的。总之，专制主义中央集权制度的产生是适合中国封建地主经济的经济基础的，它的形成起着巩固封建经济基础的作用，因此其形成是历史的进步。

（3）中国专制主义中央集权制度组织严密，控制强烈，各级机构层次分明，统属清楚，互相制约，而权力最后集中到皇帝一个人身上。它的历史作用在于：一是有利于统一。不是说统一一切都好，但总的来说中国的统一还是对中国历史起了好的作用。统一有利于国力的加强、经济文化的发展与交流，有利于抵抗边疆游牧民族的侵扰，有利于社会安定。这样长久统一的多民族大国，也是我们近代没有沦为殖民地的一个条件。二是它的统治力量强大，对人民的统治是强大而严密的。三是它对社会生活（包括经济生活与思想意识）的干预是强烈的。对它的经济文化职能措施要具体分析，有的起了积极作用，有的则是消极的。大体上说，越到后来，它越不适应中国历史发展、经济发展的趋势，其消极和反动的作用就多一些。四是有相当严密且完备的制度、规章、法令、机构，好运作，行政效率相当高。但多数情况是机构重叠，职责不清，人员冗滥，办事效率低。五是权力层层集中到中央，最后集中到皇帝手中，因此各级官僚只对上级负责。尽管有法、有制度，但基本上是人治，缺少监督的机制。因此，封建社会的危机往往由于专制主义中央集权政权的强大而又腐败，不仅不能自我调节改革，反而加剧、扩大了各种矛盾，引起社会的破坏和崩溃。相反，时势和政权都好一些的时候，经济发展也是快的。总之，专制主义中央集权制度对历史的作用是一个复杂问题，需要联系经济基础、历史条件、民族条件、不同时期等不同方面进行分析，不能简单地一概而论。

（三）中国封建王朝存在着兴亡的周期律

1945 年黄炎培访问延安，在窑洞里与毛泽东谈话时说："我生六十多年，耳闻不说，所亲眼看到的，真所谓'其兴也勃焉，其亡也忽焉'，一人，一家，一团体，一地方，乃至一国，不少单位都没有跳出这周期率的支配力。"于是，中国封建王朝兴亡周期律的问题，是对历史学家提出的一个严肃的问题，许多历史学家做出了回答。宁可先生也对此问题谈了自己的看法。

第一，他画出了一个历代王朝兴替表，具体表明了中国历代封建王朝兴替的情况，如秦朝 16 年、隋朝 38 年，西汉、东汉约 200 年，唐朝、明、清接近 300 年。每一个王朝，大体上都经历了开始时的兴盛，过一段时期以后开始停滞，再过一段时间开始衰落到被新王朝取代。时间短促的王朝，确实存在其兴也骤、其亡也速的情况，显示了王朝兴亡周期律的作用。

第二，他指出新王朝取代旧王朝有三种途径。第一个途径是战争。特别是旧王朝末年的农民起义声势浩大，直接推翻旧王朝。有的农民起义虽然没有推翻旧王朝，但给了旧王朝致命的打击，对旧王朝的覆灭起了关键作用。第二个途径是通过非暴力手段，新兴的统治集团操纵了国家的政治和军事，迫使旧王朝统治者交出政权。第三个途径是崛起的北方游牧民族借中原王朝战乱的机会起兵南下，征服半个或整个中国。

第三，他分析了新王朝建立后面临的三大矛盾。第一个矛盾是地主阶级跟农民阶级的矛盾，第二个矛盾是统治阶级内部的矛盾，第三个矛盾是新王朝跟北方民族的矛盾。这三个矛盾如果处理得好，局面就会改观，出现兴旺、发达的盛世；如果处理不好，就会引起社会大震荡，致使王朝灭亡。有的学者认为一个王朝初建立的四五十年或统治者传到第二、三代时，就会到瓶颈时期，能够通过这个瓶颈，即可获得较长时期的稳定。

第四，他分析了两千多年王朝兴亡的启示。一是中国是农业社会，农民占全国人口的绝大多数，统治者如何对待农民是王朝成败的关键。二是吏治问题历来统治者都非常重视，王朝兴起时往往很重视整饬吏治，而一个王朝之所以衰亡，很大的原因是吏治的腐败。三是历代王朝兴亡，乍看起来不免周而复始地循环，但并非单纯的回归，它应该像螺旋形一样，在不断的循环中不断上升、不断发展，上升发展到宋代以后势头受到阻碍。

五、毕生的耕耘，毕生的坚守

《历史道路》一书是宁可先生"五十多年来教学与研究工作的结集"。的确，这本书体现了宁可先生从开始从事中国古代史教学与研究时对中国封建社会问题的最初思考，到近五十年有关封建社会一系列问题的讨论，都在他反复研讨范围之内，而这一研究一直坚持到他生命的最后时刻。

宁可先生不仅把中国封建社会这个中国古代史中最重要的历史问题坚持探讨了一辈子，更可贵的是他把自己长期坚持的理论与方法坚守了一辈子。宁可先生在理论问题上勤于思考、积极探索、与时俱进，这是史学界所公认的。他对史学理论方面的贡献是多方面的，笔者在《宁可先生对史学理论的贡献》一文中对此有所分析，这里不再赘述。①《历史道路》一书是理论与实践相结合的著作，体现了宁可先生在历史理论方面的深厚功力。他虽然谈的是封建社会的历史道路问题，却涉及了历史理论问题的方方面面。除了在上文中所谈到的那些问题外，我们不妨梳理一下他在书中所坚守的理论。

其一，中国的历史是适合用马克思主义的社会经济形态的基本理论来解释的，中国的封建社会是从原始社会、奴隶社会发展而来的，到了近代则成为半封建半殖民地社会。封建社会是中国历史上的一个重要的社会形态。从经济基础到上层建筑的各个方面，都值得我们认真研究。

其二，中国封建社会的基本矛盾是生产力和生产关系的矛盾、经济基础与上层建筑的矛盾。封建社会的生产关系是适合生产力发展水平的，封建的上层建筑是适合它的经济基础的。而生产力与生产关系的矛盾、经济基础与上层建筑的矛盾推动了社会的前进。

其三，阶级矛盾归根到底是生产关系与生产力的矛盾在人的层面的表现，而生产关系与生产力的矛盾也只能通过人的关系、人的活动、人的矛盾来表现。这就是阶级关系、阶级矛盾、阶级斗争。阶级社会是生产力发展到一定水平的必然产物，阶级社会的人的活动主要地，或归根结底可以归结为阶级的活动，阶级斗争是阶级社会历史发展的根本动力。

其四，用历史主义的观点来考察历史上的问题。如评价专制主义中央集权制度的历史地位，不能脱离当时的历史条件，要看它在当时的具体历史条件下起什么作用，而不能用今天衡量事物的标准去衡量历史的事物在历史上的作用。

其五，用历史事物内部的因素、长时段的因素、最具决定性的因素来分析问题。如分析中国历史发展原先先进、近代落后的原因，应该从最具决定性的经济因素的作用来分析，而不是分析一时性的因素的作用。

这些观点都是宁可先生从 20 世纪 50 年代以来就坚持的一些基本观点，是马克思主义基本理论的核心内容。理论的创新需要勇气，理论的坚守也同样需要勇气。因为一个科学的理论体系是需要经受长时间的考验，需要几代人为之付出努力的。宁可先生的《历史道路》一书，是他给我们留下的一份重要的马克思主义史学遗产，值得研读，值得珍重。

（原载于《首都师范大学学报（社会科学版）》2016 年第 2 期，收入本书有改动）

---

① 郝春文主编：《永远的怀念——宁可先生追思集》，上海古籍出版社，2015 年版，第 161—179 页。

一位马克思主义史学家的学术追求

——林甘泉先生治史的基本特点

摘要：林甘泉是中华人民共和国成立以后在老一辈马克思主义史学家影响下成长起来的新一代史学大家。在 60 多年的治史过程中，他始终坚持以马克思主义的理论指导从事研究工作，具体表现为：把马克思主义的社会经济形态理论作为探讨中国古代历史发展历程的基本理论；积极参与一系列理论热点问题的讨论，深入探讨关乎中国历史发展的诸多重大问题；善于把理论研究与实际问题相结合，积极批评学术领域中的各种错误倾向；在古史研究中能够把文献资料与地下发掘资料结合起来；善于总结百年来史学研究发展的历程，为当代史学发展提供借鉴。

关键词：林甘泉；马克思主义史学；社会经济形态理论；唯物史观

林甘泉(1931—2017)，福建石狮人。1949 年厦门大学历史系肄业。1954 年后历任中国社会科学院历史研究所助理研究员、研究员、副所长、所长、党委书记、学术委员会主任，并担任中国史学会副会长，中国秦汉史研究会会长、顾问，中国郭沫若研究会会长、名誉会长，中国社会科学院学部主席团成员、文史哲学部委员，中国社会科学院历史研究院教授、博士生导师。林甘泉从事秦汉史、土地制度史、经济史、史学理论的研究。他是郭沫若主编《中国史稿》第二、三册主要执笔人，著有《中国古代政治文化论稿》《林甘泉文集》，主编《中国经济通史·秦汉经济卷》《中国封建土地制度史(第一卷)》《郭沫若与中国史学》《中国历史大辞典·秦汉史》《中国大百科全书·中国历史·秦汉史》《中国历史二十五讲》《孔子与 20 世纪中国》，合著有《中国古代史分期讨论五十年》等。

林甘泉之所以成为新中国马克思主义史学的一位代表性的学者，在于他重视马克思主义理论指导的重要性，既从事有关中国历史发展的重大、核心问题的实际研究，也在实践中运用、倡导、捍卫正确的理论，抵制错误的思潮和观点，把马克思主义的理论和方法论贯彻到史学研究的全过程。

195

一、把马克思主义社会形态理论作为探讨中国历史
发展的基本途径和基本规律的指南

林甘泉坚持以马克思主义为指导研究历史的突出标志就是他始终坚持以马克思主义的社会经济形态理论为指导研究历史。早在 20 世纪五六十年代，他就以马克思主义的社会经济形态理论为基本观点参与了一系列重要历史问题的讨论。新中国成立以后，学术界开展了中国古代史分期、资本主义萌芽、土地制度、农民战争、汉民族形成等问题的讨论，他都很感兴趣。1956 年 7 月，他应《人民日报》编辑部之约，撰写《关于中国历史上奴隶制和封建制分期问题的讨论》。这篇文章还不是研究性的学术论文，是一篇带有评论性的学术报道。文章所论述的问题，正是他开始从事历史研究的切入点。20 世纪 80 年代以后，他发表文章《亚细亚生产方式与中国古代社会》；1982 年又与其他学者合著《中国古代史分期问题讨论五十年》一书。对于古史分期问题，他有自己的观点，也重视各家的意见，尊重不同观点的争论，认为这种争论是繁荣历史科学的途径。

从 20 世纪 50 年代以来，他在史学研究中始终坚持以社会经济形态理论为指导。虽然近几十年来学界不断有质疑或否定社会经济形态理论的声音，但他一直坚持认为社会经济形态理论对历史研究具有重要的意义。他说，关于社会经济形态问题，即中国历史上有没有奴隶社会、封建社会的问题，以及中国历史为什么没有进入资本主义社会的问题，是可以也应该讨论的，但是不要停留在字面上、概念上，要深入一些、实际一些。前些年，有的学者认为中国没有奴隶社会，最近几年又有学者认为说中国存在封建社会也不妥，应该说是宗族社会、专制社会等，也有人沿用中外学者原先的说法，采用上古社会、中古社会、近世社会的划分方式。他说，其实有分歧也是好事，存在分歧，正显示中国历史的特点。马克思主义的社会经济形态理论，按照生产方式的发展变化，即经济基础和上层建筑的发展变化来划分历史阶段，这的确比中国封建社会和西方资产阶级学者的分期标准要科学。他曾呼吁要让史学研究热络起来，不要像当前这么冷。其中一个途径，就是过去讨论过的问题还可以再讨论。①

---

① 邹兆辰：《让史学研究热络起来——访林甘泉研究员》，《中国史研究动态》，2016 年第 5 期。

20 世纪 90 年代,西方各种史学理论和观念涌入中国,许多学者对唯物史观是不是指导史学研究的正确理论产生怀疑。林甘泉发表了《我仍然信仰唯物史观》一文,指出唯物史观是我们研究历史的科学指南,但它并不能保证我们史学工作者不出现失误。掌握这个科学的历史观和方法论,对于所有史学工作者来说都是一个学习的过程。对于西方史学的学术成果和理论成果,我们要注意了解和虚心学习,但是和西方各种理论比较起来,唯物史观仍然是最科学也是最有生命力的。离开了唯物史观的指导,脱离中国的历史实际和史学传统,中国史学是无法在世界史坛上争得应有的地位的。①

林甘泉坚持以社会经济形态理论研究历史,不仅仅是在古史分期等一些理论问题的研讨中,在他所从事的全部具体历史研究中,如关于古代土地制度的研究、秦汉经济史的研究、中国古代政治文化问题的研究,都是如此。可以说,如果否定社会经济形态理论,也就否定了他全部的史学研究。

二、以唯物史观为指导,研究影响历史发展的
重大问题或长时段的问题

回顾林甘泉的整个治史历程可以看出,他学术研究的重点是在唯物史观的指引下,在那些对历史发展有重要意义的领域或课题上投入自己的力量。

对土地制度史的研究,是他学术研究的重点领域。他主编的《中国封建土地制度史(第一卷)》,就是这方面的代表性成果。他认为,我国传统史学对于历代土地制度的演变十分重视。比如,正史中的《食货志》就有大量土地制度史的资料,而且典志、会要、会典等史书都把土地制度列为重要的内容。如杜佑的《通典》就把《田制》列为首卷。但是,传统史学不可能为我们揭示土地制度发展变化的本质和规律。对中国土地制度史真正科学的研究,是从马克思主义与中国历史实际相结合以后才开始的。20 世纪五六十年代关于封建土地所有制形式的讨论,开始把这方面的研究推进到一个新的阶段。中国封建社会延续的时间很长,它的发展既符合世界历史的共同规律,又有自己的许多特点。中国的土地制度既不同于西欧,也不同于东方其他国家。所以,他认为在马克思主义理论的指导下,在详细占有材料的基础上,对中国土地制度的发生、发展和变化的历史,进行深入系统的考察,并且做出科学的理论

---

① 林甘泉:《我仍然信仰唯物史观》,《林甘泉文集》,上海辞书出版社,2005 年版,第 477 页。

概括，是十分有意义的事情。针对 1954 年侯外庐关于《中国封建社会土地所有制形式的问题》一文提出的"皇族土地所有制"，实际上也就是封建国家土地所有制的观点，林甘泉在《文史哲》上发表《试论汉代的土地所有制形式》。1963 年，他又在《历史研究》上发表《中国封建土地所有制的形成》，在肯定中国封建社会存在着封建国家土地所有制、封建地主土地所有制和自耕农小土地所有制三种形式，而以封建地主土地所有制占支配地位的基础上，对封建土地所有制的形成过程做了进一步研讨。他又将土地制度史的研究扩大到中国古代经济史的研究，于 20 世纪 90 年代主编了《中国经济通史·秦汉经济卷》，撰写了《秦汉的自然经济与商品经济》等经济史研究的重要文章。①

作为一位马克思主义史学家，林甘泉不仅致力于经济领域问题的研究，同时也关注上层建筑领域的问题。他的《中国古代政治文化论稿》就集中体现了他对于"政治文化"问题的思考。他对"文化"的概念有一种广义的理解，这种广义的文化概念，为我们深入研究人类全部历史文化遗产提供了一个新的视角。他用"政治文化"的概念来概括这方面的研究，主要讨论从先秦到秦汉以后国家的政治制度、统治阶级的政治思想和行为方式、文化精英的历史角色和历史作用等，当然也涉及各个时期的社会制度和社会关系等。这些论文和政治史、文化史、社会史都沾了一点边，所论述问题的核心内容也许可以称之为"政治文化"。他觉得这是认识中国历史的一个新视角，中国古代历史的一些特点从政治文化的演变中是可以寻找其踪迹的。比如，《古代中国社会发展的模式》一文就很富有新意，他在文中从共同体、土地所有制、阶级关系和国家政体这四个方面，谈了中国学者对古代中国社会发展模式的一些看法。这是他 1986 年在美国科学院主办的"古代中国与社会科学的一般法则"讨论会上报告的论文，后发表在《中国史研究》上。还有一篇《论秦始皇：对封建专制人格化的考察》，也是很有新意的文章。②

运用唯物史观研究历史，也要看到个人对历史发展的影响。林甘泉认为，历史中有许多内容是值得我们长期进行研究的，不要总是变来变去。拿孔子来说，人们对孔子的评价一会儿这样，一会儿那样。尊孔的观点得势的时候，批孔的声音就听不到了；批孔的潮流高涨时，尊孔的声音也就听不到了。其

① 邹兆辰：《以马克思主义为指导研究中国古代历史——访林甘泉研究员》，《历史教学问题》，2006 年第 3 期。

② 《古代中国社会发展的模式》《论秦始皇：对封建专制人格化的考察》两文均见于林甘泉所著《中国古代政治文化论稿》，安徽教育出版社，2004 年版。

实，孔子就是孔子，折腾来折腾去，孔子还是孔子。现在有人高调尊孔，还有人对孔子搞朝圣、跪拜那一套，这不是马克思主义对待历史遗产的正确态度。

林甘泉在 2008 年主编了专著《孔子与 20 世纪中国》，2008 年又在《哲学研究》上发表论文《孔子与 20 世纪中国》，对 20 世纪以来对孔子的评价做了一个梳理。他说，20 世纪对于中国来说是一个翻天覆地的世纪，无论是政治、经济，还是思想文化领域都经历了巨大而深刻的变化。随着政治风云的变幻和不同社会思潮的碰撞，对孔子及其思想的历史定位和价值判断也是毁誉交错、起伏不定，甚至出现了很富戏剧性的极大落差。尊孔与批孔的思想斗争不仅演化成牵动全国上下的政治斗争，而且几乎贯穿了 20 世纪大半个世纪的历史行程。回顾这段历史，从中吸取一些经验教训，不但是重要的学术课题，也有利于我们正在进行的有中国特色社会主义精神文明的建设。[1]

三、坚持真理、实事求是，是林甘泉治史的基本态度

林甘泉在学术研究中有一个显著特点，就是他坚持真理、实事求是。对于学术潮流中的各种倾向，他有清醒的认识，有明确的立场、观点，并且敢于坚持自己的观点。他反对那种否定新中国成立以来讨论一些热点问题的价值的意见，如把古史分期等问题的讨论轻蔑地称为"五朵金花"，认为所讨论的问题是"伪问题"等。有人认为，中华人民共和国成立后 17 年的史学就是一部"农民战争史"，对此他很气愤，他说可以统计一下 20 世纪五六十年代《历史研究》《历史教学》《文史哲》等几种刊物，看是不是仅是农民战争史的文章。

关于封建社会的形成，史学界有一种观点，认为"封建"的"本义"是西周初年的"封邦建国""封爵建藩"，离开这个"本义"而讨论封建社会的形成是一种"泛封建观"，乃是受政治干预的结果。他说自己对主张"西周封建论"的学者是很尊重的，因为他们也是在马克思主义社会经济形态理论指导下得出的一种认识。但对上述"封建"本义说却不敢苟同。传统文献中的"封建"，其词意诚然是"封邦建国"，但是我们讨论的"封建社会"并非只是指一种"政制"，而是社会经济形态。何况就传统文献中关于周初"封建"所涉及的历史内容而言，也远不是"封邦建国"的"政制"所能概括的。

---

① 邹兆辰：《让史学研究热络起来——访林甘泉研究员》，《中国史研究动态》，2016 年第 5 期。

有学者论证我们今天讲的"封建"与马克思说的"封建"的本义不符合,认为中国的"泛化封建社会"的观点是由陈独秀始其端,经过共产国际的影响至中共"六大"做出了决议,才提出了反帝反封建的任务,此后毛泽东把"封建"的内涵又加以固定化了。林甘泉认为这种推论方法是不恰当的。在某些学者看来,无论什么理论观点,只要跟一定的政治力量联系在一起,就是不可接受的。这种倾向不可取,不能把五种生产方式的发明权归在斯大林的名下。苏联肃反的时候把一些讲亚细亚生产方式的人当成"托派",甚至在肉体上加以消灭,成了苏联史学界的一个禁区。但在中国并非如此,20世纪20年代社会史论战后史学界照样有人在研究亚细亚生产方式。中共"六大"提出的反帝反封建任务与历史学界对秦至清的社会性质的研究要有适当的区分。讲中国是封建社会,这在中共"六大"以前就有人提出来了,怎么能说是由于"六大"决议并经毛泽东著作加以肯定,遂使其成为历史学界的主流呢?现在有这样一种风气,把中国共产党人接受和采用的一些理论观点说成是政治强权的产物,他说这不符合实际,也不是一种"百家争鸣"的态度。有些问题的意见分歧纯粹是学术性的,与政治无关;但也有些理论问题的提出确实与当时的政治形势有关。从周秦至明清的社会性质和阶级关系,作为学术问题和理论问题是可以有不同意见的,不能把人家的观点都往政治上靠,戴上"左"或"右"的帽子,这是不利我们学术研究中的"百家争鸣"和学术发展的。①

20世纪80年代末,国际共产主义运动的叛徒魏特夫的《东方专制主义》一书中文版刚刚出版时,有人大肆宣扬书中的观点,林甘泉发表《怎样看待魏特夫的〈东方专制主义〉》一文,介绍了魏特夫的反动历史,分析其中的理论错误和对中国历史的歪曲,指出魏特夫的《东方专制主义》是以美国为首的帝国主义统治者在冷战时期反对马克思列宁主义的产物。

贡德·弗兰克的《白银资本:重视经济全球化的东方》和彭慕兰的《大分流:中国、欧洲与现代世界经济的形成》等书在我国出版后,引起了广泛的关注和热烈的讨论。这两部书反映了西方学者重新审视中国前近代经济史的巨大兴趣,以及批判"欧洲中心论"的热情。林甘泉参加了有关单位组织的讨论,并发表了《从"欧洲中心论"到"中国中心论":对西方学者中国经济史研究新趋向的思考》一文。他认为,弗兰克对"欧洲中心论"的批判是切中肯綮的,但是应该具体分析"欧洲中心论"在西方学者中的影响;至于弗兰克把马克思的学

---

① 邹兆辰:《让史学研究热络起来——访林甘泉研究员》,《中国史研究动态》,2016年第5期。

说也指为"欧洲中心论",两者实际上是风马牛不相及的。弗兰克认为,在欧洲工业革命之前,世界早就存在一个以分工和贸易为基础的"世界经济体系",直到1800年,亚洲,尤其是中国在世界经济中都居于中心地位。林甘泉指出,这种"中国中心论"的观点得不到实证材料的支持,因而也是站不住脚的。中国封建经济在历史上曾经得到高度发展,并且对东亚地区产生过巨大而积极的影响,但是中国从未成为"世界经济体系"的中心。在欧亚航路开通和西方殖民主义者入侵之前,中国封建统治阶级对于东亚以外的世界所了解的知识是极其有限的,相对于欧洲一些资本主义国家的经济,中国是落后了。我们要批判"欧洲中心论",但要实事求是地看待欧洲在世界经济史上所曾起过的先进作用,更要避免陷入所谓"中国中心论"的陷阱。[①]

林甘泉回忆20世纪60年代初,"以阶级斗争为纲"的思想十分盛行,对学术研究也产生了影响。1963年,翦伯赞发表《对处理若干历史问题的初步意见》,批评了当时史学界存在的非历史主义倾向。林甘泉说,他对批评非历史主义是拥护的,但对翦老文章中的一些具体表述却有不同看法,因此就写了《历史主义与阶级观点》一文。后来,宁可发表文章批评林甘泉的观点,他又写了《再论历史主义与阶级观点》进行反驳。林甘泉说:"我的文章说明当时我也受到了这种'左'倾思想的影响。翦老提出历史研究既要有阶级观点,也要有历史主义,不管他的表述有无可商榷的地方,他并没有否定阶级观点的态度是明确的,我批评他模糊了马克思主义历史科学的党性原则,这显然是一种不实事求是的指责。"林甘泉称他在文章中所坚持的一个基本观点,即认为马克思主义的历史主义与资产阶级的历史主义有根本的区别,对于马克思主义来说,历史主义和阶级观点是统一的,不存在没有历史主义的阶级观点,也不存在没有阶级观点的历史主义。他说:"这个认识我至今没有改变。当然,这并不等于说历史主义和阶级观点这两个概念的内涵没有区别;在实际研究工作中,分别提出历史主义和阶级观点的方法论要求也是正常的。"[②]

① 林甘泉:《从"欧洲中心论"到"中国中心论"——对西方学者中国经济史研究新趋向的思考》,《中国经济史研究》,2006年第2期。

② 邹兆辰:《以马克思主义为指导研究中国古代历史——访林甘泉研究员》,《历史教学问题》,2006年第3期。

四、坚持文献研究与地下考古发掘成果相结合，是林甘泉治史的重要方法

林甘泉在 20 世纪七八十年代的土地制度史研究中就实践了王国维的"二重证据法"，利用地下出土文物和历史文献互相印证。例如，1975 年陕西岐山县董家村出土了一批周共王时期的青铜器，这些铜器的铭文就是研究西周土地关系的珍贵资料。《文物》1976 年第 5 期发表了这批铜器的发掘简报，编辑部就铜器上的铭文约他写文章，即《对西周土地关系的几点新认识——读岐山董家村出土铜器铭文》一文，与简报同时发表。在这批青铜器的《卫盉》《五祀卫鼎》《九祀卫鼎》的铭文中都有关于土地转让的记载，但是不是可以作为土地自由买卖的证据呢？他认为，铭文上所反映的土地交换，只能说明西周中叶以后土地私有化的过程已经日益明显，但这种土地交换还带有相互馈赠的性质，并不属于商业行为的土地交易。[1]

他的《中国古代土地私有化的具体途径》一文也反映了他利用出土文物进行土地制度史研究的情况。1972 年山东临沂银雀山汉墓发现的竹书《孙子兵法·吴问篇》和《田法》，对说明春秋战国时期土地关系的变动有重要意义。另外，1975 年湖北云梦睡虎地发现的秦简中的《田律》也有对土地制度的反映。他在文章中指出，在《田法》中所说的"三岁而壹更赋田"，就是三年更换份地的制度，州、乡的耕地根据美恶分为上、中、下三等，分别授给各家农民耕种。但从《吴问篇》的记载中也能看出土地私有化的过程在迅速发展，许多农民家庭实际占有的土地已经超出原有份地的面积，所以"百步为亩"的亩制也被突破了。有的以 160 步为亩，有的以 240 步为亩，这些新贵族势力扩大面积，正是适应了土地私有化发展的要求。[2]

---

① 林甘泉：《对西周土地关系的几点新认识——读岐山董家村出土铜器铭文》，《林甘泉文集》，上海辞书出版社，2005 年版，第 88 页。
② 林甘泉：《中国古代土地私有化的具体途径》，《林甘泉文集》，上海辞书出版社，2005 年版，第 30 页。

五、科学地总结 20 世纪中国历史学的发展，客观
评价不同学者对历史学发展的贡献

除了史学理论的探讨以外，林甘泉在史学史方面也有所建树，主要体现为他对 20 世纪中国史学的总结。在世纪之交，林甘泉写了《20 世纪的中国历史学》《新的起点：世纪之交的中国历史学》《世纪之交中国古代史研究的几个热点问题》等文章。虽然总结 20 世纪中国历史学的只有一篇文章，但它可以看成当代中国史学史的一个纲要。这篇文章纵向地梳理了 20 世纪中国史学的发展历程，包括新史学的兴起、实证主义史学的发展、马克思主义史学的产生和曲折发展、马克思主义史学主流地位的确立以及如何在改革开放新时期获得全面发展。文章既客观地评价了马克思主义史学的成果，也评价了非马克思主义史学在中国史学发展中的地位，还总结了百年来有代表性的史学成果，这是很有意义的事情。通过这样的总结，可以预示 21 世纪中国史学发展的道路，因为 21 世纪史学的发展必将是在 20 世纪史学发展基础上的新的提升。所以，这个总结意义重大，要求作者有广阔的视角，并且要有敏锐的、科学的判断与评价能力。林甘泉指出，中国的历史学应该很好地总结一下。从李大钊开始运用马克思主义研究历史，到今天已经 90 多年了，从新中国成立以后算也快 70 年了。史学的成绩在哪儿？大家共同的认识都有哪些？不要一会儿这样，一会儿又那样。过去有些搞实证史学的学者在中华人民共和国成立之后一直是追随马克思主义的，如张政烺、杨向奎、唐长孺、童书业等。研究和讲授中国现当代史学，对这些老先生的历史观的转变及其研究成果，是应该给一席之地的。现在一谈到马克思主义史学，就只提郭、范、吕、翦、侯五老，这是不全面的。"文化大革命"对历史学的确是个大灾难，消除"文革"影响，历史学应该很好地清理一下。中国历史学在世界历史上应该有它一定的地位。不能一切肯定，也不能一切否定。实际上，用某一种意见、观点来一统天下是不可能的。毛泽东主张历史学要"百家争鸣"，所以我们要认真地讨论。有人认为，理论性的东西不是学问，所以把学术研究弄得越来越窄，觉得有材料就有了宝贝，如简牍、明清文书、地契等，这是不正常的。

回顾林甘泉在史学理论及史学史方面的贡献，回顾他对新时代马克思主义史学发展的呼唤与期待，个人认为最重要的启示有这样几点：第一，作为一个马克思主义史学家，必须旗帜鲜明地坚持以马克思主义的理论和方法指

导自己的学术研究工作；对于一切有害于史学健康发展的思潮与观点，必须坚决加以抵制和批判。第二，必须善于接受和吸取适应学术发展新需要的传统的和外来的有益的东西，发展马克思主义史学。第三，必须敢于坚持一些过去提出来的理论、观点，就是那些虽然曾遭受过质疑，但经过实践证明是对的东西。

史学界对于林甘泉的学术成就给予了很高的评价。有学者说："林甘泉是新中国培养起来的一位马克思主义史学家，他为人襟怀坦白，谦虚谨慎，办事公道，诚恳待人，加以治学严谨，视野开阔，始终能够坚持马克思主义的理论指导，因此，他在历史所和史学界都有较好的口碑。"①新时代中国马克思主义史学不可能抛弃过去那些经过检验证明是正确的东西而凭空地建立起来，这其中就包括林甘泉等马克思主义史学家给我们留下的那些宝贵遗产。今天，我们重温他那些铿锵有力的话语，研究和学习他的治史理论和方法，特别是他敢于坚持真理的精神，对于新时代中国马克思主义史学的建设，是有重要的意义的。

（原载于《淮阴师范学院学报（哲学社会科学版）》2021年第4期，收入本书有改动）

---

① 陆荣、卜宪群：《林甘泉先生的学术经历与治学特点》，《高校理论战线》，2008年第6期。

"良史工文"的学术与社会效应

——以田居俭先生的《李煜传》为例

摘要："良史工文"是清代学者章学诚提出的见解。他认为，"史之赖于文也，犹衣之需乎采，食之需乎味也"。田居俭先生精心打造几十年的《李煜传》在"良史工文"上有了新的突破。他不仅运用具有文学风格的语言进行引人入胜的叙述，更重要的是把大量的文学作品作为说明历史的媒介，以诗证史、以文证史。同时，他还注意运用合理的想象，激活历史资料、文学作品，给历史人物注入"灵魂"，把一个个活生生的人物呈现在读者面前。田居俭先生的《李煜传》提供了一个良史工文的范例，通过阅读他的著作，人们不仅可以获得历史人物方面的知识，也可以获得文学上的享受，可见历史学家所写的学术著作，同样可以获得读者的喜爱。

关键词：良史工文；田居俭；李煜；《李煜传》

一、把"良史工文"提上史家的重要日程

清代学者章学诚说："夫史所载者事也。史必藉文而传，良史莫不工文。"他又说："史之赖于文也，犹衣之需乎采，食之需乎味也。"田居俭先生认为，章学诚的这个比喻非常深刻，值得史学界同人重视。田先生多次写文章、做报告，强调"良史宜工文"，讲"史学工作者要有一副好文笔"。他在《人民日报》发表的《良史宜工文》一文中提出："为了适应时代的需要，历史学家应该改进写作章法，转变文风，把'良史工文'提上重要议事日程，发扬'史家之绝唱，无韵之《离骚》'的《史记》撰述传统"①。文章中他用大量的例证阐述了学习马克思主义创始人的文笔、学习中国"史学之父"司马迁的文笔、学习现代史学大师蘭伯赞的文笔，以及如何练就博采众长的好文笔的问题。他说："我深

---

① 田居俭：《良史宜工文》，《春泥集》，当代中国出版社，2004年版，第84页。

切感受到历史学界以外的读者，对历史著作有很大的隔膜，他们觉得不合口味，冷落疏远。其中重要原因之一，就是历史著作艰深晦涩，不注意深入浅出；又重质轻文，不讲究篇什文采。"[1]他强调古人所说的"言之无文，行而不远"。试想，一部佶屈聱牙、殷盘周诰式的"天书"，怎能使读者展卷披读、渐入佳境呢？

田居俭先生强调良史工文，并不是追求文章或史著表面上的文字华丽，更不是如现在某些人所做的那样哗众取宠，而是要赋予史学论著一种灵魂。比如，他的《李煜传》完全是历史学家写的人物传记，全书从头到尾充溢着厚重的历史感和翔实的信史感。但是，在人物性格的刻画上，又与文学家没有什么两样。可以说是殊途同归，都致力于把一位已经作古千年的人物复活。

田先生文史兼工，他最珍爱自己十年磨一剑的成果《李煜传》。这本书的写作始于20世纪80年代，近30年来，他精雕细琢，不断修改、不断丰富，至今已经出到第四版，成了深受读者喜爱的史学佳作。

此书的雏形是田先生1987—1988年在《文史知识》上以"绝代才人，薄命君王"为总题连续刊载的文章。1991年吉林文史出版社将这些文章纳入"中国历史人物丛书"出版，书名为"李后主新传"。得到读者肯定后，田先生在初版的基础上，重新审视全书，经过4个寒暑的深入探研，反复斟酌笔削，形成了当代中国出版社1995年版的修订本，改名为"李煜传"。《李煜传》问世以后，进一步得到同道和读者的赞许，史学界一些学者也给予了很高的评价。修订版自问世以来，又得到更多知音的认同和关注。江苏人民出版社编辑出版的《畅销书摘》，以"半世情怨的李后主"为题摘编了全书梗概。一些书评家也相继撰文评说，遂使该书在短期内销售一空。修订版出版以后，田先生并没有就此止步，他又不断审视、反思全书，从立意谋篇、史料订补到文字表述，精益求精。2006年，在国际文化出版公司的鼎力支持下，又推出了《李煜传》的"最新修订版"。第三版出版后田先生曾表示，此书还要继续修改、补充，直到他改不动时为止。他是这样说的，也是这样做的。在《李煜传》第三版出版以后，他继续修改、补充这部作品，终于在2014年底，中华书局出版了它的第四版。一部人物传记，作者反复打磨，能够在20多年的时间里不断推出新的版本，也是学术界少见的事情。

---

① 邹兆辰：《良史工文，十年磨剑——访田居俭研究员》，《为了史学的繁荣——对话当代历史学家》，首都师范大学出版社，2011年版，第11页。

田居俭先生为什么对《李煜传》的写作如此情有独钟呢？田先生曾对笔者说过，力争在书中复活李煜，首要一点是让李煜在作者心目中复活起来。作者必须以"衣带渐宽终不悔"的韧性追求精神，用全面的辩证眼光，对李煜进行多角度、多侧面的研究，要想方设法倒越时空去接近李煜，熟悉他的气质、性格、思想、品格、抱负和作为，做到和他"心有灵犀一点通"，包括小到他对琴棋书画的情趣爱好，大到他对苦乐生死考验的感受。①

他还说，要复活李煜，不仅要熟悉李煜本人，还要从时代氛围、民族意识、社会心理和传统文化等方面，去探索李煜的人性和人情，包括亲情、爱情、友情和才情，尤其是要注意发现李煜一生中易于为人忽视而确实存在的亮点。主要的方法是寓论断于叙事，使论断发挥画龙点睛的作用。只有这样做，才能全面揭示出李煜祸福倚伏的人生，使读者明了李煜的遭遇不仅是他个人的悲剧。正是国破家亡的陵谷之变，以及他薄命君王的悲惨遭遇，才玉成了他彪炳史册的"绝代才人"的勋业，使他得以创作出那些融血凝泪、直面人生、视野开阔、警悟深邃的绝妙好词，把一个活生生的李煜送到读者面前。

要能够做到这一点，他的体会是："以史笔为史，以文心写史，使传记以其文献性、艺术性和跨学科性而独具魅力。不具备文献性，传记就会失真；不具备艺术性，传记就会失神；跨学科性则是达到形神兼备、全面完整境界的根本保证。……尽管我在书中努力争取良史工文，文华而不失真，但我觉得能收到'法乎其上，仅得其中'的效果，就心满意足了。"②

田居俭先生能够写出《李煜传》这样"良史工文"的佳作，与他本人的史学素养和文学素养有极大关系。早在中学读书的时候，他就喜欢背诵李煜妙笔生花的清词丽句。当熟读了李煜的全部词作以后，又渴望趁热打铁，详知他的身世生平。可惜当时就读的中学没有这方面的藏书。1955年秋天，田居俭刚入大学不久，国内报刊就对李煜的词作展开了讨论。于是，借此"东风"，他去校图书馆借回了薛居正的《旧五代史》，欧阳修的《新五代史》，彭元瑞、刘凤诰的《新五代史补注》，马令的《南唐书》，陆游的《南唐书》和吴任臣的《十国春秋》等史籍。借到这些书，自然很高兴，但是读过以后让他大失所望。因为这些书中有关李煜的记言记事过于简单，就像呆板枯燥的墓志铭一样，与

---

① 参见邹兆辰：《哲史文兼涉，学思写并举——访田居俭研究员》，《历史教学问题》，2008年第5期。

② 参见邹兆辰：《哲史文兼涉，学思写并举——访田居俭研究员》，《历史教学问题》，2008年第5期。

他心目中才华横溢的"绝代词宗"形象大相径庭。他又去查阅 20 世纪 30 年代面世的一批李煜传记，如唐圭璋的《李后主评传》，杨荫深的《李后主》，高兰、孟祥鲁的《李后主评传》等。这些书虽然部分满足了他的求知欲望，但他头脑中李煜的全貌还是若明若暗。

田居俭想，中国有一句谚语："荷锄候雨，不如决渚。"与其长久等待阅读他人作品，不如自己动手写一部。于是，他从 20 世纪 80 年代初着手为李煜作传。他用了大约 5 年的时间泛舟书海，在几百种正史、杂史、类书、方志、年谱、别集、总集、诗话、词话、笔记甚至一些野史中爬罗钩校，筛选和积累了大量可以复活李煜坎坷一生的素材。又通过精心构思、反复斟酌，决定以南唐兴亡为经，以李煜的家世、生平、才艺、诗词、爱情、轶事为纬，再现李煜集词宗与君主、天才与庸才、成功与失败于一身的全貌。同时，还要通过李煜的荣辱得失、悲欢生死，透视南唐以及五代十国这个错综复杂、风云变幻的时代，进而揭示李煜命运多舛的悲剧人生，力争推出一个血肉丰满、情感充沛、个性鲜明的人物形象。

二、凸显文学作品在史学著作中的地位

田居俭先生的《李煜传》之所以是一部"良史工文"的佳作，是由于这种文史结合的写作风格不仅表现在形式上，更重要的是表现在内容上。这种跨学科的特点主要表现在以下几个方面。

第一，以史笔为史，以文心写史，在完整的史学著作中显示出文学的特色。

《李煜传》从总体结构看，是一部标准的史学著作。它以整个南唐的历史为经，有时也扩展到整个五代十国的兴衰；以李煜个人一生的经历为纬，编织出一幅生动、完整的历史图景。它是一部严肃的历史著作，虽然是讲一个历史人物，但也要交代出整个历史时代，要把历史上溯几十年甚至上百年。然而该书没有一般历史著作那种呆板的模式，作者充分利用文学的手段，使整个著作活跃起来。

书的引言题目是"恰似一江春水向东流"，用的是李煜词《虞美人》的结尾一句。这里单刀直入，描写了北宋开宝八年(975 年)北宋大军攻占南唐国都金陵(今江苏南京)，李煜和他的臣下出城投降的场面。这是用一种文学的倒叙笔法创设引人入胜的宏阔场面，紧紧地抓住了读者，由此展开全书。

第一章题目为"三千里地山河"，这是李煜词《破阵子》中的句子。它的副标题是"远离战乱的一方净土"，这一章概述五代十国，特别是南唐的历史，基本上使用的是历史的叙述方法。

第二章题目为"花月正春风"，这是李煜的《望江南》中的句子。这一章主要叙述李煜父亲李璟执政时的情况，写他风流倜傥的词人气质和头角峥嵘的华章文采对他的儿子们日后嗜文厌武所起的潜移默化的作用。作为"生于深宫之中，长于妇人之手"的六子李煜，虽然也被动地卷进了未来皇位的角逐中。但他憧憬隐遁钟山去过隐居生活，同时又废寝忘食地徜徉在书法、绘画、音乐、诗词这些天地里。这一章，作者运用各种史料充分地刻画李煜成长的社会环境，烘托出特殊环境下所造就出来的特殊人物。

第三章题目为"留连光景惜朱颜"，这是李煜词《阮郎归》中的句子。这一章主要写李煜的爱情和家庭生活。其中一些段落写得非常精彩，特别是和他有关的诗词一一对照、入情入理，再现了他昔日美好而难忘的时光。这一章是作者以诗证史最精彩的一章。

第四章题目为"天教心愿与身违"，这是李煜词《浣溪沙》中的句子。北宋建隆二年(公元961年)，25岁的李煜在风雨飘摇中登上了南唐皇帝的宝座。这对既缺文韬又乏武略的李煜来说，不啻是历史的嘲弄！但是，命运偏偏和这个风流倜傥的才子作对，硬是强人所难，把他推上了安邦治国、经世济民的君王宝座。李煜身不由己，做了北宋附属国的一个窝囊皇帝。作者对在这个历史背景下李煜的复杂心态做了深刻分析。

第五章题目为"鸦啼影乱天将暮"，是李煜词《青玉案》中的句子。李煜的政治悲剧又向前发展了一步。李煜即位以后，对宋朝越来越卑恭，由于频频向北宋纳贡，南唐国用开始匮乏，风雨飘摇的南唐危机日益严重。李煜即位十年后，上表请去南唐国号，自称江南国主。但赵匡胤对李煜的委曲退让并不满足，而要他彻底纳土归降，并在汴梁造礼贤馆，等待李煜来降。这一"鸦啼影乱天将暮"的历史场景和李煜的心态，也通过一系列诗文体现出来。

第六章题目为"满鬓清霜残雪思难任"，是李煜另一首《虞美人》中的句子。李煜的末日来临了。在这一章的开头，描绘了李煜君臣"肉袒"请降的场面，与《引言》所描绘的场面相呼应，那是很悲壮的一幕。李煜并没有在礼贤馆里乐不思蜀，而是不断地思念故国山河。宋太宗赵光义即位两年后(公元978年)便将李煜毒死。这是李煜一生中最富悲剧色彩的一幕，作者以最生动的笔墨做了淋漓尽致的描述。

全书的尾声题目为"依旧竹声新月似当年",也是《虞美人》中的句子,是作者对李煜一生特别是他的词的历史地位的评价。这种评价不是一般的叙述,而是引用了宋代以来大量诗词作品,阐述他的诗词对后世的影响,为《李煜传》画上了一个完美的句号。

第二,改变了传统史学的叙述模式,以通俗、生动、优美的语言写史。

《李煜传》的叙述模式也与一般历史著作有所不同。一般的历史著作为了体现其所述的内容有据可依,都要进行大量的史料引证,即所谓"让史料说话"。史料由于产生的时代不同,其叙述的语言往往是今人不好理解的书面语言。把这些引证的材料连接起来,似乎增强了叙述的客观性,但其阅读效果却大打折扣。这样的历史著作由于一般人读不懂,往往会失去许多读者。田居俭先生的《李煜传》在叙述史实时,决不违背史学的规范,所依据的史料主要采自正史和私人著史,如薛居正的《旧五代史》、马令的《南唐书》、陆游的《南唐书》、吴任臣的《十国春秋》、脱脱的《宋史》、李焘的《续资治通鉴长编》等,同时也参考了大量的野史、笔记小说,可以说做到了对李煜资料的"竭泽而渔"。但是在利用这些史料进行叙事时,作者把史料内容全部译成通俗易懂的口语,这样就使得整个著作文风一致、文笔流畅。作者同时能够用生动的语言对历史情境进行描绘,极大地增强了表述的效果。

这里我们可以从作者大量的精彩描述中举出几例。

北宋建隆二年(961年)二月,李煜(原名从嘉)被其父李璟立为太子,留金陵监国,李璟迁都到南昌。同年六月,李璟卒于南昌,七月从嘉嗣位于金陵,更名煜。欧阳修《新五代史》、陆游《南唐书》等史籍对李煜的记载都十分简略。

《新五代史·南唐世家》说:"(建隆二年)六月,景卒,年六十四。从嘉立……煜字重光,初名从嘉,景第六子也。煜为人仁孝,善属文,工书画,而丰额骈齿,一目重瞳子。自太子冀以上,五子皆早亡,煜以次封吴王。建隆二年,景迁南都,立煜为太子,留监国。景卒,煜嗣立于金陵。"①史料记载虽然简略,但除重要史实外,也透露出一些可贵信息,如对李煜的外貌就有所描写。田先生抓住这些只鳞片爪,对李煜做了这样的描述:

李璟称帝,其子的政治地位自然随之升高,个个由王子变成了皇子。然而,从嘉万没有想到,这种身份上的变化,竟然使生长在锦衣玉食家族里的孩童,失去了寻常百姓人家的手足相亲之情,在他幼小的心灵里笼罩上豆萁

---

① 《新五代史·南唐世家》,中华书局,1974年版,第777页。

相煎的可怕阴影。因为他生就一副阔额、丰颊、骈齿、重瞳的相貌，便被心胸狭窄的兄长弘冀视为项羽再世，看作是争夺皇位的劲敌，从而对他进行无端的猜忌。①

这是田先生活用史料的典型例子。

北宋开宝九年（976年），李煜投降北宋，来到汴梁后被软禁。作者对李煜降宋后在汴梁的生活做了这样的描写："降宋以后，李煜一年四季过的是'此中日夕，只以眼泪洗面'的屈辱而悲惨的生活。他像一只被禁锢在金丝笼中的鸟儿，宅第虽然豪奢华丽，行动却毫无自由……生活的孤寂、暗淡、恐惧、失望，时刻令他肝肠寸断，痛不欲生。唯一可以供他宣泄忧郁愤懑的渠道，只有长歌当哭，濡墨填词了。此时此地的李煜，对人世间诗词以外的一切事物都冷漠到极点。"通过这样的描述，李煜降宋后的特殊心境被生动地展现出来。

第三，引入名家诗词、名篇佳作来证史、补史，既丰富了史著的内容，也提高了文学的境界。

作者在《李煜传》中，为了说明在不同时期、不同的历史条件下李煜的思想感情、心态状况，几乎引入了李煜的全部词作和他的诗歌、文章等，大约59篇。这些诗词文字，特别是李煜的词作，是再现李煜生平不可或缺的重要文献，本文将在下面专门叙及。这里要说的是，除了李煜的诗词、文章外，作者还引入了大量其他作者的诗词、文章，这就极大地烘托了该书所要表达的历史意境，增强了该书的文学特色。据笔者统计，这方面的引入共有127处，绝大多数是整篇的诗词等文字作品。这些文字选自《全唐文》《全唐诗》《全唐五代词》《全唐五代诗》《全宋文》以及许多名家个人的诗文集。

这里我们不妨举几个例子。在第一章"三千里地山河"中，作者主要介绍南唐的兴起。说起南唐的建立，自然要说到五代十国中的"吴"。吴最初是唐朝淮南节度使吴王杨行密建立的政权。传到第四代统治者睿帝杨溥时，政权十分孱弱，大权掌握在太尉、中书令、齐王徐知诰手中。937年，徐知诰取代吴建立南唐，改名姓为李昪，是李煜的祖父，称烈祖。这一年，徐知诰封杨溥为"让皇"迫使他"禅位"。次年，派兵将杨氏家族自统治中心扬州强行迁往润州（今江苏镇江）丹阳宫。杨溥乘舟过江南时，百感交集，吟了一首凄惨悲戚的七律《渡江》："江南江北旧家乡，二十年来梦一场。吴苑宫闱今冷落，广

---

① 田居俭：《李煜传》，中华书局，2014年版，第77—78页。

陵台榭亦荒凉。烟迷远岫愁千点，雨打孤舟泪万行。兄弟四人三百口，不堪回首细思量。"田先生找到此诗，经过考证，确实为杨溥所作。这首诗让人感受到政权更迭中的悲凉一面，是一个以诗证史的绝好例证。

北宋开宝八年(975年)六月，北宋与吴越联合进攻金陵。大兵压境之时，李煜曾两次派徐铉等入宋，厚贡方物，乞求北宋缓兵。徐铉等向赵匡胤呈上了李煜亲自起草的《乞缓师表》。这也是一篇被收入《全唐文》的名篇佳作。表中李煜苦苦哀求赵匡胤网开一面，宽仁厚爱，罢兵存国，可怜"一城生聚"，不要把他置于"贻责天下，取辱祖先"的难堪境地。李煜这些乞求当然是无济于事的，但赵匡胤也与南唐使臣有过一番周旋。当徐铉滔滔不绝地美言李煜如何经纶满腹、博学多艺、尤擅诗词时，赵匡胤对徐铉所背的李煜的诗句不以为然，并说："朕虽盘马弯弓，却也崇尚斯文。朕发迹之前，曾沿黄河溯流漂泊，四海为家。一次途经华山脚下，夜晚醉卧田间，翌晨正值睡意蒙眬之时，忽觉日出东方，灿烂辉煌，红光耀眼，热气扑面，朕便情不自禁地信口诌出四句咏日诗：'欲出未出光辣达，千山万山如火发。须臾走向天上来，逐却残星赶却月。'"①这段话出自《宋人轶事汇编》。这里，作者引用了李煜的《乞缓师表》和赵匡胤的诗句，两相对照，正好显示了在统一战争中强者和弱者的不同心态。

《五代诗话》中有一首《江南乐人》，反映的是北宋与吴越联合进攻金陵的情景。北宋将领曹彬战前曾三令五申，告诫将士破城后不得杀戮百姓。但是，为报复心理所驱使的吴越军还是行动失控，火烧了升元阁，制造了一桩滥杀无辜的血案。当时，升元阁内有躲避战乱的城内士绅、妇孺几百人。吴越军举火焚寺，滥杀无辜，还强迫被俘虏的乐工奏乐侑酒，乐工悲痛欲绝，拒绝演奏，吴越军恼羞成怒，把乐工全部杀死，乱葬在一坟内。后人闻而哀之，名其坟为"乐工山"，并作诗悼之："城破辕门宴赏频，伶伦执乐泪沾巾。骈头就死缘家国，愧杀南朝结绶人。"②作者引用了这首诗，反映了战争的残酷性，统一战争虽然符合历史的趋势，但是也付出了巨大的代价。

北宋开宝八年(975年)年底，宋太祖赵匡胤派大将曹彬攻破金陵，南唐灭亡。李煜全家冒雨登舟，随同曹彬北上汴梁。这日，天低云暗，雨雪霏霏。李煜伫立船舱，久久凝望南岸。背井离乡的幽怨，使李煜及其随行者本来就

---

① 田居俭：《李煜传》，中华书局，2014年版，第235页。
② 田居俭：《李煜传》，中华书局，2014年版，第244页。

茫然若失的心境愈发空虚悲凉。为了说明李煜当时的心态，田先生引证了与李煜同行的老臣徐铉的一首《过江》诗："别路知何极，离肠有所思。登舻望城远，摇橹过江迟。断岸烟中失，长天水际垂。此心非桔柚，不为两乡移。"①这首诗恰好说明了当时南唐君臣北上汴梁的情景，深刻地道出了李煜君臣的心态。

北宋开宝九年(976年)正月，李煜被俘至汴梁，在明德楼举行受降大典。曹彬登楼向赵匡胤呈送兵部以他的名义拟稿的《升州行营擒李煜露布》，也就是北宋平定江南的文告。其中对李煜的罪行做了如下的揭示："惟彼江南，言修臣礼，外示恭勤之貌，内怀奸诈之谋。况李煜比是呆童，固无远略。负君亲之煦育，信左右之奸邪。曾乖量力之心，但贮欺天之意。修葺城垒，欲为固守之谋；招纳叛亡，潜萌抵拒之计。"《升州行营擒李煜露布》描述宋军破城的情形为："臣等于十一月二十七日，齐驱战士，直取孤城。奸臣无漏于网中，李煜生擒于麾下。千里之氛霾顿息，万家之生聚寻安。其在城官吏、僧道、军人、百姓等久在偏方，困于虐政，喜逢荡定，皆遂舒苏。望天朝而无不涕，乐皇化而惟皆鼓舞。"②这些文字是根据《宋朝事实类苑》卷五四《将帅才略·曹武惠》写的，见于《全宋文》。紧接着赵匡胤表示：李煜"近年虽有不恭之处，但最后尚能迷途知返，纳土归顺。故可既往不咎，勿宣露布。为了褒其归顺我朝，朕有另诏赦免并加恩惠。"随即宣诏封李煜为"违命侯"。赵匡胤的这一诏书也是一篇富于文采的文学作品，出自《宋史》，作者也全文引述了。

三、借助诗词合理想象，让历史人物真正活起来

田居俭认为，要把李煜这样的历史人物写得如见其人，如闻其声，呼之欲出，跃然纸上，"固然需要尽可能多地占有确凿、翔实的史料。但是，只凭既有史籍的记载是远远不够的，还必须依靠对历史的想象和感知，激活有关李煜的史料，为这些史料注入灵魂"。历史上虽然存在过李煜这样一个活生生的人物，但是由于岁月流逝，有关他生活的遗址、遗迹大都杳不可寻，当年许多精彩生动的情景，只剩下一些记载模糊的断简残编，形成了一些断裂和空白。"要弥补这些缺憾，就必须对当时当地的社会生活、人物心理和语言对

---

① 田居俭：《李煜传》，中华书局，2014年版，第255页。
② 田居俭：《李煜传》，中华书局，2014年版，第258—259页。

话等进行合乎情理的想象。"①

田居俭先生的这个想法，是受到了史学家、词学家缪钺的启示。缪钺在他的《杜牧传》的后记中曾说："传记是属于历史性质的书，却又要有文学的情趣。因为是历史，所以要求无征不信，而完全据事直书，容易失之质朴，需要相当的驰骋想象，但是又不允许虚构，传记毕竟不同于历史小说。这个分寸也颇不易掌握。"②缪先生所说的"驰骋想象"与田先生所说的"合乎情理的想象"意思是一样的。事实就如同田先生所说，没有这些想象来激活有关李煜的史料，即便是做到了"竭泽而渔"，也不可能赋予这些材料以灵魂，这样的历史人物还是"活"不起来。那么如何掌握合理想象与虚构历史的界限呢？这就要考验一个历史学家的功夫了。

田先生是怎样做的？我们也不妨举例说明。

第二章说到李煜的少年时代，为了免遭来自兄长的猜忌与威胁，他自甘寂寞，将功名利禄视为身外之物，尤其对于军国大事退避三舍。田先生写道："他憧憬终生隐遁钟山，摆脱人间一切烦恼，与世无争，驾一叶扁舟，浪迹江河，远离红尘，去过充满田园风味、怡然自乐的渔父生活。所以，当长于楼台殿宇、盘车水磨和写生人物工笔画的内供奉卫贤作好《春江钓叟图》，请从嘉题签时，他欣然命笔，填了两首风格清丽的《渔父》词：

浪花有意千重雪，桃李无言一对春。一壶酒，一竿身，世上如侬有几人。

一棹春风一叶舟，一纶茧缕一轻钩。花满渚，酒满瓯，万顷波中得自由。"③

作者这里的叙述，把这两首词写作的背景和词人当时的心态非常生动地体现出来。这里不是单纯地解释词意，而是要更生动地体现出词人的心境。

在第三章中，主要讲述李煜的爱情生活，这时期他写了许多名篇佳作。如果只从字面上解释而不能复原当时的情景，就不能真正理解这些作品，更不能据此描述出真实的生活。

如写李煜初次见到他爱慕的人娥皇的时候，便在脑海里留下了深刻的印象。她的音容和笑貌、她的装束和神态，时刻像影子一样与他朝夕相伴。一旦分离，便苦不堪言，尤其是在更深人静、风雨相和的秋夜，更使他长夜难

---

① 田居俭：《李煜传》，中华书局，2014 年版，第 351 页。
② 田居俭：《李煜传》，中华书局，2014 年版，第 351 页。
③ 田居俭：《李煜传》，中华书局，2014 年版，第 79 页。

寐。他的《长相思》记述了他当时的心情：

云一缠，玉一梭，澹澹衫儿薄薄罗，轻颦双黛螺。秋风多，雨相和，帘外芭蕉三两窠。夜长人奈何！

一重山，两重山，山远天高烟水寒，相思枫叶丹。菊花开，菊花残，塞雁高飞人未还，一帘风月闲。①

李煜的《谢新恩》，是追记娥皇对他的一片痴情的词：

樱花落尽阶前月，象床愁倚熏笼。远似去年今日恨还同。双鬟不整云憔悴，泪沾红抹胸。何处相思苦，纱窗醉梦中。②

对于李煜与病重的娥皇的关系，以及李煜对娥皇病逝的哀伤，也通过一些词文表现得酣畅淋漓。特别是保留了长约二千言的《昭惠周后诔》，更表达了李煜对娥皇病逝的沉痛哀悼之情。在娥皇病逝以后，李煜还有一首词《谢新恩》：

秦楼不见吹箫女，空余上苑风光。粉英含蕊自低昂。东风恼我，才发一衿香。

琼窗梦笛留残日，当年得恨何长。碧阑干外映垂杨。暂时相见，如梦懒思量。③

根据词的意思，作者写道：李煜在娥皇病逝后很长时间里，怀着强烈的失落感，终日郁郁寡欢，愁眉不展，长吁短叹，先后写下一些睹物思亲、触景生情的悼亡诗。这在古代君王的艳史中是极为罕见的。每当李煜心烦意乱，信马由缰地步入粉英含蕊的御花园，想起往日陪他赏花的娥皇，内心痛感风光依旧，无人共赏，形单影只，哀痛伤情。可是当他返回寝殿，又觉得百无聊赖，昏沉乏力，在似梦非梦中常被娥皇昔日那如泣如诉的箫声惊醒。梦幻中的短暂重逢，更使他惧怕回想那令人长恨的死别。无奈，他只好独自凭栏，木然凝视窗外那株被斜阳映照的孤独的垂杨。

在这一章里，田先生还对一些诗词的意境进行了大胆的想象，"复活"出非常生动的情景。如李煜的一首《菩萨蛮》是这样写的：

蓬莱院闭天台女，画堂昼寝无人语。抛枕翠云光，绣衣闻异香。潜来珠琐动，惊觉银屏梦。脸慢笑盈盈，相看无限情。④

① 田居俭：《李煜传》，中华书局，2014年版，第113—114页。
② 田居俭：《李煜传》，中华书局，2014年版，第114页。
③ 田居俭：《李煜传》，中华书局，2014年版，第143页。
④ 田居俭：《李煜传》，中华书局，2014年版，第129页。

根据这首词，作者在书中做了如下的叙述：娥皇生病以后，比她小十四岁的妹妹来金陵探视，住在瑶光殿别院的画堂里。一日中午，李煜小憩以后，只身着便装来画堂看望妻妹。此时，她正在午睡，尚未起床。临近画堂门口，李煜侧耳细听，堂内寂静无声。他从竹帘的缝隙中向内观望，只见小周后身着宫内流行的"天水碧"面料睡衣，胸前绣着几朵粉红的含苞待放的荷花，正在垂着蝉翼般半透明纱窗的绣榻上酣睡，她那一头黑亮的秀发抛散在枕畔，两只白嫩如凝脂的手臂一只紧贴面颊，一只半曲放在腹部。他的心中不禁一怔，几乎脱口而出：这同初入宫的娥皇，何其相似！无意中一抬手，碰响了门饰，妻妹突然惊醒。换上彩色夺目的着装，身上散发着异香，如同蓬莱仙女一般从画屏后走出，两人相对而坐。小周后用她那似秋水般的眼睛打量着姐夫，李煜似乎又找到了娥皇失落的神采。二人一时默然无语，好像话题不知从何说起。由此可以看到，作者借助这首《菩萨蛮》，对李煜宫中的生活做了如此细致入微的描述。

在第四章中，主要讲述李煜在二十五岁时登上南唐皇帝宝座时的情景。虽然做了皇帝，但南唐已经风雨飘摇，很多诗词、文章都表达了李煜寄人篱下的卑微情感，如李煜的《即位上宋太祖表》。这通表文是李煜亲自草拟和缮写的，语辞谦恭、书写工整。表文中说道：

臣本于诸子，实愧非才。自出胶庠，心疏利禄。被父兄之荫育，乐日月以优游。思追巢、许之余尘，远慕夷、齐之高义。既倾恳悃，上告先君；固虚词，人多知者。徒以伯仲继没，次第推迁。……既嗣宗枋，敢忘负荷，惟坚臣节，上奉天朝。若曰稍易初心，辄萌异志，岂独不遵于祖祢，实当受谴于神明。[①]

作者解释李煜此表的意思是："微臣本是先君的一个普通皇子，为人平庸无能，虽然自幼便入胶庠潜心攻读经典，但一向视功名利禄如浮云。微臣原想仰赖父兄荫庇，一生淡泊寂寞，像巢父、许由、伯夷、叔齐那样归隐山林，不做太子，不登皇位。奈何几位家兄相继早殇，先君只好按长幼顺序将社稷传给微臣。南唐得有今日，全靠天朝遗泽，陛下登极以来，微臣收益尤深。如今微臣袭位，一定恪守先君遗训，竭尽为臣之道，奉朔进贡，率由旧章。"这篇表文也是李煜的一篇代表作，是对他个人登上帝位后心态的绝佳表述。作者全文引述《全唐文》中这篇文章，非常生动具体地再现了李煜当时的心态。

①　田居俭：《李煜传》，中华书局，2014年版，第177页。

在第六章中，作者讲述李煜在汴梁做俘虏时的生活，他这一时期的词作多是反映当时的心态。他对昔日安富尊荣的享乐生活越是留恋，对今朝的残酷现实就越是失望。他独自一人，身倚阑干长久不语，闭目遥想，回首往事，痛感江山易主，人事全非，唯有大千世界的竹声新月还似当年。他的《虞美人》写的就是这种心境：

风回小院庭芜绿，柳眼春相续。凭阑半日独无言，依旧竹声新月似当年。

笙歌未散樽罍在，池面冰初解。烛明香暗画堂深，满鬓清霜残雪思难任。①

在万籁俱寂的秋夜，他心烦意乱，常常是彻夜不眠。复杂的思绪像一团乱麻，剪不断，也无法厘清。这就有了他吟成的《相见欢》：

无言独上西楼，月如钩。寂寞梧桐深院，锁清秋。剪不断，理还乱，是离愁。别是一般滋味在心头。②

暮春雨夜，是李煜的臣虏生活最伤神的时分。他遥想关山阻隔的宫殿陵墓，慨叹流水落花的三代基业，痛感故国难归，江山难见，天上人间，永无相会之时。这就有了他的《浪淘沙》：

窗外雨潺潺，春意阑珊，罗衾不耐五更寒。梦里不知身是客，一晌贪欢。

独自莫凭栏！无限江山，别时容易见时难。流水落花春去也，天上人间。③

第六章的精彩一幕是写李煜四十二岁生日。这一天正是"七夕"，他和后妃们在庭院里张灯结彩，饮酒庆寿。三年来降王生活的苦涩，勾起了他对不堪回首的往事的回忆，无穷的愁怨像大江流水般撞击他的心田，使他填了一首《虞美人》：

春花秋月何时了？往事知多少。小楼昨夜又东风，故国不堪回首月明中。

雕阑玉砌应犹在，只是朱颜改。问君能有几多愁？恰似一江春水向东流。④

就是在这一天，李煜被毒死，结束了他的整个悲剧人生。而这一首词，便成为他诀别人生时心态的写照。

正是由于田居俭先生巧妙地利用了李煜的这些诗词，达到了为有关李煜

---

① 田居俭：《李煜传》，中华书局，2014年版，第267页。

② 田居俭：《李煜传》，中华书局，2014年版，第268页。

③ 田居俭：《李煜传》，中华书局，2014年版，第273页。

④ 田居俭：《李煜传》，中华书局，2014年版，第281页。

的史料注入灵魂的目的，使李煜真正地"活"了起来，成为一个有血有肉有灵魂的活生生的历史人物。李煜成名在于诗词，丧命也在于诗词。他的人生悲剧被田先生完整地再现出来，读罢不免让人抚案长叹。不过令人感到欣慰的是，田先生在尾声《依旧竹声新月似当年》中，对李煜的词在中国词史上的地位做了公允的评价。他写道："李煜当年在政治舞台上勉为其难地扮演的那个无所作为的末代君王形象，更随着时光的流逝逐渐淡化，几乎消失在人们的记忆中……而作为工书画、精音律、醉心诗词、才艺超群的李煜，其艺术生命却永远年轻。他依然栩栩如生地、风流倜傥地活在人们的心目中。""李煜的词清新朴素，雅俗共赏；易懂易记，谱曲可唱。当年不知征服过多少崇拜者！"他还指出，李煜承上启下，继往开来，勇于超越晚唐词人的足迹，"另辟蹊径，奋力开拓词的意境，以自己独具特色的词作，开有宋一代词风，从而使后世词坛群星灿烂，词苑奇葩盛开"。①

田居俭先生的《李煜传》的确是他几十年来精心打造的一部"良史工文"的佳作。他把史学和文学在这本人物传记中有机地结合在一起，进行跨学科的研究，达到了很好的学术效果，也产生了良好的社会效应。读罢田居俭先生的《李煜传》，让人深刻感受到的一点是：李煜在政治上虽然无所作为，但在中国文学史上的地位却是不可磨灭，这正是李煜值得人们关注的原因所在。这就是历史，这就是辩证地看待历史、评价历史人物的生动体现。

（原载于《史学月刊》2016年第1期，收入本书有改动）

---

① 田居俭：《李煜传》，中华书局，2014年版，第291—294页。

中国史学史研究中的理论审视

——评瞿林东教授著《中国史学的理论遗产》

摘要：《中国史学的理论遗产》一书收入了瞿林东近 20 多年来探究中国史学史中的理论问题的一系列重要文章，揭示了中国古代史学论著中的历史理论观念，探讨了中国史学中的史学理论遗产，包括近现代学者对史学理论遗产的继承、发展以及马克思主义史家在史学理论上的贡献。通过这些研究成果，阐明了史学史研究需要推向理论高度的重要理念。

关键词：中国史学史；理论审视；历史理论；史学理论

2005 年 1 月，北京师范大学出版社出版的"当代中国史学家文库"中推出了瞿林东先生的《中国史学的理论遗产》（以下简称《理论遗产》）。该书集中体现了 20 多年来，瞿林东先生在研究中国史学史的过程中，对于中国史学发展中的诸多理论问题的辛勤探索和深入思考。近 20 年来，有关中国史学史的著作已经出版很多，但像这样对中国史学包括中国古代史学发展中的理论问题进行系统研讨的著作，在我国还是第一部。该书对中国史学著作中所涉及的历史理论和史学理论方面的诸多问题进行了深入的梳理并由此提出了自己的见解。这些见解对中国史学史和史学理论学科的发展，特别是对促进史学史研究向史学理论的高度推进，具有十分重要的价值，值得史学理论和史学史研究者积极关注和认真思考。

一、中国史学史的研究需要推向理论的高度

瞿林东先生早在 20 世纪 60 年代就成为老一辈史学家白寿彝先生的中国史学史专业研究生，如果从 20 世纪 70 年代末算起，他从事中国史学史的研究已经有 20 多年。他从研究唐代史学开始，在中国史学史的研究中立定了脚跟，先后出版了《唐代史学论稿》（北京师范大学出版社 1989 年出版）和《杜佑评传》（广西教育出版社 1996 年出版）两书。以后他又追求中国史学的"会通"

传统，力求在更广泛的时空范围内探寻中国史学发展的历程、特点和规律，写出了很多有关论述。

改革开放以后，西方史学对中国史学的影响日益扩大，这本来是好事情，但每当他听到有人说"中国史学只是长于叙事、没有理论"，他就感到很不安。中国是一个史学大国，具有非常悠久的史学传统和丰厚的史学遗产，从先秦到近代，史学不断发展、不断更新，产生出众多的史学名家、名著，成就了中国灿烂的史学文明。难道中国史学就真的没有理论吗？如果没有，史学发展的内在动力又是什么呢？

带着这样的问题，瞿林东教授在20多年的时间里在中国史学的汪洋中泛舟，不断地进行理性的思考，使他终于醒悟到：中国史学不是没有理论，只是史学理论的形态与西方有所不同；同时，中国史学中具有理论性思维的大量论著，还有待于今人去发掘、整理和阐释，如果功夫尽到了，就会发现这里也是一个巨大的宝库。

20世纪90年代初，瞿林东在《历史研究》上发表了《中国古代史学理论发展大势》一文，首次对中国古代史学理论问题发表了系统的认识。他认为，当古代开始出现历史记载、历史撰述时，也就有了对这些记载、撰述的评论，于是便形成了史学意识；史学意识的发展，促使人们改进、发展史学工作，于是就形成了自觉的史学意识；自觉史学意识的发展启发着史学批评的展开，而史学批评所涉及的各个方面问题的积累和深化，就促进了史学理论的形成和发展。这样，他就发现了一种体现中国史学理论特色的重要表现形式——史学批评。如果从史学批评的范畴去重新审视那些有关的史学论著，就会发现这里要谈的问题很多，诸如史德、史才、史学、史识、直书、曲笔、史法、史意等，还涉及史学批评的标准、原则、方法，史学批评的主体把握和社会效果等问题。他把这些问题逐个写来，由此形成了《中国古代史学批评纵横》（中华书局1994年出版）一书。在此之前，他已经把自己在研究中国史学史过程中考虑到的理论问题以"中国史学散论"（湖南教育出版社1992年出版）为题结集出版，同时，他还专门研究了史学的社会功能问题，特别是联系中国史学的实际进行了深入的阐述，写出了《历史·现实·人生——史学的沉思》（浙江人民出版社1994年出版）一书。此后，他又不断发表有关对中国史学发展的总体研究的文章，还有大量的对具体史著的评论，他把这些文章汇集为《史学与史学评论》（安徽教育出版社1998年出版）一书。至90年代末出版的《史学志》（《中华文化通志》之一，上海人民出版社1998年出版）一书中，他便以中国传统志书的形式反映中国史学的历史、理论等诸多方面的成就，其核心部分是"史"的演进与"论"的展开相结合。除了阐述中国史学本身的发展历程之外，他还特别就历史观念、史学理论、史学发展的基本规律和优良的史学传统等问题进行了专门的论述，这就使他对于中国史学发展中的理论问题有了更为成熟的认识。1999年，他的另一部系统论述中国史学发展史的著作《中国史学史纲》（北京出版社1999年出版）出版，这部书阐述了自先秦至20世纪初年中国史学发展的过程及其在各个发展阶段上的面貌与特征，尤其是在中国史学的理论成就方面发掘与阐释用力甚多。

在对史学理论一些问题的思考过程中，在对大量的带有理论倾向的史学著述的研读过程中，他逐渐对中国史学理论的产生、发展、特点等许多重要问题形成了系统的认识，对许多重要史学家和史学著作中那些带有理论色彩的东西挖掘得也更深透了。然而，瞿先生对于中国史学发展中的各种理论问题的阐述，包括整体的研究与个案的研究，都分散在多部论著和诸多文章之中，无法把多年来对于中国史学发展中的理论问题的研究系统化，也就难以体现这种研究的深度及其内在联系。这次借北京师范大学出版社出版"当代中国史学家文库"之机，将历年来有关史学发展中各种理论问题的论述汇集一起，便形成了《理论遗产》一书。这本书可以说是他长期以来对中国史学诸多理论问题深入思考的结晶。

正确地看待中国史学特别是中国古代史学的理论成就，是涉及史学理论这一学科发展的重要问题。科学地总结中国古代史学的理论成就，并不是以古非今，也不意味着贬低外来的有关历史发展及史学自身发展的理论，中外史学理论遗产都是需要我们认真研究、总结借鉴的宝贵财富。诚如瞿先生所言："以平和的、理性的和实事求是的态度来对待中国古代史学的理论遗产，我们终究会给它一个合理的位置和恰当的评价。"①因此，试图在唯物史观的指导下，结合中国史学发展中大量的具体事实，用中国的风格和语言探讨中国史学的理论遗产，从而把中国历史学的理论研究推进一步，便成为他在本书中特意追求的旨趣。

在这本书中关于中国史学的理论遗产的研究，包括作者在理论研究和具体研究两个方面的成果，既有历史理论角度的思考，也有史学理论方面的阐述。从那些以问题为中心的专题研究、系统研究中，可以看出作者在理论遗

---

① 瞿林东：《中国史学的理论遗产·自序》，北京师范大学出版社，2005年版，第7页。

产方面的宏观驾驭和思考能力；而在以史家、史著为中心的微观研究中，可以看出作者在具体史学例证的深入考察中，挖掘出具有理论价值的闪光点的特殊功力。因此，该书不是简单地将旧作汇集成书，而是力求在中国史学理论遗产的发掘与阐述上达到一个新的高度。

二、揭示出中国古代史学论著中的历史理论

中国古代的史学论著中有没有历史理论的内容？

瞿林东先生早在 1987 年就在当时新创刊的《史学理论》杂志上发表文章，他针对史学界关于中国传统史学没有理论的说法提出了自己的看法。他认为：第一，中国史学所包含的历史理论，一般是结合对具体历史过程的叙述而阐发的，《二十四史》、《资治通鉴》、"三通"等著作大多如此；《唐鉴》《藏书》《续藏书》《宋论》《读通鉴论》《读史方舆纪要》等著作在理论成分上要更多一些，但也还不是脱离具体的历史事件、历史人物、历史环境而专讲理论的。第二，从先秦诸子开始，中国的大思想家很少有不讲历史理论的，其中如荀况、韩非、董仲舒、王充、柳宗元、黄宗羲等是很突出的。第三，中国学人很早就把"史论"视为一种专门的文体而加以重视，如 6 世纪初编纂成书的《文选》，其中有"史论"两卷；10 世纪下半叶纂修成书的《文苑英华》不仅收入了更多的"史论"，它收编的论封建、论文、论武、论臣道、论政理、论食货、论刑赏、论兴亡，亦大多属于史论的性质。[①] 他在这篇文章中指出：历史理论与史学理论是两个既互相联系又互相区别的研究领域。历史理论主要是人们在研究宏观历史过程中积累和概括出来的理论，如历史发展的阶段性、规律性、统一性、多样性，历史发展的趋向，以及对重大历史现象和众多历史人物的评价的原则与方法等。对这篇文章的观点，以后他又进行了多次阐述，有了进一步的发展，这在《理论遗产》一书中也有体现。

在以后的研究中，瞿林东先生非常重视从历史理论的角度去探索中国古代史学家的理论见解、理论成就。可以说他对中国古代历史理论观念的揭示，主要是从对具体史家或史著的研究中提出的。《司马迁怎样总结秦汉之际的历史经验》一文，就是他在这方面研讨的一个重要内容。作者认为，《史记》最重

[①] 瞿林东：《史学理论与历史理论》，原载《史学理论》，1987 年第 1 期，又见《中国史学散论》，湖南教育出版社，1992 年版，第 349—350 页。

要的历史价值在于它详尽地、深刻地而且生动地总结了秦汉之际的历史经验。这些经验主要集中在四个问题上：(1)秦国为什么能够击败东方六国，完成统一大业？它为什么又招致速亡？(2)楚汉战争中，为什么力量强大的项羽遭到失败，力量弱小的刘邦反而获得成功？(3)汉初统治者为巩固统治、发展经济制定了什么样的国策？(4)极盛时期的汉武帝统治面临着什么新的问题？作者认为，司马迁以"严肃的态度、深邃的思想、卓越的见识和神奇的史笔回答了这些问题"，指出司马迁"善于以历史的经验来揭示现实的问题，也善于以现实的问题去反衬历史的经验"。司马迁的历史哲学是："物盛而衰，固其变也"；"事势之流，相激使然"。① 这篇文章，被瞿先生收入《理论遗产》一书中。

对唐代史学论著中历史理论的阐发是瞿林东先生从理论的视角研究中国史学史的一个重点。从《理论遗产》一书中可以看到他所着重研究的史著有《帝王略论》《隋书》《南史》《北史》《通典》等。他发现唐初虞世南所撰《帝王略论》是一部"很有特色、很有价值的历史评论著作"，它"是我国史学史上较早的系统评论历代帝王的专书"。他认为该书在评论历代君主和其他历史问题方面有深入研究的价值，例如提出了"人君之量"的见解；大胆肯定一些君主的历史作用，着意于对历代政治统治成败、得失的分析和总结；重人事而斥天命；具有儒、道、佛融合汇聚的文化意识等。对于魏徵所主持编纂的《隋书》的史论，作者也给予了高度重视。认为该书的史论探讨了隋朝骤兴骤亡的原因；而且在评论历史的过程中提出了理想的统治秩序和政治环境，以及对官吏"立身从政"的要求；在对历史人物的评价中还提出了很多有见识的观点。对于《南史》《北史》中的史论，瞿先生也做了很深入的发掘，认为"二史"的史论有"去谀、补实、主通"的特点。对于杜佑《通典》中的史论作者更是给予了高度的关注，认为这些史论"在中国古代历史理论的发展上占有非常重要的位置"。在过去的著作如《杜佑评传》中，对于这些史论的内容他已经做过大量的论述，在《理论遗产》一书中，他着重论述了《通典》史论的形式，包含序、论、说、议、评等。

瞿林东先生从历史理论角度探讨的另一个重点是柳宗元的历史理论，他认为柳宗元是一个具有巨大的"历史感"和历史发展观念的史学家，他的史论是从对历史的整体认识和宏观把握来阐述自己的见解的，因而鲜明地带着

---

① 原载《社会科学辑刊》，1989 年第 2、3 期（合刊），又见《中国史学散论》，湖南教育出版社，1992 年版，第 142—156 页。

某些哲学的形式。在具体研究了柳宗元在《天说》《天对》中关于天人相分理论的发展，在《贞符》《封建论》中关于国家起源和历史进程的观点以后，瞿先生对柳宗元的历史理论概括如下：(1)柳宗元的史论坚持和发展了天人相分的唯物主义和无神论传统，进一步廓清了笼罩在世俗历史上的种种神秘主义的光环。(2)柳宗元的史论表现在对自然、对历史、对史学等各方面的认识上，具有其一贯性和整体性，从而构成了一定的理论体系。(3)柳宗元的史论既是对历史的总结，又是对现实的启迪。在关于"天人之际"和历史发展趋势的争论中，他的总结性的阐述达到了那个时代的最高成就，其重要特点是同中唐的社会实际和他的社会理想相结合，具有鲜明的历史感与时代感相统一的特色。[①]

在个案研究的基础上，瞿先生对中国古代历史理论的特点进行了总结性的论述。在《理论遗产》一书中有一篇《中国古代历史理论的特点》，对中国古代史学理论的特点进行了阐述。瞿先生认为：自 20 世纪 80 年代以来，西方的历史理论和史学理论的著作大量被介绍到中国，引起人们的兴趣和关注。有人由此反观中国古代史学，于是产生了"理论贫乏"之感。这是对东西方史学在表现其理论的内容和形式上未能充分考察到各自的特点所致。瞿先生在书中将中国史学在理论上的特点概括为四个方面：第一，多种存在形式，既有作为史书构成一部分的史论，也有独立的历史评论专篇或专书；第二，深入探索的连续性，意味着人们对于重大历史问题的关注和探索可以累代相传，历时既久而探讨愈深；第三，未尝离事而言理，即"事"中有"理"，"理"不离"事"，在阐明事实的基础上论述道理；第四，名篇名著的魅力，这种魅力使这些著作能够传之久远，为历代学人所重视。这些论述对于人们正确地认识中国古代的史学理论，确实具有重要的意义。

在《理论遗产》一书中，瞿林东先生对于中国古代有没有历史理论的问题做出了正面的回答。他提出中国古代史学在历史理论方面的积累包括：关于天人关系的理论，关于古今关系的理论，关于历史进程的理论，关于历史变化动力的理论，关于治乱兴衰的理论，关于夷夏关系与历史文化认同的理论，关于历史人物评价的理论，关于人民、国家、君主之关系的理论。他认为，在这八个问题上，中国古代史学都有十分丰富的积累，其中很多概念如"天

---

① 瞿林东：《柳宗元史论的理论价值和历史地位》，见《中国史学的理论遗产》，北京师范大学出版社，2005 年版，第 238—273 页。

人""古今""时势""理""道""变通""治乱兴衰"等，都是史学上经常使用的概念，将这些概念加以综合，就会对中国古代历史理论发展的轨迹和达到的高度有进一步的认识。[①]

三、深入探讨中国史学中的史学理论遗产

在1987年瞿林东先生发表《史学理论与历史理论》一文时，他就表明了这样的观点：历史学发展的历史表明，在历史学发展到相当水平的时候，史学理论和历史理论就会分途，虽然它们仍有不可割断的联系，但其内涵各不相同；中国古代的历史学在史学理论的研究上从刘知几到章学诚，是有优良传统的，应该受到足够的重视。瞿先生把这个问题提到这样的高度：中国的历史科学要面向现代化、面向世界、面向未来，就应该在批判继承、吸收古今中外史学理论成就的基础上，产生出如同《史通》和《文史通义》那样影响深远、可以传世的新的史学理论著作。这就表明，他早就有意要继承刘知几、章学诚的传统，在探讨中国古代史学中的史学理论内涵上下一番功夫，立志写出符合时代要求的新的史学理论著作。

《理论遗产》一书收入了他写于20世纪90年代初的文章《中国古代史学理论发展大势》，这是他对中国古代史学理论问题第一次进行全面、系统的研讨，提出了许多关于史学理论问题的十分有见地的观点。在这篇文章中，他大大扩展了对中国古代史学理论问题的考察视野，认为中国古代的史学理论不是从刘知几才开始，而是可以上溯到孔子；从先秦到明清，中国的史学理论始终是处在不断发展、不断丰富的过程之中。他在文中把"史学理论"界定为"史家对于史学自身的认识"，这种对于史学自身的认识就可以称为"史学意识"，而史学意识发展的过程就是史学理论的发展过程。如果以"史学意识"的发展为核心考察中国古代史学理论的发展，大致上可以划分为四个阶段：先秦、秦汉时期是产生时期，例如《春秋》《左传》《史记》等，这时期的史家已经从一般的史学意识发展到自觉的史学发展意识；魏晋南北朝隋唐时期进入史学理论的形成时期，具体标志是系统的史学批评理论的提出，如《文心雕龙·史传》《史通》等；两宋时期则是史学理论的发展时期，具体表现是史学批

---

① 瞿林东：《中国史学的遗产、传统和当前发展趋势》，见《中国史学的理论遗产》，北京师范大学出版社，2005年版，第10—15页。

评的繁荣和理论形式的丰富，例如《册府元龟·国史部》的序，以及吴缜、郑樵、朱熹、叶适、马端临等人的史学批评言论；明清时期是史学理论的终结时期，当时出现了批判和总结的趋势，同时也萌生着嬗变的迹象，如王世贞、李贽、顾炎武、黄宗羲、王夫之、赵翼、王鸣盛、章学诚等都有这方面的贡献。

从这篇文章的探讨中，瞿先生找到了中国古代史学理论的产生和发展的线索，它是沿着历史意识—史学意识—史学批评—史学理论这样的线索展开的。用这个线索考察中国古代的史学著作，就能够发现很多含有史学理论思想的内容。由此看来，中国古代史学中不是没有史学理论，而是史学理论的内容相当丰富。有了这样一个粗线条的把握，还要进一步研究史学理论的具体表现形式。关于中国古代史学批评问题的一系列研究，正是他探讨中国古代史学理论具体表现形式的过程。

对中国古代史学批评的研究是瞿林东先生关于古代史学理论问题的研究中最有特色，也是最有影响力的部分。他认为，中国古代史家和学人关于史学评论方面的论著或言论是非常多的，这是一个非常广阔的领域，其中有不少真知灼见。中国古代虽有《史通》《文史通义》这样的史学评论著作，而且有很大影响力，但并不能代替所有史学评论。在古代那些历史撰述、史学论著、文集、笔记当中，有许多史学评论的闪光思想，但我们对它们缺乏系统发掘、整理、阐释。这是需要我们花大力气来做的事。他在研读古代的各种史学论著中，深切地感受到中国古代史学的发展，除了历史和社会的推动之外，史学评论或史学批评也是史学反省的一个重要原因。所以从这个意义上看，对中国古代史学批评或史学评论的探讨也会有助于全面认识中国古代史学发展的过程和规律。

关于史学批评的提法，在瞿先生的论著中也称为"史学评论""史学批判"。他在 1985 年就写过一篇《略说中国古代的史学评论》[①]的文章，文章中对于史学评论的渊源、史学评论的作用、史学评论的标准问题进行了探讨。《理论遗产》一书收入了这篇文章（题目改为"中国古代的史学评论"），这是本书中收入的唯一一篇全面阐述史学评论问题的文章。实际上，这篇文章中包含了后来作者所阐述的有关史学批评各种观点的思想萌芽。例如，文章中提出"自觉的

---

① 瞿林东：《略说中国古代的史学评论》，原载《文史知识》，1985 年第 6 期，又见《中国史学散论》，湖南教育出版社，1992 年版，第 119—127 页。

史学评论，大致以司马迁为开端"，以后《汉书》《后汉书》的作者又对《史记》做了评论，这些评论都带有自觉性和目的性。文章还指出《文心雕龙·史传》篇是一篇精湛的史学评论文章。而刘知几的《史通》则是中国史学史上第一部史学评论著作，《史通》的内外篇分别评论了史书体例、史料采集、表述要点、作史原则以及史官制度、史籍源流、史家得失等各项问题。文章称赞刘知几对以往史学做总结性回顾的自觉精神，认为他在这方面远远超过了他的前辈和他的同代人。而到了清朝，史学评论著作越来越多，并且产生了章学诚的《文史通义》这样优秀的、带总结性的史学评论著作。该书在古今史学得失的评论中阐发的见解，其广度与深度超过了前人。

从90年代初，瞿先生就以"中国古代史学批评纵横"为总题目，写了一系列关于史学批评的文章，涉及史学批评的一系列范畴，这些文章实际上是对他80年代关于史学评论方面的见解的展开。他写了古代史学批评的历史和理论、直书与曲笔、采撰的得失、史法和史意、会通与断代、史学的审美、史论的艺术、心术与名教、国史·野史·家史的是非、比较与批评、史学批评与知人论世、素养·职责·成就、鉴识与探赜、史学批评家的历史命运、史学批评的社会意义等一系列问题。这一系列问题受到学者和读者的广泛关注，后汇集成《中国古代史学批评纵横》一书。这一系列专论史学批评的文章在《理论遗产》一书中虽没有直接收入，但作者关于史学批评问题的观点在《理论遗产》的其他文章中还是得到了体现。

探讨中国史学的优良传统，也是瞿先生在史学理论问题上所致力于研究的问题。在《理论遗产》一书中，《中国古代史学的优良传统》《史学传统与人文精神》《史家的角色与责任和史学的求真与经世》三篇文章专门讨论了这个问题。这些专论是瞿先生在20世纪90年代以来对中国史学的传统及功能等问题进行总体思考的部分成果。此外，围绕这个问题他还写了一本小册子，即《历史·现实·人生——史学的沉思》。在这些论著中，他对中国史学的优良传统的探究涉及史家的历史意识、历史视野、角色意识、社会责任与时代精神等方面问题；涉及中国史学丰富的内容和多样的形式相结合的特点，求真与经世相一致的特点，继承与创新相统一的特点，理论、文采、考据相结合的特点；在论述史学传统与人文精神时更论述到史学中的人本思想传统、惩劝宗旨传统、忧患意识传统、审美要求传统等。在《历史·现实·人生——史学的沉思》一书中，更谈到了史学与认识历史、史学与社会进步、史学与文化发展、史学与人生修养、史学与历史教育等问题。可以说，这些论著把中国史学本身的传统和史学对人生、对社会的诸多问题都论述到了。

在多年来对中国史学在史学理论方面的内容、特点、形式等诸多问题深入思考的基础上，《理论遗产》一书进一步把中国古代史学理论的成就概括为八个方面，这是非常值得注意的。(1)历史意识和史学意识。中国史家对于历史的认识和理解，对于史学的作用、发展以及史学和社会的关系等问题有许多思想、言论，需要去总结。(2)中国古代史学理论的基本范畴。如"书法""良史""实录""信史""史才""史学""史识""史德""史法""史意"等最常用的概念和范畴，都是很重要的。(3)关于书法和信史的理论。"书法"是记事的原则；"信史"是传信于后世的历史著作。讲求书法和追求信史，是中国史学史上绝大多数史家的目标。(4)关于采撰和历史事实的理论。采撰就是选择历史资料；历史事实就是真实地记载某个曾经发生过的事件。史家在这方面有很多论述。(5)关于史论艺术和历史见识的理论。史书中的史论反映了撰写历史的人对事件的评价，因而史论有高低之分，它也可以说是一门艺术。(6)关于史文表述与审美要求的理论。史文是指历史著作的文字，其表述有很高的艺术上的要求，或者说审美的要求。这是很多史家都非常讲求的问题。(7)关于史学社会功能的认识。古往今来很多史学家都很重视史学的社会功能，认为史学上可以有助于治国平天下，下可以教人做一个正直的、有贡献的人。(8)史学批评标准和史学批评方法的理论。这方面有丰富的遗产，从孔子到刘知几、吴缜、王世贞、章学诚，都有大量的论述。

四、近现代学者对史学理论遗产的继承和发展

瞿先生这部著作在总结中国史学的理论遗产上没有局限于古代，他以很大篇幅来介绍近代学者以及马克思主义史学家在史学理论方面的贡献，这就使得对于中国史学的理论遗产的总结能够更加系统、完整。

第一，他以一定的篇幅阐述近代中国史家在史学理论方面的贡献。

鸦片战争以后，中国史学的发展由于历史的剧变而出现了新的趋势。瞿先生总结了这种新趋势的主要标志是：重视鸦片战争史的撰述，重视边疆史地的考察与撰述，重视外国史地的研究与撰述。他指出，这种史学发展的新趋势反映了当时中国历史的时代特点和仁人志士救国图强的愿望。

在《姚莹和夏燮的史学》一文中，瞿先生特别阐明了姚莹史学鲜明的近代意识。例如，姚莹较早地意识到殖民主义者侵略中国的野心和危害；他对于

外国侵略者有深刻的认识，十分重视边疆事务，重视对边疆史地的考察和撰述；他认为要有效地抵御外侮和加强边务，必须认真了解外国、认识世界。这些思想体现在他的《东槎纪略》和《康輶纪行》中。夏燮的史学也具有近代意识，尤其具有近代的世界意识。在他的《中西纪事》中，他把鸦片战争放到中西关系中来考察；从西方国家在中国的传教和通商中来揭示英国发动侵略中国的鸦片战争的必然性；注意到根据复杂的国际关系来分析列强对中国侵略的一致性。

在"梁启超《新史学》的理论价值"一章中，瞿先生对于梁启超发表于20世纪初年的这篇短文高度重视。认为这篇文章在中国史学史上"不啻一声巨雷"，有振聋发聩之效，是中国史学走向变革的一份宣言。它的价值主要在于：对旧史的批判，抨击中国的旧史有"四蔽""二病"；强调历史哲学的重要，认为历史是"叙述人群进化之现象而求得其公理公例者也"；倡言以史学激扬民族精神。

第二，在近代史家之后，瞿先生接续探讨李大钊、郭沫若、侯外庐等马克思主义史学家在史学理论方面的贡献。

对于李大钊，瞿先生称其为"中国马克思主义史学的开拓者和奠基人"。首先，李大钊在史学理论方面的贡献首先是他的历史观，他是中国最早接受马克思主义唯物史观并把它系统地介绍给中国读者的学人。他强调思想变动的原因应当到经济变动中去寻找；他重视阶级斗争学说；突出人民群众在历史发展中的作用；他认为历史是发展、变动的，历史就是社会的变革。其次，李大钊的史学观也十分值得注意。他说明了历史与史学之间的区别和联系，强调唯物史观在现代史学上的价值，强调历史认识是一个不断发展的过程，他还十分重视史学思想史的研究。作者对李大钊的《史学要论》做了重点分析，认为它是20世纪中国史学上最早面世的史学理论著作，它科学地、系统地阐述了历史学的一系列重大理论问题；在中国马克思主义史学发展史上是第一部从理论上开辟道路的著作，是中国马克思主义史学在理论发展上的奠基石。

对于郭沫若，瞿先生认为他"在中国史学发展上矗立起一座划时代的里程碑"，在他的丰富的史学遗产中，史学理论的遗产也是重要的部分。他认为掌握正确的世界观和科学的方法论非常重要，针对当时"整理国故"的学术思潮，强调只有掌握辩证唯物论的观念，才能对"国故"做出正确的解释。瞿先生还指出，郭沫若创立中国马克思主义史学，从一开始就认识到把研究中国历史同中国革命任务密切地结合起来，从而把中国史学的经世致用的传统发展到现代意义的高度。郭沫若在接受马克思主义以后，在由旧而新的转变中，他所走的批判、继承、创新的道路，对当前史学发展有借鉴作用。

对于侯外庐，瞿先生认为"他的深邃的思想和丰富的著述，是 20 世纪中国史学界、思想界的遗产中最富有创造力和生命力的珍贵品的重要部分"，他的史学理论遗产，对当前和未来的中国史学界都具有积极意义。他对自己研究的中国社会史、思想史的原则和方法有坚定的信念和清晰的概括，即"依据马克思主义的理论和方法，特别是它的政治经济学理论和方法，说明历史上不同社会经济形态发生、发展和衰落的过程；物质生活的生产方式制约着整个社会生活、政治生活和精神生活的过程；以及经济基础与上层建筑、意识形态之间的辩证关系，是我五十年来研究中国社会史、思想史的基本原则和基本方法"[1]。此外，瞿先生还对侯外庐的辩证的史学方法论，自得、自省的治学方法，以及对马克思主义历史科学民族化的认识问题，进行了专门论述。

第三，对于唯物史观与中国史学的发展进行了理论上的阐述。

除了重点列举上述三位马克思主义史学家在理论上的贡献外，瞿林东先生还从理论与事实的结合上，论述唯物史观对于中国史学发展的积极作用。在《理论遗产》一书中有三篇涉及这个问题的文章，即《唯物史观与中国史学发展》《新中国史学 50 年的理论建设》《中国史学：20 世纪的遗产与 21 世纪的前景（论纲）》。

在这三篇文章中，瞿先生对于唯物史观怎样推动了 20 世纪中国史学的发展提出了自己的见解：（1）唯物史观要求研究全部历史，也可以说是要研究整体的历史；（2）唯物史观告诉人们，人类社会的历史是一个自然发展过程，因而是有规律可循的；（3）唯物史观要求人们用辩证的观点、方法看待人类社会历史的发展，这是因为唯物史观同马克思主义的辩证法是密切联系、不可分割的；（4）唯物史观最鲜明地提出了人民群众对于推动历史发展的巨大作用。

在这三篇文章中，瞿先生从历史的角度总结了整个 20 世纪，特别是中华人民共和国成立 50 年来史学在理论建设方面的巨大成就。这里主要包括唯物史观在中国大地的广泛传播、历史理论领域的重大成就、史学理论研究的兴起等问题。为了说明这些成就，他也列举了许多具有代表性的论著。他同时指出，通过这些成就人们可以清楚地看到，有着悠久历史和丰富遗产的中国史学，在 20 世纪特别是最近 50 年中经历了多么深刻的变革！这些变革中产

---

① 侯外庐：《侯外庐史学论文选集》（上），人民出版社，1987 年版，第 8—9 页。

生的经验教训，经过我们认真的思考和深入的研究，就会形成理论遗产。这些理论遗产正是新中国史学胜利地迈向 21 世纪的思想前提。

除了综合论述唯物史观对中国史学的影响外，瞿林东先生还对构成唯物史观基本内容的历史理论问题进行了研究。《地理条件与中国历史进程》一文即是这个方面研究最见功力的代表作。早在 20 世纪 80 年代初，白寿彝先生主持制定多卷本《中国通史·导论卷》的提纲时，就确定了要写"地理环境"一章。瞿先生担任了撰写这一章的任务，从理论上和资料上进行了多年深入的探讨。现在收入《理论遗产》一书中的这一篇，基本上反映了他对这个问题的见解。在文章中他论述了地理条件的复杂性和经济发展的不平衡性，地理条件之局部的独立性和整体的统一性及其与历史上政治统治的关系，地理条件与民族、民族关系的关系，地理条件的变化及其对社会的影响，环境保护与可持续发展等问题。作者对这些问题的阐述，使运用唯物史观来解释历史发展的问题更加具体化，具有重要的理论价值。文章在资料的运用上，除了应用当代人的研究成果外，还发挥作者熟悉中国史学史的优势，运用了许多这方面的历史资料，也是值得注意的。

五、《理论遗产》一书的整体特点与学术价值

前面我们对《理论遗产》一书的写作背景及其基本内容进行了分析，当然这些分析还不足以反映全书的内容。下面就笔者在阅读该书后对其整体特点与学术价值提出一些不成熟的意见，以供作者和读者参考。

第一，把中国史学的理论遗产问题作为一个专门的问题进行全面的探讨，是具有深远意义的。

从 20 世纪开始，近代中国学者对于中国史学史的研究已经逐渐发达，并开始形成一个学科。但是传统的史学史研究主要是对不同历史时期的史学家和历史著作进行实证性的研究，即使有关于史学思想的分析，也只是针对个别史学家的治史思想做具体的介绍与分析。也就是说，尚未从整体上将对中国史学史的研究上升到从理论的角度来认识。而《理论遗产》一书则是专门从理论的视角对中国史学的发展进行新的审视，这可以说是把中国史学史的研究推进到一个新的高度。该书的可贵之处在于以理论的高度对中国史学进行整体考察，并不局限于古代史学，也不把马克思主义新史学的理论研讨与中国古代的史学遗产断然分开。这样把中国史学的理论遗产作为一个整体的问

题，进行纵向与横向的考察，对于中国史学史的研究具有特殊意义，体现了该书的开创精神。

第二，把史学理论问题的研究与史学理论遗产的继承结合起来，是深化史学理论研究的重要途径。

1949 年以来，围绕史学理论问题的学术争论也曾不断进行，但一般只是围绕现实提出的问题进行争论，没有与继承史学理论遗产相结合，所以过去史学理论方面的争论许多都是没有结论的，时过境迁后难以在史学发展史上留下重要的地位。而中国史学的理论遗产是结合史学发展史上能够传世的史学名家的史学论述来阐述的，这些论述一般都具有长久的价值，这样就使得在探讨史学理论遗产的基础上得到的史学理论性认识也具有长久的价值。由此，我们可以说探讨中国史学理论遗产是推进当前史学理论研究的重要途径之一。许多现实中的史学理论问题都曾经在历史上讨论过，前人都曾提出过许多有益的见解，如果我们忽视这些问题的学术背景，讨论就会陷入低水平的重复，不能在前人已有成就的基础上进一步提高。因此，研究中国史学的理论遗产问题对于促进中国史学的民族化，对于深化史学理论的发展是有积极意义的。《理论遗产》一书在这方面进行的有益探索，为这种结合开辟了一条新路径，对史学史和史学理论工作者都会有所启示。

第三，宏观研究与微观研究结合起来，整体研究与个案研究相结合。

瞿先生的这部书选入的文章分成三部分：上篇，以问题为中心，或做系统的探讨，或做专题的研究，基本上是宏观的或整体性的研究；中篇，以史家为出发点，或评论其在理论上的建树，或阐发其在某一个方面的卓识；下篇，以史书为依据，揭示其理论的特点及其在史学发展中的地位。以这样的结构来组成这部书，好处在于读者可以把宏观研究与微观研究的成果相互对照，整体研究与个案研究可以相互补充。一些在总体研究中不能充分说明的问题，可以在个案研究中充分展开；个案的研究也只有放在总体研究的相当位置上，才能更彰显其意义。这种研究路径对史学理论、史学史研究工作者也是有启示作用的。要想在理论问题上有所建树，必须认真研究有代表性的史学论著；而从事具体问题研究的学者，也要有宏观的视角，善于进行整体问题的分析，这样才能不断提高研究水平。

第四，理论性研究与事实性研究相结合。

瞿林东先生在论述中国古代历史理论的特点时曾经指出：中国古代历史

理论的一个特点是"未尝离事而言理",研究中国史学的理论遗产如果离开对中国史学史的具体研究成果,理论遗产的研究也就会陷于空论。瞿先生对史学理论遗产的探求之所以比较深刻,正是由于他有深厚的史学史研究的基础。他最早对唐代史学有专门的研究,以后又向"会通"方向发展,先后出版了《中国史学史纲》和《史学志》这样通史性的史学史专著。这样就可以使他所总结的史学理论遗产问题有充分的史学发展的事实作为依托,与那种空泛的史学理论问题研究截然不同。

总的来说,该书理论性研究的价值是主要的,但在书中所包括的某些个案研究,有些是学术界关注较少的,因而也具有特殊的价值。例如,瞿先生对唐初虞世南所撰《帝王略论》一书的研究,则体现了他强烈的探索精神。该书是唐初一部很有价值、很有特色的历史评论著作,但湮没甚久,清代学人对此书已经"不甚了然"。所幸的是在敦煌文书中尚存一残卷,唐代史家马总所撰《通历》10卷中,保留了《帝王略论》的部分佚文。瞿先生为了探讨此书,从马总的《通历》中进行了追根溯源的搜求,又查阅了台北出版的《敦煌宝藏》第123册,找到了《帝王略论》残卷的影印件。这样才对该书的史论有了真正的了解。如果不是研究史学史的专门学者,或者只是对古代的历史理论问题做一般性的研究,就不会下这样大的功夫对文献进行搜寻。他考察了这部前人很少关注的著作,对古代历史评论的研究增添了丰富的内容。此外,明代史家卜大有的《史学要义》一书也由于国内仅存两部而罕为人知,由此也影响了后人对明代史学的总体认识。《理论遗产》一书中收入了瞿先生的《〈史学要义〉的特点与价值》一文,为人们更好地了解《史学要义》、了解明代史学提供了帮助,因此也具有特殊的学术价值。

第五,将历史理论问题和史学理论问题进行综合考察。

中国史学的理论遗产包括对客观历史问题的理论研究,也包括对史学自身发展问题的理论研究,这两方面的内容往往结合在一起,你中有我,我中有你。如果把它们断然分开,不仅做起来困难,而且会造成彼此削弱的结果。今天我们在研究史学理论问题时,由于学科的分工或研究者兴趣与特长的不同,会把历史理论研究与史学理论研究分开;但是这不意味着我们在探讨史学的理论遗产时一定要把两者分开。这一点,也可以看成《理论遗产》一书的特色。例如,对《通典》的研究是瞿先生的长项,他在1996年就出版过《杜佑评传》一书。在《理论遗产》一书中收入有关《通典》的文章两篇,即《〈通典〉的史论》和《〈通典〉的方法和旨趣》。在谈到《通典》的"史论"时我们看到，有关史论的形式问题的论述可以说属于史学理论，但有关史论内容方面的论述则应该属于历史理论；在谈到杜佑的史学方法时，可以说属于史学理论，但在对杜佑的经世致用思想的各种主张，如经济思想、人才思想、吏治思想、法治思想、军事思想、民族思想进行具体分析时，这些似乎又属于历史理论。而我们对杜佑在《通典》中所表明的史学思想，单纯从哪一方面分析都是不完整的。瞿先生在《理论遗产》一书的开篇之作——《中国史学的遗产、传统和当前发展趋势》一文中，在讲到中国史学的遗产时分别讲到"历史理论的积累""史学理论的成就"。在这里他是把两者看作一个问题的两个方面，并没有把它们截然分开，或者舍弃哪一方面。笔者觉得这样的处理是得当的，也符合中国史学遗产本身的特点。

《理论遗产》一书是属于"文库"类型的著作，它是作者在不同时期为不同目的而写作的文章的汇编。它的优点是可以充分利用作者长期从事该项研究工作所积累的成果，因而内容相当丰富；它的缺点在于其内在的逻辑联系可能没有专著那样严密。但从《理论遗产》一书来看，作者对文章的选择是做了很多思考的。虽然文章写作时代不同，但从总体来看，全书从理论高度审视史学遗产的指导思想一以贯之，内在逻辑严谨，结构合理，体例统一，文字叙述的风格也相当一致。因此，从总结中国史学理论遗产的角度，我们也可以把它看成一部完整的新著。

既然是一部"文库"，所以也必然会受到这种著作体例的限制，使该书带有一定的局限性。该书由于篇幅所限，不可能包含作者在这方面研究成果的全部精华，所以会感到某些方面有所不足。例如，史学批评问题是作者在对古代史学理论研究中的具有特色的部分，但在《理论遗产》一书中反映得不够充分。书中对于在中国史学发展史中占有非常突出地位的《史通》《文史通义》等著作，在总论部分中虽然不断提到，但在个案研究中没有将这两部书列入，这样就难以凸显这两部著作在史学理论方面的重要价值。此外，在对20世纪史学理论遗产的阐述方面，虽然书中有总论，也有个案的分析，但其分量还让人感到有些不足。既然书中内容涉及20世纪，那么20世纪的史学理论遗产也应该作为重点加以阐述。

正如作者所言，"对中国史学理论遗产的研究，仅仅是开始，是起步"，未来的研究任务仍然十分艰巨。确实，对于中国史学的理论遗产的研究，需要深入，需要进一步的展开，这项研究也非一人所能胜任。但是瞿先生的这部著作可以说是这项研究的奠基石，随着瞿先生所主持的一系列研究工程的开展和推出（如《中国古代历史理论研究》《二十世纪中国史学发展分析》《唯物史观与中国历史学研究》等），这项研究必将更加深入发展并取得更大的成就。由此也可以对我国史学理论遗产的研究起到更好的带动作用。

（原载于《史学理论与史学史学刊(2004—2005 年卷)》，收入本书有改动）

唯物史观何以成为中国新史学的理论基石？

——以陈其泰主编《中国马克思主义史学的理论成就》为中心的解读

摘要：如何看待中国马克思主义史学的理论成就，是一个非常严肃的学术问题，在新的时代里我们要做出新的回答。《中国马克思主义史学的理论成就》一书在对这个问题进行梳理后做出了全面的回答，并从历史的角度科学地说明了唯物史观对于史学研究的重要意义。

关键词：唯物史观；理论基石；陈其泰；《中国马克思主义史学的理论成就》

近些年来，有关史学理论问题的讨论陷入低谷，引起人们特别关注的理论上的热点问题越来越少，甚至期刊上探讨宏观史学问题的文章也渐少，学者们更多的是关注具体的史学问题。由于史学研究课题的"碎化"，解决问题主要靠史料的考证，提不到历史观的高度。这样，唯物史观被有意或无意地淡化了。这给人们一种错觉，即似乎史学研究已经不需要以唯物史观作为理论的基础或指南了。当然那些明确反对以唯物史观指导史学研究的观点不属于这种情况。

要说明唯物史观对于史学研究的指导作用，不是靠简单的说教就能奏效的。唯物史观与史学研究的关系是一个非常严肃、非常重要的学术研究课题，不做原始察终的纵向考察、高屋建瓴的全方位思考、缜密细致的深入研究、去伪存真的辨别分析，不能真正说明两者的关系。为达到此目的，就必须对中国马克思主义史学自诞生以来的主要理论成就进行一次严密的梳理。这种梳理不是简单的问题的罗列，而是要把唯物史观在史学研究中的运用与中国历史学本身发展的内在关系科学地、有逻辑地揭示出来。陈其泰先生所主编的《中国马克思主义史学的理论成就》（以下简称《理论成就》）一书，所要解决的正是这个问题。

一、具体阐明唯物史观为何能在被传统思想浸染的
中国大地上找到生根的土壤

介绍五四时期唯物史观在中国传播情况的著作很多,但是这些著作多是搜寻与罗列唯物史观在中国传播的具体情况,却没有真正深入地考察过唯物史观这种19世纪在欧洲兴起的社会思潮为何会在中国找到适合它传播的土壤。我们可以合理地进行这样的设想:假如在中国不存在适合唯物史观传播的土壤,唯物史观在中国的传播就会像当时舶来的各种西方社会思潮一样,成为来去匆匆的过客。然而,唯物史观却在中国学术思想界扎下根来,成为中国20世纪新史学的一块厚重的理论基石。为什么会出现这种现象?这确实是过去很少有人探讨的问题。

翻开《理论成就》一书,首先出现在我们眼前并引起我们深刻思考的一个严肃问题,就是传统思想的精华何以与唯物史观的论述相通。作者首先指出"马克思主义的光辉价值正在于'回答了人类先进思想已经提出的种种问题'",指出"中国传统文化中的优秀遗产是同唯物史观的基本原理相通的,这就成为'五四'时期以后先进的中国人接受这一科学理论的思想基础和桥梁"[①]。探讨中国传统思想文化中的唯物主义因素是需要一个专门的课题来完成的,因为中国传统思想文化的内容实在是太博大精深了,但这并不妨碍《理论成就》以适当的篇幅提纲挈领地揭示出这个问题的精义。

唯物史观的哲学基础是承认客观世界中物质的第一性,即从人类物质生产的基础解释历史的进程,从生产力与生产关系组成的社会结构来解释全部上层建筑和意识形态的变迁。以这种观点与中国传统思想相对照,可以发现中国历代进步的思想家通过观察自然与社会的变迁,也在许多基本观点上得到了类似的认识。作者考察了传统思想中的大量唯物主义思想因素,举出先秦思想家的著作《荀子》《管子》,西汉司马迁、东汉王充,清代学者王夫之、颜元、戴震等的论述,揭示出中国唯物主义思想家的唯物主义思想发展的路线和他们的战斗精神。

在马克思主义的思想体系中,辩证法与唯物主义学说密切联系,创造了革命的辩证法学说。在中国的先进思想家中,也有很多关于辩证法思想的深

---

① 陈其泰主编:《中国马克思主义史学的理论成就》,国家图书馆出版社,2008年版,第17页。

刻论述，尽管他们的表述可能不够系统，但体现了他们对自然界和社会历史进程的辩证运动过程的深刻认识。作者列举了先秦儒家经典《诗经》《左传》《论语》《孟子》《易传》《老子》《孙子兵法》等典籍中所论述的辩证的、发展的观点，引证了贾谊的《治安策》、柳宗元的《封建论》和清代龚自珍有关事物辩证发展的论述，说明这些观点都是与马克思主义辩证法的精神相通的。此外，先秦思想家关于行仁政、民贵君轻的思想；汉代思想家贾谊、晁错、王符、仲长统从封建政权的覆亡中得到的封建政治败坏、对民众残酷榨取而导致王朝覆亡的必然结局的认识；清代思想家黄宗羲、唐甄、龚自珍、魏源等批判专制君主、专制制度，同情民众苦难的言论，无疑对 20 世纪初期的中国先进人士也有很好的启发，为他们接受马克思主义的阶级斗争思想奠定了一定的思想基础。同样，中国古代儒家经典中所描绘的"大同世界"的理想，也必然会对早期的共产主义者接受马克思主义通过阶级斗争建立社会主义，最终实现"各尽所能，按需分配"的共产主义制度的理想社会感到十分亲切，会很自然地接受并为之去奋斗。

《理论成就》一书深刻地指出：深入地探讨传统思想中的精华何以与唯物史观相通，对于推进认识中国社会的发展进程和中国马克思主义史学理论的特点，具有不容忽视的意义。其一，深刻地认识中国传统思想发展的方向同样符合人类文明的大道。中国传统思想文化的精华是与西方文化的优秀成果相通的，作为人类优秀遗产直接继承者的马克思主义就理所当然地与中国传统思想的精华相贯通，容易为先进的中国人所接受。其二，进一步认识马克思主义中国化和创造性发展的深刻意义。由于中国社会本身的阶级矛盾、社会矛盾具有接受马克思主义的条件，而传统文化的宝贵遗产又提供了接受马克思主义的思想基础和内在动力，这就决定了马克思主义传入以后，能够很快地在中国扎根，并形成与中国文化特点相结合、符合中国国情的新理论。这是马克思主义中国化的事业在过去的一个世纪保持旺盛的生命力的重要原因。其三，能进一步认识中国马克思主义史学的创造性特点及其科学价值。中国古代史学的优秀理论遗产同样也是五四时期进步的思想家接受唯物史观的桥梁。20 世纪中国一大批优秀的马克思主义史学家，都是从小熟读经史的学者，他们受到了传统思想文化的精华的熏陶，所以一旦接受了唯物史观，就会与中国传统史学中的优秀理论遗产相结合，形成具有中国特点的历史学理论，形成中国独特的史学发展道路。

二、深入地阐明了唯物史观的基本原理如何运用于
中国历史研究的核心问题，力图说明这种运用
对中国史学所产生的影响

《理论成就》一书所阐明的中国马克思主义史学的理论成就在该书第二章"创造性运用唯物史观原理的重大成就"中得到了集中体现。在这一章中，编者以很大的笔墨来阐述古史分期问题的讨论及相关理论问题的探讨，阐明对中国历史发展规律问题的探索情况。

论述古史分期问题及其相关的理论问题是需要有相当大的理论勇气的。首先，这是一个史学理论领域中的老问题，从 20 世纪二三十年代开始讨论，一直到改革开放以后的 80 年代，对这个问题的介绍文章与著作层出不穷，如果论述起来没有新意，就会产生"炒冷饭"的现象；其次，古史分期问题以及新中国成立以后十七年中所讨论的中心问题，即所谓的"五朵金花"，在 20 世纪末曾遭到严重质疑，认为这些问题是"意识形态语境中的学术论战"，是一种在"战时史学"体系中产生的、屈从于政治的、非学术的"意识形态诉求"，因而是"假问题"，这些命题本身能否成立早已成为问题。最后，谈及古史分期问题就必然要涉及唯物史观的基本原理、社会经济形态的理论以及由此引出的"五种生产方式"的表述。这些问题在改革开放 30 年来备受质疑，例如说社会经济形态递进的理论不符合马克思、恩格斯的原意，"五种生产方式"的理论是斯大林提出来的，奴隶社会不是人类社会发展必经的阶段，中国自秦汉以后所经历的社会不是封建社会，等等。面对这种种质疑，许多史学工作者早已不谈社会经济形态问题，避谈"五种生产方式"，当然也有的提出诸多的新观点、新概念来取代原来的种种提法，以避免理论上的"倒退""僵化""保守"之嫌。

《理论成就》的编者正是清醒地看到了史学理论界的这种现状，不避风险，敢于涉及敏感问题，不但厘清了这个问题的来龙去脉，实事求是地介绍了各家的观点，并且力争对于理论上的错误、模糊、似是而非的种种言论、观点，哪怕是已经形成"大部头"著作的论点，毫不含糊地提出自己的见解，对于在理论上正本清源、澄清是非，付出了巨大的努力。

第一，从学理上阐明古史分期等问题的学术演变史，正面回答所谓"假问题"的真本质，阐明了此类问题的讨论对于中国史学发展的意义。作者指出：

"古史分期就是运用马克思主义唯物史观的社会经济形态有序演进的理论来研究中国的历史，区分它的发展阶段，从总体上把握它的发展规律。因此，古史分期是唯物史观的必然要求，也是推进马克思主义史学发展的重要杠杆，在中国马克思主义史学发展史上具有特殊的意义。"①书中将这个在中国马克思主义史学发展史上持续了近1个世纪的讨论分为3个时期：即20世纪二三十年代的中国社会史论战，古史分期讨论序幕；从抗战到"十七年"，古史分期讨论走向高潮；改革开放以后20世纪70年代末到80年代初，在解放思想、实事求是思想路线的指引下，古史分期讨论又掀新高潮。作者对于每个阶段引起讨论的社会背景、学术背景、代表性的论点、讨论的基本走向以及对于当时中国史学研究的影响等问题都做了深入的分析。此外，该书还对古史分期问题的讨论是不是"屈从于政治"的"意识形态诉求"，古史分期的讨论是不是"无果之花"，古史分期的讨论是否已经"被时代所取消"等问题做了正面的回答。作者深刻指出：古史分期等问题的讨论经过长期讨论后出现退潮和转型是自然的和正常的，它的产生是从总体上把握历史发展脉络所必须涉及的，是取消不了的。作为古史分期讨论的指导思想的唯物史观，虽然受到种种责难和挑战，但它是推翻不了的。

第二，对与古史分期问题讨论有关的相关问题的讨论也从学理上进行了分析。古史分期问题的讨论，不是简单地划分历史阶段的问题，由于涉及以社会经济形态理论来说明中国历史，所以必然会牵扯出一系列的相关问题。例如，中国封建社会的长期性的问题，中国封建社会内部的资本主义萌芽问题，中国封建社会的土地所有制问题，中国封建社会的经济结构问题，等等。这些问题的讨论对于中国古代历史研究，特别是中国古代社会经济史的研究具有重要的意义。由于这些问题也属于"五朵金花"的范畴，因此也成为受到质疑的问题，甚至有成为"假问题"之嫌。但如果这些问题都被划归为"假问题"，整个中国古代史、中国古代社会经济史就要完全变样，几代学者在这些问题上所付出的努力必将付诸东流。应该指出，《理论成就》一书并没有简单地就所谓"假问题"的观点进行"批判"，而是通过"百家争鸣"的方式摆出在这些问题上的不同观点，并以在这些问题上继续进行深入研究的学者们所拿出的新成果来阐明这些问题对于深化中国史研究的重要意义。这种做法是很有说服力的。

---

① 陈其泰主编：《中国马克思主义史学的理论成就》，国家图书馆出版社，2008年版，第79页。

第三,对马克思主义的社会经济形态理论是否适合中国史学的研究做出了肯定的回答。几十年来的关于古史分期问题的争论不仅仅集中在奴隶社会和封建社会的划分问题上,同时也涉及中国历史上是否经历过奴隶社会的问题,这个问题在 20 世纪二三十年代的社会史论战中就已经提出。继奴隶社会以后,中国是否经历过封建社会,封建社会是否为人类历史必经阶段的问题也被提出,再加上否定中国存在资本主义萌芽的说法,这样整个马克思主义的社会经济形态理论是否适合中国历史、五种生产方式的理论是否能够成立的问题就都被提出来了。应该说,这些问题都是当今史学理论领域中的重大问题,这些问题不是哪一个史学理论研究课题所能单独解决的。然而,回避这些问题则无法说明中国马克思主义史学的理论成就,无法解释唯物史观为何能够作为历史研究的指导思想。学术界虽然有针对社会经济形态理论是否适合于中国历史的种种质疑的正面回答,但大多数学者还是避其锋芒,不从理论上去展开争论,以至于回答质疑的声音相对微弱。

《理论成就》一书最显著的特点就是不回避质疑,以旗帜鲜明的态度表明在这些问题上的原则和立场,尽管作者也是以一家之言来对种种质疑的观点提出"商榷",并且也客观地说明了这些问题产生的背景。作者指出:"这些质疑,在相当程度上可以说是对过去史学界确实存在的教条主义的一种反动,同时也是对古史分期讨论的基础理论的挑战。"过去,马克思主义理论处于"不容置疑"的地位,容易产生思想僵化,问题实质上被掩盖。改革开放以后,原来被掩盖的问题暴露出来,引起人们的反思,出现各种各样的意见,不足为奇。"这种状况,可以促进人们的思考,防止思想僵化,对马克思主义史学既是一种挑战,也是一种发展的机遇。"[1]因此,该书作者在回答上述质疑时采取了两种办法:涉及马克思主义理论的基本问题时,要根据马克思、恩格斯等经典作家的基本观点展开论述,以达到正本清源的目的。如"五种生产方式"的理论是否违背马克思、恩格斯的原意,"五种生产方式"是不是西方中心论的虚构,马克思是否把"资本主义"当作历史上依次演进的生产方式之一,马克思是否提出过几种社会形态演替的理论等问题,就必须以马克思本人的论述为基本依据来从理论上做出回答。另一方面,对于像中国历史上是否经历过奴隶社会这样属于学术讨论范围的问题,则需要以学术讨论的方式来回答。许多从事先秦史研究的学者提出中国历史上没有经历过奴隶社会(或称为"无

---

[1] 陈其泰主编:《中国马克思主义史学的理论成就》,国家图书馆出版社,2008 年版,第 122 页。

奴论")，那么回答"无奴论"的最好方法就是用"有奴论"者的研究成果来进行"商榷"。这种办法虽然不能使问题迎刃而解，但是对于问题的解决，对于促进不同观点的学术讨论是有积极意义的。

通过总结对上述问题的讨论，作者指出：古史分期及相关问题讨论的实质是运用马克思主义关于社会经济形态有序演进的理论来剖析中国的历史发展过程中出现的不同意见的讨论。尽管在讨论中存在诸多不同的观点，但只要承认马克思从各种社会关系中找出最基本的关系——生产关系，生产关系的总和构成了社会经济形态的概念，这就揭示了历史发展的深层秘密，探讨了历史发展的规律，使史学摆脱用政治的或思想的偶然因素任意解释历史的混沌状态，使历史研究成为科学，这就是马克思主义历史理论的基石。

三、力求说明唯物史观如何促进中国马克思主义史学理论问题的全面研讨，并逐渐形成一个较为完整的理论体系

自中国马克思主义史学产生以来，史学家们以唯物史观为指导探讨了许多历史理论问题，产生了很多富有理论价值的学术作品，如李大钊的《史学要论》、翦伯赞的《历史哲学教程》等。但长期以来，大多数史学家们关于历史理论问题的研讨往往与历史实际问题相结合，并没有把历史科学的理论问题当作一门独立的学科。出现这个情况与人们在认识上的一个误区有关，那就是绝大多数学者认为，马克思主义的唯物史观就是马克思主义的史学理论，除此之外没有特殊的历史科学理论，当然也就不能成为一门学科。这种认识误区到了 20 世纪 80 年代以后才消除。直到那时，史学家们才普遍认识到：唯物史观是马克思主义历史科学的指导思想，但是它代替不了历史科学自身的理论，马克思主义历史科学需要建立自己完整的科学理论体系，才能促进历史科学的健康发展。为此，从那以后，大量的史学概论、史学方法论类的教材和著作问世，积极推进了历史科学的理论建设。

尽管马克思主义史学作为一门独立的学科建设是在最近 30 年之内的事情，但是对马克思主义历史科学中的诸多理论问题的研究、探讨，却是在马克思主义史学一诞生就开始了，并且还出现了多次理论问题研究的热潮。总结马克思主义史学自诞生以来在理论问题上的探讨历程，梳理出有关理论研究中的重要问题，分析几十年来史学理论建设的巨大成就，澄清近年来在理论问题上的重大是非，回应来自各个方面的对于马克思主义史学的新挑战，

无疑是一个关乎中国马克思主义史学健康发展的具有重大意义的课题。《理论成就》一书责无旁贷地承担起这项重要而艰巨的任务。

由于中国马克思主义史学的理论成就是在中国马克思主义史学发展过程中提出并研讨的问题，所以面对历史的问题必须做出历史的回答。也就是说，对于每一个重要的史学理论问题，都要动态地分析它们是怎样提出的，有哪些主要的讨论，研讨中有哪些代表性的论述，研讨的发展趋向如何，等等。由此我们既可以看到马克思主义理论建设所涉及的领域的宽度，也可以感受到各项问题研讨的历史过程和问题解决的程度。上面我们谈到的关于古史分期问题的讨论以及相关的理论问题的研讨，特别是关于中国历史发展规律的探索，是该书中的"重头戏"，我们已经着重论及。此外，应该提到的还有中国近代社会的性质、历史进程、基本线索的问题，关于民族问题的理论，关于历史评价的理论，关于文化遗产和史学遗产的批判继承问题，关于历史认识论和方法论的探讨，关于史学发展和历史编撰问题，关于史学的社会功能的问题，等等。这些问题不仅关系到中国马克思主义史学的理论建设，也直接影响史学研究的实践方向的问题，因此都是具有重要意义的问题。探讨中国马克思主义史学的理论成就是不能不涉及这些问题的。

综观《理论成就》一书对于这些问题的论述，我们至少可以得到这样一些认识。

其一，中国马克思主义史学在理论探讨方面所涉及的问题是比较广的。既有关于中国历史发展本身的问题，如古史分期问题、近代社会性质问题、中国历史发展规律问题、民族问题等，也包括一些史学自身的理论问题，如历史认识论、方法论的探讨，史学发展和历史编撰，历史评价问题，史学遗产的批判继承问题，史学的社会功能问题，等等。这表明，中国马克思主义史学具有重视理论问题的传统，尽管没有形成史学理论的专门学科，但这并不是说对史学理论的问题没有研讨，只要我们认真总结几十年来史学理论探讨方面的这些成果，就可以发现中国马克思主义史学是已经构成了体系的，上述这些理论问题的研讨，已经为今天建立和发展历史理论学科奠定了相当雄厚的基础。

其二，中国老一辈马克思主义史学家们都是非常重视历史理论问题的研究的。郭沫若、翦伯赞、吕振羽、范文澜、侯外庐等都留下了大量关于理论问题的论述，这些论述是我们今天进一步研究这些问题的重要前提。尽管他们的论述不可避免地会带有他们那个时代的烙印，但他们对这些理论问题研究的贡献是不可磨灭的，他们对于许多问题的论述即使在今天，对我们也是有启示作用的。

其三，我们可以看到，对历史理论问题的研究与对历史本身的研究是有着密切的关系的，两者是相辅相成的。没有理论问题的指引，具体问题的研究就会失去方向；没有具体问题的研究，理论问题就会陷于空泛。新中国成立以来，那些在史学理论的研讨上最活跃的史家，往往也是在历史研究过程中成就卓越的学者。例如，白寿彝先生一贯重视历史理论，在各方面重要问题上都有精辟的论述，尤其在历史编纂学、民族关系、历史遗产的批判继承等方面都有大量的论述，而他主编的多卷本《中国通史》，以及史学史、民族史研究方面的宏富论著，恰恰反映了他在史学研究中的卓越成果。老一辈史学家的这个好传统，是值得年轻一代学者们很好学习的。

其四，中国马克思主义史学在上述各个方面的成就都有其丰富的含义和特定的内容，都不是简单地套用唯物史观的基本原理就可以实现的。马克思主义史学的理论成就是随着马克思主义史学本身的发展而不断丰富、完善的，唯物史观代替不了历史科学的专门理论。但是，没有唯物史观原理的指引，史学理论的建设就会失去方向，失去灵魂，也不可能获得多方面的理论成就。因此，尽管今天史学理论的学科建设方面已经取得了巨大的成就，新理论、新观点、新方法层出不穷，特别是年轻一代的学人已经有了很大的建树，但传统的历史理论问题的探讨价值不容否定，唯物史观仍然是中国马克思主义史学的理论基石。

四、借鉴与吸收：马克思主义史学前进的动力

《理论成就》表明，近 90 年来，中国马克思主义史学家们在深入探讨中国历史的发展道路、研究历史发展和史学发展的诸多重要理论问题中，建立了马克思主义的新史学。由于几代学者的努力，中国马克思主义史学从只有少数学者涉足的最初开创，发展成整个中国史坛的主流，并取得了令人瞩目的成就。事实说明，只有重视理论问题的研讨，才能更好地促进史学研究的发展。几十年来，以唯物史观为指导的学者对中国历史问题探讨的深度和广度，所提出课题的丰富性，是以往的史学家所不可比拟的。尽管以往的史学家也提出过很多关于历史发展以及史学研究重要理论问题的见解，值得我们很好地研究、继承，但马克思主义史学家却把这些理论问题做了科学化、系统化

的工作，把中国的史学研究推向了新的发展阶段。

但是，马克思主义史学不是一种封闭的教条，而是一个开放的学术思想体系，它在历史观的问题上有自己形成体系的独特见解，但它并不排除从古今中外一切优秀的史学成果中汲取营养，在与中外史学的交流融会中促进史学自身的发展，也促进史学理论体系的丰富和完善。《理论成就》一书在追述中国马克思主义史学的发展过程中，特别注意到新中国成立以后苏联史学对中国史学的影响；在论述史学发展和历史编纂问题时，专门论述了中国古代史学的优秀传统，特别是在历史编纂上的重要经验，提出如何继承与发扬的问题；书中还用两章的篇幅论述唯物史观与新历史考证学的关系、坚持唯物史观与大力吸收西方新学理的问题。这些内容都充分展示了马克思主义史学在对待人类一切优秀思想文化遗产方面的开放心态和所取得的成绩。

特别值得关注的是，书中对 20 世纪以来的中国新历史考证学派的成就以及马克思主义史学与新历史考证学的关系做了十分系统、深刻的研究，并通过大量事实说明在唯物史观指导下新历史考证学所达到的新境界。作者强调：马克思主义史学派与新历史考证学派同是 20 世纪中国史坛两大主流学派。新历史考证学派与乾嘉学者的严密考证有渊源关系，同时又适逢中西学术交流的际会，吸收了西方新学理，运用了大量新史料，因而在考证范围、治史观念和考证方法上超过了传统考证学，具有新的时代内涵。王国维、陈寅恪、陈垣、胡适、顾颉刚、傅斯年、孟森、钱穆等一批优秀的学者，都在各自的领域中取得了卓越的成绩。作者强调：对新历史考证学派的成就进行研究是完全必要的，因为他们的史学成就同样是一笔宝贵的学术遗产，需要我们自觉地继承，从中获得借鉴、吸取营养。但是，那种将新历史考证学与马克思主义史学对立起来，甚至为抬高新历史考证学的地位而贬低唯物史观对史学研究的指导作用的做法是不可取的。

该书的一个显著亮点在于说明了马克思主义史学与新历史考证学不是对立的，两者之间有着密切的关系。事实说明，马克思主义史学家对有成就的新历史考证学家所具有的深厚的学术功力、严谨的治学精神、严密而科学的考证方法、敏锐而通达的历史见识，都给予了极高的评价，甚至真诚地推崇，把借鉴他们的学术成果、发扬他们的治学精神视为发展新史学的至关重要的条件。而有见识的新历史考证学家对唯物史观的态度也不是排拒的，他们认为，唯物史观重视经济条件构成社会发展的基础，经济、政治、思想文化、社会生活等各项因素互相联系和依存，使社会构成有机的统一体等基本观点，能推进历史研究取得更深刻、更正确的认识。作者还举出新历史考证学者运用系统化的考证方法对学术思想史上某些深层次问题的探索，恰好与以唯物史观为指导的学者的研究成果达到了一致的结论。

事实证明：新历史考证学家实事求是的治学态度，以联系的观点分析史实，以"通识"的眼光考辨史料的方法，都与马克思主义史学的基本方法相通。但是，新历史考证学家的方法是朴素的，没有达到十分自觉的阶段。马克思主义是构成体系的，能够自觉地运用，就能够达到更高的层次，就能够更深刻地发现真理。新中国成立以后，新历史考证学家学习了马克思主义，感到眼前打开了一片新的天地，能够引导自己更加接近真理，学术达到新的境界。徐中舒、谭其骧、唐长孺、史念海等学者在唯物史观的指导下，历史考证研究达到了新的境界。例如，有的学者由于运用了唯物史观，对研究对象达到了本质性的认识，从研究具体问题进一步探求历史发展中的规律性问题；唯物史观还推动了新考证学者提出新的研究课题，探索以往的未知领域，更进一步前进；有的学者在坚持学术研究科学性的前提下，更好地发挥了史学服务于社会的功用。作者指出，这些新历史考证学者在唯物史观指导下取得的具有高度学术价值的成果，也是中国马克思主义史学的重大成就。

《理论成就》一书还研讨了改革开放以来，中国史学对西方史学新学理的吸收情况。坚持唯物史观与大力吸收西方新学理是对立统一的关系，两者缺一不可。不能适应时代潮流，及时了解与借鉴吸收西方史学的新发展、新变化，从而改进自己的史学研究，马克思主义史学就会闭塞、沉闷、停滞、僵化；不坚持唯物史观，不用唯物史观检验各种史学流派的优劣，一味地跟风跑，就会陷入盲目，从而削弱马克思主义史学。30年来，这方面的教训是很深刻的。只有两方面有机结合，才能有助于史学的健康发展。中国马克思主义史学发展的历史，特别是改革开放30年来史学发展的历史证明：开放与吸收是中国马克思主义史学前进的不竭动力，过去如此，新世纪也必将如此。

（原载于《淮阴师范学院学报（哲学社会科学版）》2011年第6期，收入本书有改动）

历史主义研究方法的杰出范例

——评朱成甲李大钊研究的方法论特点

摘要：改革开放新时期以来，李大钊研究迎来一个前所未有的高潮。从20世纪70年代末以来，朱成甲对于李大钊的研究步步深入，成果突出，引起学界的特别关注和高度评价。他的李大钊研究，体现了历史主义的研究方法，把李大钊早期思想研究与中国近代社会历史的变迁紧密结合起来，把李大钊的早期思想看成一个历史的发展过程；他主张不要忘记真实的李大钊，摒弃那种从某种模式出发的非历史主义的研究方法；他把历史人物的研究和思想史的研究结合起来，为创新李大钊研究进行了一系列有方法论价值的探索；他在研究历史人物的时代条件的同时，也注重分析人物的主观因素。总之，他在研究李大钊的方法论方面的成功实践为今后进一步深化李大钊研究提供了有益的经验，值得我们认真研究总结。

关键词：李大钊；朱成甲；方法论；《李大钊传(上)》

朱成甲对李大钊的研究是从 20 世纪 70 年代末开始的，他在李大钊研究方面取得的成果被学术界赞誉为"三部曲"①。1983 年他发表了第一个成果《李大钊对袁世凯的认识过程》②，接着 1989 年出版了 42 万字的《李大钊早期思想与近代中国》③，到 2009 年 10 月，又推出了 62 万字的《李大钊传(上)》④。20多年来，朱成甲在李大钊研究上殚精竭虑，不断探索，所取得的成果得到学术界的特别关注和好评，认为是当代李大钊研究的代表性成果。因此，以朱成甲的李大钊研究为例，总结 40 多年来李大钊研究的丰硕成果，从理论和方

---

① 侯且岸：《殚精竭虑 理性至上——评朱成甲的李大钊研究三部曲》，《中共党史研究》，2015年第 1 期。

② 朱成甲：《李大钊对袁世凯的认识过程》，《历史研究》，1983 年第 6 期。

③ 朱成甲：《李大钊早期思想与近代中国》，河北人民出版社，1989 年出版，人民出版社，1999年再版。

④ 朱成甲：《李大钊传(上)》，中国社会科学出版社，2009 年版。

法论高度进行分析、研究，对于今后的李大钊研究应是具有重要价值的。

上述已经出版的朱成甲的李大钊研究成果所反映的都是从李大钊出生到1918年1月正式进入北京大学之前的生活和思想状况，即其"早期思想"。研究李大钊早期思想的重要意义在哪里呢？毛泽东在《论人民民主专政》一文中提到过4个"代表了中国共产党出世以前向西方寻找真理的一派人物"，即洪秀全、康有为、严复和孙中山。但是，共产党内是谁在俄国十月革命以后率先找到并运用马克思主义真理的优秀人物呢？党的十一届三中全会以后，在党的正确的思想路线指引下，随着我国学术事业的发展，这个问题终于有了比较正确的、合乎历史实际的回答。应该说在中国共产党人中，也和孙中山、严复一样苦心地向西方寻求救国真理并且真正做出杰出贡献的人，就是李大钊。因此，朱成甲的李大钊早期思想研究，对于说明在中国共产党诞生之前是谁最有条件发现马克思主义、接受并宣传马克思主义的问题确实是具有非常重要的价值的。

一、李大钊早期思想的发展是一个历史的过程

1942年3月，毛泽东在谈到如何研究中共党史时提出"古今中外法"的原则，"就是弄清楚所研究的问题发生的一定的时间和一定的空间，把问题当作一定历史条件下的历史过程去研究"[1]。研究整个中共党史是如此，研究李大钊也是如此。朱成甲的李大钊研究正是本着这个原则进行的。

从1913年李大钊自北洋法政专门学校毕业到1921年参加中国共产党的创立，这8年时间是中国社会尤其是政治思想和文化方面发生最迅速、最急剧的变化时期，是思想文化上最活跃、最充满生机、新陈代谢最快因而也是历史前进最快的时期。在这几年的时间里，李大钊信奉过改良主义、资产阶级民主主义，同时又率先信仰马克思主义，率先成为一个共产主义者。有学者指出："我们可以通过对他的研究，看到20世纪初期的改良主义，又可以研究与之相互制约进而代之而起的革命民主主义，更可以研究究竟在何种条件下，通过何种转化的环节和途径，中国的革命民主主义者又毅然地接受并传播了马克思主义。"[2]

---

[1] 毛泽东：《如何研究中共党史》，《毛泽东文集》（第2卷），人民出版社，1993年版，第400页。
[2] 李新、刘桂生：《李大钊早期思想与近代中国》，人民出版社，1999年版，序言第4页。

朱成甲的李大钊研究着重揭示这些变化的过程。他的《李大钊对袁世凯的认识过程》一文强调的就是李大钊对袁世凯的态度有一个从拥袁到反袁的认识和行动的过程。这篇文章由于发表在改革开放初期，克服了过去人们头脑中的一些思维定式，这种以实事求是的态度来研究李大钊的文章在学术界产生了很大的影响，一时间好评如潮。这就促使他进一步深化对李大钊早期思想转化过程的研究。1989 年 7 月，他便推出了 15 章 42 万字的专著《李大钊早期思想与近代中国》。该书出版后，中国李大钊研究会希望他在此书基础上写一部李大钊传。2009 年 10 月，他推出了《李大钊传（上）》，虽然该书所阐述的内容仍属于李大钊早期思想，但为了加深对其早期思想转变过程的研究，全书用 29 章 62 万字加以阐述，基本覆盖了李大钊早期思想的所有重要问题。

研究李大钊的早期思想必须有思想史的资料。从 1913 年上半年李大钊发表在《言治》月刊上的文章《隐忧篇》《弹劾用语之解纷》《大哀篇》等几篇文章开始，最后一篇是其于 1917 年 10 月 10 日为庆祝中华民国成立六周年而写的文章《此日》，精确算起来总共只有 4 年的时间，但对这 4 年的研究却要揭示出李大钊思想转变的一个过程。如朱成甲所说：李大钊的拥袁思想有一个发展过程，李大钊的反袁思想也有一个形成过程，而反袁思想又分为袁氏公开复辟帝制以前和以后两个阶段。为了说明这个过程，就不仅要分析当时的中国政治舞台上发生的种种变化，以及社会上各种有代表性人物的思想言论，还要对照李大钊应对这种社会环境所做出的各种反应。

为了说明李大钊在辛亥革命前后的政治态度曾经是拥袁的，朱成甲回溯了李大钊清末立宪运动时作为北洋法政专门学校的一名学生的思想状况。北洋法政专门学校本身就是清末立宪运动的产物，它是由袁世凯创办的，其办学目的就是培养实行新政所需要的法政人才。立宪派的主张得到了大多数同学的支持。李大钊自己也回忆说：本校同学立宪、革命两派，立宪派公开活动，革命派秘密活动。同学多数属于立宪派，少数属于革命派。李大钊由于当时的条件没有进入"秘密活动"的圈子，属于当时的多数派，也就是立宪派。同时，在行动上他也曾积极参加了天津学界第四次请愿召开国会的活动。也正是由于他在这些活动中的表现，年轻的李大钊得到了立宪派头面人物的重视。

在民国成立以后，北洋法政专门学校创办的刊物《言治》对民国初年的一些政治问题是采取拥袁态度的，《言治》的主要撰稿人李大钊也是如此。例如，他曾积极拥护孙袁会谈，热情歌颂孙中山对袁世凯让权，李大钊曾受章炳麟观点影响反对革命党人在南京建都的主张，对于 1912 年 8 月发生的一次杀害"革命元勋"的事件中，一些激进的革命党人主张弹劾袁世凯，而革命党中的温和派如章士钊却不赞成弹劾袁世凯，李大钊赞成后者的意见，同时也对《临时约法》提出批评，这些是有利于袁世凯的。1913 年夏，袁世凯为实现集中统一，要撤销国民党人的都督职务，李大钊专门发表了《裁都督横议》的文章，系统阐述了裁撤都督的重要性。1913 年 7 月 12 日，李烈钧在江西湖口起兵讨袁，这就是"二次革命"爆发，7 月 22 日，袁世凯发布对南方革命党的讨伐令，李大钊在北洋法政专门学校的同学白坚武参加了讨伐的军队，即将去日本的李大钊写诗赞赏白坚武，称"二次革命"为"南天动乱"，这是对李大钊在民国初年拥袁的政治立场的最好说明。

同样，李大钊也不是简单地一下子就从拥袁变成一个反袁斗士。在朱成甲看来，李大钊生活圈的变化与袁世凯真实面目的逐步暴露是李大钊政治态度变化的重要原因。1913 年夏，李大钊自北洋法政专门学校毕业，1914 年 1 月到达东京，同年 9 月进入早稻田大学。这样，他就脱离了北洋法政的"藩篱"，接触了如章士钊等具有革命思想的各方面人士，特别是参加了在日本的中国留学生会的活动以后，他的政治立场逐渐发生变化，他开始进入中国民主革命的思想主流。早在 1913 年下半年，李大钊就发表过维护法治、反对袁世凯在立国的根本问题上坚持专制和人治的主张。李大钊 1914 年 8 月起就开始在《甲寅》上对袁世凯的腐败政治进行伦理性批判，他批评袁世凯"除异务尽""好同恶异"的专制主义本质，首倡"群众对抗力"，探求真正民主政治的社会基础。在 1915 年北洋政府与日本就"二十一条"的交涉过程中，李大钊采取的态度是拥袁抗日，而不是反袁抗日或倒袁抗日。朱成甲认为，这是他反袁思想发展过程中的曲折。1915 年下半年以后，筹安会登场，袁世凯加快帝制自为的步伐，其活动日益公开化，李大钊终于彻底认清了这个窃国大盗的反动面目，决意反袁，站到了这场斗争的最前列。李大钊在东京参加了留日学生的神州学会的活动，也就是正式参加了反袁的组织活动。李大钊与学会中的反袁志士和革命者结友后，其思想远离了改良派而倾向于革命派。1916 年 5 月，李大钊主编的留日学生总会的刊物《民彝》出版，李大钊发表了长篇论文《民彝与政治》，"以民彝思想为武器对袁世凯专制政治的批判，是他对中国的民主政治罕见的重要贡献"[1]。

---

[1] 朱成甲：《李大钊传（上）》，中国社会科学出版社，2009 年版，第 413 页。

朱成甲这种将历史人物的思想作为一个发展过程的分析方法也就是历史的分析方法，这种方法得到了学术界的广泛认可。丁守和在评论《李大钊早期思想与近代中国》一书时指出：本书以前所未有的深度和广度对李大钊早期思想的发展过程进行了理论剖析。过去人们在研究中回避或掩盖了李大钊思想发展中的种种曲折和矛盾，一切都是简单化的、直线的，这样，就没有或不可能有深入的理论问题好谈，从而也就使李大钊成为一个简单、肤浅的人。朱著突出地把李大钊作为一位著名思想家来研究，紧紧抓住他在追求真理过程中，在探讨中国前进道路过程中，所遇到、所思考、所扬弃的种种尖锐复杂的理论问题，进行深入细致的比较和辨析，实事求是地估价其成败得失，并探索其中的经验教训和根源。[1]

二、不要忘记应尊重真实的李大钊

在改革开放前的李大钊研究中，研究者出于对这位革命先驱者的尊崇，在对李大钊生平事迹的叙述中有些是不真实的，这是无助于了解真实的李大钊的。朱成甲说："真正愿意客观科学地认识和理解李大钊的人，千万不要忘记应尊重真实的李大钊。"[2]朱成甲在他的著作中指出了一系列这样的问题。

例如，1913年4月李大钊在《大哀篇》一文中，以民生为尺度，审视与批评了当时中国的各派政党，明确地表示了自己理想的政党与客观现实之间的矛盾。他不仅在理论上提出了"国赖以昌"的政党的先决条件，而且联系中国现实对各政党进行了考察，如关于"稳健者"政党、"急进者"政党、"折衷者"政党等。其中提到"急进者，蛮横躁妄之暴徒也"。那么这里所说的"暴徒"是指什么人呢？朱成甲认为必须从李大钊当时所处的环境和他思想经历的复杂背景来分析。事实上，李大钊这里所说的"暴徒"是革命党（同盟会——国民党），或者笼统地指革命党。李大钊还说："骄横豪暴之徒，乃拾先烈之血零肉屑，涂饰其面，傲岸自雄，不可一世，且悍然号于众曰：'吾固为尔民造共和幸福也'。"[3]这样尖锐的斥责究竟是针对何人呢？朱成甲指出，过去一些论者把"骄横豪暴""暴徒"理解为是以袁世凯为首的军阀官僚。朱著转引了刘桂

① 朱成甲：《李大钊早期思想与近代中国》，人民出版社，1999年版，第568—569页。
② 朱成甲：《李大钊传（上）》，中国社会科学出版社，2009年版，第108页。
③ 李大钊《大哀篇》，《李大钊全集》第1卷，人民出版社，2006年版，第10页。

生为此发表的文章，指出"这几个词指的是以孙中山为首的革命党人"，它与"军阀官僚是没有关系的"，是"从贬义上指责革命党人的一种称谓"。刘桂生的文章指出，民国初年各派政治人物，如朱执信、蔡元培、章士钊、李剑农、梁启超以及袁世凯等，都是以"暴民"这个词来指革命党人的。① 通过以上的分析可以说明，李大钊在当时用这些词来指责革命党人是符合当时李大钊的思想逻辑的，是不需要避讳的。

再比如，过去我国一些研究者认为早在辛亥革命以后，李大钊就以敏锐的洞察力，很快看出了袁世凯军阀统治的专制实质，而他的《大哀篇》就是对袁世凯专制统治最早，也是最深刻的揭露批判。有人认为，他的《国情》一文，看透了袁世凯称帝的野心，表现了他政治上的深刻远见，有的认为他的《警告全国父老书》和《国民之薪胆》公开举起反袁的旗帜，系统地揭露了袁世凯卖国及日寇侵华的罪行。朱成甲认为，李大钊自己的文章和实践证明这些论断都是不符合客观实际的。事实上辛亥革命以后，李大钊的《大哀篇》发表于1913年4月，那时李大钊还没有认清袁世凯的本质，还谈不上反袁。即使到1915年日本向中国提出"二十一条"无理要求的时候，李大钊也没有完全放弃对袁世凯的希望。他在《国民之薪胆》中的基本态度就是"促政府之反省，奋国民之努力"。他不仅不愿意对政府"厚责"，而且反对别人"互相归咎"，他认为弱国的外交失败是不可避免的。显然，在整个"二十一条"的交涉过程中，李大钊采取的态度是拥袁抗日和促袁抗日，决不是反袁抗日和倒袁抗日。说李大钊这时候已经"公开举起反袁的旗帜"显然是不符合实际的。即使在袁世凯完全屈服正式签字以后，李大钊也认为今后国民与政府应共同协力，卧薪尝胆，而不应该首先发动内战。朱成甲对李大钊的这种态度进行了全面的分析，并且指出在签订"二十一条"之后，袁世凯并没有"卧薪尝胆"，更没有恢复真正的民意机构"与民更始"，李大钊对袁世凯的希望一个个成为泡影，袁世凯在1915年下半年开始还加快了帝制自为的步伐。这时，李大钊对于袁世凯这个窃国大盗的反动面目才有了清醒的认识，并决定反袁，走上了这场斗争的最前线。

最让朱成甲感到必须澄清的一个问题就是前面提到的李大钊于1913年"二次革命"以后，写给白坚武的那首送别诗。这首诗清楚地表明了李大钊支持白坚武参加讨伐革命党起义的立场，但是却被影响广泛的《革命烈士诗抄》

---

① 刘桂生：《辛亥革命时期李大钊政论试析》，《清华大学学报》，1986年第1期。

当作支持革命党讨伐袁世凯的诗收入。作为一位革命烈士，李大钊的诗无疑是可以收入《革命烈士诗抄》的，但是必须符合历史事实，必须尊重作者当时的本意。为了澄清这个问题，朱成甲在《李大钊传（上）》中专门用一节的篇幅来说明事情的真相。李大钊的原诗是这样的：

南天动乱，适将去国，忆天问军中

班生此去意何云？破碎神州日已曛。

去国徒深屈子恨，靖氛空说岳家军。

风尘河北音书断，戎马江南羽檄纷。

无限伤心劫后话，连天烽火独思君。

这首诗的作者是李大钊是没问题的，问题是诗是写给谁的？对方参加的军队是什么军队？在1959年出版的萧三主编的《革命烈士诗抄》（以下简称《诗抄》）中，有注释说明，"天问"是"郭厚庵"，他参加的军队是孙中山领导的"二次革命"中的"讨袁军"。这部《诗抄》发行量很大，以后还有多种诗选选入此诗，同样也用了萧三《诗抄》的说法。朱成甲认为，这种解释与历史事实是相违背的，与李大钊当时的真实思想发展过程也是相违背的。事实上，"天问"并不是"郭厚庵"，而是白坚武。因为"天问"就是白坚武的别名，他自己在文字中就曾以"天问"自称。白坚武是李大钊北洋法政专门学校的同学，也是好友，毕业后联系密切。他毕业后从政，当了冯国璋的秘书，而1913年7月22日袁世凯发布对南方革命党的讨伐令，派遣镇压革命党人起义的正是曾经镇压过辛亥革命的冯国璋。不过李大钊虽然写了这样的诗句，但他当时的心情也是复杂的，他"去国徒深屈子恨"，表明他虽然就要去日本留学，但是对国家的命运还是十分担忧，这场战争无论谁胜谁负，都是一场民族的浩劫，是人民的不幸，"无限伤心劫后话"表明了他当时的忧虑。

三、在与相关人物的比较中判断李大钊的思想倾向

过去对伟大历史人物的思想研究往往有一种从概念出发的倾向，即如果他曾经信奉改良主义，他就一直是一位改良主义者；如果他是一位马克思主义者，那么他的思想早期就是信奉马克思主义的。这种研究倾向不是从历史

人物的实际发展情况出发，而是从某种概念出发，往往是脱离历史实际的。朱成甲在研究李大钊早期思想的时候，并不着意于给他的思想戴上某种特定的帽子，也不在于判定他是某一"派"，而是从历史实际出发，联系当时政治思想舞台上的特定人物的思想进行对比分析，从而判断其思想倾向。这是一种历史主义的分析方法，在朱成甲的著作中运用十分普遍。

李大钊在辛亥革命后在政治上曾经一度采取拥袁的立场，这对于不了解当时社会情况的人会感到有些难以理解。朱成甲在说明这个问题时不仅针对一个个实际问题阐述了李大钊当时的拥袁态度，而且用一章篇幅论述李大钊拥袁的背景和原因，除了说明袁世凯在当时所具有的特殊影响力之外，也包括与政治舞台上更有影响力的人物的比较，以此表明李大钊的拥袁立场。朱成甲指出：如果认为拥袁只是立宪派的事，而不是革命派的事；认为拥袁只是章太炎以及其他所谓温和的支门旁派的事，而不是孙中山等正统革命派的事；认为拥袁只是革命党个别人的局部的事，而不是革命党的整个路线、方针、政策、全局的事，那就恰恰离开了客观的历史，而进入了主观的历史。为此，他重点分析了革命派的几位代表人物，例如，在袁世凯的和谈攻势面前，黄兴是最早提出有条件地采取利用袁世凯反满的策略的，直到"二次革命"爆发之前，黄兴一直都采取的是拥袁的态度，即使在袁世凯与革命党人矛盾冲突比较激烈的时候，黄兴仍采取拥袁的态度。朱成甲还分析了孙中山对袁世凯的态度，指出直到宋教仁被刺以前，孙中山的拥袁态度比黄兴更加坚决、更加彻底。1912 年 8 月 18 日，孙中山应袁之邀北上，说道："他人皆谓袁不可靠，我则以为可靠，必欲一试吾目光。"8 月 27 日他又说："袁总统可与为善，绝无不忠民国之意。国民对袁总统万不可存猜疑心……"孙中山认为，"民国现在很难得这么一个人"。朱成甲指出，李大钊拥袁有他个人的原因，并不是来自革命党人的影响，但是在一些具体问题上对于袁世凯的态度却和革命党人的一些主要领袖人物具有相通或一致之处。但他也指出，李大钊对袁世凯的态度与孙中山、黄兴、宋教仁等对于袁世凯的态度也不能混为一谈，他们都是政治家，考虑问题的出发点及采取的策略比李大钊要复杂得多，即他们都有反袁、制袁的一面，而这一面当时李大钊是没有的。

李大钊脱离主要来自北洋法政专门学校的立宪派的思想"樊篱"的机遇是他 1914 年留日接触到《甲寅》并与章士钊结友之后。朱成甲指出，让李大钊进入中国民主革命的思想主流，关键是走近《甲寅》和结友章士钊。他说："他们之间之所以走上结交，主要是由于在文化思想上与政见上的'相合'，自然，同时也由于对于对方的个性、人格、品行等方面的高度理解与尊重。对于李大钊来说，在他的人生道路上，章士钊对于他的影响与帮助之大，是其他任何人无法相比的。"①为了说明章士钊对李大钊人生道路的影响，朱成甲在《李大钊传(上)》中用一章的篇幅来说明这个问题。在这一章里，朱成甲首先对章士钊这位老革命党人进行了介绍，并对李大钊与章士钊精神上的相通之处进行了历史的分析。辛亥革命以后，章士钊主编《民立报》时期，李大钊对于政党问题的观点即与章士钊相通；章士钊担任《独立周报》主笔时，李大钊对于章士钊所倡导的"精神独立"也是支持的。朱成甲说，章士钊在《独立周报》的文章，就是"精神独立宣言"，李大钊"奋起响应"，"宣言"中的每一个基本点"既属于章士钊也属于李大钊，都是他们共同的人生信仰、秉持与追求"②。1914 年 5 月持"缓进主义"的革命党人刊物《甲寅》创刊，章士钊担任主笔，秉持"朴实说理""无党无偏"的稳健主义的文字风格。李大钊对于《甲寅》的宗旨与风格感到欢欣鼓舞，"兴奋之情，实在难以言表"。当时正在日本的李大钊不仅给《甲寅》写了信，而且投了文章，有了与章士钊的第一次见面。朱成甲说：李大钊与章士钊其后 14 年的友谊，就这样开始，"他们的友谊并没有因为政见的变化而变化；他们的友谊并不因政见是否一致而存毁"。朱成甲在这一章里具体分析了章士钊对李大钊的影响，包括社会关系上的影响、学术思想上的影响、思想方法与文风上的影响、对李大钊其后人生道路的影响，并且指出："李大钊结友章士钊对于他本人以至其后中国历史的发展的影响，应是难以估量的。"③

朱成甲在他的著作中论述了李大钊的坚定的民主主义思想，不是从他是否参加了革命党人的组织以及是否自称为革命派的自我标榜出发，而是通过李大钊当时的思想实际，特别是通过与具有民主主义思想的人物的比较揭示出来的。在"辛亥革命与树立坚定的民主观"一章中，朱成甲阐述了李大钊这种民主共和思想的表现。他指出："李大钊由于在思想上一直和民主革命的思潮呼吸相通，所以，他不仅热烈地拥护这场革命，而且还在深厚的文化与学理的基础上，树立起颇有个性特点的坚定的民主共和观。其理性之高，其感情之深，其执意之坚，都是值得人们认真研究的。"④朱成甲从李大钊弃绝秦皇

---

① 朱成甲：《李大钊传(上)》，中国社会科学出版社，2009 年版，第 234 页。

② 朱成甲：《李大钊传(上)》，中国社会科学出版社，2009 年版，第 248 页。

③ 朱成甲：《李大钊传(上)》，中国社会科学出版社，2009 年版，第 270 页。

④ 朱成甲：《李大钊传(上)》，中国社会科学出版社，2009 年版，第 103 页。

之祸，坚决护卫人权和高度尊崇先烈、矢志继承其事业两方面论述了李大钊与以孙中山为代表的中国民主思潮的联系是深远、坚定、深刻的。

朱成甲的著作还论说了1917年张勋复辟以后，李大钊来到上海，支持孙中山的护法斗争，批判梁启超的伪调和主义，批判段祺瑞、梁启超的伪国家主义的情况，先后发表了《辟伪调和》《暴力与政治》两篇文章；1917年10月10日为庆祝民国成立六周年，又发表《此日》一文，"突出地反映了李大钊在中国民主化的潮流中，在此历史的关键时刻的革命意志与品格"。这些文章，对了解李大钊这一时期的思想状态特别是今后的思想走向，有着特殊的重要意义。

朱成甲说：李大钊与以孙中山为代表的中国民主思潮的联系是多么深远！他对于民主主义的信仰是多么坚定！理解是多么深刻！他对于为这个主义而奋斗的革命党人特别是烈士们是多么深情崇敬！并且，决心自觉地要继承和发展他们的事业。他指出："李大钊既没参加同盟会，也没有参加民国后的国民党，这是人所共知的。但是，对于革命民主主义的信仰的程度和奋斗的意志，难道仅仅能用是否参加革命党来衡量吗？李大钊的上述思想和奋斗意志，难道是当年曾经在党的人都能达到的吗？"①

四、注重分析李大钊早期思想产生的社会心理因素

每一个历史人物都生活在一定的社会环境中，这个社会环境自然也包括社会心理环境。朱成甲在他的李大钊研究中，十分重视影响李大钊早期思想的社会心理环境，并对其对于李大钊早期思想的影响情况进行了具体的分析。在《李大钊传（上）》的"拥袁的背景、原因"一章中，用"特殊的历史条件与社会心理"一节来探讨李大钊曾一度拥袁的社会心理因素。

第一，朱成甲在书中分析了在中国那时特殊的社会环境中，会造成当时人们的共同的心理弱点。他指出：中国社会错综复杂的矛盾与中国民主革命的某些特点、缺点和弱点，能够在孙中山等革命党人身上表现出来，在一般中国人身上表现出来，在李大钊身上自然也表现出来。而袁世凯的特点就是善于利用革命党人心理上的弱点，以逞其欲。辛亥革命以后，有条件地利用袁世凯迫使清王朝退位，本是革命党人在当时的条件下所可能选择的正确策

---

① 朱成甲：《李大钊传（上）》，中国社会科学出版社，2009年版，第108页。

略，但袁世凯方面则利用革命党人的弱点和策略，玩弄了一场骗局，而这两种因素造成的过程和实际结果反映到一般民众的脑子里，却大大提高了袁世凯的威信，使他们造成了种种错觉，即认为袁世凯是缔造民国的大功臣，是避免长期战争、给人民带来和平的大恩人，这种心理在北方的直隶更为突出。

第二，朱成甲分析了这一时期国人的共同社会心理。在辛亥革命以后，国人心理上明显存在着"厌乱"心理。这种心理造成人们反对与封建反动势力进行坚决斗争，只求实现形式上的统一与和平。于是，在一场革命刚刚开始的时候，人们就匆匆忙忙地要求结束革命，于是就造成了当时的南北统一。当时的这种社会心理状态，反映了国人还缺少自觉的民主意识，但求一时的苟安和妥协。国人另一种心理上的弱点就是"依赖"心理。人们过分夸大个别英雄人物的作用，把国家治乱、民族安危、个人祸福都寄托于个别英雄人物身上。对像袁世凯这样的"强人""大政治家"盲目地相信、崇拜，即使他"稍逾轨范"也都甘心忍受迁就，以致酿成后患。

第三，分析李大钊的毕业学校北洋法政专门学校与袁世凯的特殊感情。

由于袁世凯在清末担任直隶总督期间的政绩，天津各界特别是教育界对袁世凯充满感恩心理，并且举行过大的感恩活动。天津各学堂在给袁世凯的"颂词"中把袁世凯看作清末废科举、兴学校、进行教育改革的先驱、倡导人，他"造新世界，不祖故常"，并祝他福寿"比于周召"。朱成甲分析："不管李大钊当时是否参加了这次歌颂活动，但是，我们没有理由说这种歌颂与他的思想感情没有联系。"[1]

北洋法政专门学校是袁世凯主政直隶时创办的，是他的政绩和宏图大略之一。因此，这所学校与袁世凯有着特殊的渊源。袁世凯对于这个学校的影响是其他任何学校所不能比的。在第一届国会选举期间，在革命党人进行"二次革命"期间，学校创立了北洋法政学会，创办了《言治》月刊，其政治表现明显是拥袁的。朱成甲专门论述了《言治》月刊在这期间的拥袁表现。李大钊是《言治》月刊的编辑部主任和主要撰稿人，他的个人思想与这个刊物的拥袁立场必然是存在着心理认同的。李大钊在这个刊物上发表的《隐忧篇》《大哀篇》《裁都督横议》等文章所表现出来的心理，与当时社会民众的"厌乱""依赖"的心理是一致的。

第四，朱成甲分析李大钊在当时拥袁也是出于无奈，因为没有更好的选

---

[1] 朱成甲：《李大钊传（上）》，中国社会科学出版社，2009年版，第192页。

择。他认为，李大钊拥袁主要还是从袁世凯在清末迫使清帝退位与革命党人就范这个大的形势出发的，他的拥袁言论多围绕具体事件、具体问题，对于袁世凯的看法又有自己的观察角度，有自己的特点，所以应该进行具体的分析。总的来说，他并不认为袁世凯就是理想的时代人物，是什么英雄，而认为他是一个"枭雄"。这种枭雄在风云际会的形势下，又是不能不拥护、不能不依赖的。因为除此以外，别的人可能还不如他。不管怎样，"枭雄"终究使大局得到"厝火积薪之安"，这就是他不能不拥护袁世凯的理由之一。

社会心理环境也是社会历史条件的一部分，分析历史人物的思想，要重视这方面的因素。朱成甲指出："社会历史条件的客观原因是一定时代的人所不可能超越的。既然社会历史条件的客观原因是一定时代的人所不可能超越的，因此，我们总结历史经验，主要还是在一定历史条件可能实现的那些范围内去考察人们的成败得失，而不应该越出这个范围。"[1]

五、以历史活动为经，以相关著述为纬，编织李大钊完整的人生画卷

深入阅读朱成甲的李大钊研究成果，特别是 2009 年的《李大钊传（上）》，读者会深刻地感觉到作者能够把历史人物传记的撰写与近代政治思想史的研究紧密地结合起来。通过阅读本书，读者既可以了解到李大钊在 1918 年以前的早期人生历程，又能够对他的社会思想的具体表现有一个全面的了解。

在对李大钊这样的现代历史人物的研究中，对其人生经历的研究和对其社会思想的研究如同两条腿，不能忽视任何一方。只考证和叙述其人生经历，不研究其思想状况，就可能对他的某些活动感到不可理解；同样，只研究其早期思想的文字表现，不理解当时的历史环境，也不能真正了解他的思想发展情况。这就要求研究者具有历史学和哲学两方面的功力。朱成甲正是具有这两方面的功力，所以他的李大钊研究不仅具有事实性的特征，同时也具有理论性的特征。在阐明事实方面，他能够旁征博引、考证入微，在论述思想方面他能够从哲学的宇宙观、认识论、方法论方面进行深入的理论阐述。

李大钊自 1913 年从北洋法政专门学校毕业以后，即开始在北洋法政专门学校的刊物《言治》上发表文章，如《隐忧篇》《弹劾用语之解纷》《大哀篇》等文

---

① 朱成甲：《李大钊传（上）》，中国社会科学出版社，2009 年版，第 200 页。

章，这些文章主要是评论时政的，朱成甲在相关的章节中都进行了分析。留学日本后，李大钊结识了章士钊，1915 年开始在《甲寅》上发表文章，如《厌世心与自觉心》。该文是针对陈独秀的《爱国心与自觉心》而写的，朱成甲认为李大钊这时的思想主线是高举"新爱国主义"的思想，并以《箴陈奋起，揭举新爱国主义》为题，用一章的篇幅来阐述李大钊在探索救国真理上"具有标志性的一篇理论文章"，是非常具有思想史价值的。

在朱成甲的《李大钊传（上）》中，花笔墨最多的就是对于李大钊的《民彝与政治》的论述。通过这篇长文的阐述说明李大钊到日本以后，参加了东京的中国留日学生总会的活动，担任文事委员会的编辑部主任，负责编辑出版该会的刊物《民彝》。经过短时间的筹备，《民彝》于 1916 年 5 月在东京创刊发行。在它的创刊号上李大钊发表了《民彝与政治》这篇 2 万字的文章。文章清楚地阐明了李大钊在反袁问题上的立场，对留日学生的反袁斗争发挥了重要作用，表现了"鹏鸟始张翼"的宏图与英雄气概。在《李大钊传（上）》有关《民彝与政治》的两章中，朱成甲梳理了李大钊对袁世凯英雄创造历史的唯心主义、封建禁欲主义、在思想文化领域的专制主义的批判，指出"李大钊以民彝思想为武器对袁世凯专制政治的批判，是他对中国的民主政治罕见的重要贡献"。朱成甲还指出李大钊的民彝思想即现代以人为本的思想，不仅对于反袁斗争具有特殊的理论意义，而且对于中国的现代民主政治建设，也提出了至关重要的基本理论原则，成为中国创建现代国家的重要理论基础。因此，该书用一章的篇幅论述了"人的学说与创建现代国家的政治理论基础"。这两章体现了作者对李大钊早期思想的最重要内容的探讨和阐述，可以说是全书的核心内容之一。

李大钊的"创造青春中华"的理想也是朱成甲在书中所要着重阐述的李大钊早期思想的重要内容，为此朱成甲在《李大钊传（上）》中安排了两章进行论述。在李大钊从日本回国以前就撰写了《青春》一文，在 1916 年 9 月 1 日出版的《新青年》发表，此前他在《晨钟报》的创刊号上发表的文章《晨钟之使命——青春中华的创造》也是他阐述创造青春中华理想的重要文章。在阐述创造青春中华的理想这两章中，朱成甲不是按照文章字面的表述来分析李大钊的早期思想，而是将他回国后 1916 年的活动按照"《晨钟报》时期"和"《宪法公言》时期"来进行历史的叙述。同时，作者还对"创造青春中华"的思想进行了理论上的分析，阐述了"青春"与泛青春论、青春的历史观、青春的人生观、青春的宇宙观的内容，深刻论述了李大钊"创造青春中华"的理想与青春思想的意义，特别是在促进民族自觉上的意义。朱成甲论述了李大钊"青春中华之创造"的思想，从思想上举起了民族自觉的思想旗帜，分析了民族复兴崛起的哲学基础，强调了青年在民族自觉中的历史责任，高扬了勇往奋进的理想主义与乐观主义大旗。

1917年张勋复辟后，李大钊仓皇来到上海。在阐述这段历史时期李大钊的活动时，朱成甲以"支持孙中山的护法斗争"为题目，也分两章来叙述，重点叙述李大钊批判梁启超的伪调和主义、批判段祺瑞和梁启超的伪国家主义。在阐述这些内容时仍然是将这一时期李大钊发表的重要文章如《辟伪调和论》《暴力与政治》等作为立论的基础。

六、历史主义的研究不排除分析人物的主观条件

以马克思主义的历史观来研究伟大历史人物，一方面要看到时代需要的客观条件，同时也要看到历史人物的主观条件。朱成甲在他的著作中论述道：在中国近代史上众多探寻救国真理的优秀人物中，为什么李大钊能够起这种率先作用？因为它既反映中国历史发展的客观需要与时代的必然性，同时也反映李大钊这位杰出人物具有回应历史呼唤的特殊条件，具有立志追求真理而又能找到真理的人生机缘、动力与内在逻辑。

为什么李大钊能够成为中国共产党诞生前最早找到马克思主义的先驱者呢？虽然朱成甲的李大钊研究尚未涉及中国共产党成立前后的历史，但从他对李大钊早期思想的研究中已经可以透视出李大钊所具有的这方面的条件。

第一，李大钊立志通过"深研政理"来救中国，这是他的爱国主义思想的根本特点，是他能够与时俱进发现并信仰马克思主义的最基本条件。

朱成甲的著作揭示了李大钊"深研政理"的发展之路。自从他进入北洋法政专门学校，就已经开始走上"深研政理"之路，到日本留学为他开辟了"深研政理"的新路径。留日回国后，仍"深研政理"，继续回答"再造中国"的重大理论问题，直至找到马克思主义。"深研政理"是他走上为中国革命开辟历史新纪元之路的关键，也是他爱国主义思想的根本特点。李大钊的以"深研政理"为特点的爱国主义，是中国现代爱国主义发展的新阶段。李大钊认识到，中国原先的爱国主义已不足以"应时需"。李大钊正是由于深感中国原先的爱国救国思想理论的严重不足，才立志要"深研政理"，以求对救国问题在一些根本性的理论方面有新的更好的解决方法。

　　朱成甲指出，李大钊立志"深研政理"的实质，是科学理性的爱国主义。在中国近代众多有志报国的优秀人物中，像李大钊这样立志以"深研政理"作为救国根本之图的，实在少见。相反，倒是追求强兵救国、强商救国、实业救国、教育救国、国会救国、立宪救国、革命救国、国粹救国以至于医学救国、文学救国、体育救国、拳术救国等，如灿烂群星。李大钊"深研政理"的救国选择，是中国现代思想史上首倡科学理性爱国的先声。朱成甲指出："历史上任何教主或圣哲，都必须接受真理的检验而不能高于其上。他不仅将真理作为爱国的标准，而且作为人生的标准。这种理性爱国的真理人生观，是他率先迎受马克思主义以救国的主观条件。"①

　　第二，李大钊"鄙弃仕途与政坛生活"为他头脑冷静地"深研政理"创造了必要的条件。

　　朱成甲在其著作中论述了李大钊这方面的性格特点。书中讲到李大钊在北洋法政专门学校毕业后对自己前途的考虑时说：李大钊从北洋法政专门学校毕业，对于他的个人和家庭都是一件大事。他在这时毫无疑问已经具备了求官谋职的足够条件。因为北洋法政专门学校本来就是培养新式官吏的场所，他在同届毕业生中又是一位佼佼者，更何况他的学问和才能早已引起当时政界的显赫人物汤化龙、孙洪伊的重视。因此，李大钊当时如果愿意从政，谋求个人的荣华富贵，仕途的大门的确是向他敞开着的。但事实上李大钊不但无意于追求仕途的生活，而且对于当时政坛和政界的生活表现出极端的厌恶与鄙弃。在他1913年9月发表的《政客之趣味》一文中，表现出他视政坛如粪场，视政客之趣味如蜣螂之弄粪丸，表明他当时绝不可能同流合污地"进入仕途"。朱成甲说："李大钊这种人生态度，这种真正纯洁高尚、爱国无私的人生观与价值观，是使他在人生的关键时刻避免陷入逆流的最具决定性的内在心理素质。"②的确如此。假如1913年李大钊在北洋法政专门学校毕业后，按照学校的培养目标和他的同学们一样进入仕途的话，就不会有1919年以后的李大钊！这种个性心理是他成为伟大的革命先驱者的重要的主观条件。

　　第三，广博的学识、敏锐的观察力和超强的写作能力是李大钊在理论上不断探索并超越同时代人的重要条件。

　　朱成甲对李大钊的研究，从他在家乡受到的启蒙教育开始，一直到1917

---

①　朱成甲：《李大钊与中国共产党的创建》，《中国社会科学报》，2011年7月15日。

②　朱成甲：《李大钊传（上）》，中国社会科学出版社，2009年版，第214页。

年底准备进入北京大学。这 28 年可以说是他正式就业之前的学习阶段，无论是在学校的学习还是在社会课堂的学习，都大大增长了他的学识与才能，为他探索救国救民之路创造了必要的条件。早年在故乡参加科举前后的学习，让他对中国传统思想文化的领悟与运用打下了牢固的基础。在北洋法政专门学校 6 年的学习，使他达到了当时大学本科毕业的水平，对社会科学各个方面的知识都有了很好的了解，朱成甲的书中对于李大钊在北洋法政专门学校的学习情况有详细的叙述。在赴日本早稻田大学学习之前，事实上他已经具备了相当强的社会观察力和对社会现实问题的分析能力。在北洋法政专门学校的刊物《言治》上所发表的几篇文章已经反映了他的观察力和写作水平。对于这些，朱著中都有详尽的论述。到日本留学以后，他的政治立场发生了变化，从改良派的立场转向了革命派立场的同时，他的理论水平又有了质的提高。《民彝与政治》《青春》的写作就是这方面的突出表现。朱成甲的著作说明了这些著述的写作过程。李大钊是在短时间内完成的这些高水平文章的写作，显示了他超强的理论水平和写作能力。这些都为李大钊在进入北京大学以后进一步接触马克思主义、信仰马克思主义、宣传马克思主义奠定了必要的主观条件。

朱成甲对李大钊的研究从《李大钊对袁世凯的认识过程》一文发表和《李大钊早期思想与近代中国》一书出版后就获得了学术界很好的评价。有学者评论说："与李大钊研究的其他论著，尤其是早期思想研究论著相比，其最大的特色，就是在求真上狠下功夫，因而在再现李大钊早期思想的真实面貌方面取得了很大进展。他突破了以往研究领袖人物时以其成熟期的思想来规范其早期思想，从概念和想象出发，或孤立地就思想论思想的方法，坚持从客观的事实出发，摆脱一切成见的束缚，在认真研究原著的基础上，密切联系当时的历史环境，尤其是联系与李大钊思想直接相关的具体环境和人际关系，进行反复深入的研究，从而弄清了多年来未曾弄清，或尚未研究过的一些重要历史事实和重要理论问题，并进而对这些历史事实和理论问题，进行了比以往某些论著更为深入的探讨和评论。这样，它就以前所未见的崭新的面目，把李大钊早期思想呈现在广大读者面前。这是迄今为止，在李大钊早期思想研究中分量最重、学术价值最高的研究成果。"[1]

---

[1]　杜蒸民：《贵在求真和创新——朱成甲著〈李大钊早期思想与近代中国〉简评》，《中共党史研究》，1990 年第 2 期。

习近平在谈到新时代评价历史人物的方法论原则时指出："对历史人物的评价，应该放在其所处时代和社会的历史条件下去分析，不能离开对历史条件、历史过程的全面认识和对历史规律的科学把握，不能忽略历史必然性和历史偶然性的关系。不能把历史顺境中的成功简单归功于个人，也不能把历史逆境中的挫折简单归咎于个人。不能用今天的时代条件、发展水平、认识水平去衡量和要求前人，不能苛求前人干出只有后人才能干出的业绩来。"①朱成甲的李大钊研究确实在评价历史人物的方法论上进行了深入的探索，实现了诸多的创新。他的整个研究体现了历史主义的精神，他的"李大钊早期思想与近代中国"的设计就体现了他的总体思路。具体来说，他把历史人物的研究放在历史人物当时所处的时代和社会的历史条件下（也包括社会心理环境）去分析，他以实事求是的科学精神克服了以往李大钊研究中的诸多不符合历史实际的问题，摆脱了以往从某种概念出发的旧模式，而能从李大钊在特定时代的实际思想状况出发去研究李大钊，他把人物生平的研究与思想史的研究有机地结合起来，既体现了历史的连续性又凸显了理论的深刻性，他对李大钊早期思想的研究揭示了李大钊在中国共产党成立以前成为中国最早的马克思主义者的主观原因。因此，正像很多评论者说的那样，他的研究体现了新时期李大钊研究的最高学术水平。同时，他对李大钊研究所体现出的历史的、科学的、辩证的思想方法和研究方法也是值得我们深入研究和继续发扬的。

（原载于《李大钊研究》第 1 期，北京大学出版社 2021 年出版，收入本书有改动）

---

① 习近平：《在毛泽东同志诞辰 120 周年座谈会上的讲话》，《论中国共产党历史》，中央文献出版社，2021 年版，第 56—57 页。

下 编
评中国的西方史学研究

二十年来我国学者对西方史学的理性认识与方法借鉴

摘要：近 20 年来中国学者对西方史学的认识发生了深刻的变化，这从对待兰克和汤因比的态度的变化可见一斑。20 世纪西方历史哲学的发展呈现出从思辨的历史哲学日益转向分析的历史哲学的特点，反映了现代西方史学理论上的一场大换位；在中国，历史认识论问题越来越受到史学理论工作者的关注，在整个史学理论中的地位也越来越重要。同时，中国史学工作者还借鉴了目前流行的西方史学流派，例如年鉴学派、西方马克思主义、比较史学和心理史学的方法，为深化中国史学研究服务。

关键词：新时期；中国学者；认识；借鉴；西方史学

新时期以来，中国学者对西方史学的认识发生了重要的转变。这种认识的转变是进一步了解西方史学、借鉴西方史学进而发展中国史学的一个重要的因素。近年来中国史学的新发展与对西方史学的这种认识与借鉴有密切的关系，本文将对此做一简要的回顾。

一

中国是一个有着悠久的史学传统的国家，中国史籍的丰富与完整令世界惊叹。长期以来，这种史学大国的自我感觉一定程度影响了中国学人对国外史学的认识。新中国成立以后，加之政治和观念方面的影响，又使国人戴上一副"有色眼镜"，难以完全认识西方史学的本相。即使排除意识形态的偏见，由于文化和学术交流的局限，一般中国学人了解西方史学会有很大的时间差，比如西方 19 世纪以前的理论观念可能被当成 20 世纪的新东西；而西方 20 世纪上半叶的东西往往被当成新的、时髦的东西。只有到 20 世纪末、21 世纪初，由于实行多年的开放政策，文化和学术交流的日益频繁，这种时间差才逐步缩小。而近 20 年以来中国学者在对西方文化成果所持的开放的、理性的心态和科学的批判精神，则使中国学者对西方史学的认识发生了深刻的变化。

我们以中国学人对西方史学最有代表性的史学流派的认识的转变为例来说明这种变化。19世纪最有影响的西方史学流派应属德国兰克学派，尽管到20世纪下半叶它的影响已经逐渐被西方的新史学所取代。兰克学派的理论和方法在20世纪三四十年代曾经被傅斯年等著名学者倡导，在中国产生过一些影响。但兰克史学对中国的真正影响，是在新中国成立以后长期被当作资产阶级"客观主义"的典型，并对其"反动思想"加以批判造成的。即使到20世纪80年代，史学史中提到兰克，也还是强调他的"客观主义"。有一部很有影响的史学史教材在介绍了兰克的大量学术著作之后说："然而，最值得注意的倒不是兰克的这些著作，而是他所标榜的治学态度和治学方法。"作者认为兰克宣传写历史必"如其实在所发生的情形一样"，是"宣传其虚伪的'客观主义'，否认理论在历史研究中的指导作用，反对科学的概括和推论，反对总结历史经验，反对用历史研究的成果来指导当前的社会实践。'客观主义'是为资产阶级政治服务的"。① 其实，这种对兰克的评价在当时是很有普遍性的，许多史学史或史学概论的教材在提到兰克这位德国著名史学家时，都是把他当作"客观主义"史学的代表，而他的史学成就反倒是不重要的。

而在世纪之交，兰克在中国学者眼中却发生了很大变化。例如，张广智主著、复旦大学出版社出版的《西方史学史》教材，对同一个问题提出了不同的看法。张广智认为，兰克的那句话被后人千百次地引用，似乎就是那句话首次揭示了客观主义史学的宗旨，即"如实直书"。他说："如果认为客观主义史学是由此产生的，那么我们只能说对兰克的误解造成了客观主义史学。事实上，虽然兰克与客观主义史学有着密不可分的关系，我们却既不能将兰克史学当作客观主义史学的代名词，也不能将对客观主义史学起源的认识仅仅停留在兰克的史学成就内。"

对兰克那句名言的评价，张广智也有根本的不同。他说："从兰克的那句名言中，我们便能确信他认为历史学理想的目的在于评判过去，教导现在，以利于未来。兰克说自己的写作只不过是说明事情的真实情况，这在表面上是一种谦虚之辞，其实对兰克来说，它同样是一项真正艰巨而伟大的任务。"② 毫无疑问，随着时间的推移，我们对西方史学的认识也在不断地深化，即使

---

① 郭圣铭编著：《西方史学史概要》，上海人民出版社，1983年版，第156—157页。

② 张广智主著：《西方史学史》，复旦大学出版社，2000年版，第212—213页。

那些看来似乎已成定论的事情，由于研究的深入，认识也会发生相应的改变。

英国著名历史学家汤因比的 12 卷巨著《历史研究》无疑是 20 世纪中期最有影响力的史学著作之一，这部著作所体现的"文化形态史观"也得到西方学术界的极大关注。尽管人们对这部著作的观点评价不一，但它是现代西方最具有代表性、最具影响力的史学著作，学界对此是没有争议的。

汤因比的观点在 20 世纪 40 年代曾被介绍到中国，那是与雷海宗、林同济等学者的努力提倡分不开的。由于 50 年代后期的政治环境，汤因比和他在中国的推崇者一起，成为当时被批判的对象。1959 年 7 月，汤因比《历史研究》的节选本（英国牛津大学出版社出版索麦维尔节录本）被上海人民出版社翻译出版。当时，翻译出版这部书完全是为了学术批判，从该书译者曹未风所写的文章《对汤因比著〈历史研究〉1—3 卷的批判》（出版时作为中译本"代序"），可以看出当时学界对汤因比的看法。文章认为，汤因比提出解释人类全部历史过程的"新学说"的目的，"显然是为了与马克思主义相对抗"，"他的真正目的，就是要用历史来证明，欧美资产阶级，也就是他所说的'西方基督教文明'，乃是全世界从古到今的唯一具有发展生命力的'文明'"。[1] 在这篇《代序》中，译者先后批判了汤因比的"文明的概念"、文明发展的"四阶段论"、"文明起源"的学说（即所谓"挑战与应战"学说）、汤因比历史观的思想根源、汤因比"文明生长"的理论（包括个人作用的问题和"退隐与复出"学说），同时也对汤因比的"博学"进行了批判。因此在译者看来，这部著作真是没有什么学术价值可言。译者还不无讥讽地说：汤因比"以'总结了全人类的历史经验，并从中找出历史的科学规律的人'自许，但不管他的野心多么大，花了多少劳动力，他的企图却是惨败了，因为他从根本上就走错了路。他的历史形态学只能使他看到浮浅的表面，看不到事物的本质，他的唯心论也必然要使他走向神学，最后一切还是推到上帝身上了事。"而这部书的唯一可取之处，就是书里反映了资产阶级在帝国主义时期的"那么一种日薄西山的悲观情绪"。[2]

时过境迁。到了世纪之交，在汤因比这位 20 世纪英国史坛上出现的"世界级的史学大家"和他从 1934 年开始出版到 1961 年才得以出齐的历史巨著，已经在西方失去昔日风光，逐渐被人冷落的时候，中国学者却越来越深刻地认识到这位大学者思想的深邃和他的著作的学术价值。20 世纪八九十年代以

① ［英］汤因比：《历史研究》（上册），曹未风译，上海人民出版社，1959 年版，代序第 3 页。
② ［英］汤因比：《历史研究》（上册），曹未风译，上海人民出版社，1959 年版，代序第 26—27 页。

来，中国学者评述汤因比和他的著作的文章很多。尽管有的人在运用他的理论说明中国历史与国情时出现过问题、遭到过批评，但这并不影响人们对汤因比学术理论本身的客观评价。

在罗凤礼主编的《现代西方史学思潮评析》一书中，专门有一章"汤因比和他的《历史研究》"（作者张志刚）。该章的第一节就是"历史概念再认识"。作者就汤因比批评以往西方历史学家专以民族国家作为历史研究的一般范围或主要对象，主张以"文明"作为历史研究的"单位"的观点，指出："从汤因比所作的学术批判来看，他是过于贬低或简单否定了近代学者的历史观念及其认识成果，但他借这种偏激的批判所推出的基本结论却异常鲜明地突出了人类历史的一个主要特征。这无疑有助于启发后人进一步反省近代历史哲学与史学研究在方法论观念上留下的历史局限性，以使当代历史认识的视野放得更宽阔一些，更深刻一些。"[①]他还认为，汤因比所主张的那种多元文化观，表明汤因比在当时西方文化氛围与学术趋向的影响下，"较早地意识到欧洲文化中心论的弊端，不无积极意义地在历史哲学与史学研究领域充分肯定了'文明形态的独立自在'和'诸种文明的同等地位'，并由此转向了文明形态比较研究"。

对于汤因比所主张的文化动因的观点，张志刚也进行了批判性的分析，在指出汤因比在历史观和方法论方面存在的问题的同时，也肯定了这种观点在历史哲学上的积极意义。他说："应当承认，汤因比所主张的文化动因观点是对历史哲学研究的一种有力推动。他突破了以往历史认识的逻辑框架，明确提出了文化动力的概念，并由文明社会的基本结构入手，深入文化的潜意识层次来加以阐释，这种理论尝试的确发人深思。"

张广智在他的《西方史学史》中也对汤因比的历史观点做了整体性的评价。他指出："（汤因比）对史学的一个卓越贡献就是对人类历史发展的客观进程做出了整体性与综合性的考察。"[②]1961年《历史研究》第12卷问世，汤因比把它定名为"重新考虑"。针对这一点，张广智指出："汤因比不愧是一位竭诚探索与知错即改的严肃学者。""汤因比在检点自己过去思想时所表现出来的豁达和大度，表现了常人所不及的理智上的真诚与坦率。"对于汤因比晚年对西方社会的现状愈益忧虑、不安与失望，瞻望未来，他把希望寄托在东方的思想，更是受到许多中国学者的关注和赞许。对此，张广智在《西方史学史》中也有

---

① 罗凤礼主编：《现代西方史学思潮评析》，中央编译出版社，1996年版，第149页。
② 张广智主著：《西方史学史》，复旦大学出版社，2000年版，第279页。

很多论述。

　　汤因比在去世前,根据当代历史的最新进展和史学研究的最新成果,改写了他的这部卷帙浩繁的巨著,而且还精选了 500 多幅插图和 23 张地图。2000 年 9 月,上海人民出版社出版了汤因比 1972 年完成的《历史研究》修订插图本(刘北成、郭小凌译)。这足以说明到世纪之交,中国学人对汤因比的研究兴趣仍然没有减退,相信此书的出版对于中国读者全面了解这位杰出的史学大家的学术思想一定会有积极的帮助。

二

　　20 世纪西方历史哲学的发展呈现出从思辨的历史哲学日益转向分析的历史哲学的趋向。这种思潮反映了现代西方史学理论上的一场大换位,即把史学的立足点从客位转移到主位上来。在分析的历史学家们看来,历史作为事件历程的本身是根本不存在的,他们从根本上否认有所谓兰克意义上的客观如实的历史的理论。这一史学理论带有根本性的问题,即历史认识论的问题。从 19 世纪末到 20 世纪初的狄尔泰、李凯尔特首开其端,经过 20 世纪上半叶克罗齐、柯林武德等的发扬,再到波普尔,分析的历史哲学已经成为西方历史哲学的主要潮流。

　　20 世纪 80 年代以来,反映西方历史哲学这种变化趋势的史学理论著述不断被介绍到中国。德国哲学家狄尔泰反对实证主义社会学的"自然主义",反对德国古典哲学的形而上学的观念,认为整个一部人类的历史就是一部精神史。精神是不断变动的,任何历史整体都只有个性,因此也就没有什么历史规律可言。

　　80 年代初,真正引起中国学术界强烈关注的事件是意大利哲学家克罗齐的史学理论代表作《历史学的理论和实际》的出版。克罗齐提出"一切真历史都是当代史"的著名命题,认为历史绝不是用叙述写成的,只有现在生活中的兴趣方能使人去研究过去的事实。因此,这种过去的事实只要和现在生活的一种兴趣打成一片,它就不是针对一种过去的兴趣,而是针对一种现在的兴趣。克罗齐的观点无疑给那些希望认真了解西方史学理论的学者一种新鲜感。

　　1986 年,由何兆武、张文杰翻译的英国哲学家柯林武德的代表作《历史的观念》出版,这使得西方分析的历史哲学的思想在中国又一次产生新的冲击。柯林武德认为,历史的过程不是单纯事件的过程,而是行动的过程,它有一个由思想的过程所构成的内在方面；而历史学家所要寻求的正是这些思想的过程。"一切历史都是思想史。""思想史，并且因此一切历史，都是在历史学家自己的心灵中重演过去的思想。"尽管在基本的历史观上，柯林武德的观点与我们不同，但他所提出的问题却引起了更多的中国学者的思考。可以说，克罗齐和柯林武德的这两部书从 20 世纪 80 年代到世纪之交，在中国史学理论界产生了持续不断的影响，研究他们思想的论著很多。

西方分析的历史哲学的另一位代表人物英国的波普尔的著作也于 20 世纪 80 年代与中国读者见面。该作 1987 年有两种译本，一本译为《历史决定论的贫困》，另一本译为《历史主义的贫困》。波普尔把历史主义和历史决定论看成同义语，而他本人是反对历史主义的。他认为历史是没有规律可循的，因而也是无法预言的。他认为，不可能有一部"真正如实表现过去"的历史，只能有对历史的解释，而且没有一种解释是最后的解释，因此，每一代人都有权利做出自己的解释。

此外，对我国学者了解分析的历史哲学产生过较大影响的著作还有英国卡尔的《历史是什么?》、英国沃尔什的《历史哲学导论》等。

20 世纪西方历史哲学从思辨日益走向分析的趋向表明，历史哲学正从探讨历史过程本身的问题转向对历史知识性质的思考，其思考的方向是对客观主义、实证主义史学传统的反动，思考的起点是自然科学方法在历史领域中的可适用性，思考的中心就是历史认识的主体性问题。这一趋势唤起了中国史学家自身主体意识的觉醒，具体表现就是 20 世纪 80 年代后期形成的历史认识论讨论的高潮。

1987 年在成都召开了以历史认识论为中心议题的第四届全国史学理论讨论会，其后历史认识论的讨论不断深入开展，讨论涉及历史认识的主体性、认识主客体之间的关系、历史认识的一般过程、历史认识的特点、历史事实与历史解释、历史认识的层次与种类、历史认识的真理性及其检验等。当时的主要史学刊物如《历史研究》《史学理论》《世界历史》《史学月刊》等都发表了有关历史认识研究的文章，如李振宏的《论史家主体意识》、赵轶峰的《历史认识的相对性》等文章。当时的学者们普遍认为：西方学者在强调作为认识主体的历史学家在历史认识过程中的主观能动作用方面，确有其合理之处。历史认识论问题的提出，本身应看作是同整个史学的变革紧紧联系在一起的，是史学为了适应新时期现实生活发展的需要而自行改革的一种反映。

李振宏认为：最近几年，我国史学终于发展到再也不能无视西方史学，而要求与当代世界科学并驾齐驱的地步。当代西方批判的历史哲学发展的势头，理所当然地引起了人们的深思。……多少年来，这种潜在的认识偏见，使我们忽视主体认识能力方面的研究，不敢承认在历史研究中加强主体意识、发挥史家主观能动性的正当性、合理性。这不能不说是一定时期内我国史学沉闷、迟滞、缺乏活力的重要原因之一。①

庞卓恒指出："我认为，柯林武德也和克罗齐等人类似，在强调作为认识主体的历史学家在历史认识过程中的主观能动作用方面，确有其合理处；较之那种强调只需'排除'主观因素而以'纯客观'态度吃透史料就能恢复历史真面目的机械反映论，并不更差到哪里。问题在于，历史学家在认识历史时发挥作用的那种'自我—意识'究竟是一种什么性质的意识呢？它是从哪里来的呢？怎样才能使那种意识比较符合客观实际呢？如果不能对这些问题做出正确回答，就说不上科学的史学认识论。"②

在关于历史认识论讨论的基础上，有的学者进一步提出建立科学的历史认识论。姜义华提出："需要对历史认识、历史思维的特殊规律进行系统的专门研究，需要自觉地将历史认识同现代科学的发展特别是现代思维科学的发展联系起来，需要对传统的及当代世界各国的历史研究实践及各种史学理论做认真的清理与总结，建立马克思主义的科学的历史认识论。"③庞卓恒也发表文章，提出历史学的理论体系主要由本体论、认识论、方法论三个部分组成，这样便明确地把历史认识论的问题列入史学理论的总体框架之中。可见，历史认识论问题越来越受到史学理论工作者的关注，在整个史学理论中的地位也越来越重要。

三

新时期以来，中国史学工作者在关注西方史学理论发展，注意从西方史学理论中吸取有益启示的同时，也对目前流行的西方史学流派加以积极研究，并且力图借鉴其方法，为深化中国史学研究服务。

中国史学工作者关注的西方史学流派之一就是法国年鉴学派。今天，费

---

① 李振宏：《论史家主体意识》，《历史研究》，1988 年第 3 期。
② 庞卓恒：《历史学的本体论、认识论、方法论》，《历史研究》，1988 年第 1 期。
③ 姜义华：《建立科学的历史认识论》，《广州日报》，1987 年 10 月 9 日。

弗尔、布洛赫、布罗代尔等史学大师的名字以及"总体史学""问题史学""长时段"等概念早已成为中国史学工作者耳熟能详的东西。

为什么法国年鉴学派能够成为中国学者关注的热点？

第一，法国年鉴学派的形成与发展代表着当代西方史学的总趋势。陈启能指出："法国以外的西方国家，年鉴派自然不能代表所有的新史学潮流，但由于年鉴派在革新开拓方面具有相当的代表性。它的发展变化在相当的程度上可以反映西方史学发展的一般趋势。我们在这里虽然仍沿用'年鉴派'一词，但着眼点正是它的这种广义的意义。也就是说，我们分析年鉴派，不仅是为了说明它本身，而且更为了说明西方史学在当代演变的总趋势。"①

第二，年鉴学派学者在史学方面的创新精神得到中国史学家的认同。姚蒙认为："自20世纪初逐步产生、形成的年鉴学派，可以被视作法国当代史学的主流。从其历史发展来看，年鉴学派已不是一个单纯的学派或学术团体，而是法国史学界追求创新、追求更为令人信服的历史解释的一场运动。不管称之为模式也好、范型也好，年鉴学派以其独特的研究方向影响着法国乃至西方当代整个史学界。"②

第三，年鉴派学者在对历史的解释方面与马克思主义有共同之处。年鉴派史学的一些代表人物都表示过他们服膺马克思和马克思的方法。吕西安·费弗尔说："马克思表达得那样完美的许多思想早已成为我们这一代精神宝库的共同储蓄的一部分了。"布罗代尔深入地研读过马克思的原著，他确认正是马克思首先从长时段出发，构建了真正的社会模式，这是他本人从中获益的一种最经久的成果。勒高夫认为："在很多方面（如带着问题去研究历史、跨学科研究、长时段和整体观察方面），马克思是新史学的大师之一。马克思和马克思主义的历史分期学说（奴隶社会、封建社会、资本主义社会）虽在形式上不为新史学所接受，但它仍是一种长时段的理论。即使关于经济基础和上层建筑的概念不能说明历史现实不同层次的复杂关系，但这里毕竟揭示了代表新史学一个基本倾向的结构概念，把群众在历史上的作用放在首位，这与新史学重视研究生活于一定社会中的普通人也不谋而合。"③

法国年鉴派的理论模式和年鉴派的发展状况一直受到中国史学界的关注。

---

① 鲍绍霖编：《西方史学的东方回响》，社会科学文献出版社，2001年版，第175—176页。
② 何兆武、陈启能主编：《当代西方史学理论》，中国社会科学出版社，1996年版，第487页。
③ ［法］勒高夫等主编：《新史学》，姚蒙译，上海译文出版社，1989年版，第35页。

学术刊物上介绍年鉴派的文章很多，其中张芝联起了开创性作用。姚蒙则撰写了更多的介绍年鉴派史学的论著。改革开放以来，新出版的史学概论和西方史学史著作都把年鉴派作为一家重要的西方史学流派加以介绍。

年鉴派的许多著作，如费弗尔的《莱茵河》，布洛克的《历史学家的技艺》，布罗代尔的《地中海和菲力利普二世时期的地中海世界》《十五至十八世纪的物质文明、经济和资本主义》《法兰西的特性》，勒华拉杜里的《蒙塔尤：1294—1324 年奥克西坦尼的一个山村》和《历史学家的思想和方法》，勒高夫和诺拉编的《史学研究的新理论新方法新对象》，勒高夫等编的《新史学》等，都已译成中文出版。

法国年鉴学派对中国学者的启示是多方面的，它涉及史学观念的转变、史学研究新模式的运用、史学研究新领域的开拓等。陈启能曾对此做过总结，他认为：从西方年鉴派—新史学的发展中，至少有三点值得我们注意：第一，与西方传统史学只注重研究政治史和精英人物不同，西方新史学大大地拓宽了研究领域，与此相适应的，又极大地扩展了史料范围；第二，与西方传统史学只注重考证不同，新史学采用跨学科的方法，注重同其他社会科学学科和自然科学结合，借用一切有用的理论和方法，并由此产生出一系列新的分支学科；第三，与西方传统史学只注重叙述、不注重理论概括不同，新史学强调理论的重要性，主要是史学自身的理论、方法论的重要性。

学者们认为，对年鉴派的研究更重要的在于帮助我们更全面地了解国际史学的发展趋势，启发我们更深入地理解历史学的根本的认识论、方法论问题，深化我们对史学的认识，推动史学的革新。以年鉴派的"范型"问题为例，西方史学的演变有其自身的特殊性，不能简单照搬，但是西方史学范型的转变在一定程度上反映出史学发展的一般规律，因而有一定的普遍性，这对于我们思考中国史学的"范型"是有所启发的。

例如，布罗代尔的"长时段"理论可以启发我们重新认识中国古史的一些重要问题。晁福林的文章《论中国古史的氏族时代》[①]的副标题即明确表明是"应用长时段理论的一个考察"。作者认为，"长时段"理论对于先秦社会形态乃至整个中国古史的研究具有重要参考价值。他所论证的中国古史的"氏族时代"，就是一个"长时段"的问题。他认为，从社会结构的角度进行分析，中国

---

① 晁福林：《论中国古史的氏族时代——应用长时段理论的一个考察》，《历史研究》，2001 年第 1 期。

古史的氏族时代应当是与编户齐民时代相对应的一个漫长的时代。它滥觞于旧石器时代晚期；经过新石器时代到夏商周时期有了充分的发展；至西周春秋时期社会上大量出现宗族，氏族时代进入了新阶段；氏族时代在战国时期临近尾声；秦王嬴政统一六国标志着氏族时代的终结。作者把"氏族时代"作为一个"长时段"的问题来研究，这样就抓住了中国古代社会发展的一个显著特色。

中国学者努力关注的另一个西方史学流派是英国马克思主义史学派。

英国马克思主义史学派也叫英国新社会史学派，其贡献是用马克思主义的方法研究英国历史，从而创立了新社会史学派。这个学派的学者在第二次世界大战以后，特别是1956年匈牙利事件以后，国际共产主义运动发生急剧变化，他们抛弃了苏联的教条主义的马克思主义研究方法，吸收法国年鉴学派的新史学的长处，写出了一批优秀的新社会史著作。最著名的代表人物有爱德华·P.汤普森和霍布斯鲍姆等。

汤普森反对经济决定论，重视人对历史的创造作用，注意研究文化方面的因素，力图寻找一种新的历史解释模式。1963年，他所著的《英国工人阶级的形成》一书，叙述了工业革命时期英国工人阶级的情况（1780—1832年）。他还很重视对文化的研究，在《共有的习惯》等著作中他主张考察那些日常生活和社会生活赖以构成、社会意识形态得以实现的东西，包括家族关系、习俗、各种社会准则、宗教信仰、行为举止、法律、意识等。他认为这些包括了全部历史进程的遗传因素，能够在某一点上汇成人类的共同经验。汤普森还主张突出人在历史发展中的作用。他认为，在历史的发展中有人的意志的介入，所以表现出历史发展的多样性。总之，对文化和人的关注，形成汤普森史学的主要特点，也体现了近二三十年来西方史学的主要倾向。

霍布斯鲍姆的主要研究领域是资本主义史和劳工史，此外他对盗匪也很有研究。在学术观点上，他坚持经济基础与上层建筑的理论，坚持历史发展是不以人的意志为转移的客观规律，认为他所做的工作是马克思主义与历史结合的典范。但是，他反对教条主义地对待马克思主义的做法，力图把马克思主义从"粗俗的马克思主义"那里解放出来。他对史学的贡献在于他提倡建立一种总体的社会史，这种社会史既区别于传统的社会史，也不同于所谓社会结构史。他主张"社会的历史是历史"，就是说必须把历史研究整个领域作为社会史的研究领域。就像法国年鉴学派那样把总体的历史作为研究的目标，即从经济、政治、文化、社会、人口等各个层面全面研究整个社会的历史。

历史学应该把有关的社会科学构成一个整体，社会史不应是与经济史、政治史、文化史、思想史等并列的一个分支学科，它应该是上述各个学科的综合。他的《工业和帝国》《革命的年代》《资本的年代》《帝国的年代》《极端的年代》等都是以社会总体为研究目标的著作。

近年来，上述许多英国马克思主义学家的代表作已经翻译出版。沈汉、姜芃、刘为等学者还对英国马克思主义学派做了大量的评介工作。

英国马克思主义学派对当代中国史学的发展也产生了重要的影响。姜芃曾对这一影响进行过研究。她认为，如果说80年代中期以前英国马克思主义学派对中国史学的影响还是间接的无意识的话，那么在80年代中期以后，它已经成为中国史学界较为熟悉的一个学派，他们的一些研究理论和方法已经深入人心，并且开始直接地有意识地被中国一批史学家所学习和效法。

1988年，蔡少卿把西方新社会史的重要文章选编成集，书名叫《再现过去：社会史的理论视野》。其中就包括霍布斯鲍姆的著名文章《从社会史到社会的历史》。霍布斯鲍姆认为，从根本上说，"社会的历史是历史"，也就是必须把历史研究整个领域作为社会史的研究领域的观点在中国史学界产生了反响。赵世瑜等认为，必须明确社会史的研究范围应该是像霍布斯鲍姆主张的那种总体史，即研究整个社会的历史。这样就可以从不同的角度和侧面透视同一个问题，使史学著作深刻。蔡少卿也认为："一种认识认为，社会史主要研究社会生活的历史，将社会史研究局限于研究社会生活，这太偏狭了。社会史应是再现人类过去的经历，包括人类社会各个方面的整体历史。这是符合历史认识的整个过程的。"①

汤普森的史学思想也在中国产生了反响，一些中国学者的社会史研究中开始注意突出人的地位。陆震认为，社会史研究应该以"人"为轴心，具体方法是：自觉地造就人、准确地把握人、真实地再现人、合理地批评人和强烈地感染人。这些观点与汤普森的人本主义史学观念是一致的。

受英国马克思主义史学派的影响，中国一些史学工作者开始注意对社会下层群体进行田野调查，也就是进行人类学与历史学的跨学科研究。如以陈春声等为代表的广东、福建地区的中青年历史学家与国外有关机构和学者合作，对珠江三角洲、韩江三角洲、莆仙平原和闽北地区若干村落的宗族、宗教、风俗、基层社会组织和生活方式进行了田野调查。他们得出的经验是：

① 蔡少卿：《扩大视野，注重理论方法》，《历史研究》，1993年第2期。

第一，这种调查可以获得单纯的文献研究无法获得的史料；第二，可以从下层民众的角度去体验历史；第三，可以获得符合中国国情的社会史理论解释模式。

比较史学是 20 世纪上半叶兴起、第二次世界大战后兴盛起来的国际史学新潮流、新方法，不仅在西方国家盛行，在苏联也受到重视。

法国年鉴学派创始人马克·布洛克对比较史学的运用起了开创性作用。他的《欧洲社会历史的比较研究》《封建社会》等论著对比较史学的理论和方法产生过很大影响。第二次大战以后，西方传统史学的理论和方法发生巨变，现代型的西方比较史学兴起。各国都为比较史学的发展开辟园地，如美国有《社会与历史的比较研究》杂志，国际性的比较史学讨论会也不断召开。

新时期以来，首先在我国产生较大影响的西方史学流派就是比较史学。当时的学术刊物上宣传、介绍比较史学的文章比较多，也有很多中国学者运用比较方法研究中外历史，有关学术单位还举办过多次中外学者比较史学的学术讨论会，庞卓恒的《比较史学》，范达人、易孟醇的《比较史学》等专著相继出版。

中国学者在宣传、介绍西方比较史学长处的同时，也发现了西方比较史学的局限。庞卓恒在他关于西方比较史学的论著中多次提到其局限，他认为："西方比较史学真正的困境在于，他们普遍奉行一种非科学的社会历史观。""那些具有不同程度的科学价值成果只有在科学的历史观和方法论的指引下才能被纳入科学比较史学的严整体系之中，使之上升到探求因果必然性规律的科学高度。"在西方比较史学的启示下，我国史学家以唯物史观为指导，在运用西方比较史学中大大地推动了史学研究的深化。马克垚、刘家和、朱寰、庞卓恒、梁作檊、廖学盛等学者都有比较史学研究方面的著作，也有论述比较史学的文章。学术刊物上运用比较方法研究中外史学问题的文章为数较多。新时期以来出版的 20 余本史学概论、史学方法论的著作大都将比较史学的方法列为史学研究的一种基本方法。在西方比较史学的影响下，通过我国学者的多年努力实践，现在运用比较方法研究历史的重要性已经成为众多学者的共识。朱寰结合世界史的研究指出运用比较方法的必要性，他说："世界历史就是要从宏观上把握世界历史发展的共同规律和特殊规律，具体阐明世界历史发展的统一性和多样性。……对世界历史的研究可以采用各种方法，如分析法、归纳法、综合法、演绎法。不过根据我的体会，有意识有计划地正确开展历史的比较研究，对于世界历史科学来说，尤为必要。"①因为要弄清世界历史中哪些是共同规律，哪些是特殊规律，社会发展的共同性怎样寓于特殊性之中，特殊性又如何体现了共同性，不经过比较和鉴别是很难取得共识的。此外，如何运用比较方法，历史比较的困难和局限，也受到很多学者的重视，很多学者都提出了自己的见解。

20世纪八九十年代以来，史学刊物上论述比较史学的理论和方法的文章很多，而尝试运用比较方法研究历史问题的文章和著作更多。这些研究涉及古今中外的历史问题，包括政治史、经济史、文化史以及各种历史事件、历史人物、历史制度，甚至包括两本不同的历史著作。在这些历史比较中，大多涉及中外历史问题的比较，大大促进了对这些问题的研究。运用比较方法研究历史成为新时期我国史学研究工作的突出的亮点，产生的成果非常丰富。这里，我们仅对涉及中外历史比较的一些研究成果加以梳理，其中包括如下一些领域：中外政治制度和政治改革的比较、中外经济发展的比较、中外社会状况的比较、中外文化发展和文化传统的比较、中外学术思想的比较、中外历史人物的比较等。这种广泛的历史比较，无疑会加深对中国历史与世界历史的了解。

心理史学是西方史学中一个值得注意的学派。在美国，心理史学是一个独立的史学分支学科，属于历史学与心理学的跨学科专业。在美国，对于心理史学研究方法的成效存在争议，但是它毕竟有相当大的研究规模；在从事心理史学研究的学者中，有些人接受过历史学与心理学双方面的训练，并且有相当大的研究成果。在法国，不存在这种跨学科的心理史学，但是在年鉴派第三代的学者中，研究心态史已经成为一个热点，并成为七八十年代法国新史学的特点。

中国学者最早了解心理史学是在80年代初。在1982年出版的《现代西方史学流派文选》中，选入了法国年鉴派创始人吕西安·费弗尔的文章《历史与心理学——一个总的看法》，他提出了历史学家应该与心理学家、社会学家合作，建立一个"联合之网"，建立历史心理学。该文选还选入美国学者奥托·弗兰兹的文章《俾斯麦心理分析初探》，这是一篇运用精神分析学说创始人弗洛伊德的理论研究历史人物心理特征的有代表性的文章。随后，罗凤礼、朱孝远等对西方心理史学做了大量的介绍。《史学理论研究》还发表了美国心理

---

① 朱寰：《世界历史与比较研究之我见》，《历史研究》，1994年第1期。

史学的新成果，如科胡特的《心理史学与一般史学》、洛温伯格的《纳粹青年追随者的心理历史渊源》等文章。此外，德莫斯等人所著《人格与心理潜影》一书的中文版，能使中国读者更多地了解到心理史学在美国的运用情况以及对于这种方法的不同意见。

对于法国心态史的介绍，中国学者主要是通过勒高夫等人编写的论文集《新史学》《史学研究的新问题新方法新对象》得到了解。法国年鉴派的代表人物勒华拉杜里的著作《蒙塔尤：1294—1324 年奥克西坦尼的一个山村》是法国心态史的名著，它的出版对于中国读者了解法国的心态史很有帮助，同时，他的《历史学家的思想和方法》一书中也有关于心态史的论述。

西方心理史学的传入在中国史学界产生了相当大的影响，虽然这些影响不一定都是直接的影响。从 20 世纪 80 年代以来，史学刊物上发表了很多有关心理史学的文章，还出版了一些专著。这些论著的内容涉及以下一些方面：第一，许多史学工作者认识到史学研究需要借助心理学，需要研究人的心理状况，呼吁历史研究应重视社会心理；第二，研究探索建立心理历史学的理论框架，彭卫和胡波在这方面做出了自己的努力；第三，在对某些历史问题的研究上，试图从社会心理分析的角度做出新的解释，如莫世雄、马敏写过近代商人心理分析的文章，王玉波写过传统家庭认同心理探析的文章，彭卫写过中国历史上心理异常研究的专著，王跃写过五四时期社会心理变迁的专著；第四，探讨个别历史人物的心理特征，如樊树志分析过万历皇帝的心理，赵良写过七位中国帝王的心理传记，胡波从岭南文化影响的角度研究过孙中山的个性心理，而对司马迁人格特点的研究则成为不少学者的关注热点；第五，探讨特定时期、不同范围的群体社会心理，如程歗著有《晚清乡土意识》一书，周晓虹有《传统与变迁——江浙农民的社会心理及其近代以来的嬗变》一书。周晓虹认为：社会史就是心态史，而心态史与心理史的区别也是很难说清楚的问题。从年鉴派的特点来看，社会史和心态史在产生上具有同源的关系，也可以说心态史就是社会史，或者说就是社会史中侧重作为社会主观层面的群体精神状态的那一部分。可见周著的问世是受了法国心态史的影响的。

进入 20 世纪 90 年代以来，我国学者对心理史学的研究兴趣仍没有减退，他们除继续探讨心理史学的方法论问题外，还借鉴西方心理史学的方法进行大胆探索，写了很多关于群体社会心理的文章，还有一些关于个人心理分析的文章。

四

近 20 年来中国史学发展的事实说明，在坚持唯物史观的基础上正确对待西方史学，积极地借鉴其有益的理论和方法，对于发展中国马克思主义史学是至关重要的事情。新中国成立以来中国史学的发展取得了很大成绩，但在改革开放以前，中国史学在自我封闭中发展，不了解国际史学发展的新潮流，不能吸收国外新思想、新方法，也就限制了中国史学的发展。而近 20 年来中国史学所取得的成就，几乎都与在不同程度、不同方面吸收了国外史学的最新成果有关。

有一种观点把坚持唯物史观的指导与吸收、借鉴西方史学理论与方法对立起来，似乎运用唯物史观研究历史的学者必然排斥西方的理论和方法，而善于吸收和运用西方史学理论和方法的学者必然背弃唯物史观。这种观点是形而上学的。

近 20 年来，我们在对待西方史学理论和方法时与对待西方一切事物一样，是采取分析态度的，既不要肯定一切，也不要否定一切，这已经成为我国学者的一个共识。我们对待任何一位西方学者的理论，都要具体研究他的理论中哪些是合理的成分，哪些是不合理的成分，包括政治上反动的成分。只有在吸收人类思想中一切合理的成分而又对一切不合理的成分进行斗争的过程之中，才能丰富和发展自己的正确的理论。不应该在正确承认一位学者理论中的合理成分时，把其不合理的成分也全盘接受过来；也不应该在否定他的错误时，就拒绝其合理因素。对具体论点进行具体分析，就包含着既不以言取人，也不因人废言，这样才能真正吸取到西方新学理的精华。

此外，我们在研究西方史学理论时需要区分他们的结论和他们所使用的方法，要区分他们提出的问题以及所得出的结论。有时候，真正值得考虑和研究的，并不是他们对那些政治和历史的态度，而是他们的方法论所提出的新问题。有些西方学者的理论在结论上是值得研究的，甚至是需要批判的，但是这些学者所提出的问题，包括他们在解决这些问题时所运用的方法却是值得我们注意的。这样，我们就可以在唯物史观的指引下，借鉴西方学者运用的方法而得出与他们不同的结论。这样就不是简单地照搬人家的方法，重复人家的结论，而是真正有自己的创造、自己的发展。新时期以来，我们在史学领域中所取得的一系列重要成果，都体现了这种精神。

近 20 年来，我们所取得的成绩是相对于过去的封闭状况而言的。真正的吸收与借鉴，还必须建立在对西方史学的充分研究的基础上。这需要进行长期的、扎扎实实的研究工作。这方面的工作现在仅仅是开始。除了专门从事西方史学史研究的学者外，还需要更多的史学工作者的参与。对于新引进的西方学术名著应该组织力量，进行认真的研究和评论，使其在我国学术领域内产生应有的影响。国内主要的学术刊物为此应开辟专门的领域。不仅要重视对西方史学理论和方法的引进和介绍，更要重视对新理论、新方法的运用。要避免简单的炒作和低水平的重复。对于借鉴西方史学理论、方法产生的优秀史学成果，也应注意加以介绍和评论。相信在新世纪里，我们对西方史学理论和方法的引进和借鉴，一定会向着健康的方向稳步发展，这是新世纪中国史学的一项重要任务。

（原载于《淮北煤炭师范学院学报（哲学社会科学版）》2004 年第 1 期，收入本书有改动）

四十年来中国学人对当代西方史学认知的深化

摘要：本文在总结改革开放四十年来中国学人对西方史学的了解、研究、论述历程的大背景下，对邓京力等著的《近二十年西方史学理论与历史书写》一书进行了评论，认为该书揭示了近 20 年西方史学理论研究发生的整体性变化，把握其间涉及的关键因素，是中国学者对当代西方史学认知的一项重要的成果。

关键词：西方史学；史学认知；理论与书写

邓京力教授等所著《近二十年西方史学理论与历史书写》开宗明义地指出：近 20 年西方史学理论研究发生了整体性变化，其中孕育着 21 世纪新的史学理论体系的构建。作者尝试从中国史学理论的视角审视近 20 年来西方史学理论研究及其对历史书写所产生的影响，力求从中国史学的发展需要出发，对西方史学的变化进行综合研究。作者所阐述的研究宗旨使我们想到改革开放四十年来许多学者正是从这一目的出发去探讨当代西方史学的新潮流、新趋势、新观点，为中国史学理论学科体系的建设提供借鉴。

一

早在 1982 年 6 月，上海人民出版社就出版了田汝康、金重远两位教授选编的《现代西方史学流派文选》，该书所反映的内容是 20 世纪六七十年代中国学者所了解到的西方史学的新观点、新趋势，也就是所谓的"史学流派"。这些流派多出现于 20 世纪的上半叶到 20 世纪的 70 年代。作者采用"文选"的形式，将西方史学流派中有代表性的文章选译出来，对史家的学术背景、学术观点进行简要介绍，并且做适当的评论。这本"文选"体现了当时中国学者对西方史学新趋向的关注点、认知的水平和基本评价。该书主要内容包括德、法、英、美、意等国家的 17 位哲学家或历史学家的代表性文章。他们是：威廉·狄尔泰（德）、弗里德里希·迈纳克（德）、卡尔·雅斯贝斯（德）、吕西安·费弗尔(法)、亨利-伊雷内·马鲁(法)、雷蒙·阿隆(法)、阿诺德·汤因比(英)、卡尔·包勃尔(英)、乔治·屈威廉(英)、伯特兰·罗素(英)、罗德里克·弗拉特(英)、查尔斯·比尔德(美)、卡尔·贝克(美)、阿伦·尼文斯(美)、西德奈·胡克(美)、奥托·弗兰兹(美)、本纳德多·克罗齐(意)等。

《现代西方史学流派文选》所选择的学者既有史学家,也有哲学家或历史哲学家,反映的问题有对历史的基本看法,即历史观的问题,也有不同的史学思想和流派的表现。例如,狄尔泰(1833—1911 年)是德国唯心主义哲学家,他反对实证主义社会学的"自然主义",主张哲学的基础是主体的所谓"直接感受",他认为整个一部人类的历史就是一部精神史。雅斯贝斯(1883—1969 年)是德国存在主义的代表人物,他认为所有自然现象实际仅在心灵中有所"存在",认为存在不是客体,仅仅是主体的说法。客观的历史过程和主观的对历史的认识是分不开的,在主观历史意识之外并无客观历史过程的存在。卡尔·贝克(1873—1945 年)是美国史学家、美国史学中相对主义的主要代表。他的口号是"人人都是他自己的历史学家",认为客观的历史过程是不存在的,历史只是我们所知道的历史或者说是"说过和做过事情的回忆"。此外,文选中还有像英国汤因比这样的著名历史学家论著的摘要。因此,这本文选着重介绍西方史家的历史观点,力图让中国学人了解到唯心史观的各种形态的表现。

类似的书还有 1984 年上海译文出版社出版的张文杰等编译的《现代西方历史哲学译文集》。此书内容、形式都与前书相似。译文集包括从 19 世纪末至 20 世纪 60 年代的西方哲学家、历史学家的 20 篇论文和著作的节选,包括李凯尔特、雅斯贝斯、阿隆、罗素、贝克尔、克罗齐、汤因比、罗素等。编译者认为,现代西方历史哲学流派众多,大多数表现出唯心主义倾向,但表现形式各不相同。如新康德主义、新黑格尔主义、实证主义、存在主义、实用主义、解构主义、相对主义等,都对西方的历史研究有很大影响。但是,不能因为现代西方历史哲学基本上是唯心主义的,就一概予以否定。对唯心主义必须历史地进行评价,进行鉴别、扬弃。该文集侧重于对西方历史哲学的各种观点进行揭示,对于当代西方史学的各种流派的状况介绍比较简略。

二

20 世纪 90 年代以来,随着中外学术交流的不断发展,中国学者对当代西方史学的介绍与研究达到一个高潮，各种翻译和介绍的论著不断出版。1990
年人民出版社出版了《当代欧美史学评析——中国留美历史学者论文集》一书，
是 20 世纪 80 年代以来中国留美历史学者对当代欧美史学发展从理论方法及
各领域、各流派状况方面进行的介绍，有助于国内学者对当代西方史学的了
解。1990 年，中国社会科学出版社出版了《史学理论丛书》编辑部编的《八十年
代的西方史学》，该书是一本文集，其中有些文章介绍了 20 世纪 80 年代西方
史学的新变化。综合性的论著有徐正、侯振彤主编的《西方史学的源流与现
状》(东方出版社 1991 年出版)，徐浩、侯建新著的《当代西方史学流派》(中国
人民大学出版社 1996 年出版)，何兆武、陈启能主编的《当代西方史学理论》
(中国社会科学出版社 1996 年出版)，陈启能主编的《二战后欧美史学的新发
展》(山东大学出版社 2005 年出版)。此外，这一时期出版的西方史学史著作
也有很大篇幅介绍了当代西方史学发展的状况。这些著作，使中国读者得以
更深入、更细致地了解当代西方史学的发展变迁。特别重要的是，这一时期
的著作已经不再使用"文选"的形式介绍当代西方史学，作者们已经对当代西
方史学的新发展用专题研究的形式向中国读者展现了，这显然意味着中国学
人对当代西方史学认识的深化。

西方史学在 20 世纪以来出现的新变化，引起中国学者的深切关注。在高
校从事西方史学教学与科研的教师们抓住时机，把现代西方史学出现的新变
化引进教学中。徐正、侯振彤主编的《西方史学的源流与现状》在讲述古希腊
史学产生以来的西方史学发展的过程中，续写了现代西方史学特别是当代欧
美主要国家的史学，分别叙述了法国、英国、德国、美国、日本等国家的史
学新趋势，还涉及当代西方新史学方法，如历史比较法、历史计量法、历史
心理分析方法、口述史学方法等。该书是一部集体合作的成果。

徐浩、侯建新的《当代西方史学流派》一书则反映了两位学者各自研究当
代西方史学最新成果的汇集。他们论述兰克史学，是把它作为传统史学的代
表，而目的在于说明传统史学的危机与转型。在说明传统史学的困境的基础
上，他们论述了以探讨人类历史发展终极原因为目标的思辨的历史哲学(如斯
本格勒和汤因比)，也论述了奉行非决定论、强调主体认识作用的分析的历史
哲学(如狄尔泰、克罗齐、柯林武德、波普尔)。该书以很大篇幅论述了异军
突起的法国年鉴派及其开创的新史学。该书同样以很大篇幅论述了西方新社
会史及其各种分支，如妇女史、家庭史、两性关系史等，论述了计量史学及
其引发的新经济史、新政治史。该书还用较大篇幅介绍了独树一帜的西方马

克思主义史学，重点论述了英国马克思主义史学派。比较史学和心理史学也是该书关注的一个重点，从理论到实践都给予了说明。

何兆武、陈启能主编的《当代西方史学理论》是出自众多专家之手的一部巨著。该书对于新康德主义的史学理论进行了系统的论述，从狄尔泰、文德尔班到李凯尔特、卡西勒都做了系统的介绍；对于文化形态史观，从斯宾格勒到汤因比都做了系统的研究、介绍。何兆武先生在论述新黑格尔主义的史学理论时，从克罗齐的史学理论谈到柯林武德的史学理论；在论述自由主义的史学理论时，则从罗素的历史观谈到沃尔什的历史哲学；在论述分析的历史哲学时，他从波普尔的史学理论谈到德雷的史学理论；他还对生命派的史学理论如奥特迦·伽赛特的历史体系观做了系统的介绍。除了反映这些有代表性的历史哲学思想之外，何兆武、陈启能先生主编的这部书还对当代西方史学流派进行了较全面的介绍，比如当代西方的比较史学、计量史学、心理史学、自然科学与史学等。该书还分章论述了法国年鉴学派、英国马克思主义史学、当代美国史学、当代苏联史学以及对西方史学思想的批判等。这部书反映了当代中国学人对于当代西方史学认识的最高水平，诚如张椿年研究员在对该书的推荐意见中所说："该书各章都由专门研究这些问题的专家执笔；各章作者都是根据原著和第一手资料写成；各章夹叙夹议，注意分析，是一部研究性的作品；注释详尽，资料翔实，文字深入浅出。更为重要的是，作者注意用马克思主义和历史主义的态度对西方各个流派和代表人物给予实事求是的分析。"

随着改革开放的深入，中国学人对西方史学接触的机会越来越多，认识也越来越深入。学者们深刻感觉到西方史学的变化是惊人的，许多新的名词术语和理论观念层出不穷、扑面而来，与我们过去对西方史学的了解大为不同。在这种形势下，学者们深切感到不能像过去那样一贯地采取排斥态度，而是要潜下心来认真地加以研究。2005 年，山东大学出版社出版了陈启能主编的《二战后欧美史学的新发展》一书，该书集中了 20 多位国内对西方史学的某一方面有专门研究的学者共同探讨的西方史学的新变化。这本书的特点是突出地反映了当代西方史学的最新发展。如果说何兆武、陈启能先生共同主编的《当代西方史学理论》主要反映的是 20 世纪上半叶到 20 世纪 70 年代的西方史学发展，而陈启能主编的新著则更多地反映了 20 世纪最后二三十年西方史学的新发展。该书对当代西方史学的介绍主要从三个层面来展开：一是从历史哲学和史学理论层面，特别是将"语言学的转向"和"后现代主义"及其对历史学的影响作为论述的重点，如后现代主义与当代西方史学、福柯后现代主义历史观、德里达思想对历史学的可能效应等。二是对西方史学在二战后发展的总趋势及其研究方向的转变进行总体分析，如二战后西方史学理论的变化、20世纪70年代末以后西方的历史哲学等，同时还着重剖析了其中有代表性的流派和思潮，如新文化史学、吉尔兹的"深度描述"理论、历史人类学、城市史的新发展、儿童史研究四十年、沃勒斯坦的"现代世界体系"等。三是对法、德、英、美等西方主要国家的二战后史学的发展做了专门的论述，如20世纪70年代以来的美国政治史学研究，20世纪70年代以来英国史学研究的新情况、新问题，20世纪70年代以来的年鉴学派和法国史学，联邦德国20世纪八九十年代的史学流派争论等。该书可以说是进入新世纪以来，中国学人对西方史学认知的最新成果，特别是对于后现代主义对历史学的挑战做出了充分的反映。

三

2018年12月，中国社会科学出版社出版的由邓京力主著的《近二十年西方史学理论与历史书写》一书，突出反映了近二十年西方史学在史学理论和历史书写方面的新变化，该书的特点如下。

第一，它在反映西方史学发展变化的趋势上体现一个"新"字。与20世纪八九十年代出版的概述现当代西方史学发展趋势的著作不同，它已经不再关注20世纪上半叶学者们所关注的新康德主义、新黑格尔主义、存在主义、相对主义、文明形态等历史观点，对于20世纪80年代曾经引起很多中国学者关注的分析的历史哲学家如克罗齐、柯林武德等学者的观点，也不再着意去关注，对于改革开放以来曾经最有影响力的年鉴派史学也更换了关注的视角。20世纪70年代以来，西方历史哲学和史学思想的发展经历了重要的转变，其核心内容是后现代主义对现代史学理论的基础与原则提出了全面的质疑和挑战。但是，该书也不太在意后现代主义对现代史学那些疾风暴雨式的冲击，似乎福柯、德里达、怀特的那些激进的言论都已经成为过去时，现在作者所要关注的是这场冲击以后的西方史学究竟怎么样了。所以，我们应该说该书除了对20世纪70年代以来的西方史学进行必要的回顾外，其所关注的重点已不是20世纪70年代以来的西方史学，而是90年代以来的西方史学，也就是当代西方史学的最新的进展。

第二，该书作者所关注的重点，也是广大中国学人所期待了解的重点，即当代西方史学是如何应对后现代主义的挑战的。对此，该书做出了充分的反映，这一点也是该书最重要的价值所在。如该书第一章"'接受'与'拒斥'之间——对后现代主义挑战的回应"、第二章"'挑战'与'捍卫'之间——对'史学危机'与'终结论'的回应"，都是论述西方史学对后现代主义挑战所做出的回应。作者指出，西方大部分历史哲学家、史学理论家、经验历史学家都在不同程度上涉足这场讨论，形成了对后现代主义挑战的多种回应。作者把对后现代主义的不同回应分为激进派、传统派、中间派，注意到了不同学者对于后现代主义挑战的利弊分析。作者指出："在后现代主义炙热的骚动消歇之后，其合理和积极的成分在一定范围内被融贯于新一轮的思想发展中。"后现代主义对于历史学的挑战，也促发了西方史学关于"史学危机"与"终结论"的热议，通过对一些西方史家思想的分析，可以看到西方史学思想变化的主流趋势，是融合现代主义与后现代主义的历史视角，用后现代主义的理论锋芒消解现代史学的顽疾或弊端，同时又试图以现代史学的成熟体系规训后现代思想的割裂、叛逆、非理性等极端特征。这些论述都非常值得中国学者关注。

第三，把对西方史学思想变迁的理论研究与对史家主体的思想研究结合起来。近二十年西方史学思想的变迁是通过史学家之间的思想交汇体现出来的，要了解这种变迁，就要通过对有代表性的史家思想的较全面的研究体现出来。在 20 世纪的 90 年代，对现代史学提出挑战的学者已经不是海登·怀特、弗兰克·安克斯密特等人，对他们的后继者也要进行研究。作者通过对英国当代著名史学理论家凯斯·詹金斯所著《再思历史》的分析，使中国学人透过那些看似犀利、尖锐、极端的观点，窥见后现代主义挑战的来龙去脉，把他称为"激进的后现代派"。而德国历史哲学家吕森在有关现代主义和后现代主义史学的取舍问题上，则走一条中间的路线。他主张，一方面，我们需要现代主义基础上的科学诉求和确定性为我们提供导向；另一方面，我们必须认识到后现代主义理论为历史思考所做出的拓展和深化。吕森认为，历史在其本质上是人类的思维方式和认知模式，他试图以一种学科范型论来弥合现代与后现代史学理论，这也是当代西方学者对后现代挑战的一种回应。该书对吕森的学术思想进行了较大篇幅的论述，力图使我国学者更充分地了解西方史学家对后现代主义挑战的不同回应。

第四，把近二十年西方史学思想的变化在历史书写上体现出来。该书作者认为，西方史学思想在理论上的变迁与历史书写之间呈现出复杂的双向互动关系。后现代主义挑战历史学的重要后果之一就是元叙述的解构及其所带来的"大写历史"的崩塌。虽然经验历史学家对后现代史学理论的很多观点持怀疑或批判的态度，但在有关"大写历史"的问题上却表现出赞同的趋向。对元叙述的解构导致历史书写放弃以现代性为中心的目的论和线性发展观，传统的以西方为中心的世界历史日益受到批判。然而，宏大叙事并没有因此而终结，这一点表现在全球史、环境史、科技史等跨区域、跨文化研究的兴起。在该书中，作者在上述历史书写的趋向性变化中选取了影响较大的几个问题，如历史表现理论与历史书写、后现代方法与中国史研究、微观史学、全球史、新文化史、跨文化研究、历史记忆等。这样一种论述结构把当代西方史学的发展趋势（史学理论上的变化趋势及其在历史书写上的反映）全面地呈现给读者，是对西方史学研究方式的一种创新。

第五，作者把对当代西方史学的独立研究与研究生培养相结合，使学术研究更富有生命力。《近二十年西方史学理论与历史书写》一书的完成是教师个人科研与研究生培养相结合的产物。这种师生共同攻关的模式具有很大的优越性。教师本人的科研以当代西方史学为主攻方向，而研究生特别是博士生的培养总是要在这个大方向上去寻找研究课题，教师不断地给研究生提出新的研究方向，这有利于中国学者在西方史学的研究上能大体上跟上西方史学本身发展的步伐，是推进对西方史学研究的好办法。

从对西方史学具有代表性的学者的学术思想的翻译、介绍，到分门别类地进行深入的研究、评论，四十年来中国学人对西方史学的了解、研究、论述的历程是一个逐步深化的过程。中国学者掌握着理论上的优势，能够把握西方史学发展变化的整体趋势，不是简单地"随风跑"，而是用自己的立场、观点、方法对其进行历史的、逻辑的分析，取其精华、去其糟粕，为建立中国自己的历史学理论体系、话语体系寻求借鉴。

（原载于《首都师范大学学报（社会科学版）》2020年第1期，收入本书有改动）

苏联史学在中国的命运

摘要：新中国历史学的发展，是伴随着对苏联史学的学习、借鉴、批判、反思的过程曲折前进的。1949 年以来，苏联史学在中国的命运经历了三个时期：1956 年苏共二十大以前，是全面学习苏联史学的时期，中国史家大量介绍和引进了苏联史学的成果；1956 年以后到改革开放之前，是苏联史学在中国逐渐被冷落、被摒弃、被批判的时期，两国史学的交流进入低潮；改革开放以后的 30 年，进入了对苏联史学的反思时期，中国史家开始重新认识苏联史学，两国史学的交流逐步进入正常状态。

关键词：苏联史学；中国史学；史学交流

新中国历史学的发展，是伴随着对苏联史学的学习、借鉴、批判、反思的过程曲折前进的。回顾这 60 年来中国史学与苏联史学的关系，有不少值得总结的经验和教训。为了促进 21 世纪中国史学的健康发展，我们有必要对苏联史学在中国的发展过程进行一番梳理。

一

从新中国成立到 1956 年苏共二十大召开，这是我国史家全面学习苏联史学的时期。

新中国成立后，各项事业百废待兴，历史学家在考虑新中国的历史学建设时，把目光转向了苏联。1952 年，新任南开大学历史系主任郑天挺在《历史教学》上发表文章谈学习苏联高等学校的历史教学问题。他结合历史专业，谈了很多苏联高等学校教育制度的优点，例如教研组的作用，认为它是高等学校的基本教学组织，是改进教学质量的动力；它将政治与业务相结合，是将提高学识与思想改造相结合的新制度。他还赞扬苏联的每一个专业都有一种统一的教学计划，全国相同的专业必须按照规定的教学计划进行教学，每一个课程的内容和时间都有明确的规定①。在当时的史学工作者看来，苏联历史科学"已成为世界最进步的最完整的也是最科学的。具有明确的目的性、高度的思想性、清晰的系统性、紧密的联系性和革命的实践性"，"我们应该不遗余力地努力学习"。

在当时高校历史系的教学中，学习苏联史学成为一个重要内容。1954年，北京大学历史系中国古代史教研室第一学期的工作计划中有一项任务是编写中国古代史的教学大纲，于是一部分教师便钻研苏联师范学院的《苏联史教学大纲》，按照苏联大学编写其本国史教学大纲的方法，来完成《中国古代史教学大纲》的初稿。中国人民大学历史系在编辑《封建社会历史译文集》时，积极地把苏联学者关于封建社会的讨论介绍到中国来，以推动中国的古史分期问题的讨论。在学习苏联史学的潮流中也有一些不同的声音，有人认为关于世界史的著作用英文写的多于用俄文写的；还有人说，苏联编著的世界史仍然是以西方为中心的体系。针对这些观点，郑天挺发表文章强调："一定坚决地诚恳地向苏联历史科学学习。"他认为：四十年来，苏联历史学家一步步地、成功地研究了他们所应研究的历史上的重要问题，解决了他们所面临的科学任务，贡献是伟大的，成就是杰出的。这一切都是我们应当努力学习的典范。②

苏联史学对中国史学最大的影响应该是在史学理论方面，《联共(布)党史简明教程》在20世纪50年代成为每个史学工作者的必读书。这部书实际上是被当作政治理论方面的经典著作看待的，特别是其中的《辩证唯物主义与历史唯物主义》一节是斯大林亲自写的，因此它和斯大林的其他著作一起，成为中国史学工作者的理论指导。

为了配合史学界学习苏联活动的开展，树立对苏联史学的全面认识，中国史学界的学术刊物也不断发表文章，介绍苏联史学的成果。1951年11月，朱庆永就在《新建设》上发表《三十四年来苏联历史科学的发展》一文，全面介绍了苏联史学的巨大成就，对苏联史学给予了高度的评价。他在文章中分析了列宁、斯大林对苏联历史科学发展的贡献，特别提到斯大林的《马克思主义与民族问题》《马克思主义与语言学问题》对苏联历史科学的指导意义。

---

① 郑天挺：《学习苏联高等学校的历史教学》，《历史教学》，1952年第12期。

② 郑天挺：《坚决地诚恳地向苏联历史科学学习——纪念伟大的十月社会主义革命四十周年》，《历史教学》，1957年第11期。

　　为了系统地介绍苏联史学的成果，中国人民大学从 1952 年到 1954 年出版了《历史问题译丛》，作为内部发行的刊物向中国读者介绍苏联史学的成果。例如，1953 年第 3 期发表的《为争取苏联历史科学的进一步高涨而斗争》一文，就是苏联《历史问题》1952 年第 9 号的社论。1953 年第 5 期译介了苏联历史学家潘克拉托娃在苏联《共产党人》杂志上发表的长篇文章《苏联历史科学的迫切问题》，此文对以苏联科学院历史研究所为代表的苏联史学界的工作现状提出了尖锐的批评。这些文章有助于读者了解苏联史学的状况。

　　1955 年后，中国科学院历史研究所的《史学译丛》正式出版发行，它刊登了大量的苏联著名史学家的重要文章、苏联《历史问题》社论等，帮助中国学者了解苏联史学的基本理论。如《列宁论历史科学的党性》、孔恩的《论贝奈戴托·柯罗齐的"历史主义"》、科斯明斯基的《阿诺德·汤因比的历史理论》、波列伏依的《论社会发展的规律性问题》《论历史科学史的研究》等。《史学译丛》还曾经以很大的篇幅系统介绍苏联历史科学取得的成果。例如，1958 年第 2 期的《史学译丛》是"四十年的苏联历史科学专号"，分专题介绍了苏联史学在各个领域的成果，其中包括了阿甫基耶夫的《苏联对古代东方史的研究（1917—1957 年）》、科斯明斯基等的《40 年来的苏维埃中世纪学》、叶菲莫夫的《40 年来（1917—1957 年）苏联对世界近代史的研究》等文章。

　　在此期间，各个出版社翻译出版了许多苏联学者的专著、教材，如米舒林的《古代世界史》、苏联科学院历史研究所编的《古代世界史大纲》《近代史教程》、科斯明斯基的《中世世界史》、科斯明斯基与斯卡斯金等著的《中世纪史》、叶菲莫夫的《近代世界史》、波尔什涅夫等著的《新编近代史》等通史著作。还有一些在当时中国学界很有影响的专史与地区史著作翻译出版，如阿甫基耶夫的《古代东方史》、塞尔格叶夫的《古希腊史》、科瓦略夫的《古代罗马史》等，不少苏联学者撰写的俄国史、苏联史方面的著作也被翻译出版。

　　这个时期的中苏史学的交流，实际上是中国一面倒地向苏联学习。许多苏联学者以专家的身份到中国来讲学、办班，中国也派出了一批青年学生到苏联去学习历史学。不难看出，这一时期的苏联史学就是中国史学工作者的学习榜样，无论是苏联史学的理论和方法论，还是苏联史学对各种具体历史问题的研究，同时也包括苏联高等学校有关历史教育方面的制度，都是中国史学工作者要坚决地、认真地学习的。

二

从 1956 年苏共二十大召开到"文化大革命"结束,这 20 年是苏联史学在中国逐渐遭到冷落以至于被彻底批判的时期。

1956 年苏共二十大以后,苏联对于斯大林、斯大林的理论以及斯大林时期的历史科学进行了批判,随后中苏之间在意识形态领域内产生一系列分歧,以至于形成论战的局面,中苏关系也开始恶化。在这种社会环境下,中国史学界对待苏联史学的态度也发生了微妙的变化。学术刊物上再也见不到学习苏联历史科学的文章或提法,也不再刊登介绍苏联史学成果的文章。1959 年以后《史学译丛》停止出版,改为以"中国科学院历史研究所史学译丛"来反映包括苏联史学在内的国外史学动态。这时,对苏联史学虽有一些介绍,但角度已经改变。齐世荣、余绳武等一些学者于 1963 年编选了《苏联历史论文选辑》,选译了从 1956 年至 1963 年 8 月苏联报刊所发表的一些比较有代表性的历史论文,按内容分为三辑:第一辑是苏共中央决议、苏共领导人对苏联历史学家的指示以及重要历史杂志的社论,第二辑是反映苏联史学宣传和平共处、和平过渡、民族解放运动以及和平发展的论文,第三辑是宣传"反对个人迷信"的论文。编辑者的说明中虽没有明显的对苏联史学的批判性语言,但从其"内部发行"的出版形式已经可以看出当时中国学术界对待苏联史学的态度,它们基本上是作为批判材料来对待的。

在中国史家看来,苏联史学与西方资产阶级史学还是有区别的。1964 年6 月,商务印书馆出版了一本内部读物——《西方资产阶级学者论苏联历史学》。在当时,中国学人要了解苏联史学,完全可以从俄文的论著中直接了解,况且在此之前《史学译丛》等刊物已经做了很多工作,为什么要借"西方资产阶级学者"的口来谈论苏联史学呢?编者旗帜鲜明地指出,这些文章的作者"都是西方的资产阶级学者,他们站在捍卫资本主义文化的立场,企图通过对苏联历史学的批判,达到否定整个马克思主义历史科学的目的",同时指出,这些文章重点攻击列宁、斯大林时期的苏联史学,而对苏共二十大后泛滥起来的修正主义历史学则表示欢迎。由此可见,这些西方学者的观点是"十分反动的",判断"非常乖谬",只是其中提供的某些材料和线索"有值得注意的地方"。①

这就是说，即使到 20 世纪 60 年代初，中国史学家在对待历史问题的基本历史观上仍然是认同苏联学者的观点的，对西方资产阶级历史哲学是持批判态度的。1962 年 7 月，生活·读书·新知三联书店出版了苏联史家康恩等人的《穷途末路的资产阶级历史哲学》一书。这是一本苏联学者批判西方历史哲学的论文集，文章都是在 1956 年以后发表的，重点批判的是欧洲历史哲学中的相对主义，以及美国的"现在主义"，批判的重点人物是西德社会学家罗塔克尔。此书作者认为，西方资产阶级历史哲学把注意力放在历史认识论和历史方法论上，他们不注重历史过程本身，这是企图推翻马克思主义关于历史规律客观性的学说，认为一切历史都是历史学家创造的。很明显，这一时期苏联历史学家对西方资产阶级历史哲学的批判，应该是能够得到中国学者的认同的。

"文革"时期，苏共领导被认为是在推行修正主义路线，因而苏联史学也必定是"修正主义"的产物。在这种社会环境下，苏联史学在中国必然遭到被抛弃、被遗忘的命运。

在这个时期，苏联史学在中国的输入渠道十分有限。这里不能不提到的是苏联科学院主编的多卷本《世界通史》，它就是在这个时期被翻译成中文并得以出版的。这套《世界通史》的中文版第 1 卷就是 1959 年由读书·生活·新知三联书店出版的。当时，《人民日报》也以《历史科学进展的丰碑》为题发表了书评，称此书是"世界上第一部以马克思列宁主义为指导思想阐明人类社会发展过程的、规模巨大的、综合性的世界通史"。1960—1965 年已是中苏关系交恶的时期，但也陆续出版了第 2—6 卷。《世界通史》中译本的第 7—10 卷，是在 1975—1976 年出版的，书虽然出版了，但出版社没有忘记在"出版说明"中指出"供批判地使用"。除了《世界通史》外，20 世纪 70 年代也有一些苏联学者的世界史著作被翻译出版，但也都是作为"内部读物"出版的。

三

改革开放 30 年来是中国史学对苏联史学的反思时期，在重新认识苏联史学的基础上，苏联史学的成果也重新得到中国史学工作者的关注。

---

① 吕浦等译：《西方资产阶级学者论苏联历史学·出版说明》，商务印书馆，1964 年版。

粉碎"四人帮"以后，特别是 1978 年关于真理标准问题的讨论和十一届三中全会后，在"实践是检验真理的唯一标准"的理念指导下，史学领域非常活跃，曾经对中国史学产生过重要影响的苏联史学也被学者们重新提及。

苏联史学曾经深刻地影响了中国的一代学人。20 世纪 50 年代起就学习苏联历史，特别是曾留学苏联的一批学者对于苏联史学对中国的影响有深切的感受。北京大学历史系的徐天新教授深切地回顾了自己所受苏联史学的影响。他说："我一生都在学习、研究苏联历史，经历了一个艰辛而又曲折的过程。"他重点反思了《联共（布）党史简明教程》（以下简称《教程》）对他的影响。他在国内和苏联读大学期间，曾先后三次学习此书，思想完全被禁锢在这本"斯大林主义百科全书"之中。"四人帮"倒台后，他产生了诸多的疑问：《教程》为什么能把苏联历史篡改成对斯大林个人的崇拜的历史？科学的苏联历史应该如何阐述？经过认真反思，他认为该书把阶级斗争学说绝对化、简单化、庸俗化，把分析历史的有力武器变成歪曲和伪造历史、欺骗人民的工具。它打着阶级斗争的旗帜，随心所欲地编造历史，把虽有贡献但犯有错误的斯大林描绘成值得崇拜也必须崇拜的救世主。他说："应当承认，《教程》对我的影响太大了，它的观点和资料、它的分析方法和写作目的就像影子一样跟随我，一有机会就显现出来。"[1]

柳植说，斯大林逝世后，《教程》在它的故乡——苏联受到了批判，早已弃置不用。而在我国，因为种种原因，却没有对这部书及其影响进行认真的反思，以致一些人至今还停留在《教程》的理论水平上，还常常用《教程》的观点看问题。《教程》一书从理论观点到具体事实的叙述都存在许多问题，而其中最严重之处就在于，它曲解了马克思主义，把马克思主义变成一种僵化的教条，变成一种简单化、模式化、绝对化和凝固与封闭的体系。[2]

姜义华在他的《理性缺位的启蒙》一书中，有一节对《教程》进行了全面的评述。他认为，这部教程所采取的是令人难以容忍的"六经注我"的实用主义态度，《教程》在方法论上为党史研究树立了一个反科学的先例。党的历史本是科学研究的对象。历史本身就在发展之中，历史行动的真正后果和全部影响不可能一次性地完全显示出来。对历史问题通过由联共（布）中央审定，实际即由某一个或某几个中央领导人审定的办法，来树立某一种认识或某一种

---

① 徐天新：《平等、强国的理想与苏联的实践》，安徽大学出版社，2005 年版，前言第 1 页。
② 柳植：《〈联共（布）党史简明教程〉把马克思主义变成一个封闭的系统》，《书林》，1988 年第 2 期。

解释的绝对权威，这本身就是对历史科学研究方法的亵渎。《教程》从头到尾武断的、盛气凌人的口吻，充斥全书的不容分辩的论断式的语气，不讲道理、以势压人、粗鲁横暴的文风，处处体现了同科学态度不相容的权力意志。这一切，不仅在历史学界，而且在整个理论界，都造成了非常恶劣的影响。①

在深刻反思的同时，我国学者也开始重新认识苏联史学。

陈启能、于沛、黄立茀合著的《苏联史学理论》就是把苏联史学当作一种历史遗产加以科学研究的成果。在书中，作者对苏联从 20 世纪 60 年代到 80 年代这一阶段的史学理论发展做了深入、具体的剖析，填补了这一时期中国学者对苏联史学缺乏了解的空白。通过这部书的介绍，人们可以看到这一时期的苏联史学与过去人们头脑里对苏联史学的印象已经有很大的不同。几十年来，苏联史学工作者也对自己过去的史学理论和方法进行了深刻的反思，包括对五种生产方式理论的机械、教条式的运用；同时他们也已经改变了对于西方史学的绝对化的态度，能够对西方史学进行客观的分析，积极吸收其中的有益成果。该书的作者之一陈启能认为：在 50 年代时，苏联历史科学对我国历史学的发展曾经有过重要的影响，在这之前和之后也不能说就没有影响。对这种影响需要具体分析，既不宜估计过高，也不能漠然视之；既不宜全盘否定，也不能过多肯定。② 于沛也认为：50 年代初到 60 年代初，介绍和学习苏联史学理论和方法，有其历史的必然性和合理性。它对中国历史学家和广大史学工作者自觉地掌握和运用唯物史观研究或学习中外历史，有着积极的意义，为培养新一代马克思主义史学家和促进中国马克思主义史学的发展奠定了基础。但是，毋庸讳言，在学习苏联史学积极的、合理的内容的过程中，苏联史学理论中对马克思主义的曲解，以及运用唯物史观所存在的教条主义僵化模式和公式化、概念化倾向，也不可避免地对中国史学发展产生了消极的影响。③

应该指出，我们有些学者在对苏联史学进行批评时，往往是把它看成一种固定不变的东西，特别是把某一本书看成整个的苏联史学。从《苏联史学理论》一书中我们可以看到：实际上不论在任何时候，在斯大林时期的高压下，在"历史热"的汹涌浪潮中，在苏联解体后的一片否定声中，都不乏有头脑清

---

① 姜义华：《理性缺位的启蒙》，上海三联书店，2000 年版，第 4 章第 2 节。
② 陈启能、于沛、黄立茀：《苏联史学理论》，经济管理出版社，1996 年版，前言第 9 页。
③ 于沛：《世界史研究》，福建人民出版社，2006 年版，第 99—100 页。

醒、并不随波逐流的历史学家。不论在任何时候，严肃、认真的历史学家总是默默地在史学的田地中耕耘，做出自己的贡献。尽管他们受到时代的局限、条件的限制，会存在这样那样的缺点和错误，然而他们的成绩是不能抹杀的，尤其是在各种各样的具体历史领域和历史课题方面。正因为如此，苏联历史科学才不应该被简单地一笔抹杀。正确的做法应该是，既看到它存在的严重问题，又承认它取得的巨大成绩。而且，不论是问题，还是成绩，对后人来说都是一笔宝贵的财富。

反映苏联史学理论和方法的著作也被陆续介绍到中国，如巴尔格的《历史学的范畴和方法》、茹科夫的《历史方法论大纲》在20世纪80年代后期就被译成中文。苏联学者在比较史学、计量史学方面的成果也受到中国史学家的重视。目前，全面反映苏联史学成就的著作虽不多见，但从20世纪90年代以来，中国和俄罗斯史学工作者的积极互动已经初见端倪。2002年社会科学文献出版社出版了《苏联历史档案选编》，中国学者对苏联和俄国历史的研究进入新的层次，特别是利用这些解密的苏联档案，重新进行了许多有关苏联历史的深层次的研究，出版了一批新的研究成果。这些成果改变了中国的苏联史研究往往是一本《教程》定天下，从论点到史料差不多都取自这本"经典"的局面。2005年安徽大学出版社出版的《中国史家论苏联四种》(即郑异凡、徐天新、叶书宗、杨存堂四位教授论述苏联的著作)，就反映了这种研究的新水平。在学术刊物上可以看到中国学者介绍俄罗斯史学进展的情况，也有俄国学者到中国来介绍俄国史学的动态。一些20世纪五六十年代曾经出版的有影响力的苏联史学名著，如阿甫基耶夫的《古代东方史》、科瓦略夫的《古代罗马史》又重新被翻译出版，中国史学和俄国史学之间的交流逐步进入正常状态。

中国史学和苏联史学之间这段不平坦的交流史也受到了中国学者的重视。张广智发表了《苏联马克思主义史学的沉浮(俄国十月革命至20世纪90年代初)》《苏联史学输入中国及其现代回响》《苏版〈世界通史〉的中国回应》等文章，提出我们应该以历史主义的态度来总结、批判地继承这笔遗产。他认为，在马克思主义史学发展史上，苏联史学作为第一个社会主义国家的马克思主义史学，在70余年的发展过程中，成就与失误交织，经验与教训杂糅，曾在20世纪国际史坛上扮演过重要的角色，产生过重大的影响。如今，苏联这个国家虽已解体，但苏联的马克思主义史学作为一份遗产，并不随之而消失。对于马克思主义史学史的研究而言，认真回顾与总结马克思主义史学发展史上第一个社会主义国家的史学，从中吸取经验教训，是颇具学科价值与现实意义的。张广智说:"珠辉散去归平淡。当我们拨去了附在苏联马克思主义史学上的种种神圣光环之后,还其作为众多的马克思主义史学中的一个学派的原貌,我们发觉,它与世界史学园地中的许多派别一样,也互有轩轾,各有特色。总之,我们应当运用马克思主义的历史主义态度,认真总结,批判地继承这笔史学遗产。"①

(原载于《廊坊师范学院学报(社会科学版)》2009 年第 1 期,收入本书有改动)

---

① 张广智:《苏联马克思主义史学的沉浮(俄国十月革命至 20 世纪 90 年代初)》,《历史教学问题》,2006 年第 3 期。

当代中国史学对心理史学的回应

摘要：心理史学是 20 世纪 80 年代以后在中国史学界备受关注的一门史学新的分支学科或者称为新方法，本文梳理了近 20 年来心理史学在学术界受到重视并且开始进行探索的情况。首先是从理论上进行探讨，马克思主义经典作家的有关论述为这种探讨提供了理论上的指引；其次是 20 世纪中外史学实践特别是西方新史学为心理史学的发展提供了启示。改革开放以来，中国史学工作者的相关探索可以看作是对这两项因素的积极回应。

关键词：社会心理；心理史学；回应

当代中国史学的一个明显特点是：历史不再被看成僵死的事实的堆积，史学也不再是零散的史料的排列，因为治史者能够把历史看成是由活生生的人所创造的。所以，人们在研究历史创造者的活动时，不仅要考察、确定他们表面的言行以及这些言行所体现的历史过程、历史现象、历史因果，同时也力图考察伴随这些活动的历史创造者们的内心世界。因为，任何时代的人类的活动，都要通过人们的头脑。由于研究人类大脑的活动已经超过了历史学的范围，这就造成古往今来众多的历史家们到此止步。但相信历史学是一门真正科学的历史学家们，坚信历史学是可以揭示人类历史的各种奥秘的。在历史学已经走上现代化的今天，史学家是可以与心理学家、社会学家、文化人类学家等携手合作，共同完成这一科学史上的艰巨任务的。

一

当代中国的史学工作者之所以向心理学寻求援助来深化史学研究，主要受到来自三个方面的启示：一是马克思主义经典作家的有关论述；二是中外学者们的提倡与探索；三是国外心理史学实践，特别是美国心理史学和法国心态史学的启发。

首先，马克思主义经典作家的有关论述为史学家们向历史上人类心理活动方面的拓展奠定了历史观的基础。长期以来，尽管人们力图按照马克思主义的历史观去从事史学研究，但往往是对唯物史观做片面的理解。无论人们从哪一时代或哪一方面去研究历史，都避讳历史创造者们的主观方面也即心理方面，但这并不是马克思、恩格斯的本意。相反，他们认为研究历史上的人类活动是不能避开人的头脑的。正如恩格斯所指出的，"决不能避免这种情况：推动人去从事活动的一切，都要通过人的头脑。"即使是像吃、喝这样最基本的人类活动，也是要通过人的头脑的感觉而开始或停止的。"外部世界对人的影响表现在人的头脑中，反映在人的头脑中，成为感觉、思想、动机、意志，总之，成为'理想的意图'，并且通过这种形态变成'理想的力量'。"恩格斯嘲笑那些简单、片面地理解唯物史观的人们说："如果一个人只是由于他追求'理想的意图'并承认'理想的力量'对他的影响，就成了唯心主义者，那么任何一个发育稍稍正常的人都是天生的唯心主义者了，这样怎么还会有唯物主义者呢?"①

事实确实是这样。唯物主义与唯心主义的区别并不在于研究什么，而在于如何去研究和解释。机械的唯物主义者不把历史事物的发展看成"人的感性活动"，只能从事物的表面、以直观的形式去理解，因此也就不能对活生生的历史做出准确的解释。普列汉诺夫认为，唯物主义者"必须给人的生活的一切方面一个唯物主义的说明"。他认为，马克思强调从人的"主观方面"去理解事物。而"人的生活的主观方面，正是心理方面，'人的精神'，人的感情和观念"。②

马克思、恩格斯指出，所有在社会历史领域内进行活动的人，全是"具有意识的、经过思虑或凭激情行动的、追求某种目的的人"，人们"这许多按不同方向活动的愿望及其对外部世界的各种各样影响所产生的结果，就是历史"。③正是由于此，我们有理由说：历史的问题在某种意义下也是一个心理问题。因为没有任何一件历史事实的发生不是与人们的心理状况密切联系的。所以，在马克思主义的创始人看来，研究历史不仅要研究影响历史的经济条

---

① 中共中央马克思恩格斯列宁著作编译局编译：《马克思恩格斯选集》第四卷，人民出版社，1972年版，第228页。

② ［俄］普列汉诺夫：《普列汉诺夫哲学著作选集》第二卷，生活·读书·新知三联书店，1961年版，第186页。

③ 中共中央马克思恩格斯列宁著作编译局编译：《马克思恩格斯选集》第四卷，人民出版社，1972年版，第243—244页。

件、地理条件、政治条件以及民族关系等方面的条件，也要研究人们的心理状况，包括人们的社会动机、社会需要、社会态度、社会情感等方面的状况。不对这些情况进行深入的研究，就不能真正弄懂历史。正如恩格斯所说："探讨那些作为自觉的动机明显地或不明显地、直接地或以思想的形式，甚至以幻想的形式反映在行动着的群众及其领袖即所谓伟大人物的头脑中的动因，——这是可以引导我们去探索那些在整个历史中以及个别时期和个别国家的历史中起支配作用的规律的唯一途径。"[1]每一个真正信仰马克思主义的历史学家当然都不会对马克思主义的这些经典论述熟视无睹。这就需要转换一下视角，从另一个领域对历史进行考察。

其次，从 20 世纪以来，中外诸多史学家和非史学家都认识到确实有借助心理学来加深历史研究的必要，他们也对此进行了大力的倡导。

早在 1903 年就被介绍到中国的日本早稻田大学教授浮田和民在《史学原论》中就提出过这种观点。他认为，"个人心理学成立，并社会心理学亦成立，则历史成为完全科学也"[2]。美国"新史学派"代表人物鲁滨孙于 1911 年撰写了《新史学》一书。鲁滨孙在书中指出史学家要想使历史学成为科学，就不能仅仅依靠自然科学，也应该依靠社会心理学这样的"人类的新科学"。他认为，历史学家如果能够把人类特有的、较高级的心理活动与祖传下来的属于动物本能的那些心理活动区别开，这样"对于思想的变迁、制度的发展、发明的进步、几乎一切的宗教现象等问题，恐怕就要容易研究得多了"[3]。鲁滨孙的学生、历史学家巴恩斯于 1919 年在《美国心理学杂志》上发表《心理学与史学》一文，进一步论述了心理学对历史研究的影响。何炳松翻译的《新史学》一书于 1964 年由商务印书馆出版，该书是在中国较有影响力的介绍国外新史学的著作。

受到西方史学方法的影响，梁启超 1921 年在南开大学讲授中国历史研究法时，也强调治史者应研究社会心理。他提出，要探求历史的因果关系，必须探求该一时代的社会心理的状况，考察其如何蕴积、如何发动和变化。他说："吾以为历史之一大秘密，乃在一个人之个性何以能扩充为一时代一集团

---

① 中共中央马克思恩格斯列宁著作编译局编译：《马克思恩格斯选集》第四卷，人民出版社，1972 年版，第 245 页。

② 转引自马金科、洪京陵著：《中国近代史学发展叙论》，中国人民大学出版社，1994 年版，第 197 页。

③ 鲁滨孙：《新史学》，何炳松译，商务印书馆，1964 年版，第 68 页。

之共性？与夫一时代一集团之共性何以能寄现于一个人之个性？申言之，则有所谓民族心理或社会心理者，其物实为个人心理之扩大化合品，而复借个人之行动以为之表现。"①在梁启超看来，社会心理是由特定时代、特定人群中个人的需要、意志、感情等心理状况汇积而成，同时这种社会心理的特点又会在个人心理上表现出来，两者互相依存。他还提出："无论何种政治何种思想皆建设在当时此地之社会心理的基础之上，而所谓大人物之言动必与此社会心理发生因果关系者，始能成为史迹。"②从这里可以看出，梁启超已经看到任何个别历史人物的政治及思想上的表现都是建立在一定的社会心理的基础之上的。所以他提出，"史家最要之职务"，就在于发现社会心理的"实体"，考察它蕴积、发动、变化的过程，并进一步研究在此基础上所形成的个人心理的表现，这样"史的因果之秘密"就可以被发现了。这种通过考察社会心理的状况来研究历史因果的方法，在梁启超的历史研究法中占有很重要的地位。他不仅从理论上阐述了研究社会心理的意义，还通过义和团运动的实例，说明了他这种方法的作用。可以说，梁启超是我国最早提倡通过分析社会心理来研究历史变迁的学者之一。

也许有人会说，梁启超的历史观是唯心主义的，所以他才这样重视社会心理在历史发展中的作用。说明梁启超的历史观的问题超出了本文的范围，这里我们不必深论。但是，在当时提倡以唯物史观研究历史的学者中也有主张借助心理学来加深历史研究的，李大钊便是一例。李大钊于1924年发表的《史学要论》一书便把史学看成与自然科学不同的"人事科学"。人事现象极其复杂，如何作为一门科学研究呢？李大钊认为，史学可以像心理学、经济学、法律学那样，进行"一般理论的研究"。在谈到研究的体系时，他认为史学家除了要进行"特殊事实的研究"以作为理论研究的基础外，他还主张采用生物学、考古学、心理学、社会学及其他人文科学的成果，"更以征验于记述历史，历史理论的研究才能作到好处"③。他在谈到研究"个人经历论"时，也主张研究个人的性格、气质等内容，显然这些都需要借助于心理学。

但是在20世纪前半期，无论是马克思主义的还是非马克思主义的，新史学刚刚从传统史学的窠臼中解脱出来，还来不及做心理学方面的探索。不过

---

① 梁启超：《中国历史研究法》，华东师范大学出版社，1996年版，第136页。
② 梁启超：《中国历史研究法》，华东师范大学出版社，1996年版，第136页。
③ 李大钊：《史学要论》，《李大钊文集》下，人民出版社，1984年版，第729页。

有些心理学家或社会学家在从事他们的学科研究时曾经涉及历史的问题。如心理学家林传鼎早年在研究心理测量问题时，曾经写过《唐宋以来三十四个历史人物心理特质的估计》的文章；心理学家张耀翔在研究心理变态问题时写过《中国历代名人变态行为考》的文章；社会学家孙本文在他的《社会心理学》的专著中所运用的材料很多来自二十四史和其他史料。但对于历史学家来说，运用心理学的理论、方法研究历史，还是件需要慎重考虑的事。

最后，改革开放以来，西方新史学理论和方法介绍到中国，美国心理史学和法国心态史学使中国史学工作者感到耳目一新，在很大程度上启发了中国学者，成为促进史学与心理学在中国"携手"的直接机缘。

美国的心理史学在当今西方最为发达，无论在理论上还是在实践上都取得了长足的发展。尽管目前还存在着争论，但不论其成绩、问题各占多少，美国的心理史学毕竟有了半个世纪的发展历史，在美国的史学界取得了独立的发展地位。20 世纪 80 年代初，美国的心理史学被介绍到中国。1982 年上海人民出版社出版的《现代西方史学流派文选》中，就收入了美国历史学家奥托·弗莱茨的《俾斯麦心理分析》一文，这是 1972 年发表在《美国历史评论》上的文章，从中我们可以看到美国心理史学的一些面貌。

1987 年第 2 期的《史学理论》杂志集中发表了一组介绍美国心理史学的文章，其中有罗凤礼全面介绍美国心理史学的文章，还有美国心理史学家托马斯·科胡特和理查德·舍恩沃尔德介绍美国心理史学的文章。后者的文章还收录在 1989 年华夏出版社出版、美国著名史学家伊格尔斯主编的《历史研究国际手册》上。美国学者劳埃德·德莫斯主编的《人格与心理潜影》一书选编了 10 篇心理历史学的文章，包括对亨利·基辛格、西奥多·罗斯福、希特勒、别林斯基、路易十三等历史人物的心理分析文章。

在此期间，《历史研究》《史学理论》《史学理论研究》《世界历史》等史学权威杂志上都发表过介绍或评述西方心理史学的文章。[①] 1996 年第 3 期的《史学理论研究》又发表了美国著名心理史学家彼得·洛温伯格的心理史学代表作《纳粹青年追随者的心理历史渊源》，使中国学者进一步看到了美国心理史学的面貌。洛温柏格不像大多数美国心理史学家那样只是研究个体的心理活动，

---

① 如《史学理论》1989 年第 1 期发表罗凤礼《西方心理历史学》一文，《史学理论研究》1993 年第 3、4 期发表罗凤礼《论弗洛伊德的历史观》一文，《历史研究》1989 年第 3 期发表朱孝远《现代历史心理学的产生和发展》一文，《世界历史》1987 年第 4 期发表邹兆辰、郭怡虹《西方心理历史学的理论和方法简析》一文等。

而是将纳粹青年追随者作为一个群体来研究其心理。

法国的心态史学可以说代表着西方心理史学的另一趋势。它不像美国心理史学那样着重于借助心理学方法来深化人物或群众的研究。心态史学的概念比较模糊，它主要是研究历史上的社会群体所共有的观念和意识，这是一些在民间世代相传的东西，是人类精神文化乃至历史中较为稳定的东西。

中国学人是在了解法国年鉴派史学的过程中了解心态史学的。前面我们提到的《现代西方史学流派文选》中，也收录了法国著名史学家、年鉴派创始人吕西安·费弗尔于1938年写的文章《历史与心理学》。该文章主张，历史学必须与心理学联合，取得心理学的有力支援，因此他主张建立一门"历史心理学"。但是在第一、二代年鉴学派的学者那里，研究的重点还是经济史和社会史。20世纪50年代中期以后，受费弗尔影响的史学家乔治·杜比、罗贝尔·芒德鲁等开始致力于心态史学的研究。到六七十年代，即第三代年鉴派代表人物继起的时候，法国心态史学已有了较大发展，产生了一大批颇有影响力的著作。但中国学者了解到心态史学还是在80年代以后，他们是通过综合介绍年鉴派史学或心态史学的文章了解到这一新的史学倾向的。从事心态史学研究的雅克·勒高夫和菲利浦·阿里埃斯等介绍关于心态史学的文章为中国学者了解其发展状况提供了一个窗口。商务印书馆1997年翻译出版了第三代年鉴派代表人物、著名史学家勒华·拉杜里的心态史著作《蒙塔尤：1294—1324年奥克西坦尼的一个山村》，该书可使中国读者更直接地领略心态史学的面貌。法国的心态史引起了中国读者的热情关注，尽管人们对心态史学的了解还远远不够，但可以预料，心态史学对中国学者的启迪可能不亚于美国的心理史学。

二

长期以来，由于传统史学观念的影响及对唯物史观机械的理解，在中国史学中是涉及不到人的心理领域的，也不可能借用心理学的方法来研究历史，可以说，这个领域几乎是一个禁区。20世纪80年代以来，中国的史学工作者开始突破这一禁区，从不同角度、在不同程度上对这一领域进行探索。

第一，许多史学工作者受到多种因素的启发，认识到史学研究需要借助心理学，需要研究人的心理状况，纷纷呼吁历史研究应重视社会心理。

80年代以来，学者们不断撰文提出历史学要研究社会心理，要运用心理分析方法，甚至提出了建立心理史学的种种设想。① 这些文章涉及以下一些问题。

(1)历史研究中重视人的心理状况的研究以及借助心理学方法研究历史问题，是符合唯物史观的要求的，也是深化史学研究所需要的。

(2)心理学原理可以在历史研究中审慎地加以利用。心理学有它自己的发展史，它是研究人类心理活动的规律的科学。既然历史学与心理学的研究对象有一定的共同性，所以应该消除两个学科之间的壁垒，两个学科应共同合作研究人类的历史活动。

(3)史学研究中应重视研究社会心理对人们创造历史活动的影响。社会心理不是系统的意识形态，而是人们自发形成的不系统、不定型、不具理论形态的社会意识，主要表现为人们的愿望、动机、情感、情绪、意志、态度、审美情趣、风俗习惯等。作为一种潜在的精神力量，它可以干预和调节人们的社会行为，因而也会对历史发展的面貌产生这样或那样的影响。

(4)史学研究也应重视对个别历史人物个性心理的分析。历史不过是追求自己目的的人的活动。尽管个别历史人物的性格特点是一种"偶然情况"，但也能在一定程度上加速和延缓历史的发展。无论是封建帝王还是革命领袖，都有平常人一样的心理活动，他们的性格、气质、情感、思维方式等，也应该作为历史研究的对象。

(5)在重视社会心理对历史创造者的影响的同时，也要看到社会心理，特别是社会认知心理对认知主体即历史研究者的影响，这种影响也会对历史研究和历史编撰的结果产生一定的作用。因为史家也是生活于社会环境之中，同样不可避免地受到种种社会心理因素的影响，如社会态度、社会情绪、价

---

① 如蔡雁生《创立"历史心理学"刍议》，《华南师范大学学报》1983 年第 2 期；尹继佐《唯物史观要研究社会心理》，《光明日报》1985 年 11 月 25 日；辛敬良《社会心理与唯物史观》，《复旦学报(社会科学版)》1984 年第 2 期；周义保《史学研究应重视社会心理分析》，《安徽史学》1987 年第 2 期；吴达德《历史人物研究与心理分析》，《云南社会科学》1987 年第 6 期；邹兆辰、郭怡虹《略论我国心理历史学的建设》，《历史研究方法论集》，河南人民出版社 1987 年出版；陈锋《论心理分析在历史研究中的应用》，《江汉论坛》1988 年第 1 期；裔昭印：《心理学原理在历史研究中的应用》，《上海师范大学学报(哲学社会科学版)》1988 年第 2 期；邹兆辰：《历史的问题也是一个心理问题》，《北京师范学院学报(社会科学版)》1988 年第 4 期；林奇：《研究封建社会史必须重视对帝王个性心理的分析》，《社会科学家》1988 年第 5 期；迟克举：《试论历史人物的个性在社会历史中的作用》，《社会科学》1993 年第 9 期；胡波：《社会心理与历史研究》，《广东社会科学》1994 年第 2 期；吴宁：《非理性因素在社会历史发展中的作用论笺》，《中国青年政治学院学报》1996 年第 2 期；邱昌胤：《心理分析法：一种马克思主义史学方法》，《贵州师范大学学报(社会科学版)》1996 年第 2 期等。

值观念、行为规范以及风俗习惯等。这对于史家的研究方向、课题选择、对历史问题的审定与评价，甚至对于史家的叙述模式和语言表达风格，都会产生一定影响。所以，任何历史著作都会打上时代的社会心理的印记。

相关文章的发表，为我国学者进一步探索运用心理学理论解释历史问题以致进一步研究历史上人们的社会心理，创造了一个好的舆论环境。历史学可以借鉴心理学来深化对历史问题的研究，这已经成为许多史学工作者的共识。

第二，从研究个别问题开始，尝试对某些历史问题进行社会心理的解释。

正当一些学者在思考运用心理学的方法说明历史问题的可能性以及如何建立科学的心理解释理论和方法的时候，一些学者已经一马当先，率先从事具体问题的研究了。

1986 年是心理史学在我国产生重大影响的一年。这一年，我国的权威学术刊物先后发表了年轻的史学博士莫世雄、马敏的两篇论述近代商人心理的文章。[①] 这两篇文章没有过多借助国内外的心理学理论，而是从严谨的历史材料出发，实实在在地研究历史上的心理问题。这两篇文章的发表表明中国史坛已经突破传统的研究模式，开始转向深层次的历史研究领域了。两年后，《历史研究》又发表了史学家王玉波的一篇从心理学的视角剖析中国传统观念的文章。[②] 还有的学者考察了义和团运动、五四运动等历史事件，从中探索影响事件发生的社会心理机制。[③] 彭卫则依据大量文献资料深入研究了中国历史上的变态行为，写出了自己的文章与专著。[④] 这些文章、专著的发表，意味着中国学者已经开始在中国的心理史学这块处女地上辛勤开拓了。

第三，研究中国心理史学的理论框架。

西方心理史学传入中国以来，一些思想敏锐的青年学者就一直在思考这样一些问题：西方的心理史学是不是一门有着广阔发展前景的学科？西方心理史学的哲学基础是唯物主义的还是唯心主义的？心理史学的理论和方法适

① 莫世雄：《护国运动时期商人心理研究》，《历史研究》，1986 年第 4 期；马敏：《中国近代商人心理结构初探》，《中国社会科学》，1986 年第 5 期。
② 王玉波：《传统的家庭认同心理探析》，《历史研究》，1988 年第 4 期。
③ 如邹兆辰：《五四运动的爱国精神与社会心理》，《北京师范学院学报（哲学社会科学版）》，1989 年第 2 期。
④ 彭卫：《历史的活动与迷离的心灵——对中国历史上心理异常的研究》，《史学理论研究》，1993 年第 1 期；《另一个世界——中国历史上的变态行为考察》，陕西人民教育出版社，1993 年版。

合中国国情吗？心理史学能否得到广大史学工作者的认同？如何建设一门在唯物史观基础上的心理历史学？

在对这些严肃的问题进行思考的过程中，有两名青年史学工作者已经率先拿出了自己思考的成果——心理史学的理论专著，这就是北京的彭卫和广东的胡波。

彭卫从20世纪80年代起就在构思心理史学的理论框架，早在1987年他就发表了有关的论文[①]，1992年他的心理史学专著《历史的心镜——心态史学》出版[②]，这是国内第一部力图揭示历史深层奥秘的心理史学著作。该书不仅介绍了国内外心理史学的研究状况，也运用心理学的理论、方法探索中国历史上的个别历史人物的性格特征，研究某些群体行为的心理机制，还归纳了各种历史心理分析的方法。该书不仅内容丰富，而且以大量的文献材料为依据，从而能较好地把中国历史资料与心理史学方法联系起来。

与此同时，广东的青年学者胡波也在构思他的心理史学著作。多年来，他一直想对这个问题做一次"全新的理论透视和系统研究"[③]，因而研读了大量的哲学著作和心理学著作，对历史心理学的问题进行了整体的思考，提出了自己的历史心理学的体系。在他的专著《历史心理学》[④]中，除了论述马克思主义经典作家关于社会心理问题的理论及评述西方心理史学的发展状况外，还提出了自己的历史心理学的体系。他的历史心理学体系包括动态的社会心理、静态的社会心理和人们在认识历史过程中的认知心理三个部分。他从这三个方面论述了社会心理在历史创造过程中以及研究历史、撰写历史过程中的作用。这是一个具有中国特点的理论框架，对于人们进一步思考有关历史心理学的问题开辟了一个很好的思路。

第四，探讨个别历史人物的心理特征。

长期以来，历史人物的研究存在一种脸谱化的趋势，即总是从政治、文化、阶级或道德的角度论述、评价历史人物，而不能透过人物表面的言行揭示人物的内心世界。这种状况在新时期的史学中有了一定的改变。

历代帝王是历史人物研究的一个热点，也是心理历史研究的一个热点。

---

① 彭卫：《试论心理史学的主体原则与理论层次》，《史学理论》，1987年第2期。

② 彭卫：《历史的心镜——心态史学》，河南人民出版社，1992年版。

③ 胡波：《试论历史心理学及其研究对象》，《学习与探索》，1988年第2期；《历史心理学的价值与意义》，《广东社会科学》，1993年第1期。

④ 胡波：《历史心理学》，广东高等教育出版社，1993年版。

原因之一便是有关文献记载比较多，虽然不能都为心理分析创造条件，但毕竟可以通过这些材料发现一些蛛丝马迹。例如，有学者撰文论述汉武帝对司马迁为李陵辩护给予严厉处罚的原因，① 以求能对此问题找到一个合理的解释。曾经写过《万历传》的历史学家樊树志，在该书写完以后又专门写了一篇文章对明神宗万历进行心理分析②，通过这一个案分析，指出明神宗是一个心理变态者，他生性嗜酒好色、贪财好货、逢人疑人、逢事疑事，是一个集权力欲与怠于临朝于一身的皇帝。赵良撰写的《天子的隐秘——七位中国帝王的心理传记》③（以下简称《天子的隐秘》）一书对秦始皇、汉高祖、武则天、李后主、明太祖、光绪、溥仪七位历史人物进行了分析。从形式上看，这是一部"抒情散文式的心理传记"，不是一部严格的历史著作，但作者表明其"借鉴了心理历史学的某些方法"，"为心理历史学的研究注入了新的活力"，因而也是运用心理史学方法的有益尝试。这些心理分析的文章和著作，为说明一些通常情况下难以解释的问题打开了一条新的路径，加深了人们对这些历史人物的认识。

对于像孙中山这样"一开始就站在运动最前面的"人物，能否进行心理分析呢？回答应该是肯定的。许多学者在这方面进行了积极的探索。④ 一直致力于历史心理学研究的青年学者胡波也同时在思考着孙中山的个性心理问题，先后发表了一些有关孙中山及其生长的文化环境的研究文章⑤，在此基础上完成了《岭南文化与孙中山》⑥这部专著。该书联系岭南文化的大背景，剖析了孙中山的个性心理、思维方式、情感世界、行为方式等几个方面，不仅使孙中山的内心世界得以展示，也开创了历史人物研究的一种新模式。

第五，探讨各个时期、各个不同范围的群体社会心理。

---

① 李恩江：《再论司马迁为李陵辩护的是非及汉武帝判以重刑的心理原因》，《郑州大学学报（哲学社会科学版）》，1994年第8期。

② 樊树志：《万历传》，人民出版社，1994年版；樊树志：《帝王心理：明神宗的个案》，《学术月刊》，1995年第1期。

③ 赵良：《天子的隐秘——七位中国帝王的心理传记》，中国广播电视出版社，1994年版。

④ 如王彦明：《试论孙中山的革命雄心和性格》，《江汉论坛》，1987年第1期；马敏：《论孙中山伟人品质》，《孙中山和他的年代》（中册），中华书局，1989年版。

⑤ 胡波：《岭南文化与孙中山》，《中山大学学报（社会科学版）》，1992年第5期；《清末民初社会心理与政治》，《孙中山研究论文集》，中山大学出版社，1993年版；《论孙中山的乡土观念》，《中山大学学报（社会科学版）》，1994年第1期；《岭南文化与孙中山的思维模式》，《学术研究》，1995年第1期。

⑥ 胡波：《岭南文化与孙中山》，中山大学出版社，1997年版。

群体的社会心理范围很广，既可以指某一特定时期的社会心理，也可以指千百年来的传统社会心理；既可以指某一小范围内具有某一共同点的人群，也可以泛指整个阶级、阶层、国家、民族的大多数人的共同心理。新时期的史学工作者与相关学科的学者们一起，参与了群体社会心理的探索，取得了不小的成绩。

有一些论著是从特定时代、特定人群或特定的心理活动的角度进行研究的。例如，上面提到的莫世雄、马敏关于近代商人心理的研究，王玉波关于传统的家庭认同心理的研究，都属于这种类型。此外，如李桂海对中国封建社会农民起义口号的心理分析、王建光关于明代学子的心态及其价值取向归宿的研究、葛荃对中国传统制衡观念与知识阶层政治心态的研究①，即是对特定时代、特定社会层面的群体心理状况的研究。程歗、张鸣研究历史上乡村农民日常意识和晚清乡村社会对洋教态度的心理分析文章②，也属于这种类型。

程歗所著《晚清乡土意识》③一书是清史研究丛书中的一种，作者将清代思想文化史的研究视角从个别思想家转移到中国的乡里社会，探讨了晚清乡土意识各方面的表现，包括日常意识、政治意识、民族意识、宗教意识等。这些"乡土意识"不是系统的意识形态，而主要是表现在情绪、情感等社会心理结构的"浮表层次"的心理活动，因而这种研究可以说是真正的心理史学研究。

有一些论著阐述的社会心理范围很宽，这种研究学科范围的界定也很灵活，比如"中华民族文化心理研究""民族性格研究""民族性研究""国民性研究""传统社会心态研究""民族心理研究"等。④ 这些研究无疑是多学科的非典

---

① 李桂海：《对中国封建社会农民起义口号的心理分析》，《争鸣》，1987 年第 3 期；王建光：《明代学子的心态及其价值取向的归宿》，《史学月刊》，1994 年第 2 期；葛荃：《中国传统制衡观念与知识阶层的政治心态》，《史学集刊》，1992 年第 3 期。

② 程歗、张鸣：《中国封建社会农民日常意识散论》，《中国人民大学学报》，1987 年第 6 期；《晚清乡村社会的洋教观——对教案的一种文化心理解释》，《历史研究》，1995 年第 5 期。

③ 程歗：《晚清乡土意识》，中国人民大学出版社，1990 年版。

④ 这方面的著作如：许苏民的《中华民族文化心理素质简论》，云南人民出版社，1987 年出版；沙莲香主编的《中国民族性（壹）》，中国人民大学出版社，1989 年出版；沙莲香所著《中国民族性（贰）》，中国人民大学出版社，1990 年出版；任剑涛的《从自在到自觉——中国国民性探讨》，陕西人民出版社，1992 年出版；熊锡元的《民族心理与民族意识》，云南大学出版社，1994 年出版；沈星棣、冯品英的《中国心——华夏民族性格的历史形成》，江西高校出版社，1995 年出版；刘广明、王志跃的《中国传统人格批判》，江苏人民出版社，1995 年出版；陆震的《中国传统社会心态》，浙江人民出版社，1996 年出版。

型的历史心理研究。但是，这些研究也离不开历史上的社会心理问题，也或多或少地借鉴了一些心理史学的概念和方法。如许苏民称他所探讨的"民族心理素质"是指该民族历史地形成的以基本人生态度、情感方式、思维模式、国民行为定式为内容的心理—行为结构；沈星棣、冯品英认为他们所指的"中国心"是指民族共同的心理素质，也就是通常所谓的民族意识、民族感情、民族性格、民族风尚等；刘广明、王志跃认为他们所研究的"中国传统人格"也就是民族性格，是大多数国民所具有的社会心理特征；陆震认为他所探讨的"中国传统社会心态"，就是历史上承袭下来的那些还在我们今天的生活中活着，正在影响着我们的精神世界，影响着我们的生活方式、行为方式和思维方式的东西。

尽管上述研究所用的概念不同，但都离不开历史上的社会心理、民族心理，只是不同于历史学那样对特定时代、特定人群或特定历史人物的历史心理研究，所以我们可以把这些研究称为广义的历史心理研究。

三

以上我们概述了当代中国心理史学的发展状况，从中可以看出当代中国学者对心理史学的基本态度和所做出的探索性的回应。这些研究可以从宏观、中观、微观的不同层次进行，可以是理论性的、总体的探讨，也可以是具体的、个案的研究。从这些研究中我们可以看到以下特点。

第一，绝大多数的研究成果都具有跨学科的特点。

上面我们所列举的论著，有一些明确称为心理史学研究，有一些只涉及心理问题，并不称为心理史学。这些论著对心理学理论与方法的运用也是深浅不一，有的论著基本上是运用传统的史学方法，但所研究的问题是属于历史上的心理问题。无论属于哪一种情况，这些论著都在一定程度上突破了传统史学的旧模式，向跨学科研究迈出了一步。因为既然研究的对象是历史上的心理问题，就不可能完全沿用传统史学的方法，在研究的思路上必然会有所突破。

例如，陆震的《中国传统社会心态》一书被列入"中国社会史丛书"第五批，应属于社会史的著作。但它已不是传统意义上的社会史著作，而是受到西方新史学影响的社会史著作。作者在该书《引言》中明确表示他是受了"法国年鉴学派在心态史方面的研究成就的影响"，他之所以对中国传统社会心态进行研究，就是想为中国心态史学科的发展"擂几声鼓点，出一点微力"。①

刘广明、王志跃的《中国传统人格批判》一书力图从"文化、社会、人格三者互动的功能性产物——性格特征入手，批判性地分析中国人的传统性格特征"②。这就要涉及文化学、社会学、心理学的理论与历史学的知识，必然也是一种跨学科的研究。

程歗的《晚清乡土意识》一书是一本相当严肃的历史著作，作者只是想"转换一个角度来素描晚清思想文化史"，没有打算写一部心理史学的专著。但作者也指出，"乡土意识在很大程度上属于社会心理的范畴""日常生活意识也就是通常所说的社会心理。它是研究乡土意识状态的起点"，包括人们的理想、愿望、情感、价值观念、社会态度、道德风尚等心理因素。③ 这就表明，研究思想文化史事实上也离不开社会心理。书中在解释一些思想文化现象的时候，也运用了某些心理学的理论。例如书中在谈到"民间结社的信仰"时说：乡里人群由于持久的忧患感、屈辱感和挫折感，心理压抑超越了日常意识所能负荷的程度时，"就会不自觉地借助于潜意识中的心理自卫活动来加以渲泄。'祈求天报'的宣泄型宗教感情是一种重要的心理防御机制"④。这表明，作者在论述近代思想文化史时，也是谨慎地借鉴了社会心理学的理论的。

第二，我国的心理史学著作较多地保持了我国传统史学的优点，注意观点与材料的结合，认真地选择和运用史料，没有材料不轻易下结论。

国外的某些心理史学作品有一个突出的特点，即研究往往不是从耐心地积累材料开始，而是先确定要研究的问题，根据有限的材料进行"大胆的假设"，寻找问题的答案，最后用一些"新材料"来验证假设。这样的结论往往经不住推敲，带有很大的主观成分。作为一门科学来说，心理史学的作品必须经受住两方面的检验：既要在历史学上站得住脚，又必须符合心理学的要求，能真正做到这一点是很难的。

我国学者有关心理史学的论著大多是可以经受住这两方面的检验的。例如彭卫有关心理史学的论著所引用的材料绝大部分出自古代文献资料。如作者在论述"中国历史上的人格异常"一节时，共列举了7类人格异常现象，仅"性行为变态的人格异常"一类就包括18种现象；其他类型人格变态则包括21

---

① 陆震：《中国传统社会心态·引言》，浙江人民出版社，1996年版，第7页。
② 刘广明、王志跃：《中国传统人格批判》，江苏人民出版社，1995年版，第16页。
③ 程歗：《晚清乡土意识》，中国人民大学出版社，1990年版，第12页。
④ 程歗：《晚清乡土意识》，中国人民大学出版社，1990年版，第23页。

种现象。这里他所指出的人格异常现象远远超过了对他曾有启发的美国心理学家克莱克利在《正常的假面具》（1973 年）一书中所罗列的 16 种人格异常表现。彭卫之所以没有按这位心理学家所限定的框架去搜集材料，是因为他认为"历史实际总是比理论和分析更具体、复杂和丰富一些"。仅在这一节中，作者共用了 99 个注释，所引用的资料全部来自历史文献，其中包括正史 9部，杂史及各种笔记资料 40 多部，此外还有《儒林外史》《聊斋志异》《醒世恒言》等多部小说。

程歗所著《晚清乡土意识》一书所引用的材料，除各种形式的出版物外，还有抄自中国第一历史档案馆的清代档案，各种族谱、家谱及作者参加的"近代华北农村社会中日联合调查团"在华北各地的调查记录。

综上所述，这些著作对史实的运用是完全可以经受住正规史学的检验的，这是中国心理史学著作的一个明显特点。

第三，中国的心理史学目前仍处于探索阶段，学者们的研究尽管在不同程度上都涉及了历史上的心理问题，但所使用的理论、概念、方法都很不一致，也有的根本不涉及心理学。

中国的心理史学著作虽然在不同程度上都受到西方心理史学的影响，但大家对这门学科的理解很不一致。就一般概念来说，有的学者把它称为"心理史学"或"心理历史学"，有的称为"历史心理学"，有的则称为"心态史学"。其之所以不同，是因为在西方就有以美国为主的心理史学和以法国为主的心态史学的差别，所以在我国也会有不同的倾向。就英语"Psychohistory"一词的译法，也有不同。彭卫在他的专著中采用"心态史学"的译法，认为这种译法更明确地指出了"Psychohistory"的跨学科性质和研究的目的性。胡波把他的专著定名为"历史心理学"。他说："历史心理学是运用心理学的知识研究历史上的个体和群体的心理活动及其对于创造历史和认识历史的作用和影响的一门边缘学科。"[1]他认为，这样定义这一学科有利于从复杂的历史主体心理活动中直接、迅速地看到过去时代人们心理的主要方面。

陆震则把他的研究对象称为"社会心态"。认为这一词虽不见于现存的辞书，但与"社会心理"同义，又比"社会心理"一词"更有既存性、整体性和架构性，更能给人以立体感、可触摸感"。[2]

---

① 胡波：《历史心理学》，广东高等教育出版社，1993 年版，第 49 页。
② 陆震：《中国传统社会心态》，浙江人民出版社，1996 年版，第 5 页。

赵良在《天子的隐秘》一书中表明，他对运用美国心理史学方法研究历史人物并撰写心理传记感兴趣。他说："心理历史学是 20 世纪 60 年代兴起的一种史学流派，它旨在运用心理学的各种学说，尤其是以弗洛伊德及其追随者的精神分析理论和方法来解释历史进程、历史现象以及历史人物的所作所为。"①他的《天子的隐秘》正是运用了这种心理史学的方法。

第四，中国的心理史学在目前并未成为一门史学的分支学科，心理史学的发展还存在不少困难，但是这一史学研究的特殊视角或方法在 21 世纪仍然是有前途的。

当代中国史学工作者在心理史学的研究方面进行了一定的探索，也取得了一定的成绩，但在中国还不能说已经形成了一个心理史学的学科或学派，甚至还不能说心理史学已经成为史学界所公认的一种史学方法。从事心理史学研究的学者都是在"各自为政"地进行着自己的探索，它没有自己的学术阵地，国内也没有开过一次有关的学术讨论会，从事这方面研究的学者也对这种研究的前景感到信心不足。

心理史学研究的困难是显而易见的。一方面，由于它的理论和方法是跨学科的，多数史学工作者对此感到陌生，也就必然会有这样那样的疑虑；另一方面，除了近现代史的人物或事件的研究可能会较多地保留着可以进行心理分析的资料外，资料的难寻也会使一些史学工作者望而却步。

除此之外，更大的困难可能来自史学本身严格的科学性和科学的工作规范的束缚，使人不敢越雷池一步。正如美国心理史学家劳埃德·德莫斯所说："心理历史学和心理分析学一样，研究者个人的情感是等同或胜过眼睛和手的工具。情感如同眼睛，不可能绝对正确无误，常常会出现畸变。但是，由于心理历史学关注的是人类动机，由于发现和估量复杂动机的唯一途径是进入人类行为者的角色，因此，多数'科学'所提供和遵循的压抑一切情感的研究方式，极大地束缚了心理历史学家的手脚，其严重程度等于不准生物学家使用显微镜。所以，心理历史学家的情感发展与他的智力发展一样，是一个值得探讨的问题。"②德莫斯所说的问题确实是制约心理史学发展的一个重要因素，大多数人并不否认心理因素对历史的影响，但人们不愿意在这方面去冒

---

① 赵良：《天子的隐秘——七位中国帝王的心理传记·自序》，中央广播电视出版社，1994 年版，第 1 页。

② ［美］劳埃德·德莫斯等：《人格与心理潜影》，沈莉、于盱译，上海人民出版社，1989 年版，第 24—25 页。

险，不愿意自己研究的成果不被承认为科学。这种情况在美国存在，在中国也会存在。

尽管心理史学的发展存在着诸多的困难，但问题的关键在于它是不是一门科学，或者说是不是一种科学的方法，它对于我们深化历史问题的研究是否有价值。如果回答是肯定的话，那么就会有学者愿意为它付出辛勤的劳动。既然在过去的漫长岁月中，人们已经忽视了对这一有价值的学术研究领域的探索，那么在下一个世纪中就一定会有人决心改变这一状况。陆震说得好："在多个世纪的长时间里，人类忽视了自己的日常心理活动，其结果是，一方面，一代代人的精神状态，他们在日常生活中的心理活动、心态变化，他们的欲求、情性、观感、体认、意趣、志向，除了作为哲人、史家的话题与素材而偶然被提及和零星散见于册籍外，大多随着时间的流逝消散于岁月的雾霭之中了……"，这就使得过去的史学"缺少情愫与神韵，使我们的历史总不像人的历史"。① 新时期以来，史学工作者在这一被长期掩盖、遗忘的荒原中进行了开拓，应该说他们的努力在使历史学成为真正"人的科学"方面迈出了一步。他们的拓荒性的劳动，已经为下个世纪心理史学的发展打下了良好的基础。

心理史学之所以有前途，并不仅在于它可以满足人们了解过去的好奇心，而更在于它对人们了解今天有着现实的意义。就在笔者撰写本文的时候，看到李文海、赵晓华的文章《"厌讼"心理的历史根源》②，觉得很有启发。文章指出在漫长的封建社会里，由于各种复杂的原因，普通老百姓普遍有一种强烈的"厌讼"心理。今天封建社会已经成了历史陈迹，但"厌讼"心理在现实生活中仍有不小的影响。人们往往不愿意为维护自己的合法权益而去"对簿公堂"，即使在受到违法行为侵犯时也不愿意通过诉讼用法律保护自己，这是同现代化法治国家的要求不相适应的。文章从历史上探讨了这种"厌讼"心理的根源，说明了现实生活中的"厌讼"心理就是历史上的"厌讼"心理在一定程度上的延续。这样的历史心理研究对现实生活确实具有指导意义。许多研究传统民族心理的著作，也都是为了使我们的民族更好地适应现代社会的要求，解除那些陈旧的社会心理对现代化进程所形成的沉重负担。由此看来，心理史学的前途是显而易见的，关键是要拿出能够得到社会认可的"精品"，起到一个良

---

① 陆震：《中国传统社会心态·自序》，浙江人民出版社，1996年版，第4页。
② 李文海、赵晓华：《"厌讼"心理的历史根源》，《光明日报·史林》，1998年3月6日。

好的示范作用。不要一哄而起，不要猎奇，从而败坏这门新学科的"形象"。

心理史学对于史学的进一步发展是非常必要的。这种必要不是追时髦，而是真正的需要。英国著名学者杰弗里·巴勒克拉夫对心理史学的评价也许比较容易得到中国学者的认同。他说："历史心理分析方法既不是历史学的替代物，也不是在外表上为克莱奥梳妆打扮的化妆品，而是历史解释中的一个有意义的内在组成部分。对历史上的每一个决策和事件所作的合理分析都留下了一部分剩余的问题未加以解释。只要心理学能够帮助历史学家弄清这些剩余的问题，历史学家就不会拒绝它的帮助。只要对心理学加以谨慎的应用，便没有任何理由不应当借助于心理学来扩大历史理解的范围。"①随着社会，首先是史学界本身对它的逐步认可，心理史学会在下一个世纪有一个长足的发展，这将是毫无疑义的。

（原载于《史学理论研究》1999 年第 1 期，收入本书有改动）

---

① ［英］杰弗里·巴勒克拉夫：《当代史学主要趋势》，杨豫译，上海译文出版社，1987 年版，第 113 页。

从耿淡如到张广智：西方史学史
学科建设的代际传承

摘要： 新中国成立70年来，几代中国学人为建立中国人自己的西方史学史学科体系筚路蓝缕、辛勤开拓、建立基业。20世纪60年代，复旦大学的耿淡如为此付出了艰辛的努力，奠定了初步的基础。改革开放以后，张广智接过前辈的接力棒，在新的条件下继续奋力开拓。如今，复旦大学历史系已经基本完成了西方史学史学科体系的建设，形成了自己独立编撰、全国高校适用的教材，完成了继续深入研究西方史学史的学术专著，开展了与西方史学史相关的重要课题的研究，形成了高标准的学科人才培养机制，并且形成了本专业学人共同认可的学术理念、治学路径。这些就是在中国的西方史学史研究中复旦学派的学术旨趣。

关键词： 耿淡如；张广智；西方史学史；复旦学派

在中外史学发展史上，不乏两三代学人共同完成一部史学名著的编纂工程或形成某种史学流派的现象。司马谈、司马迁父子共同书写《史记》，不仅完成中国纪传体史书的这部开山之作，而且成为鼓舞历代史家为完成共同追求而前赴后继、努力奋斗的精神力量。今天，我们从复旦大学历史系耿淡如、张广智两代学人自20世纪60年代以来50多年的奋斗历程上，不难看出这种奋斗精神代际传承的影子。尽管他们都是当代普通的史学工作者，而且一贯主张淡泊名利、勤奋治学，把"谦虚治学，谦虚做人"作为自己的座右铭，把自己所做的一切看成"垦荒者"的工作。本文的宗旨，在于对他们在西方史学史学科建设的基本理念如何代际传承，并在实践中取得丰硕成果的内在学理进行一些初步的探索，以对当前中国史学的"三个体系"的建设提供一些启示。

一、中国的西方史学史学科建设的开拓者：耿淡如

耿淡如的名字在一般史学工作者特别是年轻的史学工作者中，或许不是一个如雷贯耳的名字。但是，他在他那一代学人中，却是一位备受尊敬的老学者。他在 20 世纪的 30—50 年代，在国际政治领域、世界中世纪史教学领域，都是一位权威学者，而到 20 世纪的 60 年代，却开始了对西方史学史学科建设的开拓。

耿淡如，1898 年 3 月出生于江苏省海门县的一个农家，父母亲都是不识字的普通农民。7 岁时入私塾受教。1908—1917 年，在家乡海门念小学和中学。1917 年考入上海复旦大学文科，1923 年以优异成绩从复旦大学毕业，获"茂才异等"金牌。1923—1929 年，在海门中学和复旦大学附中任教。1929 年，在一位热心于教育的同乡富商的帮助下赴美留学，进哈佛研究院，攻读政治历史与政治制度，1932 年毕业获硕士学位，并归国回上海，任复旦大学政治系教授。1933 年起任光华大学教授，曾任政治系主任，讲授过政治学原理、欧洲外交史、西洋通史、国际公法等课程。新中国成立后，经院系调整，到复旦大学历史系任教授，在世界上古史教研室工作。1964 年，开始招收世界中古史研究方向和西方史学史方向的研究生。1975 年 7 月 9 日逝世，享年77 岁。

耿淡如先生的西方史学史学科建设的工作是从 20 世纪 60 年代初才开始的。当时，耿先生已经过了花甲之年。为什么他能够在这一个中国学人十分陌生的新领域里进行开拓呢？从 20 世纪 60 年代初到"文革"前夕，只有几年的时间，他为这个学科的建设做了些什么工作？他所做的工作对这个学科的建设有什么影响？这就是我们首先要探讨的问题。

(一)耿淡如先生在世界史方面深厚的学术积淀

耿淡如先生回国后在政治系任教授，写了大量国际问题研究的文章，除讲授政治学的课程外，同时也开始了他的"西洋通史"的教学。当时的中国没有世界史学科，所谓"西洋通史"课，也就是世界史的教学，这表明他从 30 年代初就开始了世界史的教学。当年，曾经在光华大学"借读"的何炳棣先生曾

经写道:"教西洋史的耿淡如是翻译名家。"①这表明,35 岁的耿淡如不仅已经开始讲授世界史,而且在翻译外国名著上也很有影响。

在教学和翻译工作之外,耿淡如从 1933 年起已经开始从事国际问题的研究与写作。1933 年 4 月,他就在《外交评论》上发表《太平洋委托治理地问题之另一观察》一文,以后陆续在《东方杂志》《新中华》《复旦学报》等刊物发表文章,并在《正言报》《新中华》等报纸上刊发时评。2000 年,耿淡如的儿子和学生为纪念先生百年诞辰,曾把他发表的有关国际问题的评论文章辑录成《耿淡如先生国际论文集》(上、下册),计有 190 余篇,近百万字。当时《外交评论》对耿淡如的评价是:"耿淡如先生研究国际关系,观察明确,别有见地"。张广智先生在《西方史学史散论》中,从耿先生的大量国际问题评论文章中选取了 11 篇文章,包括《美国对华政策之核心》《太平洋日本委托治理地之争端》《美国与国际法庭》《埃及反英运动之检讨》《〈法意〉中所论之中国政制》《达达尼尔海峡设防问题》《巴力斯坦事件之剖视》《美国中立法之回顾与前瞻》《西欧公约问题》《五年来之欧洲政局》《太平洋公约问题》等。他所写的这些文章,所论述的都是国际关系问题上的一些前沿问题,确实是"观察明确,别有见地"。正如张广智先生评论说:"在我看来,他是一位具有历史学家底色的国际关系史研究专家,有精湛的历史学,尤其是世界历史方面的素养,无论是东亚形势、欧美政局,还是西亚非洲事端,论前瞻必先回顾,说现在务述往事,因此其文深入而不表象,厚重而不肤浅,以此迥异于泛泛而论、言而无史的文章。"②确实如张广智所评论,耿淡如先生在他人生精力最充沛、思维最敏捷的时期,把他所学的知识(包括世界历史的知识),全部用来从事于对国际政治问题的研究与述评,没有充分的世界历史知识和广阔的国际视野、敏锐的国际问题判断能力,是不可能从事这项工作的。

在从事国际政治研究的同时,耿淡如先生也在翻译事业上取得丰硕成果。耿淡如先生对外语的把握有着特殊的天赋。据张广智先生回忆:耿先生通晓多门外语,如英文、法文、德文、西班牙文,还有拉丁文等。20 世纪 50 年代初,为了在教学与科研中更好地向苏联历史科学学习,先生决心自学俄文。通过自学,很快地掌握了俄文,并在教学科研中迅即发挥了作用。在他过世

---

① 张广智编:《耿淡如先生学术编年》,《西方史学史散论》,复旦大学出版社,2015 年版,第 339 页。

② 张广智:《垂范学林,名满天下》,《西方史学史散论》,复旦大学出版社,2015 年版,第 322—323 页。

前两年，他因重病住院治疗。在病房里，他不顾病痛的折磨，坚持自学日语，很快地又能阅读相关文献。他认为任何一门外语都可以通过自学解决，这种惊人的学习和掌握外语的能力，不能不令人叹服。

从青年时代起，耿先生就把他掌握外语的超常能力运用到翻译工作的实践中。

1933 年 9 月，他与沙牧卑合译的美国历史学家海斯等著的《世界近代史》由上海黎明书局出版。之所以选择这部书，因为该书"属于通史一类，搜集广博，而无散漫支离之弊，洵通史中之佳作"。由于他的译风"平实畅达"，由此奠定了他的翻译家的地位。

20 世纪 50 年代，由于教学的需要，耿淡如先生据俄文原版大学教材和相关资料，翻译并编写出世界中世纪史讲义，后来他为了给高年级学生开设"近代国际关系史"选修课，又据俄文翻译出版了 3 册共 60 万字的《世界近代史文献》，其中第二卷 1957 年由高等教育出版社出版。这一年，耿先生还翻译了苏联史学家斯卡士金编的《世界中世纪史参考书指南》。1959 年 5 月，他与黄瑞章共同编译并注释的《世界中世纪史原始资料选辑》由天津人民出版社出版，该书包括世界中世纪史原始资料 15 篇，可供高校学生学习世界中世纪史参考。

他翻译的美国历史学家汤普逊的《中世纪经济社会史》上、下册分别于 1961 年、1963 年由商务印书馆出版，2011 年由商务印书馆作为"汉译世界学术名著丛书"之一再版。1962 年，他开始翻译英国历史学家古奇的名作《十九世纪历史学与历史学家》，部分译作油印刊出，供历史系学生阅读。该书在"文革"前已经译就，但未能出版，直到 1989 年才由商务印书馆作为"汉译世界学术名著丛书"出版。他还参与翻译英国历史学家汤因比的《历史研究》（下册），1964 年出版。

除了翻译作品之外，耿淡如先生在 50 年代还发表了一些世界史方面的教学参考文章，如 1956 年在《历史教学》上发表的《英国圈地运动》，1957 年发表的《尼德兰革命》等。此外，他也有编写教材的经验，如 1936 年与王宗武合作编著的《高级中学外国史》上、中、下三册，由南京正中书局出版。1954 年他主持编写的《世界中古史》交流讲义，由高等教育部代印。该讲义虽然是根据苏联学者科斯敏斯基关于世界中世纪史的相关论著编译而成，但书末附有耿淡如编写的 20 章的内容撮要。这说明，他是具有编写各类教材经验的一位学者。

总之，到 1961 年高等学校文科教材编写会议时，耿淡如先生已经是"垂范学林，名满天下"的著名学者了。虽然，他没有编写过西方史学史的教材，同时当时还有多位与耿先生有着相似经历和学术影响力的学者健在，但他确实是这个领域中德高望重、成就最丰的学者，他受命主持西方史学史教材的编写确实是最合适的选择。

（二）耿淡如对史学史学科性质的定位

1961 年 4 月，高等学校文科教材编写会议在北京召开，会议制订了历史专业教学方案和历史教材编选计划，耿淡如先生被列为全国科学规划的世界史学史项目主持人。当时，哲学社会科学领域出现了一种求新务实的学术环境，直接催生了史学界关于史学史问题的大讨论。新中国成立以来，还没有进行过统一编写史学史教材的先例，对于史学史学科的性质如何定位？史学史应该如何分期？史学史应该包括哪些内容？以至于史学史能不能成为一门独立的学科？这些问题都需要加以讨论。只有把学科建设的基本理论问题搞清楚，才能引导学科建设走上正确的道路。耿淡如先生积极参加了讨论，并且做出了自己的回答，这就是他 1961 年 10 月发表在《学术月刊》上的文章《什么是史学史？》。此文在史学史学科本身的发展史上是一篇重要的文章，直到21 世纪都在受到高度重视。张广智先生也对此文的内容进行过解读。这里根据本人阅读的体会，重新梳理一下。

在国外的史学史领域，对于史学史学科的性质有不同的见解。耿淡如先生认为，西方学者多是把史学史作为历史编纂学史。如英国著名历史学家古奇认为，史学史即历史编纂学：它是涉及那些为了教导或训示作者的同时代人或后辈而编成的并具有或多或少文艺形式的历史事件的叙述。耿先生认为，这意味着大多数英美学者是把史学史归结为历史编纂学史的，他们直接地使用历史编纂学史来代替史学史这个名词，并按照这个框框来编写。耿先生认为，苏联历史学家的定义完全不同。他举瓦因什坦在《中世纪史学史》里提出的定义：史学史应该——在和社会发展联系下——研究历史科学的发展，表现在历史学派、历史思潮和所有历史概念体系之合乎规律性的交替，也应该研究历史科学对制定最重要的社会观念方面之影响。另一位苏联学者齐霍米罗夫则认为：史学史是科学，研究人类社会发展的知识积累史、历史研究方法的改进史、各种学派在解释阶级斗争的社会现象方面之斗争史、历史发展规律的揭露史，以及马克思列宁主义历史科学对资产阶级伪科学的胜利史。耿淡如先生倾向于苏联学者的定义，认为他们清楚地指出了史学史应该包括些什么，研究些什么。他们肯定史学史是一种科学。同时，他们认定史学史的研究应该在和社会发展的联系中揭露社会发展的规律性，因而也找出了史学发展的规律性。

在分析了苏联史学工作者关于史学史的定义以后，耿淡如先生对史学史的对象与任务提出了若干独立的见解，其中主要有：史学史应该分马克思主义的史学史和前马克思主义的史学史；史学史应该分析历史学家、历史学派在思想领域的斗争；史学史应该阐明自身的发展规律性；史学史应是历史学的历史，不是历史学家的传记汇编和目录学；史学史应和历史哲学史、社会思想史有区别；史学史应该包括历史编纂和历史研究；史学史应结合其他学科来研究；史学史应该总结过去的史学成绩；史学史应该以研究历史的同一方法论来研究；史学史应该对错误的史学思想、流派进行批判。虽然受到了苏联史学家对该问题认识的影响，但可以明显地看出，耿淡如先生已经以马克思主义的史学思想为指导，对史学史学科的研究对象和任务提出了非常清晰的思想路线，这一思想路线对于即将到来的中国的史学史学科建设，无论是中国史学史还是西方史学史都具有极其重要的指导意义。

（三）耿淡如先生对西方史学史学科建设的实践与基本理念的确立

1961 年 4 月的高等学校文科教材会议上耿淡如先生被确定为全国科学规划的世界史学史项目主持人后，1961 年底又在上海召开了外国史学史教材编写会议，这次会议是对 4 月高等学校文科教材会议的具体落实。参加会议的有北京大学、复旦大学、武汉大学、中山大学、南京大学、杭州大学、华东师范大学等校的教师。与会者认为，应该把外国史学史列入高校历史系的教学计划中，外国史学史主要是指西方史学史。会议决定由耿淡如先生主持编写《外国史学史》，由田汝康主持编译《西方史学流派文选》。由此为开端，耿淡如先生开始了西方史学史学科的建设工程，其中主要有两个方面。

一方面是为外国史学史教材的编撰准备资料。

开始一门新的学科的建设往往是从编写教材开始，而编写教材必须从准备资料开始。西方学者和苏联学者在资料的积累上比我们走得早，为我们提供了可以参考的资料，但不能拿过来就用，所以工作就必须从编译资料开始。耿淡如先生这时已经年过花甲，凭借着熟练掌握外语的优势，他既要翻译英文的资料，也要翻译俄文的资料。他从绍特威尔的《历史的历史》中，摘录了修昔底德《伯罗奔尼撒战争史》、李维《罗马史》、奥古斯丁《上帝国》的资料；他从科斯敏斯基的《中世纪史学史》中摘录了奥古斯丁的历史概念、马基雅弗里的政治思想与历史著作、维科《新科学》、伏尔泰历史家地位、兰克的历史家地位的资料；从卡尔顿《历史导论》中摘录了关于伊本·卡尔敦的生活与著作的资料；从凯尔恩斯的《历史哲学》中摘译了关于斯本格勒的文化形态学的资料；从施密特《近代欧洲若干历史家》中摘录了关于克罗齐的历史概念的资料；等等。没有这些资料的建设，也就没有后来的教材的编写。耿先生把它称为"垦荒者"的工作。他所辛勤摘录的这些资料，从1964年起就收藏在复旦大学历史系的资料室，今天我们还可以见到耿先生所进行的这些"垦荒者"的工作足迹。

另一方面是进行本科生的教学和研究生的培养。

编写一部适合各高校历史系教学用的教材不是一蹴而就的工作，但它可以从本系教学实践开始，逐步完成这部教材的编写。在"文化大革命"以前的几年中，耿先生已经开始给本科生上这门课了。20世纪60年代初，张广智作为本科生曾经系统、完整地听完了耿先生上的这门课。在1964年他考取耿先生的研究生以后，又以助教的身份参与了最后一次教学。而从1964年开始，耿先生便开始了研究生的培养工作，这也是西方史学史学科建设的重要内容。

耿淡如先生在给本科生上"西方史学史"课的过程中，建立了自己的西方史学史体系。我们从张广智先生在《西方史学史散论》一书中所披露的耿淡如先生1964年给本科生讲课的笔记《古希腊史学述略》和1961年撰写的《世界史学史大纲》中的《世界中世纪史学提纲》，1962年2月1日在《文汇报》发表的《资产阶级史学流派与批判问题》，1962年6月14日在《文汇报》发表的《西方资产阶级史家的传统作风》等文章中，可以大致看出耿淡如先生的西方史学史教学体系的基本架构。他不是按照英美学者主张的那样，把西方史学史讲成西方历史编纂学史，也不是西方史学家传记汇编、西方史学著作介绍一类的课。他是按照与人类社会发展一般规律相平行的趋势讲述史学发展的历史。他首先讲述了古代东方的史学，认为它是古希腊史学的前奏；接下来讲古代希腊的史学，认为它在西方史学的新陈代谢中处于很关键的地位，是西方史学的基础与源头。在希腊史学中，他重点介绍了希罗多德、修昔底德、色诺芬三位史家。然后介绍了希腊化时代的史学。此课程，耿淡如先生就讲到古罗马为止。从复旦大学历史系资料室保留下来的《世界史学史大纲》来看，他在1961年拟定的教学大纲中，计划下面要接着讲世界中世纪史学，包括封建主义史学、人文主义史学（文艺复兴时代）、资产阶级史学初步形成三个阶段。接着一个重要部分是讲资产阶级史学，这一部分从文艺复兴运动开始，讲到第一次世界大战以前。他要对这一阶段西方史学的总体发展进行分析，然后要对西方史学的各种流派进行介绍与批判。通过介绍政治修辞派与博学派、伏尔泰与兰克等西方有代表性的史家，来分析西方史学家的传统作风。耿淡如先生在 20 世纪 60 年代初的几年里，他的西方史学史课并没有上几轮，但他所开创的西方史学史的基本教学体系被他当年的研究生、改革开放以后复旦大学历史系西方史学史教学的继承者张广智所采纳，除了张广智自己的教材《克丽奥之路：历史长河中的西方史学》（以下简称《克丽奥之路》）外，2000年出版的受到教育部推荐的《西方史学史》教材，直到 2018 年这部教材的第四版，仍然延续了这个体系。甚至我们也可以说，2012 年复旦大学出版社出版的六卷本《西方史学通史》也是延续了这个基本的体系。这个体系，就是复旦大学历史系西方史学史教学与科研的传统，如果说可以称为"复旦学派"或"耿淡如学派"的话，它的基本思想路线就在于此。

我们可以概括地说，所谓"耿淡如学派"的基本思想路线，就是摒弃西方学者把史学史看成与历史编纂学史同一的概念，也不把它当成史家传记汇编或史学著作题解一类的学科，他主张在马克思主义思想的指导下，在人类社会发展普遍规律的基础上探讨历史学自身的发展规律，这其中包括不同时期、不同流派的史学家的史学思想的发展变化，历史编纂学和史学研究方法的进步，以及不同史家、流派的学术风格等。对西方史学家的学术成就要充分介绍、肯定，对于其历史观方面的错误要进行必要的批判。耿淡如的史学思想在 20 世纪 60 年代除了受到西方史学家的学术思想的影响外，也受到当时苏联学者的观点的启示，但他的思想是有中国特点的思想路线，表现在对西方史学家的态度更科学、更客观，没有把苏联学者的"阶级斗争"理论滥用到史学史领域。正是由于这种有中国特点的马克思主义的史学思想路线，使得在改革开放以后的 40 年中，"复旦学派"学人在西方史学史的研究上获得了比当年耿淡如先生想象的更大的新成就。

二、改革开放新时期西方史学史学科建设的领军者：张广智

改革开放以后，耿淡如先生的继任者张广智接起了先师未竟的事业。

第一，完成编撰《西方史学史》教材任务。

由于耿淡如先生于 1975 年逝世，所以复旦大学历史系的西方史学史学科建设，是由耿先生在西方史学史学科唯一的弟子、青年教师张广智独立承担

起来的。耿淡如先生 1961 年受高教部委托主持编写《外国史学史》教材。为此汇聚了吴于廑、齐思和、张芝联、郭圣铭等一大批史学前辈参与，但此项工作因"文革"爆发而被迫中断。"文革"结束，耿先生已因病去世，教育部曾委托张芝联、谭英华两位先生主编部编教材《西方史学史》，张广智曾作为编写组成员参与了这项工作，但因为编写组成员中一些前辈逐一谢世，这项工作也没有完成。

没有现成的部编教材，这就要靠各高校的青年教师自己努力，编写出适合本校教学需要的教材了。那时复旦大学只有张广智一个人在做这件事，但前辈未竟的事业总在激励着他。从 1964 年开始，在耿淡如先生的指导下，张广智不仅阅读了一些西方史学名著，也对西方史家诸多个案进行过研撰。比如，1981 年他曾为商务印书馆撰写过《西方"历史之父"希罗多德》，作为《外国历史小丛书》的一种出版。虽然只是一本薄薄的小册子，但就此开启了他个人漫长的西方史学史研究之路。此后，他又撰写了关于古希腊史学家修昔底德和古罗马史学家塔西佗的书。虽然是通俗著作，但这些写作为他日后在西方史学古典时期的研究打下了基础。《历史研究》1982 年第 5 期发表了他的《略论伏尔泰的史学家地位》一文。文章是针对当时国内学界忽视伏尔泰作为历史学家的业绩而发，用翔实的资料论述了伏尔泰的史学思想及其在西方史学史上的地位。这篇文章的发表，对于开始从事西方史学史研究的张广智无疑是一个巨大的鼓舞。

通过 20 世纪 80 年代的教学实践，张广智在继承前人的基础上又进行了大胆的创新和开拓。他编撰完成了自己教学用的教材，并且把它推向社会，接受学术界的检验，这就是 1989 年复旦大学出版社出版的《克丽奥之路》。此书一出，就受到读者的广泛关注和喜爱，激起了一些青年学子对西方史学史的兴趣，有的甚至选择了这门专业，日后跟着张先生学西方史学史。他们说，是《克丽奥之路》引领他们走进了瑰丽奇异的西方史学领域。当时《文汇报》介绍此书时说："作者着意把严肃的学术内容（西方史学的发展历程）写得明白晓畅与生动可读，颇具房龙《宽容》一书的风格。"《克丽奥之路》在青年学子中竟有这样大的影响，让张广智始料不及，同时也激励他在教材建设上付出更大的努力。

20 世纪 90 年代，在《克丽奥之路》出版后，张广智在编写西方史学史教材上继续投入力量，也不断取得新成果。他主编的《西方史学史》教材被当时国家教委专家组评审后正式列入"高等教育面向 21 世纪课程教材"的选题计划，后又获准成为"普通高等教育'十五'国家级规划教材"。这些成绩对于张广智来说非常重要，因为从某种意义上说，这是在完成先师的未竟事业，完成前辈们的共同心愿，因此时时都有一种使命感与责任感在鞭策着他，让他不敢有丝毫的懈怠。2000年，教材正式出版，这就是《西方史学史》第一版，继而在2004年又推出插图本新版，大约7年间，两版教材就重印了9次，累计印数近5万册。一本专业性很强且专供历史系学生选用的教材，能取得这样的成绩，这确实是令人感到欣慰的事。该书出版后，荣获全国普通高等学校优秀教材一等奖，被教育部历史学科教学指导委员会定为"推荐教材"。

教材建设的步伐并没有就此止步。新世纪到来后，这本《西方史学史》又被列入"普通高等教育'十一五'国家级规划教材"，张广智必须组织力量对这部教材进行修订。参与这次教材的修订者都是他自己这些年培养的博士生，经过几年的实践，这些博士生已经成为西方史学史教学的重要力量。这次修订，要把国内外学术界相关的新学术成果吸纳到书中来，如新文化史等；同时还要尽量把西方史学史研究者的新成就、新思考介绍给读者。比如，在对于古典希腊史学、近代初期的西方史学、19世纪的西方史学、后现代主义史学等问题上，都反映了该书执笔者近些年来潜心研究的新成果。教材中扩充了马克思主义史学的内容，加大了对西方马克思主义史学的叙述力度，还增添了中外史学交流的篇章。2010年，复旦大学出版社推出了《西方史学史》教材的第三版，对于2000年出版的第一版来说，可谓"十年磨一剑"。教材出版后，《世界历史》《史学理论研究》等权威刊物都发表了书评，认为该教材是迄今为止国内最为完备的一本西方史学史教材，是把教材的写作与学术研究进行完美结合的著作。

第三版出版后，西方史学史的研究又有了很多新的进展，以张广智为主导的编写组成员认为仍有继续修订的必要。他们拟定的宗旨是"编写出一部具有先进性、适应性和有鲜明特色的西方史学史教材"，以满足读者的学习需要和心理诉求。这是因为，"唯其'先进性'，才能引领潮流，指明方向，尤其为向往时尚、前卫的年轻读者们广泛接受；唯其'适应性'，才能找准主体，兼及其他，使之满足方方面面的需求；唯其'有特色'，才能区别良莠，分出优劣，从而在'群雄纷争'中胜出"。他们期望在修订中，在立论、内容、结构、文字等方面力求精益求精，使它不仅成为一本读者喜爱的西方史学史教材，也力求为有志于西方史学史研究的学者提供门径。参加修订的有吴晓群、陈新、李勇、周兵、易兰、肖超等。由于有了他们的参与，教材的修订也就更能达到上述宗旨。第四版教材在 2018 年由复旦大学出版社出版。2018 年 3 月，出版社举行了新书发布会，宣布这本被各高校历史系西方史学史教学广泛使用的教材发行量已经达到了 15 万册。

第二，多卷本《西方史学通史》的出版。

在《西方史学史》教材不断修订推出新版本的情况下，2012 年复旦大学出版社出版了张广智主编的多卷本《西方史学通史》。这部《西方史学通史》的出版，得到国内专家学者们的广泛关注和高度评价。这部通史的策划是在 2003 年的"非典"时期。校系两级领导与张广智先生一起共商学科发展的大计时，大家达成了共识：发扬复旦历史系在西方史学史学科方面处于国内领先地位的传统优势，在原有成果的基础上，把西方史学史这一块做大，力争在这一领域获得新的突破。于是，编纂多卷本《西方史学通史》的动议提出、论证、实施，一步步从构想化为现实。当时国内单卷本的西方史学史的著作可以见到十余种，但还没有出版过一部多卷本、大部头的西方史学史专著。即使在国外，也未见过有多卷本的西方史学史著作。他们认为，一部多卷本的《西方史学通史》著作应该以材料丰赡、前沿理念、博采众长、图文并茂为特色，"在求实中创新，欲成一家之言"。张广智曾对他们团队的成员说："船已扬帆出海，没有退路，不达彼岸，决不罢休。"这部多卷本通史，由张广智撰写第一卷，即"导论卷"；吴晓群撰写第二卷"古代时期"；赵立行撰写第三卷"中世时期"；李勇撰写第四卷"近代时期（上）"；易兰撰写第五卷"近代时期（下）"；周兵、张广智、张广勇共同撰写第六卷"现当代时期"。8 年来，这个团队开拓创新、勤奋思索、笔耕不辍的目标终于实现了。《西方史学通史》的出版，获得了学术界高度的评价，大家认为这是张广智所带领的这一团队在西方史学史领域奋力拼搏所获得的一项总结性的成果。

学者们认为，这部书内容宏富、纵横结合、气度不凡。它阐述了自"荷马时代"迄至现当代西方史学发展的历史进程。这一进程涵盖了古代、中世纪、近代、现当代各阶段的具体情况和特征，它力图从历时性上揭示历史演变过程中西方史学的新陈代谢；从共时性上阐明时代、社会与西方史学发展演化之关系，格外关注西方著名历史学家、颇具影响的史学流派、重大的史学思潮与史学变革，尤其留意西方史学思想的演变。在宏阔的西方文化的背景中，展示出令人难忘的史学画卷。

张广智先生在说到这部书的特色时指出：如果要说它的特色的话，可以说我们试图既不失全球视野，又不忘恪守自己的主体性，以中国学者的眼光，用现代汉语写作一部体现中国特色的多卷本西方史学史，在被视为西方人"世袭领地"的西方史学史这一领域里，让国际史坛听到中国学者的声音。

当年，耿淡如先生在筹备编写西方史学史教材的时候，也曾经有编纂西方史学通史的愿望，但那时确实没有完成这项工程的条件。1961年耿淡如先生在《什么是史学史？》的文章中主张"多做些垦荒者的工作"。他说："我们应不畏艰难，不辞劳苦，在这个领域内做些垦荒者的工作。比如垦荒，斩除芦荡、干涸沼泽，而后播种谷物；于是一片金色的草原将会呈现于我们的眼前！"那时他确实是在垦荒，经过下一代人的手在播撒种子。经过这个团队半个世纪的辛勤努力，这片金色的草原已经呈现在人们面前。

第三，西方史学史研究领域的扩展。

张广智和他的团队在对西方史学史学科建设的过程中，除了最基本的教材建设和反映西方史学史研究水平的西方史学通史的撰著外，还不断扩大他们的研究视角，扩大对西方史学史相关问题的研究。例如，对西方马克思主义史学的研究，就是他们不断深入研究的一个重点问题。在张广智2000年出版的第一版《西方史学史》的教材和2010年第三版的教材中，都讲述了《西方马克思主义史学的崛起》的专题。在2013年出版的《克丽奥的东方形象：中国学人的西方史学观》一书中，则将《西方马克思主义史学的崛起》作为专章加以论述。在2011年，复旦大学出版社出版了他主编的著作《史学之魂：当代西方马克思主义史学研究》，体现了对西方马克思主义史学研究的新高度。该书是国内第一部研究当代西方马克思主义史学的著作。全书聚焦史学思想，从阐释马克思主义史学的起源与繁衍、传播与变异、危机与前景入手，集中探讨当代西方马克思主义史学的崛起、特征及其发展变化，分别论列了西方马克思主义的历史理论、西方马克思主义史学的史学观念、西方马克思主义史学与其他史学之关联等内容。从时间上而言，《史学之魂：当代西方马克思主义史学研究》主要论及二战后，即20世纪50年代以来当代西方马克思主义史学；从空间上而言，主要涉及西欧和北美地区，依次叙述英国、法国、德国、意大利、美国、加拿大等国的相关学说，尤以英国为重点。此书阐述了当代西方马克思主义史学的源头与历史传统，也彰显出它的时代品格与个性色彩，从而为中国马克思主义史学的发展提供了一种有益的借鉴。

在张先生看来，对于西方马克思主义史学的研究具有重要的学术价值和现实意义：二战后，西方马克思主义史学的迅速崛起打破了国际史学的整体格局，给国际史学界吹来一股清风，平添了许多活力，为人们观察与了解西方史学增添了一扇新窗口。同时，研究西方马克思主义史学也有助于我们更好地了解和认识经典马克思主义史学，也就是马克思和恩格斯所奠定的史学体系，有助于当代中国马克思主义史学的深入发展与开拓创新。一些西方马克思主义史家仍然恪守马克思主义，坚持唯物史观，值得我们从他们的史学理念中汲取一些有价值的东西。

从 20 世纪 90 年代开始，张广智先生在对西方史学研究中的一个新的相关领域是西方史学在中国的回响，也就是对中外史学相互交流、相互影响的研究。他发表了一系列关于中西史学交流的论文，如《现代美国史学在中国》（《美国研究》1993 年第 4 期）、《西方古典史学的传统及其在中国的回响》（《史学理论研究》1994 年第 2 期）以及在 1996 年第 1、2 两期连载的长篇论文《二十世纪前期西方史学输入中国的行程》《二十世纪后期西方史学输入中国的行程》等，都可说明他已经注意到这方面的问题。21 世纪以来，比较重要的两篇文章在《史学理论与史学史学刊》上发表：《关于 20 世纪中西史学交流史的若干问题》（2002 年卷）、《关于开拓史学史研究的几个问题——以西方史学史为中心》（2006 年卷），就中西史学交流史的问题，比较系统地谈了他的看法。之后，他又在瞿林东主编的"二十世纪中国史学研究系列丛书"中主编了《二十世纪的中外史学交流》（北京师范大学出版社 2007 年版）一书，对此又提出了一些新思考和更全面的论述。

张广智先生不仅通过《二十世纪的中外史学交流》来从学理上阐述百年来中外史学交流的情况，还从他的教学和人才培养的实际中列举事实，说明中西史学交流互动的影响。2013 年，在《西方史学通史》出版后，张先生又推出了《克丽奥的东方形象：中国学人的西方史学观》一书，其中第十四章"近现代西方史学的中国声音"中，有八篇文章是张先生为他的博士生的学位论文撰写的序文，这些博士生论文阐发了他们对近现代西方史学的研究与认识，从而显示出西方史学的魅力，同时也是现当代西方史学在中国青年学者中的回响，体现中西史学交流的思想深度。他认为，这些青年学者向国际史坛发出了一种"中国声音"，这里的"'中国声音'，说的是中国学人的西方史学观应体现自身的主体意识和学术个性，拥有自己的'话语权'。"①而张广智为这些文章写的序言，也凝聚了他个人对近现代西方史学在这些专题上的思考和见解，同样

---

① 张广智：《克丽奥的东方形象：中国学人的西方史学观》，复旦大学出版社，2013 年版，第 232 页。

显示出了中国学人的西方史学观，这也是一种"中国声音"。

张广智认为：第一，中外史学交流史具有很丰富的内容，值得我们去认真发掘。回顾历史，中外史学交流史可以追溯至古代佛教之东传的时代，近代西方传教士来华也为史学上的某种交流开了新途。19世纪以降，中外史学直接碰撞，至20世纪，中外史学交流揭开了新的一页，不论是从俄苏传来的马克思主义史学，还是在欧风美雨浸润下西方史学的大量入华，都对中国史学的发展进程产生了重大的影响，也为传统的史学史研究增添了新的内容。第二，中外史学交流史为史学史研究提供了一个新视角。前面说的是从史学史本身所蕴含的内容讲的，而这里是从研究者（历史学家）的视角而言。张广智打了一个生动的比喻：每个游园者似乎都有过这样的体验，从正门进入一座园林，感受到曲径幽廊中包藏着的风韵万千；如果从侧门而入，越过月洞门，眼前显现的是又一个新的空间。由于视角的转换，于是就呈现出了不同的景观，在学术研究中也是这样。他说："倘如此，我们可否分出一些精力去关注不同国家或地区之间史学文化的相互交汇与相互影响，无异于游园时不走正门改走侧门时的那种情景，随着历史学家研究视角的转换，它将为未来的中国的史学史研究开启一扇新窗户，并有望成为史学史研究中的一个新的增长点。"①

60年来，张广智先生在史学园地里辛勤耕耘，心无旁骛。他把西方史学看成他的"精神家园"，同时他也引领了无数青年学子进入这个"家园"，并感受到了这个"家园"色彩斑斓的文化魅力。2018年11月，上海世界史学会授予张广智先生"终身学术成就奖"，这是对他几十年来为他所钟爱的西方史学史学科所付出的一切做出的最高奖赏。张广智先生是无愧于这个荣耀的！

第四，张广智对耿淡如西方史学史研究理念的总结。

张广智在改革开放以后的几十年中，继承了先师未竟的事业，完成了耿淡如先生1961年接受的主编西方史学史教材的重要任务，并且在西方史学史学科建设的道路上不断扩展、深入，取得了一系列新的成果。但张广智始终认为，耿淡如是一位"先行者"，一位在新中国成立后致力于中国西方史学史学科建设的"耕耘者和奠基者"。他说："每忆及先师，他的人生之路与学术贡献，尤其是他对中国的西方史学史学科建设所做出的贡献，就分外明晰地呈

---

① 张广智：《多做些垦荒者的工作!》，载邹兆辰著《为了史学的繁荣——对话当代历史学家》，首都师范大学出版社，2011年版，第135页。

现于我的眼前。"①

张广智根据耿先生生前所发表的论著、未刊讲稿等材料，特别是在与耿先生交流过程中的体会，归纳出耿先生的学术研究之方法，亦是教书育人之门道，大约有十条：(1)历史研究务必求实。这是历史研究的基本准则，是现代历史科学工作者应恪守的基本准则。(2)弄清概念的基本含义，应是从事研究工作的第一步。他在讲授西方史学史时，每章必先讲引论，交代本章所要陈述的一些概念及其含义。(3)要熟读原著，认真领悟原著的精神。通过阅读原著，批判研究，进行独立思考，是一种值得提倡与发扬的好方法，尤其在对研究生的培养中更需要注意。(4)结合时代背景与社会特征来考察史学的发展。史学的发展虽有自身的特点，但是若舍去对某一国家或地区时代与社会发展特征的了解，是不会得出什么正确的结论的。(5)注意研究西方史学的新陈代谢。西方史学自古希腊奠立，经历古典史学、中世纪史学、近世史学与现代史学，犹如一条长河，在不断地流，不断地变。唯有在西方史学长河的流变中，方能显见史学思想的进步、史学思潮的衍化、史学方法的革新。(6)注意历史学家类型的分析。他认为西方历史学家大体可以分为历史思想家或历史哲学家、历史著作家、历史编辑家、历史文学家，不仅要知道每一位历史学家的阶级属性，还应该对他们进行类型分析，以了解他们的本质特征。(7)注意对历史学家作风的分析。这里所说的"作风"主要指他们如何看待历史是论证还是叙述，主要是指历史学家的史学观，这取决于资本主义的发展与政治斗争的形式，也取决于历史学家所属的类型。(8)采用标本与模型研究的方法。这种方法类似于我们说的"以点带面"的方法，如古代希腊以修昔底德为标本，古罗马史学以李维作为标本。(9)介绍先于批判。不能在还没搞清楚被批判的对象之前，就不分青红皂白，一棍子打死；为了批判，介绍工作是必需的。(10)习明那尔是一种培养历史学专业人才的有效方法。这种方法就是专题讨论的方法，德国史坛巨匠兰克用这种方法培养史学专门人才取得巨大成功，耿先生在教学实践中特别是在研究生培养中，也是采取这种方法。

以上这些方法，是张广智总结的耿淡如先生在西方史学史教学中的基本方法，也是他的史学思想的基本理念。而这些方法、这些理念，也正是张广智自己在培养本科生和研究生过程中所运用的方法和理念。毫无疑问，这十

---

① 张广智：《耿淡如与中国的西方史学史研究》，《超越时空的对话》，北京师范大学出版社，2008 年版，第 456 页。

条原则也是从耿淡如到张广智，再到张广智的各位弟子，在西方史学史教学
与研究中代际传承的基本内容。

三、从耿淡如到张广智：西方史学史学科体系 建设代际传承的启示

从耿淡如到张广智在西方史学史学科建设的代际传承现象中，我们应该
得到哪些启示呢？

第一，代际传承是学术发展的普遍规律。

耿淡如先生在"文革"前只招收了张广智一名研究生，而在1975年他就病
故了；张广智一个人接过了耿先生的接力棒，在改革开放的新形势下继续从
事耿先生未完成的事业，并取得巨大的成果。这种现象从某种意义来说具有
偶然性，但是从整个史学的发展历史上看，历史学的代际传承，前后相续地
进行某一学派、某一学科建设的情况却是一种普遍现象，是学术发展的基本
规律。

翻开张广智主编的《西方史学史》(第四版)，我们往往可以看到这种现象。
在"近代史学[Ⅰ]"中的"意大利史学"一节中介绍了"佛罗伦萨历史学派"。1300
年访问过罗马的维兰尼撰写了一部《佛罗伦萨编年史》，他在书中关注世俗事
务，歌颂人的价值、人的尊严和人的力量，书中关于佛罗伦萨的记述最有价
值的是关于经济、商业以及社会情况的记述。他的这部著作不仅是了解13—
14世纪意大利历史的重要著作，而且他所建立的历史编纂传统也为后人所继
承，在布鲁尼、马基雅维利、圭恰迪尼的佛罗伦萨史著作中得到了充分体现。

在讲述"近代史学[Ⅲ]"一章中，作者对德国史学的发展进行了重点的叙
述，指出：1811年10月柏林大学的建立为德意志史学奠定了坚实的基础。历
史学家把对人类有重要性或利害关系的任何一个问题都拿来探讨，从而使无
数有倾向性的历史学派发展起来。其中尼布尔、伯克、萨维尼、格林等学者
为德意志史学的兴盛做出了卓越贡献。尼布尔的《罗马史》从远古时期写到第
一次布匿战争结束，全书以翔实的考证著称，他的著作确立了历史研究方法
的典范，使得处于从属地位的史学提高为一门有尊严的独立科学，尼布尔的
研究方法成为无数后世史家治史的圭臬。正如史学家蒙森所说："所有的史学
家，只要他们是不辜负这个称号的，都是尼布尔的学生。"事实确实如此。日
后德意志史学步入欧洲先进行列，真正让德意志史学执欧洲牛耳的是兰克、

蒙森等史学家。正是他们在史学科学化、专业化方面所做的努力，使德国史学成为19世纪西方史学的中心。

对这种学术发展的代际传承最有说服力的事例是20世纪法国年鉴学派的形成和发展。教材第九章"现代史学[Ⅱ]"对法国年鉴学派是这样说的："法国年鉴学派在20世纪的崛起与发展是现代国际史学的重要篇章。如果我们把兰克史学称作19世纪史学发展主流的话，那么由年鉴学派所奠立的史学新范型，无疑应是20世纪西方新史学发展的一种主流。"①年鉴学派由吕西安·费弗尔和马克·布洛赫于1929年创立后，在传统史学还颇具实力的20世纪上半叶，它并没有产生什么重大的影响。年鉴派真正产生巨大影响，并成为法国史学的主流，应当是二战以后的事。1946年，《年鉴》杂志更名为《经济·社会·文明年鉴》，拓宽了史学研究的领域，着意于把物质文明和精神文明联系起来加以考察，显示出史学力图成为综合学科的强烈愿望，体现了年鉴派史学的综合史的愿望。年鉴派第二代领袖和史学大师布罗代尔提出了"长时段"的理论。他继承了年鉴派第一代倡导的总体史的思想，写出了体现整个学派思想的皇皇巨著。以他三种时段的理论写出了《地中海》一书，而《15至18世纪的物质文明、经济和资本主义》是历史时段理论的又一次成功尝试，被称为"本世纪最宏大的历史书籍"。年鉴派在20世纪60年代末经历了从第二代到第三代的过渡。第三代历史学家雅克·勒高夫、勒华拉杜里等，把年鉴学派推向第三阶段。在"新史学"潮流的推动下，呈现出一个研究领域不断扩展、研究主题不断丰富的新局面。

第二，学派的形成不妨碍学者学术个性的发展。

我们以耿淡如、张广智两代学人的学术风格为例加以说明。耿先生学的是政治学，从年轻时起就在高校的政治系工作，他除了讲授政治理论方面的课程之外，还在当时的报刊上发表过近二百篇、百万余字的政治评论文章，这种长期的职业生涯的磨炼形成了他善于对现实政治事务进行评论的能力和学术风格，即使后来转到世界中世纪史和西方史学史的教学与研究中，他的这种治学风格也随着转变到新的领域中来。20世纪60年代初期他在上海的报刊上发表的三篇文章《什么是史学史?》《资产阶级史学流派与批判问题》《西方资产阶级史家的传统作风》都是理论性较强的文章，文章对西方史学家的史学思想、流派都有一定的批判性的论述。

---

① 张广智主编：《西方史学史》(第四版)，复旦大学出版社，2018年版，第349页。

　　张广智是耿淡如先生在西方史学史学科的唯一的一名研究生，但他的治学风格却不同于他的老师。他在西方史学史领域的写作是从《世界史小丛书》开始的，陆续写了关于希罗多德、修昔底德、塔西佗等史学家的通俗读物，获得了社会的认可，也形成了他自己的治学风格。他以教材、论著、讲座等形式，努力向中国学人介绍有关西方史学（西方文化）的相关知识，同时也在努力打造一种中国读者喜闻乐见的文字风格。仔细阅读他的学术著作，你会感受到他独具魅力的写作风格。从 1989 年的《克丽奥之路》到 2013 年的《克丽奥的东方形象：中国学人的西方史学观》，他的论著有一种突出的个人风格，这种风格把中国人非常陌生的克丽奥女神的形象及其发展道路描绘得通俗易懂、生动活泼，并且耐人寻味。尽管你没有接触过西方史学家的原著，但是通过张先生的描述，你会感觉到西方史学著作也有很多令人感兴趣的东西，这就是史学的魅力。读完了他的书，你会感觉那些神秘的、古板的西方史学家们的著作也是有很多引人入胜之处的。这是由于张先生的理念，他把西方史学的发展当作一种文化现象推介给中国读者。不论这些历史家属于哪一家、哪一派，他们留给后人的东西毕竟是一种文化产品，只要我们以这种视角去看待西方史学，就会客观地、历史地认识这些文化遗留，丰富我们的知识，并感到史学的魅力。30 多年来，不知有多少大学生和一般读者从阅读张先生的著作中受益。他的这种治学风格的形成也是有自觉的意识的。他曾说：“近年来我行文落墨无求深奥，不嗜饾饤，只以深入浅出和明白晓畅为圭臬，在西方史学这一学术园地中起一点‘启蒙教育’的作用，这成了个人为之锲而不舍的追求目标。”[①]

　　耿淡如先生在分析西方历史学家的不同风格类型时曾经说过，西方史学家有的形成不同的学派，有的没有。“学派之所以形成，不仅是因为他们研究历史的实质，而且是因为他们研究历史的作风是不同于他们的前辈或其他同行。”“作风主要是取决于对以下一些问题的回答：历史是论证还是叙述？用比喻的说法，历史是法院还是戏院？史家是绘图家还是摄影师？”[②]在耿淡如先生看来，有些历史学家是为了论证历史或判断历史，这派可以称为“论证派”或“法院派”；另一派主张编写历史是叙述历史、重建过去，这派可以称作“叙述

---

　　① 张广智：《克丽奥的东方形象：中国学人的西方史学观》，复旦大学出版社，2013 年版，自序第 1 页。

　　② 耿淡如：《西方资产阶级史家的传统作风》，《西方史学散论》，复旦大学出版社，2015 年版，第 201 页。

派"或"戏院派"。虽然没有历史学家是单纯采用这一派或那一派，但可以是偏重于这一派或那一派的。

按照耿先生对西方史家的这种整体分析来看，他们师生二人也应该属于不同的作风类型：耿先生基本属于论证派或法院派，而张先生则属于叙述派或戏院派。两位学者的治学基本理念、基本方法是相同的，但是他们完全可以有适合自己的不同风格。以后，张先生的弟子也是会有自己不同的治学风格的，有的可能善于论证，有的可能长于叙述，甚至还会有更多的个性特征。今后，我们在建设中国特色的马克思主义史学过程中，可能会形成一些不同的学派，也可能会形成一些不同的学术风格，学者们的学术个性会在学术发展过程中更好地得到发展，从而对于促进中国史学的繁荣产生积极的意义。

第三，培养和促进学派的形成有助于学术的发展。

纵观中外史学发展史我们可以看到，学派的形成与发展对于促进史学的发展是有积极意义的现象，正是由于各种史学学派的存在才造成了史学园地的繁荣。当然，所谓"学派"是广义的，情况是多样的。被称为"学派"的，有的是在同一个时期，不少有共同学术理念的学者构成一个学派，相互间没有共同的学术阵地，也不一定有师承关系；有的学派学者之间有共同的思想理念，也有共同的学术阵地或学术环境，学者之间有师承关系；有的学派是专指某一学科的学派，以这一学科中最有影响的大师级学者为首；有的则是一种学术思潮，可以体现在不同学科的学者之中，也不一定有师承关系。

中国史学的学术发展中存在着各种学派，存在着"百家争鸣"的局面。历史上如此，现今也是如此。新中国成立以来，中国史学发展获得了特别的发展机遇，老一辈学者发挥他们的传统优势，在各自的学术领域内奋力拼搏形成不同的治学传统与风格，又通过师生间的传授延续发展了这种学术理念，在不同的学术单位形成了自己的强势学科。例如，北京师范大学白寿彝先生早在1961年就接受了编写中国史学史教材的任务，在改革开放新时期，他利用北师大的传统优势，建立了学术梯队，有学者把它看成学派。2003年出版的许冠三所著《新史学九十年》在分析20世纪80年代的学术形势时说："以白寿彝为代表、以北京师范大学为基地的史学遗产继承派，则呼吁史学界青年同业，在热衷于面向世界、渴求引进现代自然科学、社会科学成果的同时，千万不要忘记祖国丰富无比的史学遗产——在人所熟知的历史文献学、编撰学与历史文学之外，尚有以人为中心的观点、以历史为人文教育手段暨要求博学、崇尚实录直书等优良传统。"①复旦大学历史系耿淡如先生也在 1961 年承担了编写西方史学史教材的任务，改革开放以后，在他唯一弟子张广智的努力下，继续前辈的事业，并在从事学科建设的过程中培养了大批优秀的弟子，他们虽然在全国各高校工作，但同样也可以称为"耿淡如学派"或"复旦学派"的继承者。这两个学派，都是以大师为统帅的学科学派。

建立学科学派、发展以大师为统帅的学科学派，是今天发展学术的需要。习近平同志在 2004 年 12 月 23 日在浙江省社科联第五次代表大会上的讲话中说道："浙江历史上出大师、出传世之作，将来也完全有可能出大师、出传世之作，出现以大师为统帅的学科学派，提高浙江哲学社会科学在全国乃至世界的影响力，提高浙江的文化软实力。"②"以大师为统帅的学科学派"是推动哲学社会科学发展的重要力量。在历史上如此，今天依然如此。习近平同志很看重学派的作用，他讲到宋代浙江就有"永康学派"，代表人物是陈亮；还有"永嘉学派"，代表人物是叶适。他把他们看作浙江的"文化基因"。

习近平同志关于历史上学派作用的论述对我们很有启发。今天，我们要努力构建具有鲜明中国特色、中国风格、中国气派的历史学学科体系、学术体系与话语体系，就必须要更加注重理论创新与成果创新，鼓励学者做有思想的学问，扶持和保护学派的形成，努力推出具有中国特色、中国风格、中国气派的鸿篇巨制。并且要更加注重学科建设，通过一代一代人的不懈努力，打造出具有领先优势的学科。扶持学派、保护学派，有助于集中人才优势，形成合力，形成梯队，把个人的优势变成学科的优势，对于学科的建设、发展具有积极的意义。复旦大学历史系在西方史学史学科建设上的代际传承的努力所提供的经验，值得我们很好地学习、研究。

（原载于《史学理论与史学史学刊》2020 年卷，收入本书有改动）

---

① 许冠三：《新史学九十年》，岳麓书社，2003 年版，第 595 页。
② 习近平：《干在实处走在前列——推进浙江新发展的思考与实践》，中共中央党校出版社，2006 年版，第 315 页。

刘家和谈应对黑格尔的挑战

对于历史教训人们有自己的选择自由，这话的确不错；有人面对历史教训采取不接受的态度，这样的事例在中外历史上确实太多了。但中国人从很早就坚信以民为本从而得民心者得天下，残民以逞从而失民心者失天下。这是一条很重要的历史教训。

刘家和1952年7月毕业于北京辅仁大学历史系，1955年10月考入东北师范大学由苏联专家主持的世界古代史教师进修班，1957年7月通过论文答辩毕业。刘家和教授长期从事世界古代史与中国先秦秦汉史研究，对中外古史比较研究做了长期的艰苦努力，在国内外产生重要影响。他所主编的《世界古代史》曾于1988年1月获国家教委高等学校优秀教材一等奖。他曾作为《世界史》古代部分上册(世界上古史)主编，此书于1995年12月获国家教委第三届普通高校优秀教材一等奖。著有《古代中国与世界》《史学经学与思想》等。

刘家和先生是北京师范大学历史学院的资深教授，长期从事世界古代及中世纪史的教学与科研工作，今年已经89岁高龄。他自青年时代起，就喜欢阅读中国诸子百家的著作以及史学名著。他具有中国传统文化和西方文化的修养，不仅喜欢史学，也喜欢探讨哲学问题，更善于对中西方文化进行比较思考。

刘先生曾经多次说过他对"以史为鉴"的问题总有一种"放心不下"的情结。西方的历史文化使他的思考常常面临一种挑战。他很难忘记德国古典哲学家黑格尔所说的一段对"以史为鉴"最具有直接挑战意义的话。

早在1959年，刘家和先生就阅读了德国古典哲学家黑格尔的名著《历史哲学》。在这本刘先生当年读过的书中，有这样一段用红笔画出的话："人们惯以历史经验的教训，特别介绍给各君主、各政治家、各民族国家。但是经验和历史所昭示我们的，却是各民族和各政府没有从历史方面学到什么，也没有依据历史上演绎出来的法则行事。"他觉得黑格尔这段话虽然说得机警锋利，但是仔细分析是有问题的。黑格尔说历史的经验可以给予人们教训，但又说从来没有人从中得到过任何教训。这句话看起来好像谈得很深刻，但实际上它本身就是一个悖论。如果肯定前一句，那就是说历史经验是给了我们教训的，而且他也承认学到了；这样，断言从来就没有人从中学到任何教训的后一句就不能成立了。反过来说，如果后一句的判断成立，那么前一句就又不能成立了。这是一种自我矛盾。

这里黑格尔强调各君主、各政治家们没有"学到什么"，也就是没有学到"历史经验的教训"。刘先生觉得这个观点与我们习惯的"以史为鉴"的思想是对立的。这里有两个问题：一是历史有没有教训？黑格尔说"没有从历史方面学到什么"，那么历史有没有经验教训呢？历史告诉我们，历史是有教训的。而黑格尔的意思是说谁也没有得到教训，谁也没有按照历史的法则办事，原话是说"没有依据历史上演绎出来的法则行事"。刘先生怀疑是不是翻译的问题造成的，于是就找英文版的《历史哲学》来对照。1960 年前后又看了黑格尔的《小逻辑》，后来又读了黑格尔的哲学史，但有些问题还是不懂。

20 世纪 80 年代中期以后，刘先生开始重新考虑史学理论问题。于是，他就复印了《历史哲学》的英文版，发现英文版中他所怀疑的那句话和当时的中文译本是一致的。对此他还是放心不下，觉得这里还是有问题。到 90 年代时刘先生就下决心找德文版来看一看。他根据德文版的文字校对英文版的这句话，发现英文版有的地方译错了。为什么说译错了呢？英文版说"也没有依据历史上演绎出来的法则行事"，而在德文版中，黑格尔是用虚拟的语气说：就算是有演绎出来的规律，也没有按照其行事。他反复地对照了几遍，还把这句话放到他的书的整个一章来看，以及放在《小逻辑》提供的思想背景下来看这个问题，发现黑格尔认为历史的规律没有逻辑规律那么严格。比如 A 大于 B，B 大于 C，则 A 大于 C。这是永远正确的。但历史有没有这种规律？历史的规律永远是历史的。

刘先生认为，对于历史教训人们有自己的选择自由，这话的确不错；有人面对历史教训采取不接受的态度，这样的事例在中外历史上确实太多了。但中国人从很早就坚信：以民为本从而得民心者得天下，残民以逞从而失民心者失天下。这就是一条很重要的历史教训。可是在商的末世、秦朝的末世、隋朝的末世都拒不接受这个教训。那么有没有肯接受历史经验教训的人呢？既然承认人们对于历史经验教训是有接受与否的自由的，那么人们选择接受历史经验教训在逻辑上就是不能被排除的。

对于同一个历史经验教训，商、秦、隋与周、汉、唐就采取了截然对立的选择。商、秦、隋等王朝采取拒不接受历史教训的态度，而周、汉、唐等王朝却采取了乐于接受历史教训的态度。为什么会有这样对立的选择呢？这是因为他们的现实利益本身是对立的。他们各自处于不同的历史前提条件下，而历史的前提条件对于他们来说就不是可以自由选择的了，这些条件是既定的。商、秦、隋之所以亡而周、汉、唐之所以兴的事例，恰好证明了这样的道理：人们对于历史经验教训的取舍是有选择的自由的；可是，人们对这一自由选择的结果，就不再有选择的自由了。所以，我们看到商、秦、隋先后都因拒不接受历史的教训而"无可奈何花落去"；而周、汉、唐等王朝却因为能够虚心接受历史教训而勃然兴起，并在中国历史长河中熠熠生辉。因此，我们承认黑格尔所说的，人们对历史经验教训有取舍选择的自由，但是不能因此就看轻历史经验教训的存在与意义。

刘先生对黑格尔关于"以史为鉴"的问题的观点早就有自己的看法，就是还没有找到回应的机会，对此他一直耿耿于怀。到了 2010 年，刘先生对于这个问题的思考已经经过了 50 年，于是他在这一年的《北京师范大学学报（社会科学版）》上发表了一篇《关于"以史为鉴"的对话》的长篇文章，对黑格尔的挑战进行了回应。以后他又两次接受访谈，重申了上述他的一些观点。2016 年，他在《中国史研究动态》第 3 期上发表《再谈挑战》一文时，他已经是 88 岁高龄的老人了。笔者正是在 2016 年聆听并记录了刘先生的这些谈话。

当时笔者问："回应黑格尔的这个挑战究竟有多大意义呢？"刘先生说："如果不回应，'以史为鉴'的理论就会彻底被颠覆，我们中华民族几千年的文明史也就这样被颠覆了。回应这个挑战应该是我们中国史学工作者担负的神圣使命！当然了，黑格尔本人早已去世，他不可能自己来回应。现在我提出来可以让大家来评评理，如果我问错了，你也可以代表黑格尔来反驳我呀！我要问的问题是：即使是充分表现了鲜明的逻辑理性特征的黑格尔哲学，难道不是以康德的哲学为鉴才产生的吗？而康德的哲学难道不是以莱布尼茨和休谟的哲学为鉴才产生的吗？因此，黑格尔的哲学也应该是产生于历史之中，它的价值也在历史中，没有终结。如果不是'以史为鉴'，哪有他的哲学啊！"

刘先生说："我今天思考这个问题，也是为了在黑格尔面前讨一个公道，给'以史为鉴'一个'存在'的权利。我们也不能不公正地肯定黑格尔哲学在人类文化史上的崇高地位，比如他的精神现象学、逻辑学、小逻辑等，都是充满了发展的历史意识的。他努力地把人类意识的发生发展以及逻辑的发生发展解说成为历史的，提出了逻辑与历史统一的观念。这真是了不起！可是，他把现实的历史又套上了他所设定的'世界精神'的牢笼里，因此就把问题弄颠倒了。今天我们挑战他、批评他，也正是以他为鉴啊！"

刘先生还说，把"挑战"与"应战"这一对概念最广泛地运用于解释人类文明历史的应该是英国著名史家汤因比（1889—1975 年）。他所著的《历史研究》一书中，关于挑战与应战的见解对今天的人们很有启发作用。比如他曾说过：历史证明，对于一次挑战胜利地进行了应战的集团，很难在第二次挑战中再取得胜利；凡是在第一次取得胜利的人们很容易在第二次时"坐下来休息"。汤因比引用了大量古今历史实例来证明他的观点。同时，刘先生说："对于学者个人来说，也是如此啊！任何一点成绩都有可能立即转化为一种安慰剂，使人昏昏欲睡。这是一种没有前途的'前途'，我的内心深处充满了惶恐，生怕自己逐渐昏昏欲睡。怎么办？那就要坚持每天温故而研新，这就能不断发现自己的不足与无知，就像天天都用凉水洗脸，从而保持一定的清醒状态。看来迎接挑战是永无止境的，我毕竟已经是'80 后'的老人了，人一老，锐气就差了，所以我还要向中青年学者朋友学习！"

（原载于《中国社会科学报》2017 年 4 月 17 日，收入本书有改动）

历史比较：探寻真正世界性的历史普遍规律

——马克垚的历史比较观

摘要：马克垚在长期的历史研究中，坚持运用比较的方法。他认为：古代各国、各个社会千差万别，但在大致相同的生产水平和经济条件下，它们的政治经济、社会各种形态的结构是大致相同的，发展趋势也应是类似的。各国、各民族的历史发展有自己的特点，我们应该透过这些特点，看出其本质的相似之处。

关键词：马克垚；历史比较；比较思想

谈起历史比较问题，最有发言权的是那些真正从事历史比较研究实践的学者，他们在长期的史学实践中运用比较研究的方法，不仅深化了对研究对象的认识，也对运用这种方法的目的、意义、作用以及如何运用历史比较方法有自己比较成熟的认识。笔者在研究当代中国史学发展趋势的过程中，发现运用历史比较方法研究世界历史并非西方史学家的专利，我国历史学家在20多年来的史学实践中也有自己独到的经验与认识。

2005年初，我注意到马克垚[①]对历史比较研究问题提出过独到的见解，他在为法国年鉴派史学大师马克·布洛赫的《封建社会》的中译本写序言时，特别提到中国学者十分关注的中国有没有封建社会的问题。可见，中西比较的思考已经成为他的习惯性思维方式。马克垚是长期从事世界中世纪史研究的学者，为了摸清他的史学理念的脉络，我阅读了他的主要著作，提出了很多问题向他请教，并把我们的访谈写成了题为《历史比较与西欧封建社会研

[①] 马克垚：1932年生，山西文水县人，北京大学历史学系教授。1952年入北京大学历史系学习，1956年毕业后一直留校任教。主要著作有《西欧封建经济形态研究》、《英国封建社会研究》、*Asian and European Feudalism：Three Studies in Comparative History*、《中西封建社会比较研究》（主编）、《世界文明史》（主编）等以及重要论文数十篇。

究》①的文章。我觉得马先生对历史比较方法的运用时间较长，而且有独特的见解，这便促使我进一步总结马先生从事历史比较研究的主要学术路径和他对于历史比较研究的基本认识。在这个过程中，可以看出马先生对于历史比较有一种一以贯之的基本思想。

一、罗马和汉代奴隶制比较研究

20 世纪 80 年代初期，那是在粉碎"四人帮"以后的思想解放运动兴起之时，学术界比较活跃。当时正在讨论亚细亚生产方式问题，人们对于马克思的亚细亚生产方式的概念提出了各种观点，做出了种种解释。正在这个时候，马克垚发表了《罗马和汉代奴隶制比较研究》②一文，他说："通过对罗马和汉代奴隶制的研究，发现很多方面二者有惊人的相似之处，当然也都有各自的特点。"此文一出，人们立即联想到马克垚肯定认为奴隶制是一种普遍的社会制度，公元前后汉代与罗马一样都是奴隶社会形态，由此更可以推论出马先生是魏晋封建论者了。

然而这些推论并不是马先生的本意。十几年后，他在回顾这篇文章发表的背景时说："此文的本意，只是想指出亚细亚的讨论应当如何深入进行，而不在论证奴隶社会是否普遍存在，也不在证明汉代一定就是奴隶社会。我只是对我国史学界认为是典型奴隶制的罗马奴隶制进行深入的剖析，指出典型的复杂性，实际上有其不'典型'的方面，从而说明汉代的奴隶制和罗马的奴隶制有惊人的相似之处。"③

那么他进行这个研究的本意究竟是什么？在当时的亚细亚生产方式的讨论中，有的人用很大力量去研究马克思的亚细亚概念，力图用"马克思"来诠释马克思，他们没有从马克思的思想发展上理解其亚细亚生产方式的概念，也没有关注古代世界各国的历史实际研究在今天的发展，只是望文生义地理解马克思的这一概念。马克垚认为，马克思的毕生精力是在研究资本主义，对于亚细亚生产方式的问题只是在涉及资本主义有关的问题时才去关注，并

---

① 见《首都师范大学学报》2005 年第 5 期。以下本文中所涉及的马先生的观点，凡引用这次访谈中的资料的，不再一一注明。

② 马克垚：《罗马和汉代奴隶制比较研究》，《历史研究》，1981 年第 3 期。

③ 马克垚：《我和封建社会史研究》，张世林主编《学林春秋 三编》（上册），学苑出版社，1996 年版，第 130 页。

没有形成系统的看法，没有成为一个体系。所以，今天讨论亚细亚生产方式，究竟是指原始社会还是奴隶社会、封建社会，或者是特殊的亚洲社会，这是马克思也没有想过的问题，这样来搞近乎"无中生有"。今天讨论社会形态，重点应该放在具体问题具体分析上，根据当前史学研究的新成果探索新的理论。很多人认为"典型"的东西，像罗马的奴隶制，也有些不典型的地方，甚至与中国有很大相似之处。"应该从事实出发，通过对一些主要国家、主要地区的比较研究，建立奴隶社会、封建社会的政治经济学，解决一系列理论问题，把古代史的研究奠立在真正科学的基础上。"[①]

从马先生这篇文章和他以后对此文章的叙述中，可以看出他对待历史比较研究的态度。20 世纪 80 年代初，历史比较研究在我国还是历史研究的新动向，人们可能怀着某种兴趣去尝试这种新的方法，但是马先生的历史比较研究却不是为了赶时髦。他所进行的历史比较是非常认真的，同时在比较之中包含着许多深层的思考。在《罗马和汉代奴隶制比较研究》中，他探讨了罗马和汉代的奴隶来源问题，分析了奴隶从事农业生产的情况，研究了奴隶制占主导的问题以及奴隶的法律地位问题，发现在很多方面二者有惊人的相似之处。从奴隶的定义来看，双方基本上是一致的。但又不能只从定义上理解奴隶阶级，事实中会存在许多与定义相矛盾的特点，即使是典型的罗马奴隶也有许多不合定义的变态。他通过比较证明了奴隶制经济是能够独立存在的，它能够自己进行物质资料的再生产和劳动力的再生产，使社会生产继续下去。在奴隶社会中，奴隶制经济只是其经济成分之一。汉代和罗马的情况都说明奴隶社会中，奴隶制经济并不占压倒性的优势，只能说奴隶制经济在生产中占到一定比重，有一定的重要性。

根据以上这些研究，马先生觉得目前我们对奴隶社会、封建社会的了解还很浮浅片面，有很多新的理论、新的问题必须去探讨。历史比较只是为这种研究创造了一种条件。他并不想由此得出结论说，奴隶制或奴隶社会是普遍的或是不普遍的，因为这是需要通过大量的研究，通过百家争鸣，来深入研究的问题。而他所做的比较，只是为这种研究提示了一种方向。因为那种从定义出发来探寻社会经济形态问题的路子是不可取的，只有通过对具体问题的深入研究，包括历史比较研究，才有可能为进一步的理论研究创造一个基础。

---

① 马克垚：《罗马和汉代奴隶制比较研究》，《历史研究》，1981 年第 3 期。

二、西欧封建社会的历史比较研究

马克垚在 20 世纪 80 年代中期和 90 年代初期，先后出版了《西欧封建经济形态研究》和《英国封建社会研究》两部著作，受到学术界的关注。这两部书与一些西方学者在研究方法上的一个重要区别，就是通过历史比较方法来思考和解决问题。

为什么要用历史比较方法研究西欧的封建社会呢？马先生说：对于前资本主义社会形态的研究，主要是 18、19 世纪在西欧进行的。当时的历史学家根据西欧的历史分析和概括奴隶社会、封建社会的特点，总结出一系列定义、概念，描绘出这些社会的特征，成为日后人们认识这些社会的标准。这些标准都是以西欧为根据的，对于广大的亚洲、非洲、美洲地区的历史，他们既不了解，又夹杂了一些偏见和轻视。第二次世界大战以后，随着亚、非、拉地区民族解放运动的开展，对这些地区古代历史的研究也取得长足进步，前资本主义社会诸形态以前所未有的多样性、复杂性呈现在史学家面前。过去单纯从西欧总结出来的有关奴隶社会、封建社会的一些定义、概念遇到了严重挑战。我从 60 年代亚细亚生产方式的大讨论中感觉到，应该对前资本主义社会的一些特点和规律进行再认识，根据世界主要国家和民族的历史，综合比较出前资本主义社会的共同特征，真正体现世界历史发展的统一性。这种再认识包括两个方面，一方面是深入研究亚、非、拉地区的古代史，总结出规律性的东西；另一方面就是对西欧历史已经形成的概念、定义，根据实际情况进行重新考察，看它是不是科学的抽象，同时看它是不是真的符合西欧的具体情况。在两方面都取得成果的基础上，再进行综合比较，才能发现真正共同的特征。

马先生的这种考虑对于深入进行西欧封建社会的研究确实很有价值，但他也考虑到按照这个思路去研究，难度是非常大的。因为在这个领域里，外国人已经耕耘了几百年，相比之下，我们学识浅薄、资料缺乏，困难很大。但是他也看到了我们的有利条件。他觉得我们这里基本的图书资料还有一些，期刊也有一些。我们虽然不能在西欧领域里进行微观研究，如同法国历史学家拉杜里写《蒙塔尤：1294—1324 年奥克西坦尼的一个山村》那样，细致探讨一个小山村的社会状况，但是进行一种综合性的、中观的研究还是有可能的。因为西欧封建经济形态的一些概念，如封臣制、封土制、庄园、农奴、公社、城市等，大多是 19 世纪西方学者特别是德国学者提出来的，他们的研究多从法学定义入手，根据典型的少数史料做出普遍概括，而对实际的多样性则关注不够；随着新发现的史料越来越多，地方史的研究逐渐深入，即使对西欧来说，原有的普遍性结论也需要进行修正。

马先生还觉得我们有一个有利条件，就是有个参照系，即东方国家，首先就是中国封建社会的情况可以用来进行对比。再有，就是既要注意区分法律形式与经济事实，也要注意从法律形式与经济事实的结合上研究和解决问题。由于这些有利条件，特别是方法论上的特点，我们就可以对封建社会的一些经济结构问题提出自己的看法，匡正一些过去流行的不尽确切的说法。

马先生的《西欧封建经济形态研究》1985 年由人民出版社出版后，2001 年又出了第二版。此书有不同于西方学者的独立见解。比如在庄园制问题上，过去大家都以为典型的西欧封建时代农业组织就是庄园，他认为这种看法并不正确。那种村、庄合一，组织严密的农奴劳役制大庄园在西欧中世纪只占少数，大多数地区的庄园是一种松散的组织，甚至完全没有庄园。庄园本身也在不断变化，有的衰落瓦解，有的重新兴起。可以把庄园作为封建经济的一种形式研究，但中世纪西欧农业的基本组织仍然是乡村而不是庄园，乡村是研究农村经济的基本点。过去以为西欧封建时代完全庄园化，部分原因是西方学者的庄园概念中包含着法律形式的成分，即封建主对领地的管辖权主要是指封建主的整个领地。

在农奴问题上，马先生认为：西欧中世纪农奴的概念源自罗马的奴隶，这是西方学者研究的结果。但实际上，当时西欧呈分裂割据状态，法律不统一，主要实行的是习惯法，而这种习惯法的地区差别很大，各地农奴的情况也不一样，其身份地位、受剥削程度、劳役负担、实物货币交纳等情况千差万别。所以，真正分清楚哪些人是农奴并不容易。过去认为西欧封建时代农村主要劳动力是农奴的看法并不准确。只能说农奴是当时农村中劳动力的一种，其地位最为低下；但是不好说有个时期农奴占了农村劳动力的大多数。

1992 年，马先生又出版了《英国封建社会研究》，把它作为《西欧封建经济形态研究》的补充。他认为，《西欧封建经济形态研究》是对整个西欧中世纪经济结构的描述，范围太广，不少问题难以深入，所以打算把研究范围缩小到他比较熟悉、资料又比较容易得到的英国中世纪。而他写这本书的目的，仍是想阐发在《西欧封建经济形态研究》中提出的一些想法。他认为，在前资本主义社会，在生产力大致相同的基础上，各地区、各国家的社会结构应该有基本相同之处，当然也有各自的特点。但是 19 世纪的历史学家，主要是西欧的历史学家，从当时的客观条件和主观认识水平出发，认为人类历史是大不相同的，西欧是一种模式，其他地区是另一种模式。东方的模式是东方专制主义，而西方模式是从奴隶制经过封建主义到资本主义。东方社会是停滞的，西方社会是不断发展的。但 20 世纪以来，历史研究大大深入了，许多学者发现，这种对东西方历史特殊性的夸大并不完全符合历史的实际。所以选择一个典型，对其古代社会做深入的重新研究、相互比较，能够使我们对世界历史发展的统一性有更深入的了解，对各民族、各国家的历史特殊性也能把握得更准确。《英国封建社会研究》就是以英国为典型，对西欧封建社会所做的重新剖析。马先生认为：第一，作为西欧封建社会典型结构的封臣制，还有和它紧密联系的封土制，以及庄园制、农奴制等，原来主要根据法律规定所形成的概念和其实际状况是很不相同的，它们是否可以作为一种典型形态来概括也是值得考虑的。第二，通常被史学家作为东西方发展差异起点而认识的西方城市，在中世纪时并没有人们以为的那么多的独立性。它在政治上、经济上均属封建结构。在英国，城市受国家控制，执行各种政令，就像一级行政组织。第三，中世纪时期，英国的王权并不软弱。当时国家的行政、财政、司法机构相当发达，国家的统治和剥削及于一般农民，也包括农奴。中世纪英国议会是国家政权的组成部分，而不是贵族与第三等级抗衡国王的组织，不能用近代西方代议制的眼光来看待它。马先生并不否认英国封建社会有它自己的特点，他只是从全球比较的角度对此进行剖析。

从马先生对西欧封建社会的研究中我们可以看出，他之所以会得出一些与西方学者不同的认识，正是由于他在方法论上的特点所致。他以中国封建社会为参照，所以能够发现西方学者的传统观点与历史实际的差距，并进一步提出自己的见解，这正是他的研究的高明之处。

三、中西封建社会的历史比较研究

20 世纪 90 年代，马克垚主编了《中西封建社会比较研究》，这是他中西封建社会历史比较研究的重要成果，参加本书编写工作的有十几位，有搞中国史的，也有搞世界史的。由于中国史研究和世界史研究在方法论方面存在不同，因此进行中西封建社会历史比较是有不少困难的。因为人们对一个国家、一个社会、一个事件都不容易搞清楚，何况要把两方面的情况都搞清楚并且进行比较呢？

尽管存在这些困难，但马先生认为书中提出的一些问题还是比较重要的。他说有两点特别需要说明：第一，以前西方学者研究封建社会经济，研究资本主义产生，大多是用资本主义的经济理论来说明封建经济的运行；而这本书的比较研究证明，需要建立封建的政治经济学理论体系，这样才能从世界范围说明封建社会经济问题。第二，西方学者进行东西方比较、中西比较，都是以西方近代社会或西方封建社会为标准来看待东方或中国社会的。由于思想意识的因袭作用和材料的局限，我们有时难以摆脱这一点。但我们要努力建立一个新的、真正涵盖世界各国封建社会的模式，形成自己的体系。这本书从农业、城市、封建政权和社会四个方面来进行比较。他说，由于是合作项目，各人观点不尽相同，研究范围和侧重也不同，所以只能就各自熟悉的领域写出自己的看法，还形成不了全面的中西封建社会比较。至于体系、模式的建立，那更不是一朝一夕之功，只是提出来引起大家的关注而已。

这项比较研究的重点，是要比出中国为什么到明清之际发展落后了，也就是说，为什么中国没能最先发展到资本主义。虽然有这个设想，但他们也深感这个问题不好解决，所以把目标定得小一些，就是只从中西封建社会内部的一些结构、形态方面入手，做一些发展的比较。所谓结构，不外是经济、政治、社会诸方面，但就是这几方面也不可能进行全面研究，只能在这些结构内部选择一些较小的、比较熟悉的题目进行比较；既要从静态的角度比较二者的相同与不同，也要从动态的角度研究这些结构的变化。在研究中不可避免会涉及中西社会发展中的一些大问题，他们便根据自己的认识做了一些回答。在写作过程中，有的学者是从中外两个方面对比着写的，有的学者单写中国方面或外国方面，但都是以比较为基础来提出问题和解决问题的，或是将中西两方面结合起来进行大综合的回答。

在研究中，他们也要沿用西方学者的方法，即以西欧的模式来对比研究东方和中国的发展；但是他们也清楚地认识到，不能因为中国的发展不符合西方模式，就说中国发展不起来。那么究竟怎样才能科学地衡量中国的发展呢？通常认为，资本主义在英国兴起是以小农分化破产为基础的，但近来这个说法受到了挑战；如果资本主义的兴起并不一定以消灭小农为基础，那么就不能以中国农民分化迟缓来证明中国无力发展资本主义。这样，他们就力求从中西各国封建结构的比较中分析其发展能力，以便进一步追寻其对资本主义发生的影响。

在这部书中，他们选择了农业生产力、地主经济、小农经济、城市、工商业、王权、阶级、人口等对社会发展有重大作用的问题进行比较研究，提出了一些问题，如封建生产力组成不同在多大程度上影响其发展？封建时代的城市是否对立于乡村而成为发展的重大动力？再如地主经济的积累和投资问题、小农经济在封建社会中的发展能力和发展前途问题、不同的封建政权结构实行的经济政策有何不同，等等。

马先生认为：这些问题都是很大的问题，我们的回答不一定正确，也不一定使人信服，但我们提出和试图解决的问题多是发前人所未发，我们希望找到新的角度、新的方法，即历史比较的方法，来突破西欧模式，从更大的、世界的范围讨论封建社会的发展能力和发展前途问题。

进入 21 世纪，这个问题的研究已经有了很大发展。美籍华裔学者黄宗智提出中国社会过密化发展模式，引起了不少讨论，中国学者吴承明、李伯重等都做了回应；还有所谓加利福尼亚学派如王国斌、彭慕兰、弗兰克等人，认为英国和中国在封建时代的发展道路基本上是相同的，后来遇到的问题也是相同的，直到 18 世纪工业革命之前中国的发展并不落后于西欧，只是后来才因为内外条件的不同而显示出差别。这些看法都证明了马先生等所思考的问题并不是他们个别人的见解，国内外一些学者也注意到了这些问题。

四、对封建社会的综合比较研究

进入 21 世纪以后，马克垚的历史比较研究深入到对整个封建社会的研究上。他的封建社会的概念是广义的，不仅指西欧，也包括中国。他进行比较的目的不在于寻求中西方之间的差异，而是要探求整个世界封建社会中的一些共同的东西。但是，他在研究中所用的方法仍然是历史比较的方法。21 世纪初他发表的两篇文章反映了他在这方面的追求。其中一篇是发表在《世界历史》2002 年第 1 期上的《论地主经济》，另一篇是发表在《北大史学》第 9 期上的《论封建时代的农业生产力》。

（一）关于封建时代的地主经济

1. 封建地主经济的经营管理模式

多数中国学者认为西欧封建时代实行的是农奴劳役制庄园，而中国实行的是租佃制。马先生认为，庄园制和租佃制这两种经营模式在中国和西欧都存在过，但它们有不同的表现形式。

西欧封建时代的庄园，一般称劳役农奴制庄园，劳动者中相当大的一部分是农奴，地租形态是劳役地租。这种庄园制经济是和它落后的农业生产如粗放耕作制、生产效率低下、农奴强迫劳动相一致的。庄园除了是一个经济实体外，还是一个政治、法律实体。但西欧的庄园有多种形态，村、庄结合为一的典型庄园只是少数，多数庄园相当分散，分布在不同村庄。而封建的西欧并没有庄园化，还有大量没有庄园的地方，由各种身份的农民耕作，对封建主有各种义务，也就是一种租佃关系。14、15 世纪，庄园制逐渐瓦解，租佃经营发展起来。封建主把自营地划分成小块出租给佃农，农民很多变成了交纳货币地租的佃农。农民之间也流行着租佃关系，土地多的或者无力耕种的农户把自己的土地出租出去收取租金。这就意味着西欧的封建地产经营方式是由庄园制逐渐向租佃制过渡的。

对于中国封建地产的经营方式，多数人以为没有庄园制，而是租佃制。马先生认为，之所以会有这种看法，是由于人们往往把西欧的庄园作为庄园制的唯一标准，即必须是农奴劳役制才算庄园。庄园制的主要特点是封建地主或他的代理人参与到地产的管理过程中，用它的收入来满足封建主的需要，它可以说是一种直接经营的模式。但庄园制的形态，在每个国家和地区，每个不同时代都有所不同。这是庄园制的特殊性。中国早期的庄园可分为坞壁型、别业型、寺院型三种。庄园的劳动者主要是依附农民，此外还有奴隶和雇佣劳动者。这些庄园是地主经营的经济实体，是分成制庄园。中国的地租形态由分成租向定额租转变经过了很长时间，一直到清代才完成。这时的地主不再干预农民的生产过程，但他们仍然要收取地租，计划和处理消费。总之，中国的地主经济也经过了由庄园制到租佃制的发展过程。

2. 地主经济的二元性

一般认为，封建经济无论是地主经济还是农民经济，都是一种自然经济，是自给自足的经济组织。马先生认为，地主经济有其自给性，但任何地主经济，即使是最原始或最完备的地主经济，也不能做到完全自给自足。它总有一些自己不能生产而要从外面得到的东西，也有一些自己多余而要求出让的东西，这就构成了流通的基础。地主经济往往也进行商品生产，也有商品经济的内容。马先生对姜伯勤所著《唐五代敦煌寺户制度》描绘的中国寺院庄园的内部结构做了进一步的分析，他说：中古中国的边远地区的寺院地主经济还是十足的自然经济，其地主的衣食和其他一应需要，几乎都以庄园上的劳动力的劳动来满足，很少依靠和外面的交换。寺院庄园实行实物地租，劳役所占的比例也很大，收入和支出都是实物。但即使如此，这种庄园经济仍然是二元性的，既有自然经济成分，也有商品经济成分。他以某一寺院的土地收入和高利贷收入的比率来说明这个庄园有相当多的粮食收入投入了流通，这意味着庄园有着商品经济的内容。敦煌地区的庄园情况代表了魏晋南北朝时期至隋唐时期许多地方流行的庄园类型。寺院不仅经营土地，种植蔬菜、水果、药材等经济作物以出卖牟利，还经营商业和放高利贷。其他的中国庄园也是大同小异。

马先生以 13 世纪英国诺福克郡的诺福克伯爵的 Forncett 庄园的收入情况为例进行分析，庄园收入的粮食、手工业品主要是自用的，草地上的草也是自用的，但小麦是全部出售的，还出售水果和酒。所以，这个庄园也是二元的经济结构。

通过比较，马先生总结说：封建庄园是一种二元经济，就是指它既有自然经济成分，也有商品经济成分，但自然经济是主要的。二者的比重会随着社会、经济等条件的不同而有所变化，大概是越到后来，商品经济的比重越会增大，而不存在完全的自然经济和完全的商品经济结构。

3. 地主经济的利润与投资

马先生运用中西对比的资料说明，封建地主的收入主要是一种垄断收入、特权收入。封建地主可以依靠他们所具有的封建特权，夺取农民的剩余劳动，而不必像资本家那样，在表面平等下计算投入产出。他说：我们必须从生产与消费这一对矛盾来认识封建经济。正如封建经济是一种特权经济一样，封建消费也是一种特权性消费，它往往不以收入的多寡来安排，而是根据它在封建等级中的地位来安排。封建地主的消费是一种庞大的消费，要满足这样的消费，对短缺的封建经济来说也不是容易的事情。所以封建地主总要想办法扩大自己的财富，扩大自己的收入，包括争夺土地、兼并土地以及加强对农民的剥削。封建地主除了兼并土地和加强剥削以外，也要提高农业劳动生产率，提高产量，以增加自己的收入。这样做，也会使社会财富真正有所增加，使社会生产有所发展。这就是说，封建社会生产力的提高，主要是农民的贡献，但封建地主也有一份功劳，比如中国古代国家和地主重视对农业的投入，像投资兴修水利、移民边疆开垦，向农民提供耕牛、种子等。在分成制、租佃制的情况下，地主也有这些方面的投入。他还列举了英国著名的希尔顿的研究，以此说明西欧中世纪封建地主在提高农业生产方面的作用。不过，无论中国还是外国中古时代封建地主对农业的投入，都只能是农业劳动生产率提高的一个很小的因素，他们并不依靠投资来解决他们的供给，而农民的劳动才是中古农业生产率提高的主要推动力。

(二)关于封建时代的农业生产力问题

新人口论者强调封建时代劳动生产率的增长落后于人口的增长，所以农业的发展会陷于内卷化。他们认为，有限的资源养活不了日益增加的人口，形成人口过剩。而农产品匮乏又造成人口逐渐减少，劳动力人手不足，土地多劳动力少。当人口减少到一定程度，又开始新一轮的增长，社会经济向上发展。

马先生认为，在封建社会里农业生产力的发展有自己的特点，中国和西欧有许多的相同和不同之处，如果把中国和西欧封建时代生产力的特点综合起来研究，就可以对中世纪的农业生产力的发展有新的认识，即并不是那样的停滞和无出路。他选取欧洲的英格兰和中国的江南地区为例，因为这两个地区经济比较发达而且材料比较多。在封建社会中，人口与农业资源处于一种紧张的状态，人口的增加有时会造成土地不足之感，如 13 世纪的英格兰和 11 世纪的南宋大致如此。但人口既是一种压力，也是一种动力，人口的增多会导致农业生产向生产的广度和深度同时发展，既扩大耕地面积，也提高单位面积产量，这在以粗耕为主的英格兰和以精耕细作为主的中国江南都是如此。总之，在前工业社会，科技发展相对缓慢，人口与土地资源的矛盾比较突出。也许某一时期、某一地区会出现劳动生产率下降的情况，但是不会形成像新人口论者所说的封建社会只能在人口与土地的矛盾中兜圈子而无法发展。土地生产率的不断进步仍会使农业总产不断增加，从而养活更多的人口，使社会不断发展。

从这两篇文章中我们可以看出，这时候马先生所研究的视角既不是西欧的封建社会，也不是中国的封建社会，他已经把整个的封建社会形态作为自己研究的对象了。他之所以具有这样的宏观的视野，除了掌握了中外有关的历史资料外，善于运用历史比较方法仍然是重要的原因。

五、在历史比较中探寻世界性的历史普遍规律

马先生的历史比较研究不像一般学者所进行的那样，说明包括中国在内的东方国家与西方国家走的是两条道路，呈现出两种类型、两种结果；马先生是在寻找东西方之间共同的东西。我曾经这样向他提出：您进行的这样大范围的中外历史比较研究，是希望发现中外历史发展的不同道路呢？还是希

望发现中外历史发展的共同规律呢？

马先生认为这个问题提得很好，也很重要。他说：在对几大文明的封建社会进行综合考察的过程中，我的比较研究的方法论倾向，主要是基于这种认识，即认为古代各国、各个社会虽然千差万别，但在大致相同的生产水平和经济条件下，它们的政治、经济、社会各种形态的结构应该是大致相同的，它们的发展趋向也应该是类似的；当然，这种普遍性是寓于特殊性之中的；各国、各民族的历史发展会表现出自己的特点，我们应该透过这些特点，看出其本质的相似之处。中国封建社会常被认为与西方封建社会大不相同。这是因为，一方面，西方学者的封建概念是指封君封臣制，所以西方的封建社会只是指 9—13 世纪，甚至只是 11—13 世纪这么短的一段时间；当时日耳曼人建立国家不久，生产落后、文化荒芜、政治原始，于是出现通过依附关系进行统治，农奴制、庄园制、自然经济，中央权力微弱，甚至没有国家等现象，这些被看作西欧封建社会的特征；实际上，这段时间大概只能说是一个过渡阶段。另一方面，对于中国历史没有做出社会史的总结，只是王朝循环史。所以两者比较，自然是南辕北辙。这种差别只是方法论不同造成的结果，并不能反映历史的实际进程。

他提出，可以拿城市问题来分析一下。西欧封建城市一直被看成经济中心，是进步和自由的发源地；而东方特别是中国的城市则被说成政治中心，是专制帝王统治的场所。其实西欧封建城市的自由、自治，是适应西欧当时王权微弱、封建地主割据独立的政治结构出现的，当以后王权强化时，城市的自治也就随之消失了。中国的城市也不都是政治中心，作为经济中心的城市早在唐代后期就已经出现，以至有些日本和美国学者把宋代称为城市革命的时代。但由于整个国家中央集权比较明显，所以中国历史上不存在城市自治的时期，这就属于历史的特殊性了。

他说，还可以再举一个例子：有一种流行的说法，认为西方的政治组织机构和国家形态自古就是民主的或倾向于民主的，而东方、中国自古就是专制的。这种"东方专制主义"的理论至今还很有市场。西方封建时代有"王在法下"这种现象，根据这种现象的启示再去看中国古代历史，可以发现也有类似的现象。实际上中国的王权也不是无限的，一样要受到礼法、习惯和官僚机构等的限制。这不是他个人的观点，一些研究中国史的学者也认为中国历史上的王权并不是无限的，其发展趋势也不是越来越强大，而是越来越受限制，越来越弱小。

马先生的历史比较研究有一个明显的特点：不是简单地、微观地对一些个别历史现象进行比较，而是一种宏观视野的历史比较，是为了搞清社会形态发展的一些规律性问题而去进行的整体的、系统的比较。

马先生认为，就他所研究的封建社会来说，起码应该综合三大文明的结构与规律，这就是中国文明、伊斯兰文明和欧洲文明，这样才能形成真正世界性的封建社会模式。他正是从这一点出发来进行比较研究的。但是伊斯兰文明材料较少，语言困难较大，而中华文明对于一个中国学者来说是比较容易了解、容易掌握的，虽然做深入细微的分析和比较也许有困难，但是进行中观性的概括应该说是有可能的。

在这个过程中马先生也遇到一些困难。他发现中国史的研究方式与西方史家的研究方式有很大不同，这突出表现在社会史研究方面。由于中国学者对中国古代社会缺乏社会史的概括，观察问题、研究问题都是以王朝为中心。中国历史上的经济兴衰、人口升降、政治治乱得失、文化昌明式微，都是以王朝命运为转移的，几乎都是王朝前期一切皆好，王朝后期一切皆坏。对中国封建社会中的一些形态、结构，如农民、庄园、城市、市场、王权等都没有概括性的、综合性的结论意见，更不要说结合经济形态、法权形式、习俗规范以及其他因素做出的深入研究了。比如说，在长期的中国封建社会里，什么样的农民是典型的农民？是均田制下的自耕小农呢？还是宋代的客户？明清时代的佃农？抑或其他依附农民，如魏晋时代的佃客、部曲等？而西方在这些方面是做了十分深入的研究和概括的。这样，我们在社会史方面就几乎无法对二者进行比较。

马先生曾经反复思考：难道事情真像一些人说的，东方是国家比社会强，国家把社会压倒、压垮了？在经过慎重思考之后，他感觉到其实情况并非如此。他指出：西方的社会概念也是后来才有的。主要是法国大革命时期，资产阶级以第三等级的名义，以社会的名义，反对暴政，反对国家，这样才把社会的思考、社会的概念引发出来，以后逐渐形成社会学、社会史等学科。我们对中国历史的研究由于缺乏这样的发展阶段，所以也就没有这方面的概括和研究。前辈学人如陶希圣、瞿同祖、何炳棣、张仲礼等学习西方的理论与方法，用来研究中国的社会史，做出许多可贵的成绩，但还没有形成比较完整的体系性的结论，即使有，也处于比较初始的阶段。经过这样的思考，马先生的中西封建社会的比较研究又继续下去。特别是20世纪80年代他遇到研究中国史的专家姜伯勤教授，受到很大启发和帮助。姜伯勤在中国社会经济史方面做了许多综合性的工作，启发了马先生，使他有勇气把中外历史比较研究继续进行下去。从马先生《论地主经济》的论文中，就可以看出他是如何利用姜先生的成果的。

马克垚是从全球的整体的角度来考察世界历史问题的。他对历史比较方法的运用就是从全球史观的理念出发来思考历史问题的手段。他在研究世界中世纪史的时候，往往是把中国的封建社会作为一个参照系来认识西欧的封建社会；在谈到中国有没有封建社会的时候，又建议中国学者以西欧的历史作为参照反观中国当时的社会应该是什么社会。2004 年，法国年鉴派大师布洛赫的《封建社会》译成中文出版，马先生撰写相关文章，大谈中国有没有封建社会的问题，希望研究中国历史的学者读一读这本书。马克垚认为："西方历史学家虽然视封建为一种政治、法律体系，可是也得承认还有广义的封建主义，而这是和土地制度、农民生产、社会生活联系在一起的。布洛赫虽然不是马克思主义者，可是也使用'封建社会'一词。无论你对历史发展阶段采取什么分法：三分法，五分法，还是传统—现代两分法，都得承认在工业社会以前的相当长的一段时间内（上溯多远，涉及是否有奴隶社会的问题，暂不讨论），在亚欧大陆上的主要国家和地区，其社会结构基本上是相同的。"针对国内有些史学家主张放弃"封建社会"的概念，他明确指出："近代以来，我们从西方史学、马克思主义史学接受了封建社会的概念，现在可以说已是约定俗成，社会上也时常拿封建来形容落后的过时的东西，为什么要放弃它呢。"[1]他强调，使用封建社会的概念，主要还是它显示了历史发展的规律性，承认历史发展是一种有规律的序列。当然，承认历史发展的规律性，并不意味着否认历史的独特性，而历史研究正是要研究这种独特性。

以上这些思想，体现了马克垚的全球视野下的历史比较观，值得我们认真研究、认真思考。本文只是进行了一个粗线条的回顾，还有很多问题值得进一步的探讨。总之，我们在研究当前中外学术界都十分重视的历史比较研究的时候，既要重视国外学者在这方面的成就，以便对我们有所借鉴；同时更应该重视和总结近 20 多年来中国学者所做的深入思考和所进行的宝贵探索，这对于推进 21 世纪的中国史学研究是很有益处的。

（原载于《安徽师范大学学报（人文社会科学版）》2006 年第 1 期，收入本书有改动）

---

[1] 马克垚：《中国有没有封建社会》，《史学理论研究》，2004 年第 4 期。

新时期我国非洲问题研究的一位领军者

——陆庭恩教授的非洲研究之路

　　摘要：20世纪60年代，在非洲民族解放运动的高潮中，陆庭恩在北京大学杨人楩教授引领下投入了非洲史的教学和科研工作。改革开放新时期，他充分发挥自身优势，在非洲史和非洲问题的研究中奋力开拓，特别是在殖民主义与非洲、非洲的政党制度和政治发展、非洲的经济发展等方面的研究中做出了突出成绩。他带领北京大学非洲研究中心的团队在扩大和深化非洲问题的研究中做了大量工作，为国家有关部门开展对非洲的工作提供了有力的咨询服务。陆庭恩为我国的非洲研究工作做出的重要贡献，为今天非洲研究的新发展奠定了基础。

　　关键词：陆庭恩；非洲史；殖民主义；政党制度；政治发展；经济发展

　　长期以来，在中国学者的历史研究中，世界历史的研究相对薄弱，而在世界历史的研究中，非洲史的研究就更加落后。为改变这种状况，一批学者披荆斩棘、克服困难、辛勤耕耘，在改革开放后几十年的时间里，在非洲史和诸多非洲问题的研究中填补了空白，并积累了丰富的研究成果。陆庭恩教授就是其中一位重要的承前启后的学者。

一、投入非洲史的教学与研究

　　第二次世界大战以后，亚非各国的民族独立运动高涨，1955年万隆亚非会议的召开进一步推动了运动的发展。1958年，北京大学历史系为适应这一形势，决定建立非洲史学科，以加强对非洲历史的研究。历史系动员精通法语的杨人楩先生从事非洲史的教学与研究。杨先生看上了1960年毕业留校、生活简朴、学习刻苦的陆庭恩，让他当自己的助手，一起搞非洲史的教学。从此陆庭恩便与非洲结下了不解之缘。

　　杨人楩(1903—1973年)，湖南醴陵人，是我国著名的法国大革命史研究

学者和非洲史研究的开拓者。1926 年毕业于北京师范大学英语系，1934 年赴
英国牛津大学奥里尔学院研究法国大革命史。1946 年起，在北京大学历史系
任教，从事法国革命史的教学与研究。1958 年，北京大学历史系建立亚非史
教研室后，杨先生开始投入非洲史研究。1962—1963 年，在我国第一次开出
了非洲通史课程，1965 年编写出《非洲史纲要》初稿。"文革"开始后，杨先生
的工作被打断，甚至连编写好的书稿也散失殆尽。1971—1973 年，他抱病增
补和修改书稿，直至去世。杨先生去世后，经弟子们对初稿进行了整理补充
的《非洲通史简编》是中国学者撰写的第一部非洲通史，成为各高校非洲史教
材。这部著作吸收了当代西方学者的研究成果，也尊重非洲学者的观点，对
非洲的历史做了综合的叙述和分析，特别是对奴隶贸易、中非文化交流、西
非古国的社会性质、伊斯兰教在非洲的传播、南部非洲的津巴布韦的古代文
明等问题都有重点的叙述。陆庭恩当年就参与了杨先生的非洲史课程体系的
建设工作，并且直接从事了非洲史的教学工作。"文化大革命"前的几年工作，
使他在非洲史的教学和科研中打下了初步的基础。

　　陆庭恩研究非洲史的一个重点是非洲的奴隶贸易。为此，他撰写了《关于
殖民主义者贩卖黑人的若干史实》一文，发表于《学术月刊》1964 年第 6 期。这
篇文章他主要谈了四个问题：第一，阐述了黑人贩卖与近代资本主义发展的
关系。文章通过大量事实说明，从 16 世纪到 19 世纪末，至少有 1500 万非洲
人被当作奴隶运往美洲。18 世纪时，奴隶贸易成为世界最大的商业贸易之一。
欧洲列强在奴隶贸易中取得的大量资金为工业革命提供了条件。因此，黑人
贩卖以及在此基础上建立的黑人奴隶制是近代资本主义发展中的一个重要因
素，是资本主义工业发生和发展的基础。第二，重点揭示了黑人贩卖、黑人
奴隶制与美国资本主义的发展。美国资本主义的发展比老牌资本主义国家英、
法、葡等要晚一些，而后起的奴隶贩子们在黑人贩卖中表现特别凶狠、残暴。
后来，很多垄断资本家的发家史是与当年的黑人贩卖和黑人奴隶制分不开的。
第三，讲述了黑人贩卖是如何进行的。文章回顾了从 15 世纪葡萄牙人开始掠
卖黑人奴隶以后，荷兰、英国、法国等如何参与进来，奴隶贸易如何受到政
府的支持、鼓励，如何建立贩卖奴隶的垄断公司，以及天主教会如何为奴隶
贩卖服务等。第四，论述黑人贩卖给非洲社会经济发展带来的影响。文章说
明欧美殖民主义者在非洲贩卖奴隶历时 450 多年，贩往美洲的奴隶有三分之
二是从西非海岸运出的。有学者认为，欧美的奴隶贩卖使非洲人口损失 7500
万。在全世界的人口总数中，非洲人口所占比例大为减少。贩奴加强了非洲

部落酋长的权势，巩固了原来的社会关系；贩奴也加剧了部落间的矛盾和战争，给非洲社会经济的发展带来严重的后果。陆庭恩在文章中指出："殖民主义者指责非洲落后，事实上，这是由欧洲殖民主义者一手造成的，'黑奴'贸易是欧美殖民主义者对非洲人民犯下的第一个罪孽。"[①]欧洲和美国的先进，正是以非洲的落后为基础的。

毛泽东主席在 1963 年 8 月 8 日发表了《呼吁世界人民联合起来反对美国帝国主义的种族歧视、支持美国黑人反对种族歧视的斗争的声明》，陆庭恩的文章紧密配合了当时的国际形势。他的文章具体揭露了殖民主义者贩卖黑人的史实，运用了国内外学者的有关研究成果，资料丰富，内容简明，表明了这位刚刚开始从事非洲研究的青年学者在科研上的能力。

二、对殖民主义与非洲的研究

粉碎"四人帮"以后，陆庭恩多年来蓄积的对非洲研究的热情开始释放出来。

1973 年，杨人楩先生去世，陆庭恩等弟子们深刻地感受到自己身上的责任，他们要把杨先生开创的非洲史研究事业继续向前推进。为了适应各高校非洲史教学的需要，他们开始通力合作编写非洲史的教材。杨先生生前编写的《非洲史纲要》初稿，需要进一步修改和补充，在陆庭恩等弟子的努力下，该初稿完成了教材的增补，改名为《非洲通史简编（从远古到 1918 年）》，1984年出版，适应了各高校非洲史教学的需要。

改革开放以后，中国的非洲史研究学者期盼编著一部中国人自己的多卷本《非洲通史》。1984 年，在北京召开的西亚非洲史研讨会上确立了这个目标，成立了由 20 余个高校和科研单位的学者参加的项目组，由艾周昌、陆庭恩等担任主编。这部三卷本的《非洲通史》的时间跨度从史前到 1980 年代。这部通史的现代卷，陆庭恩担任主编并参与了撰写。此外，为适应非洲史教学的需要，陆庭恩、艾周昌合撰的一部新的教材《非洲史教程》也在 1990 年由华东师范大学出版社出版。

陆庭恩这时的最大愿望是深化对非洲历史的研究。在改革开放的环境下，要尽快地在非洲史的研究上做出成果。1978 年，他就在刚刚复刊不久的《历史

---

① 陆庭恩：《关于殖民主义者贩卖黑人的若干史实》，《学术月刊》，1964 年第 6 期。

研究》上发表了一篇文章，题目是《罗得西亚种族主义是怎样产生的？》。

津巴布韦这个非洲南部的内陆国家，在 1980 年独立建国之前称为罗得西亚。陆庭恩此文发表时正值津巴布韦人民反对白人种族主义政权的斗争高涨的时期。他的文章回顾了从 1890 年第一批白人移民到达这个地区以来，是如何一步步在这个地区实行种族主义统治的。英国女王授权英国的南非公司在这里进行殖民和统治，公司在这里拥有大量土地，拥有立法、行政、治安、经营工商业，甚至分配土地的权力，并积极鼓励白人向这里移民，产生了种族主义政权，种族歧视和种族压迫日甚一日。陆庭恩在文章中指出："罗得西亚种族主义的产生有深刻的政治、经济和历史根源。要消除种族歧视和种族压迫，就必须推翻白人种族主义政权，彻底摧毁殖民剥削制度，这是罗得西亚非洲人民翻身求解放的必由之路。"[①]

这篇文章发表以后，陆庭恩更积极地投入了对非洲的殖民主义的研究：从微观到宏观，从研究个别历史人物、历史事件到对整个现代非洲史的研究，提出了整体性的思考。20 世纪 80 年代，陆庭恩在这方面投入了大量精力，成果有：对于非洲人民反殖民主义斗争的有关具体问题的研究，包括《评穆罕默德·阿里的改革》(1979 年)、《肯尼亚"茅茅"起义的原因》(1981 年)、《评戴维·利文斯敦》(1981 年)、《试析南非"黑人家园"特兰斯凯"独立"的原因》(1984 年)、《15—16 世纪葡萄牙殖民者侵略非洲的动因》(1984 年)、《近代阿尔及利亚人民反抗法国殖民主义的斗争》(1985 年)、《试析 30 年代埃塞俄比亚的抗意战争》(1985 年)、《20 年代南非工人运动的兴起》(1987 年)、《南非黑人争取民主和平等权利的斗争》(1989 年)等；涉及整个非洲殖民主义问题的研究有《19 世纪末帝国主义瓜分非洲的狂潮》(1981 年)、《关于非洲民族运动史研究中的几个问题》(1983 年)、《瓜分非洲的柏林会议与非洲人民的灾难》(1985 年)、《第一次世界大战对非洲的影响》(1985 年)等。汇总这一时期对非洲研究的重要成果，就是 1987 年北京大学出版社出版的《非洲与帝国主义(1914—1939)》一书。

陆庭恩最早研究的一个非洲人民反对殖民主义斗争的个案是 1952 年在肯尼亚爆发的"茅茅"起义。这是二战后在英属非洲殖民地发生的一次规模最大、持续时间最久的起义，沉重地打击了英国在肯尼亚的殖民势力。但是，有些西方学者却把这场起义说成是愚昧的非洲人挑动的狂热运动。他在文章中回

---

① 陆庭恩：《罗得西亚种族主义是怎样产生的？》，《历史研究》，1978 年第 11 期。

顾了英国殖民者对肯尼亚殖民统治的历史，分析了起义爆发的深刻的经济、政治和历史根源，认为"它是由于五十多年来英国的残酷掠夺和奴役，促使民族矛盾不断尖锐化而产生的必然结果"①。起义没有使肯尼亚陷于"黑暗、野蛮的状态"，肯尼亚人民坚持长期斗争，终于在 1963 年赢得民族独立。

1935 年 10 月 3 日，埃塞俄比亚爆发了反意大利法西斯侵略的战争。这场战争延续了 6 年多的时间，最终以意大利法西斯彻底失败而告终。这是非洲最早取得胜利的地区战争。那么这场战争究竟是怎样爆发的？弱小国家埃塞俄比亚为什么能够打败法西斯强国意大利？陆庭恩认为这是非常值得研究的问题。1985 年，他撰写了《试析 30 年代埃塞俄比亚的抗意战争》一文，对此问题提出自己的见解。他认为，这次战争是意大利帝国主义和埃塞俄比亚之间侵略和反侵略斗争的继续，吞并埃塞俄比亚是意大利法西斯海外殖民扩张的重要步骤；同时，英、法控制的国际联盟的退让、纵容政策也助长了法西斯的气焰。他在文章中指出，埃塞俄比亚抗意战争是在十分艰难的条件下进行的。双方的武器装备，意军占压倒优势；军队的组织和训练，意方也占有优势；意军采取极其残酷的手段大肆屠杀埃塞俄比亚军民。因此，在战争的前期，埃塞俄比亚遭受了惨重损失。但是，埃塞俄比亚人民上下团结，抗战情绪高昂，世界革命人民和国际舆论也站在埃塞俄比亚一边，特别是"在广大群众高昂斗志的基础上，坚持开展游击战争，不断消耗敌人，壮大自己力量，在有利的国际条件配合下夺取胜利"②，是其战胜法西斯的重要原因。

研究非洲问题，必须对影响非洲历史和社会发展起重要作用的一些关键问题进行深入研究。1884 年 11 月开始召开的有 15 个国家参加的分割非洲的柏林国际会议，就是对非洲历史影响深远的一次国际会议。陆庭恩于 1985 年发表的《瓜分非洲的柏林会议与非洲人民的苦难》一文，论述了这次会议的召开在非洲近代史上的重大影响。西方一些学者的著作，把柏林会议后列强在非洲建立殖民地说成非洲大陆"新纪元的开始"，非洲人民"享受到比过去更多的和平、健康和财富"。而实际上，会议签署的一系列协定，是列强背着非洲人民达成的瓜分非洲领土的罪恶协定，之后列强掀起了分割非洲领土的狂潮。到 1912 年为止，他们已经占领了非洲 96% 的土地，非洲遭到空前浩劫。他认为："柏林会议给非洲人民带来的严重危害是长期存在着的。至今，非洲国家

---

① 陆庭恩：《肯尼亚"茅茅"起义的原因》，《史学月刊》，1981 年第 2 期。
② 陆庭恩：《试析 30 年代埃塞俄比亚的抗意战争》，《西亚非洲》，1985 年第 6 期。

取得独立后，这些仍然时时影响着它们。"①

在殖民主义与非洲的研究中，两次世界大战与非洲的关系问题是个非常重要的问题，但是国内外的学术界对这方面的研究还比较薄弱，特别是探讨战争对整个非洲的影响要有整体的视角、掌握更多的资料，难度较大。20 世纪 80 年代，陆庭恩就开始了这方面的探讨。1985 年他发表的《第一次世界大战对非洲的影响》一文，就是研究的重要成果。陆庭恩指出："就非洲来说，一次大战的爆发标志着从 19 世纪 70 年代开始的西方列强竞相分割非洲领土的斗争基本结束，重新瓜分殖民地的掠夺战开始了。"②大战期间，帝国主义列强急需补充日益增长的资源消耗，非洲成为宗主国的原料和粮食供应的基地。非洲绝大多数殖民地的经济被帝国主义列强纳入"战时生产"的轨道，得到了一定的发展，对宗主国的依附也紧密了，非洲广大地区前资本主义的自给自足经济结构迅速瓦解。战争使帝国主义与各族人民的矛盾日益尖锐化，非洲人民的生活普遍恶化，非洲社会结构和阶级关系变动，促进了非洲人民民族意识的觉醒。在第一次世界大战的影响下，非洲人民的反帝斗争空前高涨，出现多种形式的斗争，如民族起义和革命战争、城市农村的斗争、宗教运动等。战争使非洲的无产阶级作为一支独立的力量登上民族斗争的舞台；战争还使民族主义政党和组织纷纷建立，对民族解放运动的发展产生越来越大的影响。陆庭恩认为，随着时间的推移，越来越显示出这种影响的深刻性。战争促使非洲殖民化进一步加深，战争也把非洲人民推上了世界历史舞台。

在 20 世纪 80 年代的非洲问题研究中，陆庭恩不仅注意研究有关殖民主义与非洲关系的具体历史史实，也注意有关非洲史研究中的理论问题。他 1983 年发表的《关于非洲民族独立运动史研究中的几个问题》一文就是一篇代表作。文章谈到下列问题：第一是如何看待非洲国家民族解放运动发展的迟缓。非洲最早遭受西方殖民主义的侵略，但其民族解放运动的产生和发展却落后于拉丁美洲和亚洲。这是由于几个世纪以来，西方殖民主义在非洲实行超经济的残酷奴役和掠夺，主要表现是奴隶贸易，造成严重后果。它们落后、野蛮的掠夺给非洲造成灭绝人性的摧残和毁灭，它们倾注全力分割非洲领土，非洲本地资本主义发展十分有限，并且非洲依然保留着落后的酋长制度。第二是非洲民族独立运动的领导权问题。他认为，非洲民族独立运动的领导权

---

① 陆庭恩：《瓜分非洲的柏林会议与非洲人民的苦难》，《西亚非洲》，1985 年第 2 期。

② 陆庭恩：《第一次世界大战对非洲的影响》，《北京大学学报》，1985 年第 1 期。

一概用"资产阶级领导"是难以概括的，总称为"民族主义者领导"为好。第三是如何评述"非洲社会主义"问题。他认为："非洲当前的革命仍然是民族民主革命性质的。尽管国家取得了独立，但是民族民主革命的任务还远没有完成，向社会主义过渡的内部条件还不具备。"①陆庭恩的这些见解，在澄清人们对于非洲史研究中的一些模糊的认识方面是有重要的引导意义的。

20 世纪 90 年代以后，陆庭恩对非洲问题研究的侧重点有所改变，但是对于殖民主义与非洲问题的关注仍然在延续，并且更多地从整体上关注殖民主义对整个非洲发展的长远影响，《非洲国家的殖民主义历史遗留》就是这样的文章。陆庭恩在文章中首先指出，与亚洲、拉丁美洲相比，殖民主义在非洲的存在具有久远性和特殊重要性的特征。非洲非殖民化的历程，也说明非洲民族独立运动的发展具有迟缓性和不彻底性的特点。因此，西方殖民者给独立后的非洲国家带来的历史遗留也更多、更严重。这些历史遗留在政治上表现为不断发生民族纠纷和边界冲突；引起非洲国家之间的争端，发展为武装冲突，有的发展成大规模的边界战争。非洲国家独立后承袭了殖民时期建立的行政管理组织和立法制度，但因缺乏内部凝聚力，造成一些国家动乱不已，军事政变盛行。这些历史遗留在经济方面的影响是，殖民时期形成的经济畸形发展成为独立后的非洲国家发展民族经济的一大障碍，如何改变殖民地时期形成的片面发展一两种供出口的农业经济作物或矿产品的状态，仍然是严峻的问题。他指出："在殖民地时期，非洲社会发生了畸变，非洲国家独立后因惯性继续循势发展，要改变现状是各国面临的重大难题。"他说："殖民主义给非洲国家造成的历史遗留是客观存在着的，也是很严重的，但也不是不可改变的。非洲国家和人民通过制定和实施符合本国国情的发展战略和政策，通过艰苦劳动、自强不息，是可以改变现状，建设好一个新的繁荣富强的国家的。"②

三、对非洲政党制度的研究

20 世纪 90 年代以后，陆庭恩对非洲问题的研究方向转移到对非洲国家独立后的政党制度和政治发展的研究，发表了一系列重要文章，如《非洲国家一

---

① 陆庭恩：《关于非洲民族独立运动史研究中的几个问题》，《非洲历史研究》，1983 年第 2 期。
② 陆庭恩：《非洲国家的殖民主义历史遗留》，《国际政治研究》，2002 年第 1 期。

党制原因剖析》(1988 年)、《二次大战前的非洲民族主义政党和组织》(1992
年)、《第二次世界大战后初期的非洲民族主义政党和组织》(1993 年)、《有关
英属西非国民大会的几个问题》(1993 年)、《略论非洲民主联盟》(1994 年)、
《非洲国家政党制度史论纲》(1994 年)、《非洲国家政党制度演变述评》(1994
年)、《西方国家的多党制不适合非洲》(1995 年)、《试论非洲社会党联盟成立
的原因》(1995 年)、《非洲国家政党制度多样性浅析》(1995 年)、《略论两次大
战之间的埃及政党制度》(1996 年)、《非洲国家独立后的政治发展述论》(2002
年)、《"9·11"事件后的美国与非洲》(2002 年)、《非洲国家政治发展问题的一
些看法》(2004 年)等。汇集这方面问题研究的成果的著作是《非洲民族主义政
党和政党制度》(合著,华东师范大学出版社 1997 年出版)。

　　非洲国家的政治制度和政党制度是非洲研究中的新问题,当时关注的学
者还比较少。陆庭恩在这个课题上也进行了多年的辛苦耕耘、深入思考,获
得了发言权,得出了与西方学者不同的一些认识。他对政党组织和非洲政治
制度的研究是循着历史发展的脉络逐步进行的。

　　《二次大战前的非洲民族主义政党和组织》一文,回顾了非洲最早的民族
主义政党的产生。在 19 世纪末 20 世纪初,个别国家出现了民族主义政党和
组织,如埃及的祖国党是 1879 年建立的非洲历史上第一个民族主义政党;南
非也比较早地出现了民族主义组织;英属西非殖民地、法属北非殖民地也产
生了最早的民族主义组织。20 世纪的 20—30 年代,非洲 31 个殖民地先后产
生 90 多个民族主义政党和组织,引导人民开展反帝斗争。从大多数国家的情
况来看,这些组织尚处于最初级形态,缺乏良好的组织和明确的斗争纲领。
但"这是非洲人民采取现代斗争的组织形式,反对外来奴役争取自由的开端。
这个时期的斗争,为二次大战结束后,非洲民族独立运动的蓬勃发展在政治
上、思想上和干部的培养方面打下了基础"[①]。

　　紧接着,陆庭恩又把视角转移到二战以后。《第二次世界大战后初期的非
洲民族主义政党和组织》可以说是上文的续篇。文中说:战后的第一个十年,
非洲民族主义政党和组织获得迅猛发展,这主要是二次大战对非洲的影响和
泛非主义运动的发展的结果。他列举了很多国家的政党组织的情况,说明战
后初期成长起来的非洲民族主义政党和组织,与战前相比有了明显的进步。
他说:"二次大战后初期,非洲民族主义政党和组织在发动群众参与民族运

---

① 　陆庭恩:《二次大战前的非洲民族主义政党和组织》,《西亚非洲》,1992 年第 3 期。

动、加强组织发展力量、联合协调开展斗争等方面都有了较大的进步，从而增强了它们在反对殖民主义、争取民族独立斗争中的作用和领导地位，也为50年代中期以后非洲民族独立运动高潮的到来奠定了坚实的基础。"①

在研究非洲政党组织的过程中，陆庭恩进行了个案的分析，如对英属西非国民大会、两次大战之间的埃及政党、法属西非和法属赤道非洲殖民地的非洲民主联盟等，具体研究了这些组织对于推动非洲民族独立斗争所起的作用。例如，非洲民主联盟成立于1946年10月，它是法属西非和法属赤道非洲的一些殖民地，如塞内加尔、几内亚、马里、毛里塔尼亚、象牙海岸、尼日尔、达荷美等地的群众性政党，1949年联盟成员达到100万人以上。它是一个跨殖民地广大人民群众参加的反帝统一战线的组织；它是有较严密组织的政党，在每一个殖民地内建立一个属于非洲民主联盟的政党；联盟把争取民族解放的奋斗目标同维护非洲各阶层居民的当前利益的斗争结合起来，有利于民族解放斗争的展开。1959年，联盟要求各支部根据自己国家的情况把民族解放运动进行到底。1960年，象牙海岸、喀麦隆、塞内加尔、多哥等相继获得独立，非洲民主联盟已经不再存在。"非洲民主联盟活跃在法属非洲殖民地政治舞台上达13年之久，它所起过的巨大作用永远记录在非洲历史的荣誉榜上。"②

20世纪90年代，陆庭恩对非洲研究的重点课题是非洲政党制度。他对非洲各个国家政党的情况、整个非洲国家政党制度的发展趋势、各种政党制度对非洲国家社会发展的影响等问题都有深入的研究，并且善于提出自己独到的见解，对我国的非洲问题研究起到了很大的推动作用。

例如，在《非洲国家政党制度史论纲》一文中，他认为非洲国家的政党大体可以分为三种类型：大量的民族主义政党（包括为数不多的民主社会主义政党）、一些宣布以马列主义武装的政党和少量在欧洲或亚洲移民中建立的政党。但"非洲民族主义政党不但数量很多，而且还是非洲国家最主要的政党。它们是随着非洲民族独立运动的发展和独立后非洲国家社会、政治的变动而不断涌现出来的。"③这些政党的建立是当地有识之士民族意识觉醒，不愿忍受殖民主义的奴役和掠夺，团结奋起，抗击外来势力，夺取本国权益的结果。

① 陆庭恩：《第二次世界大战后初期的非洲民族主义政党和组织》，载北京大学亚非研究所编《亚非研究（第3辑）》，北京大学出版社，1993年版。
② 陆庭恩：《略论非洲民主联盟》，《北京大学学报》，1994年第5期。
③ 陆庭恩：《非洲国家政党制度史论纲》，《非洲历史研究》，1994年第2期。

非洲民族主义政党把自己的组织说成是全国人民利益的代表，是"全民性的党""群众党"。它们不是代表某个阶级、阶层或集团的意志和利益，而是一种反帝民族统一阵线式的政党。

在《非洲国家政党制度演变述评》一文中，陆庭恩从历史发展的角度阐述了绝大多数非洲国家在 20 世纪 50 年代取得独立后政党制度演变的过程。首先，非洲国家独立初期，纷纷照搬西方宗主国的政治体制进行政党建设，实行英国的议会内阁制或法国的总统共和制，一般都实行多党民主制。但实行以后，很多国家实行的多党制都遭受到严重挫折。因为上台执政的政党只是维护它所代表的民族、地区或宗教集团的利益，排斥、打击，甚至迫害异己。它们的经济发展计划严重脱离本国实际，所以经济每况愈下、困难重重。因此，从 60 年代中期起，经常发生军事政变，推翻现政府，取缔一切政党。有的执政党实行一党统治，取缔其他一切反对党。70 年代时，实行一党制的非洲国家越来越多，到 1988 年已有 37 个国家实行一党制。一党制在初期起过不小的积极作用，保证了国家政局的稳定，为经济建设创造了良好条件。20世纪 80 年代末，国际形势发生巨变，特别是苏联解体后，世界资本主义力量占据压倒性优势，一党制遭受西方多党民主浪潮的猛烈冲击，社会矛盾激化，社会、政治动荡，几年的时间里，很多国家完成向多党制转变。许多国家政府相继倒台，反对派上台执政，多党制代替一党制成为发展趋势。这些年，非洲国家发生的变化堪忧，独立时第一代领导人所取得的微弱成就已经荡然无存。陆庭恩分析道："为了迎合国际形势一时的变化，屈服于西方国家的强大压力，不顾本国实际情况，生搬硬套西方国家的政党制度，其后果是十分严重的。1989 年末以来非洲国家的形势发生着灾难性的变化就是明证。"[1]

进入 21 世纪以后，陆庭恩的非洲研究从政党制度的研究扩展到对非洲政治发展的研究。《非洲国家独立后的政治发展述论》(2002 年)、《对非洲国家政治发展问题的一些看法》(2004 年)等文章概述了他对非洲政治发展的一些见解。他认为，非洲大多数国家独立后的政治发展是与政党制度联系在一起的。大体可以分为三个阶段：第一个阶段是独立初期的 20 世纪 60 年代。由于非洲国家独立的进程、方式和时间不同，形成几种类型的国家。但是，其共同点是对西方国家的制宪理论有较大的兴趣，一般都仿照英、法、美的制度。

---

[1] 陆庭恩：《非洲国家政党制度演变述评》，载北京大学亚非研究所编《亚非研究(第 4 辑)》，北京大学出版社，1994 年版。

但非洲的政党都是以民族为基础的，在全国范围内缺乏威信和号召力，从而加剧民族间的对立，造成全国分裂局面。第二个阶段是 20 世纪 70—80 年代中期。许多非洲国家的政治体制从 60 年代的分权制向集权制过渡，权威主义政权出现是显著现象。一党制政权对缓和国内民族、地区之间的矛盾与冲突，发挥了积极作用。但是，这一时期军事政变成风，几乎成了改朝换代的方式。而依仗暴力维持的政府缺乏治国理财的本领和经验，政府的脆弱性和临时性很突出。第三个阶段是 20 世纪 80 年代后期和 90 年代。这是非洲国家政治体制和政党制度在较短时期发生急剧变动的阶段。模仿西方国家"多党制"的浪潮猛烈冲击着非洲大陆，一个小国就会出现十几个、上百个政党。由于反对党的作用，非洲国家迅速爆发政治斗争，执政党和反对党展开夺权与反夺权的斗争，政权更迭迅速，一些有很高权威的领导人被赶下台。非洲历时多年的"多党制"浪潮，造成非洲许多国家发生自独立以来尚未有过的大动乱、大倒退，付出沉重的代价。许多非洲政治家认识到，政治制度必须适合国情，并要不断加以完善，以适应不断变化的形势和总的战略要求。目前，非洲国家多党政治体制已经初步形成，但是这种多党民主还处于试验阶段，究竟哪一种政治模式和发展道路更适合非洲国家的国情，还需要进行长期的探索。

陆庭恩对于非洲国家政治发展的走向提出了自己的见解，他认为：无论是一党主导、多党参政制，还是一党执政、多党议会制，虽然还不完善，且处于试验阶段，但都保持着过去实行过的集权制的成分。"非洲许多国家在独立后的相当长的时期里，政党仍是以民族为单位组成的。事实已经证明，非洲不少国家盲目推行西方式的政党政治不但不具备条件，而且极为有害。"[①]他的这个认识，不能不说是十分尖锐的。

四、非洲问题研究的领军者

鉴于陆庭恩教授在非洲史研究方面的杰出成就，1989 年他担任中国非洲史研究会会长一职，2001 年以后任名誉会长。在 20 世纪 90 年代末以后，陆庭恩对非洲的研究突破了非洲史的领域，更重要的任务落在他的肩上。1996年，北京大学历史系的亚非研究所并入国际关系学院。1998 年，为了协调和组织全校的非洲研究，北京大学成立了综合性和跨学科、跨院系（所）的非洲

---

① 陆庭恩：《对非洲国家政治发展问题的一些看法》，《西亚非洲》，2004 年第 3 期。

研究机构——北京大学非洲研究中心。它是在北京大学亚非研究所的基础上成立的,是中国第一个研究非洲问题的高校中心。该中心的主要任务是协调和组织全校的非洲研究,举办报告会、讨论会和讲座,协助培养硕士生和博士生,接受来自校内外的咨询和人才培训任务,组织和推进国内外各种学术交流。中心的研究人员分散在各个院系,包括阿拉伯语系、亚非学院、考古学系、国际关系学院和历史系等,陆庭恩教授受命担任中心的主任。他的工作任务更加繁重了,除了大量的组织工作外,还要适应中心工作的需要,进行更加广泛的课题研究。

非洲经济发展问题是非洲研究中十分重要的问题,过去我国学者在这方面的研究投入不够。陆庭恩在重点研究殖民主义与非洲的问题时,就曾经撰写过《两次大战之间帝国主义如何掠夺非洲》(1980 年)的文章,此后对非洲经济问题关注较少。20 世纪 90 年代末他又开始注意这方面研究,连续撰写了《亚洲金融危机对非洲经济的影响》(1998 年)、《试论非洲国家独立后的经济发展》(2002 年)、《非洲亟需加强农业的基础地位》(2002 年)、《关于非洲农业的起源问题》(2003 年)、《经济全球化与非洲联盟》(2003 年)等重要文章,在很大程度上补充了过去研究的不足。此外,他还主编了《非洲农业发展简史》一书,2000 年由中国财政经济出版社出版,该书阐述了非洲大陆农业生产的起源、发展和现状,填补了我国学者在这方面研究中的空白。

中非关系问题也是陆庭恩十分关注的问题,特别是在改革开放以后我国加强对非洲援助的大背景下,研究中非关系问题凸显出特别的必要性。陆庭恩撰写了《16 世纪以前的中非关系》(1990 年)、《50 年代初期中国与非洲的关系》(1997 年)、《坦赞铁路的修建与中非友谊》(1997 年)、《亚非会议与中非关系的发展》(1998 年)、《中国的外交战略与中非关系的发展》(2000 年)、《中国与非洲国家首脑外交的范例——周恩来总理首次访问非洲》(2002 年)、《关于深入开展中非农业投资与合作的几点看法》(2003 年)等文章。这些文章无疑书写了当代中非关系史的新篇章。

从 1960 年开始投入非洲史教学、科研到 2006 年因病暂停工作,陆庭恩在非洲问题研究上辛勤工作 40 多年,特别是在我国改革开放的时期,为非洲研究做出了突出的贡献。他之所以能够取得这些成绩,究其原因大致有以下三个方面。

第一,对非洲人民的深厚感情。说到自己当年的选择,他曾回忆道:当时我进的是北大历史系世界史专业亚非史专门化①。通过听课，我了解到非洲是遭受西方殖民统治最早的地区。我对非洲的贫穷落后有深刻印象，觉得这是世界上最苦难深重的大陆。这种对非洲的特殊同情心可能与我的家庭出身有关。我的家庭比较贫困，我又是家中老大，一直靠人民助学金上的学。由于生活的贫苦，促使我对自己严格要求，自强不息，也造就了我对贫苦人民的同情心。② 正是有了这种信念，陆庭恩毅然决然地走上了研究非洲的道路，几十年来无怨无悔。

第二，学习非洲语言，深入非洲实际。长期以来，陆庭恩只能从文献上研究非洲，只能利用西方学者的著作研究非洲，没有对非洲的直接感受，始终让他感到是一件憾事。陆庭恩认为，虽然英、美等国家可以去交流，但作为一个非洲研究的学者，还是首先应该到非洲去。准备到非洲去，就要掌握语言。他已经熟练地掌握了英语、法语，但为了能够更好地与非洲人民交流，他决心学习斯瓦希里语，这是在非洲仅次于阿拉伯语的比较流行的语言。他到北京外国语学院找到了老师，学习了这种语言。

1988 年他有机会去尼日利亚的拉各斯大学进行为期一年的学术交流，这对他了解非洲是至关重要的一年。在拉各斯大学时，他也到喀麦隆、贝宁、尼日尔等几个国家走了一下，看到这些国家的发展状况，存在的困难和问题，殖民统治的遗留后果和现在的民族问题、边界问题及这些问题对它们发展的影响等。后来，陆庭恩又去过 6 次非洲，走访了有二三十个国家，一些主要的非洲国家，像埃及、南非、坦桑尼亚、突尼斯、埃塞俄比亚、肯尼亚、摩洛哥、尼日利亚、贝宁、喀麦隆、多哥、尼日尔、纳米比亚等，都去了。当时，他是国内学者到过非洲国家最多的一位。

第三，国家的需要是他研究非洲的最大动力。北京大学非洲研究中心和外交、教育部、商务部、中联部等单位保持着密切的联系，主要是接受这些单位的咨询和共同进行评估工作。例如，2000 年中非合作论坛部长级会议即将召开时，商务部为此委托北京大学非洲研究中心搞一个进一步开发非洲市场的咨询报告。中心立即组织了七八个人搞这个报告。这个报告后来对那次会议起了很好的作用。2003 年举行中非合作论坛第二次部长会议时，教育部委托北京大学非洲研究中心总结 50 多年来中非之间教育方面交流合作的成

---

① 专门化即专业。

② 邹兆辰：《为了史学的繁荣——对话当代历史学家》，首都师范大学出版社，2011 年版，第 68 页。

果，包括经验总结，也包括今后发展的建议。另外，中心也经常派人参加国家有关部门举办的研讨会，如外交部举办的非洲人才开发、农业投资方面的研讨会；商务部举办的对外投资研讨会等。这就使他们的研究工作能够为国家有关部门的决策服务。

在国家的外交工作中，也常常需要发挥这些专家的作用。20 世纪 70 年代，非洲的埃塞俄比亚和肯尼亚之间为边界问题发生了冲突。两国都是中国的友好国家，边界问题的起源是什么？中国政府应该如何表态？为此外交部咨询了陆庭恩教授。他还曾应邀给外交部官员上课，给他们讲非洲的历史，讲非洲的民族主义，讲非洲国家落后的原因等问题，受到外交部官员的欢迎。多年来，教育部非常重视专家组在对外工作中的作用，把北京大学非洲研究中心作为非洲问题专家组单位，组长就是陆庭恩。2003 年，68 岁的陆庭恩亲自去非洲的突尼斯、肯尼亚、喀麦隆、埃塞俄比亚四国，为的就是帮助教育部做援助项目的评估工作。

陆庭恩教授认为，研究非洲问题必须与现实问题结合起来，也必须同国家的需要结合起来，这样研究工作才有前途。他认为，史学如果与现实结合起来，与国家的需要、国家的利益结合起来，史学就不存在危机的问题，而且会感到大有搞头。这就是陆庭恩教授几十年来从事非洲研究的最深刻的感受，也是他坚持不懈地研究非洲问题的持久动力。

今天，病中的陆庭恩教授依然关心着中非关系的发展，继续搜集和保存相关资料。他的研究为后来者奠定了很好的基础，也为国家处理非洲问题提供了诸多有益的咨询。可喜的是研究非洲问题的新一代人才已经成长起来，形成了新的梯队。陆庭恩教授为非洲研究所做的辛勤工作和出色成绩，表明他不愧为这支队伍中的一位承上启下的重要领军者。

（原载于《淮阴师范学院学报(哲学社会科学版)》2019 年第 3 期，收入本书有改动）

探索克丽奥之路的中国眼光与中国风格

——张广智先生的西方史学史研究之路

摘要：改革开放 40 年来，中国的西方史学史学科建设取得了长足的进步，这是与张广智等一批学者持续不断并富有创造性的努力分不开的。张广智继承老一辈学者的未竟事业而主持编撰的《西方史学史》连续出版四版，成为国家级规划教材被各高校广泛使用。他主持编纂的《西方史学通史》是国内学者编写的第一部大型西方史学通史专著。他为各高校培养了一批高水平的西方史学史专门人才，他在史学理论、西方史学史以及西方马克思主义史学、中外史学交流方面论著颇丰。值得研究的是，在长期实践过程中，他以唯物史观为指导，形成了自己考察西方史学的"中国眼光"和论述西方史学的独特的个人风格，这是他对中国的西方史学史学科建设的特殊贡献。

关键词：张广智；西方史学史；中国眼光；中国风格

改革开放 40 年来，中国的史学理论与史学史专业建设取得了长足的发展。当年，它曾经是中国历史学中的一个十分薄弱的环节，尚且没有形成一个专门的学科，普通高等学校历史学专业连一本可用的正式教材都没有，专业人才奇缺，很少有高校历史系能够开设相关的课程。而今，史学理论与史学史专业成为中国历史学、世界历史学下的一个二级学科，不仅有了完整的教学体系，而且培养了一批高水平的专业人才，产生了一批高质量的学术成果。这与几十年来在这个领域中的开拓者们的艰辛努力是分不开的。几十年来，一心从事西方史学史教学与科研工作、如今已经 80 岁高龄的张广智教授就是其中的一位。

一、从垦荒者到收获者

耿淡如、张广智两代人对西方史学史学科的建设是从编撰中国大学历史系适用的西方史学史教材开始的。

（一）两代学人接续完成西方史学史教材的编撰

改革开放一开始，张广智接过先师的接力棒，独自奋战在西方史学史教学的第一线，他是垦荒者，也是播种者。

张广智，1939 年生，江苏海门人，1959 年考入复旦大学历史系。带领他步入西方史学史领域的恩师是耿淡如教授。耿淡如（1898—1975 年）也是江苏海门人，早年曾留学美国，归国后从事政治学的教学与写作。他在 20 世纪五六十年代转入历史学领域，是中国学界的世界中世纪史权威，也是中国的西方史学史学科建设的耕耘者与奠基者。1960 年代初，他在复旦大学历史系开出外国史学史课程，为西方史学史课程建设打下了基础。张广智 1964 年从复旦大学历史系毕业后，考上了耿淡如教授的研究生，是"文革"前国内唯一的一位西方史学史专业的研究生。1965 年耿淡如教授为本科生讲授外国史学史，张广智自然就成为耿先生的助教。在耿先生的指导下，他埋头阅读绍特威尔、汤普森、古奇等的史学史英文名著；同时又阅读了一些西方史家的原著，像兰克的名著《教皇史》的英译本就是这时读的。虽然"文革"之前他还没有走上西方史学史的讲台，但这些系统的阅读，为他日后从事教学与研究工作打下了很好的基础。

"文革"结束后，耿淡如教授已因病去世，张广智开始了西方史学史的教学工作。当时没有通用教材，每个高校教师都希望编写一部适用的教材，而张广智对此的期望则更高。因为耿淡如先生在 1961 年就受高教部委托主持编写《外国史学史》教材。为此还特别邀请吴于廑、齐思和、张芝联、郭圣铭等史学前辈参与此事，但此项工作因"文革"而被迫中断。改革开放后，教育部还曾委托张芝联、谭英华两位先生主持《西方史学史》部编教材的编写，张广智当时也是编写组成员，由于一些前辈逐一谢世，这项工作也没有完成。张广智深知编写一部贯通古今的西方史学史教材的难度，但前辈未竟的事业总在激励着他。凭着十几年阅读西方史学名著的积累，凭着他对西方史家诸多个案的研撰，他边教学边撰写，终于在 80 年代末拿出了自己的教材，这就是《克丽奥之路：历史长河中的西方史学》。此书一出，就受到读者的广泛关注和喜爱，激起了一些青年学子对西方史学史的兴趣，有的甚至选择了这门专业，日后成为张先生的弟子。①

---

① 张广智：《多做些垦荒者的工作》，载邹兆辰著《为了史学的繁荣——对话当代历史学家》，首都师范大学出版社，2011 年版，第 130 页。

20世纪90年代以后，张广智继续在编写西方史学史教材上下功夫。2000年，他主著的《西方史学史》教材正式出版。国家教委专家组同意把此书列入"高等教育面向21世纪课程教材"选题计划，后又获准成为"普通高等教育'十五'国家级规划教材"。从2000年初版后，继而在2004年又推出插图本新版，大约7年间，这两版重印9次，累计印数近5万册。该书荣获全国普通高等学校优秀教材一等奖，被教育部历史学科教学指导委员会定为推荐教材。

21世纪后，这本教材又被列入"普通高等教育'十一五'国家级规划教材"，于是张广智教授开始组织力量对这部教材进行修订。参与的修订者都是张先生自己培养的博士，他们已经成为当下西方史学史教学的重要力量。这次修订要把国内外学术界相关的学术成果吸纳到书中来，如新文化史等，同时尽量把西方史学史研究者的新成就、新思考介绍给读者。教材在古典希腊史学、近代初期的西方史学、19世纪的西方史学和后现代主义史学等问题上，都反映了该书执笔者近些年来潜心研究的新成果。教材中扩充了有关马克思主义史学的内容，特别是加大了对西方马克思主义史学的叙述力度，还增添了前两版涉及较少的中外史学交流的篇章。2010年，复旦大学出版社推出了《西方史学史》教材的第三版，对于2000年出版的第一版，该教材可谓"十年磨一剑"。教材出版后，《世界历史》《史学理论研究》等权威刊物发表了书评，专家们认为这部教材是迄今为止国内最为完备的一本西方史学史教材，是教材写作与学术研究进行完美结合的著作。[①]

2006年，《西方史学史》第三次入选教育部普通高等教育"十一五"国家级规划教材。在第三版中，编者们已经做出了很多新的修订，但距离那次修订又过去很多年，西方史学史的研究又有了很多新的进展，他们深感有继续修订的必要。张广智教授认为，前三版《西方史学史》教材之所以受到读者欢迎，自然有它的道理。但是，本书在初写时所拟定的宗旨是："编写出一部具有先进性、适应性和有鲜明特色的西方史学史教材"，以满足读者的学习需要和心理诉求。这是因为，"唯其'先进性'，才能引领潮流，指明方向，尤其为向往时尚、前卫的年轻读者们广泛接受；唯其'适应性'，才能找准主体，兼及其他，使之满足方方面面的需求；唯其'有特色'，才能区别良莠，分出优劣，从而在'群雄纷争'中胜出"[②]。为了贯彻上述宗旨，张广智和他的团队们继续

① 张耕华：《一部"经院式"的西方史学史》，《史学理论研究》，2000年第3期。
② 张广智主著：《西方史学史》（第四版），复旦大学出版社，2018年版，前言第2页。

开展了新版教材的修订工作。他们期望在立论、内容、结构、文字等方面修订增补，力求精益求精，使它不仅成为一本读者喜爱的西方史学史教材，也力求为有志于西方史学史研究的学者提供门径。新版的编者除了张广智教授主笔外，还有吴晓群、陈新、李勇、周兵、易兰、肖超。他们都是张广智教授的弟子，也大都是各高校西方史学史专业的学术骨干。有了他们的参与，教材的修订也就更能达到上述宗旨，第四版教材在 2018 年由复旦大学出版社出版。

(二)推出国内第一部西方史学通史

2000 年，张广智主著的第一版《西方史学史》出版以后，他就萌生了一个主持编撰一部多卷本的《西方史学通史》的计划。那时候，国内西方史学史的研究虽然取得了很大成绩，但还没有出版过一部大部头的西方史学的通史，他希望能以这部通史来反映新中国史学工作者 20 年来对西方史学史研究的最新学术成果。他希望能够组织力量，编写出一部材料丰赡、理念前瞻、博采众长、图文并茂的多卷本《西方史学通史》，能够"在求实中创新，欲成一家之言"，这是他与编写者们的共同愿望与学术追求。

张广智凭着这样一种信念，带着一批年轻人干了起来。他对团队进行了分工，由他本人亲自撰写第一卷，即"导论卷"；吴晓群撰写第二卷"古代时期"；赵立行撰写第三卷"中世时期"；李勇撰写第四卷"近代时期（上）"；易兰撰写第五卷"近代时期（下）"；周兵、张广智、张广勇共同撰写第六卷"现当代时期"。

张广智教授主编、复旦大学出版社出版的 6 卷本《西方史学通史》全部出齐后，2012 年 3 月复旦大学历史系和复旦大学出版社共同主办了新书发布会。到会者一致认为，6 卷本《西方史学通史》的出版，是中国史学理论和史学史学科学术发展中的一件值得庆贺的大事。8 年来，张广智教授带领团队，开拓创新、勤奋思索、笔耕不辍的这一目标终于实现了。《西方史学通史》的出版，获得了学术界高度的评价，这也是张广智教授 30 多年来在西方史学史领域奋力拼搏所获得的一项总结性的成果。

耿淡如教授 1961 年写了一篇题为《什么是史学史?》的文章，那时他正在准备编写《西方史学史》教材的工作，因此他主张"多做些垦荒者的工作"。他在文中指出："我们应不畏艰难，不辞劳苦，在这个领域内做些垦荒者的工作。比如垦荒，斩除芦荡，干涸沼泽，而后播种谷物；于是一片金色的草原将会呈现于我们的眼前！"①那时他确实是在垦荒，又经过他的手在播撒种子。几十年后，这片金色的草原已经呈现在我们面前。张广智教授既是垦荒者、播种者，也是收获者。几十年来，他通过自己的努力，既出了教材，也出了专著，更培养出大批优秀人才。这些成果表明：复旦大学历史系的西方史学史团队已经形成了自己的学术品格，推出了一批有代表性的学术成果，把中国的西方史学史教学与研究提高到了一个新的高度。

二、探索研究西方史学史的中国眼光

大凡一个学有所宗、学有所成而且成果丰厚的学者，在自己的学术实践过程中都会形成自己独有的学术理念，并在这种理念的支配下，不断进行新的学术探索。张广智教授是从事西方史学史教学和研究的学者，但他研究的目的不仅仅是宣传、介绍西方的史家、史著、史学潮流，而是站在中国学者的立场上，独立地观察、思考西方史学，有选择、有目的地介绍与评价西方史学的发展，从而为发展中国史学寻求借鉴。

(一)"西方史学，中国眼光"

张广智是通过他的恩师耿淡如教授的引领进入西方史学史领域的，自然受到耿淡如教授学术理念的深刻影响。耿淡如教授是20世纪20年代末到美国的哈佛大学研究政治历史、政治制度的学者，回国后在上海复旦大学、光华大学等高校讲授西洋通史、政治史、外交史、政治思想、政治学、国际公法等课程。到20世纪50年代，耿淡如教授从政治系转入历史系，致力于世界中世纪史的教学和研究生培养，成为国内世界中世纪史研究的学术权威。由于对西方历史的深切了解和熟练掌握多种外语，所以从20世纪60年代初起，他在西方史学史的领域进行新的开拓。他的这种学术背景决定了他对西方史学史的研究旨趣必然与单纯从编纂学或史料学的角度研究西方史学史的学者有所不同。这些，必然会影响到他本专业唯一的弟子张广智。

在耿淡如这一代中国学人的眼中，中国史家已经形成了有自己特点的治西方史学史的理念和方法论。在国外的史学史领域，对于史学史学科的性质有不同的见解。耿淡如教授认为，西方学者多是把史学史看成历史编纂学史。如英国著名历史学家古奇认为：史学史即历史编纂学，它是涉及那些为了教

---

① 耿淡如：《什么是史学史?》，《学术月刊》，1961年第10期。

导或训示作者的同时代人或后辈而编成的并具有或多或少文艺形式的历史事件的叙述。耿淡如教授认为，这意味着大多数英美学者是把史学史归结为历史编纂学史的，他们直接地使用历史编纂学来代替史学史这个名词，并按照这个框框来编写。对于西方史学发展史的研究，应该与探讨人类社会发展史的过程大体一致，应该能够反映出历史学自身的发展规律。在这个认识的基础上，他在实践中也形成了自己的方法论。张广智曾经对此进行过总结：历史研究务必求实、弄清概念的基本含义、熟读原著认真领悟原著精神、结合时代背景与社会特征来考察史学的发展、注意研究西方史学的新陈代谢、注意历史学家不同类型的分析、注意历史学家个人作风的分析、采用标本与模型研究的方法、介绍先于批判、习明那尔方法是一种培养历史学专业人才的有效方法等。① 毫无疑问，耿淡如教授研治西方史学史的这些理念，在潜移默化的交流过程中会对张广智产生深刻的影响。

由于生活时代和社会环境的不同，在新中国成立以后接受教育并逐渐成长起来的一代学人必然会有与老一代学人不同的思想理念和观察问题的方法。由于长期受到马克思主义理论的教育和个人的深入思考，张广智教授在对理论问题的重视和马克思主义理论的素养方面更具自己的特色。张广智在自己的著述中曾多次指出，中国的西方史学史研究是从李大钊开始的。因为李大钊在1920年时就在北京大学开设了"史学思想史"的课程，开始运用唯物史观来介绍和评价西方的诸多有代表性的史学家。张广智认为，李大钊对西方史学的了解与认识，是超越其同时代人的。从总体上看，李大钊的《史学思想史》可以说是我国的西方史学史研究中第一部较为完整的作品。他指出，李大钊对西方史学史的介绍与研究，侧重于历史观的考察。如他赞赏16世纪法国历史学家波丹的历史观，因为他比中世纪的神学史观有了巨大进步；他还赞赏18世纪西方史学中的理性主义历史观，认为其中包含着合理和正确的部分。张广智认为，李大钊对西方史学遗产采取了求真的精神是十分可取的：他主张介绍先于评论，如实介绍中包含了作者的取舍与中肯的评论，既不一概否定，也不全盘照搬，也就是说，对西方史学遗产要采取求实的态度，即马克思主义的历史唯物主义的态度。张广智还认为，李大钊对西方史学的研究并不是那种书斋式的研究，而是为中国新史学大厦奠基的全部工程的一个

---

① 张广智：《耿淡如与中国的西方史学史研究》，载张广智著《超越时空的对话》，北京师范大学出版社，2008年版，第456—467页。

组成部分。他指出：李大钊"为中国的西方史学史研究所作的描述、所开辟的研究途径以及他所奠立的研究原则，对于当代中国的西方史学史研究，都有一定的指导意义"①。

在从事西方史学史研究的同时，作为一个土生土长的中国学者，张广智还认真研究了中国的西方史学史之史，从包括那些曾经留学于日本、欧美的学者那里，介绍、评论西方史学发展成果的经验。如对 20 世纪二三十年代，把西方史学输入中国的何炳松、傅斯年；60 年代以后，对于西方史学输入中国做出过贡献的齐思和，在《世界通史》著作中反对欧洲中心论的周谷城，对于世界史学科体系的建设做出过重要贡献的吴于廑，对研究、介绍法国史学做出过重要贡献并主持过《西方史学史》教材编写的张芝联，对于撰写过《西方史学史概要》的郭圣铭；新时期对于西方史学的介绍做出过重要贡献的何兆武等学者，他都有所研究，从他们对于西方文化、西方史学的介绍和评论中寻求启发，并且酝酿自己独特的研究路径和论述方式。可以说，对于前辈学者所进行的中国的西方史学史之史的研究，对于形成他自己的研究西方史学的特殊眼光和个性风格起到了潜移默化的作用。

由于张广智教授在自己长期的学术实践中继承了中国学者看待和评价西方史学的优良传统，这种中国传统的文化基因逐渐在他那里形成了研究西方史学的特殊理念和特殊视角，这就是他的"西方史学，中国眼光"②。《西方史学通史》出版后，有的评论者认为张广智教授是以中国眼光来看待西方史学③，的确如此，张广智认为，中国学者研究西方史学虽有困难，但也有优势，那就是由于"不在此山中"，所以对观察的对象远远望去，看得比较真切、比较客观。张广智先生把自己对西方史学史的研究称为"超越时空的对话"，这里所指的"时"，就是从古至今的史学发展；这里所说的"空"，自然就是指中国与外国，主要是西方。他也把自己的著述称为"一位东方学者关于西方史学的思考"。总之，张广智教授研究和阐述西方史学发展史，不是西方学者研究西方史学史的简单翻版，他是站在中国学术理念的基本立场上，以马克思主义的历史观考察西方的史学，这就是一种"中国眼光"。具体来说，他是以"中国

① 张广智、张广勇：《现代西方史学》，复旦大学出版社，1996 年版，第 364 页。
② 张广智：《克丽奥的东方形象：中国学人的西方史学观》，复旦大学出版社，2013 年版，第 274 页。
③ 张广智、陈香：《中国人在西方史学史领域有了自己的话语权》，《中华读书报》，2012 年 4 月 4 日。

眼光"来选取观察西方史学的角度，以"中国眼光"选取对中国学术发展有所启迪的西方史学史的内容，以"中国眼光"对西方史学诸多成果的优劣短长给予评价。

（二）从文化的视角探究西方史学的发展

在张广智教授关于西方史学史的一系列论著中，最受读者青睐的是他关于文化视野中的西方史学的书。

《史学：文化中的文化——文化视野中的西方史学》是张广智、张广勇合著的介绍西方史学史的书，作为周谷城教授主编的《世界文化丛书》中的一种由浙江人民出版社于1990年出版。该书视角独特，立意新颖，从文化视角探究了西方史学的发展进程，与教科书模式的西方史学史有很大不同。此书一出，立即受到史学界同行和广大读者的关注。由于两位作者力图打破传统的史学史编撰模式，不是简单地按时间顺序纵向地进行铺陈，而是设法在西方史学发展的长河中，撷取出若干断面、若干专题，点面结合、纵横交错地进行叙述，力图多层次、多方面地揭示西方史学的发展进程。更重要的是，作者把史学作为"文化中的文化"，力图以一种新的视野来考察和介绍西方史学，特别是注重从西方文化背景来考察各个具体的史学著作、史学思潮、史学流派，以使人们更深入地认识西方史学。1992年台湾淑馨出版社出版了它的繁体字版后，在海峡对岸深受读者的喜爱。这本书之所以受到读者的广泛喜爱，是由于书里对西方史学的许多问题，例如史学范型、史学思想、史家的文化视野乃至较为具体的全球史观问题、西方史学的五次转折等问题都有所涉及。有的内容是在内地学界介绍较早或论述较为详细的。21世纪以后，得到学术界关注的全球史观问题，这本书在20世纪80年代末就做过很认真的学术研讨了，尤其是西方史学史上的"五次转折说"，一经提出就引起了许多学者的关注，并被很多学者引用、评论。

张广智教授从文化视角探索西方史学史发展之路体现在许多个案研究的过程中，他把"年鉴现象"看成一种文化现象就是一个典型的例证。他说：为什么我们把"年鉴现象"看成一种文化现象呢？"因为我们通过年鉴学派这个窗口，可以窥见处于流变中的西方社会，这是由于其形成与发展是与西方社会经历的重大变动息息相关的，反映了人们在现代化不断加速、社会生活方式不断变化，对世界、对人类本身看法不断更新的条件之下对历史进行分析、思考的一系列崭新角度。"①

那么张广智教授是如何解释年鉴学派的这种"文化现象"的呢？这里他首先探索法国文化传统的思想根源。他认为，年鉴学派的产生及演变，是现当代西方社会与学术文化思潮的产物，它构成了一部完整的史学文化史。由此一端，我们也可以窥见现当代西方史学乃至整个西方文化嬗变的历史缩影。要研究年鉴学派这样一种学术现象，必须从探索悠久的法国文化传统开始。因为年鉴学派倡导的理论和方法是在继承传统的基础上发展起来的。例如，年鉴派史家所倡导的总体史的研究思路可以追溯到文艺复兴时期，当时的史学家波普利尼埃尔就首先提出过"整体的历史"的理念，而这种理念成为伏尔泰编纂总体史的先声。他的《路易十四时代》不仅记述路易十四个人的活动，而且综合考察了作为整体史的法国内政、司法、商业、治安、科学、习俗等各方面的情况。②

张广智教授主编的6卷本的《西方史学通史》，虽然要对西方史学的发展历程进行系统的介绍和分析，但作者们并没有放弃以文化的视域来考察西方史学发展这一特殊视角。我们看到该书力图把史学作为"大文化"下的一个"子文化"来研究，探索史学文化与其他文化的关系。这就是以史学为出发点，也是落脚点，来探索西方史学发展的过程和规律，同时也是从特定的角度来研究西方思想文化，也可以说是考察人类精神文明中的一些最耀眼的东西。过去，在"左"的思想路线的指引下，西方史学被看成腐朽没落的资产阶级的东西，一概加以拒斥。事实证明，不了解、不继承人类这些丰富的文化遗产，建立新时代中国特色社会主义文化是不可能的。通过学习西方史学史能够多多少少了解到，文艺复兴、理性主义、浪漫主义、历史主义、客观主义、实证主义等人类思想文化的发展过程实际上都是从史学的角度切入的。西方史学发展的规律中也透视出西方思想文化的发展变化规律，为我们整体地了解西方史学、西方思想文化的发展提供了依据。

（三）以宏观的视野看待西方史学的变迁

无论是把西方史学史作为高校历史系本科生的一门课程，还是让广大中国读者了解西方史学文化发展的一般状况和规律，我们都不可能像编年史那

① 张广智、张广勇：《史学：文化中的文化——西方史学文化的历程》，上海社会科学院出版社，2013年版，第335页。
② 张广智、张广勇：《史学：文化中的文化——西方史学文化的历程》，上海社会科学院出版社，2006年版，第308页。

样向读者详细介绍西方史学，也不能从编纂学、史料学和研究法的角度深入研讨，因此，宏观地把握西方史学的基本内容和发展变化的规律是十分重要的任务。因为，从宏观的视野出发，掌握西方史学发展变化的一般规律，也就是了解西方文化发展变化的一般规律，在了解变化规律的基础上寻求对发展中国史学、中国文化的有益借鉴，才是我们的目的。

在张广智教授看来，在世界史学的发展长河中，西方史学同中国史学一样，也有着源远流长的传统。这个传统可以追溯到古希腊，可以分为四个明显的发展阶段。第一个阶段是古典史学，即古代希腊罗马史学。从追溯神话与史诗的前希罗多德时代算起，至公元5世纪"古典世界"的终结，1000多年的发生与发展形成了西方史学的诸多优良传统，对后世的史学产生了深刻的影响。中世纪史学是第二个阶段，从公元5世纪开始，至14世纪初兴起的文艺复兴运动。这期间古典史学的传统中断，基督教的神学史观制约与束缚着史学，史学的发展相对较弱。近代史学的产生和发展是第三个阶段。西方史学从14世纪开始加快了它的进程，人文主义史学、理性主义史学、浪漫主义史学、客观主义史学及其后的实证主义史学等相继发展起来。到19世纪的兰克时代，史学日趋成熟，发展成为一门独立的学科。第四个阶段是现代史学。从20世纪初开始，新史学思潮萌发，并日益冲击着传统的西方史学。张广智认为，可以把现代西方史学的发展等同于20世纪西方新史学的发展与演变，这是西方新史学不断成长壮大与传统史学相抗衡的发展过程。但西方的新史学真正发展起来，还是20世纪50年代以后的事情。

面对西方史学2000多年来的发展，张广智更重视的是发展中的重大转折。他说："面对这样一部西方史学发展的历史长编，需要找到一条主线索。这一答案来源于西方史学自身的发展变化，蕴涵于西方社会的深刻变革之中。"①他认为，宏观地说，在西方史学漫长的发展进程中，经历了以下五次重大的历史性转折。

第一次转折发生在公元前5世纪时的古希腊时代，这是西方史学的创立时代。在这个时期里，希罗多德史学与修昔底德史学造就了古希腊史学的繁荣局面，历史学在西方取得了应有的地位与尊严，后来罗马人又继承了古希腊人的史学遗产，西方古典史学的传统延续了将近1000年之久。第二次转折是公元5世纪前后基督教史学的产生。罗马帝国的倾覆标志着西方社会奴隶

---

① 张广智主著：《西方史学史》（第三版），复旦大学出版社，2010年版，第4页。

制的终结和封建制的开始，西方史学也从古典史学的人本主义转向基督教的神学史观，基督教史家重新塑造了历史理论，不仅在整个中世纪时代，而且对整个后世西方史学都产生了长久影响。古典史学的传统中断，史学发展缓慢，这一阶段大约也持续了近 1000 年。第三次转折是从西欧文艺复兴运动开始的西方史学新变化。14 世纪以来，西方社会开始发生巨大的变化，资本主义生产方式的产生和发展，从意识形态上向封建主义旧文化发起挑战。其间，历史学面临"重新定向"，史学思想又一次把人置于历史发展的中心地位。人文主义史学的诞生复兴了古典史学的传统模式，揭开了近代西方资产阶级史学发展的序幕。第四次转折发生在 19 世纪与 20 世纪之交。在 19 世纪，西方资本主义高歌猛进，西方史学也达到极盛，被称为"历史学的世纪"。兰克学派应运而生，成为 19 世纪西方史学的主流，历史学开始变得专业化与职业化。但从 19 世纪末开始，新史学对西方占主流地位的兰克史学发起了挑战，引起 20 世纪西方诸国新史学思潮的勃发，自此史学发生了重大的变化，兰克的史学传统受到有力的冲击。第五次转折发生于 20 世纪 50 年代前后，开始了当代西方史学的新的发展进程。随着现代社会发展的步伐加快，史学发展的速度也加快了，到 20 世纪 70 年代，当代西方史学又发生了一些新变化。历史学面临"重新定向"。①

张广智关于西方史学发展的"五次转折说"是他的西方史学理念的重要内容，也是他研究把握西方史学的重点。他不把自己的目光停留在西方史学的某一思潮、某一流派甚或某一史家，他力求整体地了解西方史学、研究西方史学，并把这些传达给中国学人。他对西方史学这些转折的论述就是要试图告诉读者：西方史学的新陈代谢同大千世界一样也是不可抗拒的；顺时代潮流者兴，逆时代潮流者衰。昔日兴盛一时的传统史学，倘要在现当代的新史学潮流中生存和发展，就需要认清形势，能够在博采众长中另起炉灶，寻求自己的出路。同时，张广智以宏观的视野考察西方史学史，不仅注意从纵向的角度来考察，而且善于从横向的角度来看西方史学的广泛内容，力求全面，不偏重一部分而忽视一部分。他对西方马克思主义史学发展的关注就体现了这种看问题的视角。

在他的西方史学史的论著中，他一直是把西方马克思主义史学看成现代西方史学的重要部分来加以介绍和论述的。在他主著的四版《西方史学史》教

---

① 张广智主著：《西方史学史》（第四版），复旦大学出版社，2018 年版，第 4—5 页。

材中，有关西方马克思主义史学崛起的内容不断有所增补。在他 2008 年出版的《超越时空的对话——一位东方学者对于西方史学的思考》和 2013 年出版的《克丽奥的东方形象：中国学人的西方史学观》两书中，则将"西方马克思主义史学的崛起"作为专章来加以论述。在 2011 年，复旦大学出版社出版了他主编的《史学之魂：当代西方马克思主义史学研究》一书，该书可以说使西方马克思主义史学研究达到了新高度。在此之前，国内还没有一部研究当代西方马克思主义史学的专著。这部书系统阐释了西方马克思主义史学的起源与繁衍、传播与变异、危机与前景，集中探讨当代西方马克思主义史学的崛起、特征及其发展变化。该书分别论述了西方马克思主义史学的历史理论、史学观念、与其他史学的关联等内容。对于西方马克思主义史学在英、法、德、意、美、加等国的发展分别进行介绍，尤以英国为重点。为什么要研究西方马克思主义史学的发展呢？张广智教授认为，二战后，西方马克思主义史学的迅速崛起打破了国际史学的整体格局，给国际史学界吹来一股清风，平添了许多活力，为我们观察、了解西方史学增添了一个新的窗口。同时，研究西方马克思主义史学对于中国学者来说，有助于我们更好地了解和认识现当代西方新史学的短长得失，有助于当代中国马克思主义史学的深入发展与开拓创新。①

（四）在中西史学的互动中认识西方史学

关注中西史学的互动，是张广智研究西方史学的一个新视角。早在 20 世纪 90 年代初，他就撰写了《现代美国史学在中国》《西方古典史学的传统及其在中国的回响》等文章，1996 年发表的《二十世纪前期西方史学输入中国的行程》《二十世纪后期西方史学输入中国的行程》等文章，都可说明他已经注意到这方面的问题。21 世纪以来，他又发表了一系列关于中西史学交流的论文，例如《心理史学在东西方的双向互动与回响》《苏联史学输入中国及其现代回响》《西方文化形态史观的中国回应》《傅斯年、陈寅恪与兰克史学》《苏版〈世界通史〉的中国回应》等文章。此外，他又在《史学理论与史学史学刊》上发表《关于 20 世纪中西史学交流史的若干问题》《关于开拓史学史研究的几个问题——以西方史学史为中心》等文章，系统地阐述了不同时期中外史学交流的情况。之后，张广智在瞿林东主编的"二十世纪中国史学研究系列丛书"中主编了《二

---

① 张广智：《克丽奥的东方形象：中国学人的西方史学观》，复旦大学出版社，2013 年版，第 165 页。

十世纪的中外史学交流》(北京师范大学出版社 2007 年出版)一书,既纵向阐述了 20 世纪各个时期中外史学交流的情况,又重点选择了若干案例进行深入探讨。

此外,在《克丽奥的东方形象:中国学人的西方史学观》一书的第十四章"近现代西方史学的中国声音"中,有八篇文章是张广智教授为他的博士生的学位论文撰写的序。这些论文都是在阐发作者们对近现代西方史学的研究与认识,从而显示出西方史学的魅力,这也是现当代西方史学在中国青年学者中的回响,体现了中西史学交流的思想深度。他认为,这些青年学者向国际史坛发出了一种"中国声音",这里的"'中国声音',说的是中国学人的西方史学观应体现自身的主体意识和学术个性,拥有自己的'话语权'"①。而张广智教授对这些论文所写的序言,也凝聚了他个人对近现代西方史学的思考和见解,同样显示出了中国学人的西方史学观,这也是一种"中国声音"。

中外史学交流的确是一个重要的问题,也是一个内容十分广泛的问题。为了更深入地展开对这个问题的研究,张广智组织了来自全国各地的 10 位学者申报了教育部人文社科重大项目《近代以来中外史学交流史》,该书约有 120万字的规模,即将出版发行。此书将是一部对近代以来中外史学交流探讨最为详尽的书,必将为学术界填补一个空白。

为什么在研究西方史学史的同时要关注中西史学的交流呢?张广智认为:首先,中外史学交流史本身具有很丰富的内容,值得我们去认真发掘。其次,中外史学交流史为史学史研究提供了一个新视角。前者是从史学史本身所蕴含的内容讲的,而后者是从研究者(历史学家)的视角而言的。他做了一个生动的比喻:一个游园者可能会有这样的体验——假如你从正门进入一座园林,就能感受到曲径幽廊中包藏着的风韵万千;如果你是从侧门进入的,你会感到眼前显现的是又一个新的空间。同一个园林,由于视角的转换,就可能呈现出不同的景观。在学术研究中我们转换一下视角,是否也是这样呢?他说:"倘如此,我们可否分出一些精力去关注不同国家或地区之间史学文化的相互交汇与相互影响,无异于游园时不走正门改走侧门时的那种情景,随着历史学家研究视角的转换,它将为未来的中国的史学史研究开启一扇新窗户,并

---

① 张广智:《克丽奥的东方形象:中国学人的西方史学观》,复旦大学出版社,2013 年版,第232 页。

有望成为史学史研究中的一个新的增长点。"①他的这个理念，的确对我们很有启发。

三、打造西方史学史论述的中国风格

张广智教授以教材、论著、讲座等形式，努力向中国学人介绍有关西方史学或者说西方文化的相关知识，同时也在努力打造一种中国读者喜闻乐见的文字风格。仔细阅读张广智教授的任何一种学术著作，你都会感受到他的独具魅力的写作风格。从 1989 年复旦大学出版社出版的《克丽奥之路：历史长河中的西方史学》到 2013 年复旦大学出版社出版的《克丽奥的东方形象：中国学人的西方史学观》，这 24 年间，张广智教授围绕西方史学史发表了一系列著作和 200 余篇的相关文章。熟悉张广智教授的读者会发现，他的论著有一种突出的个人风格，这种风格把中国人非常陌生的"克丽奥女神"的形象和她的发展道路描绘得通俗易懂、生动活泼，并且十分耐人寻味。

张广智教授对于自己的这种写作风格的形成也是有自觉的意识的。他曾说："多年来，我也是一个习惯写'高头讲章'的人，理精义明，自以为是，发表出来的这些'学术论文'，在业界'自娱自乐'，究竟能有多少人读过呢？我也不知道。日子一久，便对这种'八股腔调'渐渐萌生了厌倦之情。细心的读者也许会发现，近年来我行文落墨无求深奥，不嗜饾饤，只以深入浅出和明白晓畅为圭臬，在西方史学这一学术园地中起一点'启蒙教育'的作用，这成了个人为之锲而不舍的追求目标。"②他还曾强调，历史写作方法自不必拘泥于一种程式，为了"易于着笔"，最大限度地发挥每个人的独创性，管它是哪一种方法，都可"拿来"，为我所用。③

张广智教授曾多次引用现代英国历史学家屈威廉说过的话："有一种说法，认为读起来有趣的历史一定是资质浅薄的作品，而晦涩的风格却标志着一个人的思想深刻或工作严谨。实际情况与此相反，容易读的东西向来是难

---

① 张广智：《多做些垦荒者的工作！》，载邹兆辰著《为了史学的繁荣——对话当代历史学家》，首都师范大学出版社，2011 年版，第 135 页。

② 张广智：《克丽奥的东方形象：中国学人的西方史学观》，复旦大学出版社，2013 年版，自序第 1 页。

③ 张广智、张广勇：《史学：文化中的文化——西方史学文化的历程》，上海社会科学院出版社，2013 年版，前言第 5 页。

于写的……明白晓畅的风格一定是艰苦劳动的结果，而在安章宅句上的平易流畅，经常是用满头大汗取得的。"①张广智教授非常赞同屈威廉的话，他甚至认为，不仅历史学需要如此，整个哲学社会科学的大众化、普及化，都是时代的需求、民众的呼唤。因此，他要不懈地付出努力，写出让读者喜欢的历史读物，以回报社会大众的期盼。

张广智教授在西方史学史撰著中所显示的个人风格主要体现在以下方面。

第一，在篇章结构上的多种风格。

历史是不同时间节点上发生的事情，按照事情发生的顺序来记录和撰写历史是一种基本的阐述历史的方法。但是，这种历史会由于没有重点和思想体系而让人无法卒读。撰写西方史学史也是如此。数千年来，西方史学家和史学著作层出不穷，史学思想体系也是十分混杂，因此必须有一个合理的编纂体系。张先生主编的西方史学史教材，基本上是按照西方史学发展的过程分阶段撰写的。但是在《史学：文化中的文化——西方史学文化的历程》这样的著作中，他就选择了一种新的体例。他认为，西方史学史可以有"纵向式写法"，也可以有"横向式写法"，而他采取的是"纵横交错法"。这种方法"意图通过纵横交错、点面结合的方法，使读者可以多层次多方面地了解西方史学的发展过程"。这里，就明显地表现出他在西方史学史撰述中的另一种新的风格。

第二，论述语言上的生动性。

张广智教授谈到在写作《史学：文化中的文化——西方史学文化的历程》一书时所花费的工夫时说："为了把艰涩深奥的内容、杂沓繁衍的思想，磨炼得平易可感，让克丽奥女神（Clio，希腊神话中的历史女神）不再一脸严肃，不再装腔作势，变得亲和近人，坦白地说，我们是为之颇费心力的。食洋不化就会装腔作势，囫囵吞枣势必佶屈聱牙。"②翻开张广智教授的著作，随处可以看到他在这方面花费的心力。如谈到年鉴学派时，书中写道："（年鉴学派）当它于1929年创立的时候，还只是孤零零的几个人，在当时的西方史坛中，如有人所形容的那样，不过是'一只小小的玩具船'，然而它却使世界历史学改

---

① 张广智编：《历史学家的人文情怀——近现代西方史家散文选》，北京师范大学出版社，2011年版，第234页。

② 张广智、张广勇：《史学：文化中的文化——西方史学文化的历程》，上海社会科学院出版社，2013年版，前言第6页。

变了方向"①。这样的语言在书中比比皆是。

第三，在标题上的刻意追求。

除了教材以外，对于西方史学史的其他著作，作者对于书名、章节的标题，都是煞费苦心的。比如《史学：文化中的文化——西方史学文化的历程》《超越时空的对话——一位东方学者关于西方史学的思考》《克丽奥的东方形象：中国学人的西方史学观》等书名都是十分耐人寻味的，它们让冷冰冰的西方史学著作有了一种温馨之感。文章中的标题也是如此，例如在讲《塔西佗的史学思想》这一专题时，他所用的小标题是："江山变幻昔人非""一褒一贬见其情""模仿继承向前行""惩罚暴君的鞭子"等具有文学色彩的题目，让读者感到十分亲切。

第四，著作序言与跋语中的散文风格。

阅读张广智教授的著作，不仅能在正文中学到有关西方史学的知识，同时也能在其独具个人风格的序言、跋语中获得思想的启迪和文学的享受。他的序跋一改学术著述的严肃风貌，让人有如进入春风化雨的语境，颇感亲切。他的《克丽奥的东方形象：中国学人的西方史学观》一书，更是打破常规由他的学生集体撰文给老师的书作序，而该书的附录《西方史学史：我的精神家园——七十自述》更让人有亲切动人的感觉，读者由此不仅了解了书中的内容，也了解了书的作者。张广智教授为他的著作所写的许多序言和跋语，往往就是一篇精彩生动的散文，有他对自己导师的深切怀念，有对自己读书治学经历的回顾，有对自己写作过程中的艰辛的描述，也有他完成该书后愉悦心情的自然流露，这时候他常常有一些精彩的诗句或对自然风光的描述。读者从中确实能感受到读史是会使人感到愉悦的事。

阅读张广智教授的学术著作，读者不仅可以得到史学方面的专业知识，同时可以获得一种文学上的享受。他的史学作品具有文学的色彩；他的动人的文章字句又开启了心灵之门，让人们增长知识和智慧。他的很多写作，用他自己的话来说是"徜徉在史学与文学之间"。事实正是如此。2017年，商务印书馆出版了他的散文集，书名即是《徜徉在史学与文学之间》。他说：这本书"是'跨界'艰辛后的丰收，这是来往劳累后的果实，吾辈人生之乐，莫此为

---

① 张广智、张广勇：《史学：文化中的文化——西方史学文化的历程》，上海社会科学院出版社，2013年版，第307页。

甚也。"①张广智教授以自己的加倍劳动,换得了青年学子们的文史素养的提高。的确,他是一位真正的历史学家,也是一位散文家。他的作品不仅得到了史学界的公认好评,也得到了文学界同人的认同。2016 年,在正式退休以后,他加入了上海作家协会的散文组,这体现了文学界对他的作品的认可。

60 年来,张广智教授在史学园地里辛勤耕耘,心无旁骛。他把西方史学看成他的"精神家园",同时他也引领了无数青年学子进入这个"家园",并感受到了这个"家园"色彩斑斓的文化魅力。正如英国剑桥学派创始人阿克顿评价兰克史学在东西方史学的影响时说的话:"我们每走一步都要碰到他"。② 中国青年学子在进入西方史学史这个园地时的感觉也是如此。2018 年 11 月,上海世界史学会授予张广智教授"终身学术成就奖",这是学术界对他几十年来为他所钟爱的西方史学史学科所付出的一切做出的最高奖赏。张广智教授是无愧于这个荣耀的!

(原载于《史学理论研究》2019 年第 4 期,收入本书有改动)

---

① 张广智:《徜徉在史学与文学之间》,商务印书馆,2017 年版,自序第 3 页。

② 张广智:《兰克的史学贡献》,载张广智著《超越时空的对话》,北京师范大学出版社,2008 年版,第 247 页。

历史学家为什么要有"猜想"和预见？

——汤因比给我们的启示

面对人类的明天，他饱含深情地说道："我本身是一个好奇的历史学家，着迷于观察当前发生的人类事物，且只要我还有一口气在，我也乐意参与其中。因为我非常关心下一代的未来，还有我的孙辈、曾孙辈的未来。"

1969 年，美苏冷战阴云笼罩全世界，大国争霸、核危机、政治动荡、局部热战，严峻考验人类生存智慧。正是这一年，年届八旬的汤因比撰写了《经验》(*Experiences*)一书，以历史学家特有的温情和智慧，畅想并勾勒人类社会的未来图景。半个世纪以来，这位老人的"猜想"和"预见"逐渐照进现实。2022 年初，上海人民出版社出版该书中译本《人类的明天会怎样？——汤因比回思录》(以下简称《回思录》)。复旦大学张广智先生以《汤因比给我们留下了什么?》为题撰写的序言值得我们思考。我们不仅要关注汤因比对 20 世纪以来世界变迁的回顾，更应从他对未来世界的预见中获得启发。

一、汤因比对未来的几点"猜想"

汤因比指出，20 世纪以来，尽管人类在科学技术、生产水平和文化教育等方面取得了巨大进步，但是战争危险和饥饿问题并未完全消除，社会不公平和种族歧视日益扩大，科技进步在为人类带来福利的同时也造成诸多负面影响。面对人类的明天，他饱含深情地说道："我本身是一个好奇的历史学家，着迷于观察当前发生的人类事物，且只要我还有一口气在，我也乐意参与其中。因为我非常关心下一代的未来，还有我的孙辈、曾孙辈的未来。"

汤因比对人类未来提出了诸多设想，我关注的有以下几点。

第一，"欧洲中心"将会终结。回望 20 世纪，1914 年 7 月是个重要节点，这是第一次世界大战爆发的日子，也是改变很多人命运的日子。汤因比认为，1914 年之前的西方人，尤其是英国人，有一种优越感，认为他们的文明无懈可击，但1914年7月以后，这种优越感毁于一旦。未曾料到的灾难降临才让汤因比看到事实真相，犹如醍醐灌顶。他曾以为自己就是太平盛世中享有优待的臣民，这样的假象现在被劈得粉碎；从那一刻起，他改变了看待这个世界的眼光，发现这并不是曾经以为的那个世界。汤因比认为，经过两次世界大战，今天的欧洲已经不是从前的欧洲了，欧洲很快就会失去霸权地位，进而失去维持了将近四个世纪的"世界中心"的位置。

第二，美国会走向"军国主义"。汤因比在《回思录》中用大量篇幅谴责战争的罪行，特别是在两次世界大战中对战争负有主要责任的德国和日本。他根据美国对待战争的态度，预言美国正在走向"军国主义"。他说："自从日本袭击珍珠港后，美国的政策发生了翻天覆地的变化，由从前的孤立主义演变为干涉主义，并且正走向'军国主义'。"他指出，美国自立国到1969年的193年里，共发起过10次战争，都是获胜的。两次世界大战，美国都是在后期参战，给对手决定性打击。美国绝不愿意在以后的战争中丢掉"常胜将军"的头衔。美国国会给军队的拨款已经占美国国民收入相当大的份额。军队随心所欲向工业公司下的军事订单，成为这些公司赚取利益的主要来源。对商业、经济的控制，让五角大楼对美国民众有了政治上的控制。因此，美国政府发起战争的能力，在当今所有国家中当属最为强大。汤因比深刻预见到，美国人民选择屈服于军国主义，即使这种过失是暂时的，但也向全世界揭露了美国那令人惊惶的一面。即使美国人挽回了过失，美国的国际形象也不复从前。

第三，人类生活将重新成为一个整体。汤因比在1972年为修订插图本《历史研究》所写的序言中说："为什么要从整体上研究历史呢？为什么要观照我们所处的时代以及所在地域之外的事务呢？这是因为现实要求我们具有这种较为宽广的目光。"他在《回思录》中强调，他一直都在关注着人类的命运。不管是在他的潜意识中还是自立的目标中，他都一心想成为一个把人类事务看作一个整体的学者。他相信过去的传统也是"未来的潮流"，人类现在正翻开历史的新篇章。他相信人类会选择生命与美好而不是死亡与恶魔，相信另一个世界将会来临，相信在21世纪，人类生活会在各个方面、各个活动中重新成为一个整体。他满怀信心地认为，我们正向人类历史的下一个阶段迈进，这个世界即将合为一个整体，现在分隔的地区将会紧密相连、相互影响。

第四，人类的希望在中国。汤因比在书中多次提到中国，特别是"中国如今这股硬气"的说法，很值得我们关注和思考。他在《回思录》中说，如果没有认识到从1839年到1945年中国受尽英法俄和日本的摧残，又怎能理解中国如今这股硬气? 1839 年之前,在中国人自己的眼中,他们就是"中央王国"或"天下",也就是说他们认为自己是文明世界的中心。如果对此一概不知,就很难理解"蛮族"给中国人带来的冲击和耻辱。他还说,"中国太大,中国人太有毅力。他们有效的游击战让日本发动的全面侵华战争陷于僵局"。

1974 年,汤因比在与日本学者池田大作的对话中曾谈到中国与世界。他们讨论了未来世界的统一问题,认为在人类历史上曾经出现过某些强大的国家试图用武力统一世界的情况,但是现在不行了。汤因比认为,在原子能时代,靠武力征服把地球上的广大部分统一起来的传统方法已经失败。他所预见的和平统一,一定是以地理和文化主轴为中心不断扩大起来的。他认为这个主轴不在美国、欧洲和苏联,而是在东亚。他指出,几千年来,中国比世界上其他任何国家都更能成功地把民众从政治文化上团结起来,他们显示出的在政治、文化上统一的本领,具有无与伦比的成功经验。这样的统一正是今天世界需要的。汤因比从中国历史中看到了中国的今天,又从中国的今天预见中国的未来。

二、如何看待汤因比的"猜想"

汤因比并没有用"预见"这个词来表示他对未来的期待和设想,但他说,"我猜想欧洲很快就会失去自己的霸权地位",这个"猜想"实际上就是"预见"。他的一些猜想符合世界发展的历史逻辑。

以"欧洲很快就会失去自己的霸权地位"来说,这是汤因比最深刻的感受。英国自 17 世纪资产阶级革命以来,生产力迅速发展,殖民地遍布世界各地。但是,第一次世界大战使英国受到重创,很多汤因比的同龄人死于战争。第二次世界大战以后,英国的殖民地大多独立。战后的美国强大起来,西欧要靠美国的经济援助和军事保护,霸权地位不复存在。今天的欧洲在政治、外交上只能追随美国。汤因比半个世纪前关于美国正在走向"军国主义"的"猜想"已经成为现实。

汤因比关于人类重新成为一个整体的设想也不是无根据的。尽管世界各国之间仍有分歧、矛盾,甚至还有局部的战争,但随着科学技术的发展,世界已经进入了互联网时代,各国家、各个地区人民的命运更加紧密地联系在一起。今天,中国领导人关于构建人类命运共同体的设想正是基于这样一种理念。人类命运共同体,就是将全世界的前途命运都紧紧联系在一起,努力把我们这个星球建成一个和睦的大家庭，把世界各国人民对美好生活的向往变成现实。

两次世界大战的惨痛教训让各国人民痛定思痛，建立了以联合国为主体的全球治理框架。虽然这个框架并不完美，却是人类社会迈出的重要一步，对过去几十年世界和平与发展发挥了重要作用。汤因比认为，尽管这个世界还存在问题和矛盾，但大方向是合为一个整体。这种判断是符合历史发展逻辑的。

汤因比认为在未来的全球化过程中，中国将发挥更大作用。结合历史与现实来看，他的预见是有道理的。中华文明蕴含的天下情怀、大同理想以及讲信修睦、亲仁善邻、厚往薄来、六合同风等道德追求及历史实践，在塑造中华民族多元一体格局、维持古代东亚地区较长时间的区域和平及繁荣发展中，发挥了重要作用。这确实是"无与伦比"的成功经验，也是中国发挥更大作用的重要条件。今天中国已成为世界第二大经济体，中国提出的"一带一路"倡议，中国提出的全球发展倡议、全球安全倡议、全球文明倡议，不正体现出中国已经发挥了这种作用吗？

汤因比作为一个历史学家，为什么对人类的未来会有这种预见呢？这是一个值得我们思考的问题。

首先，是他的职业生涯给他创造了既研究历史又关注现实的条件。1925年，他就任英国皇家国际事务研究所研究部主任和伦敦大学教授。一方面为研究而撰写年度国际事务报告，一方面准备自己的学术写作。从1934年到1961年，他完成了《历史研究》的撰写。同时，他也参加了许多重要的国际会议，亲历过一些深刻影响历史的事件。1927年到1954年，他为英国皇家国际事务研究所编写《国际事务报告》。身兼历史学家和国际事务观察家的双重身份，使他必须兼顾历史与现实，即使他所研究的历史与现实相距很远，但另一个身份又会把他拉回现实。

其次，汤因比之所以关心人类命运，是缘于一种"爱"。这能让一个人摆脱有限寿命的限制，给他无限的自由。在活着的时间里，无论是长是短，他都会响应爱的号召，同时保持好奇心。他想要看到目前人类历史这场戏的结局将会是怎样。汤因比的"爱"不是抽象的，他的"爱"是有针对性的。他认为历史学家应该关注人类的命运，让全人类都能享受这个时代给予我们的一切。一个历史学家，应该有这种关爱世人的宽广胸怀，才会关注未来。

最后，汤因比一直坚持文化形态史观，认为人类历史上曾经出现过的几十种文明具有同等价值。他较早地打破了欧洲中心论，把研究视野扩展到人类生存的各个角落。这种历史观助推他积极地认识全球事务的发展变化，畅想人类未来。

三、历史学家为什么要有预见性

司马迁说，著《史记》是为"述往事，思来者"。"述往事"，是对从传说中的黄帝直到汉武帝时期的历史所做的考察、叙述与总结；"思来者"，表明了对未来的期待，以及在历史的制高点上，为后世"立言"，为来者"垂鉴"，为未来留下思想遗产。

中国古代优秀的史学家都有一种广阔的胸怀和抱负，他们耗费毕生精力从事历史撰著，不是为了记述帝王将相们过往的奇闻轶事，作为人们茶余饭后的谈资，而是要让后人知道历史从何而来，从历史中应该吸取哪些经验教训，从而更好地开创未来。每一个有责任感的历史学家都有这样的抱负。司马光在总结、阐述历史时，也在时刻关注着未来。他说，编纂《资治通鉴》是为了让当代人能够"鉴前世之兴衰，考当今之得失，嘉善矜恶，取是舍非，足以懋稽古之盛德，跻无前之至治，俾四海群生，咸蒙其福"。

历史学家只有具有时代感，他的研究成果才能满足时代需求，才能鲜活生动。正如汤因比所说，无论一个历史学家专攻的领域是维多利亚时代还是金字塔时代，抑或是旧石器时代早期，他都必须对当代历史略知一二。无论他追溯到过去的任何时候，都需要联系当前人类的生活，才能让他的研究栩栩如生。所谓"栩栩如生"，就是说"历史"不是已经僵死的历史，而是适应时代需要的、活的历史。古代如此，西方如此，当代中国也是如此。

知古鉴今、述往思来，是中华史学一以贯之的优良传统。传承、发扬这一传统是当代史学工作者责无旁贷的使命担当，也是不断开辟中国史学新境界的必然要求。重视历史、研究历史、借鉴历史，可以给人类带来了解昨天、把握今天、开创明天的智慧。历史和现实都告诉我们，一场社会革命要取得最终胜利，往往需要漫长的历史过程。只有回看走过的路、比较别人的路、远眺前行的路，弄清楚我们从哪儿来、往哪儿去，才能看得深、把得准。我们要用历史映照现实、远观未来，从中国共产党的百年奋斗中看清楚过去我们为什么能够成功、弄明白未来我们怎样才能继续成功，从而在新的征程上更加坚定、更加自觉地牢记初心使命、开创美好未来。

　　了解历史、研究历史是为了借鉴历史，创造未来。每个史学工作者都应该把自己的工作与整个历史学在新时代的使命责任联系起来。只有这样，才能使自己获得强大的研究动力，书写出符合时代需要、人民需要的研究成果，为构建人类命运共同体贡献历史学家的力量。作为一位世界知名的历史学家，汤因比不满足于对历史的探索，在晚年仍积极勇敢地探索未来，为我们提供了一个关心未来、探索未来的突出范例，对新时代中国史学工作者也有有益的启示。

（原载于《历史评论》2023 年第 3 期，收入本书有改动）

附　　录

21 世纪以来史家访谈及史学评论文章索引 *

[1]《正确看待马克思主义史学的历史发展——访林甘泉研究员》(与江湄合作),《史学月刊》,2000 年第 1 期.

[2]《关于史学理论和史学评论问题——访周溯源编审》,《江西社会科学》,2000 年第 2 期.

[3]《改革开放与我的中国近代史研究——访王晓秋教授》(署名史克祖),《首都师范大学学报(社会科学版)》,2000 年第 3 期.

[4]《研究外国史学理论,为加强中国历史科学建设服务——访于沛研究员》(署名史克祖),《首都师范大学学报(社会科学版)》,2000 年第 1 期.

[5]《史学需要理论与实证研究的交错上升——访庞卓恒教授》(署名邓京力),《历史教学问题》,2000 年第 2 期.

[6]《建立马克思主义新史学体系——访田昌五教授》,《历史教学问题》,2000 年第 5 期.

[7]《关于历史研究的几点思考——访田居俭研究员》(署名史克祖),《首都师范大学学报(社会科学版)》,2000 年第 5 期.

[8]《史学的发展有赖于史家自身素质的提高——访青年学者胡波》(署名史克祖),收入邹兆辰、江湄、邓京力合著《新时期中国史学思潮》,当代中国出版社 2001 年出版.

[9]《我与区域社会史研究——访叶显恩研究员》(署名邓京力),《历史教学问题》,2000 年第 6 期.

[10]《我为什么要研究近代陋俗文化——访青年学者梁景和》(署名史克

* 本索引中列入了世纪之交"新时期中国史学思潮"课题组邹兆辰、江湄、邓京力一起进行的学者访谈文章。凡本人参加了文稿整理,发表时不是署名本人的,均有所注明。

祖),《首都师范大学学报(社会科学版)》,2000年第6期.

[11]《敦煌学研究与当代中国史学——访敦煌学学者李正宇、赵和平、郝春文》(与江湄合作),《首都师范大学学报(社会科学版)》,2000年第6期.

[12]《"通古今之变"精神的再现——谈白寿彝先生的多卷本〈中国通史〉》,《前线》,2000年第9期.

[13]《面向新世纪,马克思主义史学研究如何深入》(与江湄、邓京力合作),《求是》,2000年第11期.

[14]《理论研究与社会实践的相互促进》,《江西社会科学》,2000年第11期.

[15]《我看建国以来史学思潮的变迁——访王学典教授》(署名邓京力),《文史哲》,2001年第3期.

[16]《确立中国近代文化史的学术地位——访龚书铎教授》(署名江湄),《历史教学问题》,2001年第1期.

[17]《国史研究理论与方法的思考》,《当代中国史研究》,2001年第3期.

[18]《为中国文化史的研究建立新的框架——访冯天瑜教授》,收入邹兆辰、江湄、邓京力合著《新时期中国史学思潮》,当代中国出版社2001年出版.

[19]《史学要继承,也要超越——访张磊研究员》,收入邹兆辰、江湄、邓京力合著《新时期中国史学思潮》,当代中国出版社2001年出版.

[20]《我看21世纪中国史学——访李振宏教授》,收入邹兆辰、江湄、邓京力合著《新时期中国史学思潮》,当代中国出版社2001年出版.

[21]《探索深化史学研究的新途径——访青年学者张书学》,收入邹兆辰、江湄、邓京力合著《新时期中国史学思潮》,当代中国出版社2001年出版.

[22]《罗荣渠的现代化研究及对当代史学的影响——访林被甸教授》(与杨丽珍合作),《史学月刊》,2001年第3期.

[23]《辩证法是我观察历史的主要方法——访何兹全教授》(署名江湄),《历史教学问题》,2002年第1期.

[24]《没有哲学深度,不能真正理解历史——访何兆武研究员》(署名邓京力),《历史教学问题》,2002年第3期.

[25]《关注现代化——历史学的新使命》,《学习时报》,2002年10月28日.

[26]《宏观视野下的当代中国现代化史学》,载北京大学世界现代化进程研究中心主编《现代化研究(第一辑)》,商务出版社2002年出版.

[27]《新时期以来对中国史学影响较大的几个西方史学流派》,《江西社会科学》,2004 年第 1 期.

[28]《西方社会科学理论对我国史学的影响》,《学术研究》,2004 年第 1 期.

[29]《二十年来我国学者对西方史学的理性认识与方法借鉴》,《淮北煤炭师范学院学报(哲学社会科学版)》,2004 年第 1 期.

[30]《中共党史学是一门历史科学——访张静如教授》,《历史教学问题》,2004 年第 2 期.

[31]《从英国史研究到世界现代化进程研究——访钱乘旦教授》,《史学月刊》,2004 年第 10 期.

[32]《深入非洲现实　研究非洲历史——访陆庭恩教授》(署名史克祖),《首都师范大学学报(社会科学版)》,2004 年第 5 期.

[33]《展现半个世纪中国史学发展的真实画卷——读张剑平著〈新中国史学五十年〉》,《当代中国史研究》,2004 年第 4 期.

[34]《育人务须有情　治学贵在求真——访谢承仁教授》,《历史教学问题》,2004 年第 6 期.

[35]《世界现代史、国际关系史与人权问题研究——访张宏毅教授》,《首都师范大学学报(社会科学版)》,2005 年第 1 期.

[36]《史学的人文传统与当代史学的人文关怀》,《江西社会科学》,2005 年第 1 期.

[37]《近年来我国心理史学发展趋势》,《史学理论研究》,2005 年第 4 期.

[38]《如何看待李大钊对西方史学思想史的研究》,《河北学刊》,2005 年第 3 期.

[39]《探索中华传统思想文化的"源"与"变"——访谢承仁教授》,《首都师范大学学报(社会科学版)》,2005 年第 3 期.

[40]《历史比较与中西封建社会研究——访马克垚教授》,《首都师范大学学报(社会科学版)》,2005 年第 5 期.

[41]《了解当代西方史学趋势,坚持走自己的路——访陈启能研究员》,《历史教学问题》,2005 年第 3 期.

[42]《延安时期的史学活动与延安精神的形成》,《华圣文化》,2005 年第 3 期.

[43]《中国史学史研究中的理论审视——评瞿林东先生新著〈中国史学的

理论遗产〉》，收入瞿林东主编《史学理论与史学史学刊（2004—2005年卷）》，社会科学文献出版社2005年出版.

[44]《中国传统文化与民族精神的解读——读谢承仁〈中国传统思想文化渊源〉》，《光明日报》，2005年5月9日.

[45]《一个中国学者对世界历史的思考——刘新成教授访谈录》，《历史教学》，2005年第10期.

[46]《把中国史学史的研究推向新的高度——访瞿林东教授》，《首都师范大学学报（社会科学版）》，2006年第1期.

[47]《为推进中国的世界史教学与研究尽心竭力——访齐世荣教授》，《首都师范大学学报（社会科学版）》，2006年第5期.

[48]《以马克思主义为指导研究中国古代历史——访林甘泉研究员》，《历史教学问题》，2006年第3期.

[49]《对历史科学理论的不懈探讨——访宁可教授》，《历史教学问题》，2006年第4期.

[50]《对先秦历史文化问题的艰辛探索——访晁福林教授》，《历史教学问题》，2006年第5期.

[51]《"多做些垦荒者的工作"——访张广智教授》，《历史教学问题》，2006年第6期.

[52]《中国马克思主义史学的特点与风格》，《上海大学学报》，2006年第3期.

[53]《历史比较：探寻真正世界性的历史普遍规律——一个中国历史学家的历史比较观》，《安徽师范大学学报》，2006年第1期.

[54]《在分析与借鉴中提高中国史学的理论水平》，《河北学刊》，2007年第1期.

[55]《跨学科研究与史学研究的创新》，《江西社会科学》，2007年第1期.

[56]《在中外历史文化长河中徜徉——访刘家和教授》，《史学月刊》，2007年第1期.

[57]《在华夏文明的长河中艰难回溯——访沈长云教授》，《历史教学问题》，2007年第1期.

[58]《为继承与阐扬恩师的史学遗产而尽心竭力——访王敦书教授》，《历史教学问题》，2007年第2期.

[59]《在清末民初历史与社会问题中艰辛探索——访胡绳武教授》，《历史

教学问题》，2007 年第 3 期.

[60]《对中国古代文明的多学科多领域探索——访李学勤教授》，《历史教学问题》，2007 年第 4 期.

[61]《贯通二十世纪中国的史学研究——访金冲及研究员》，《历史教学问题》，2007 年第 5 期.

[62]《倾力探讨中西文化异同——访何平教授》，《首都师范大学学报（社会科学版）》，2007 年第 4 期.

[63]《历史人物研究论辩的百年回顾——评〈中国历史人物研究论辩〉》，《历史教学问题》，2007 年第 4 期.

[64]《三十年来中国史学思潮及史学发展》，收入瞿林东主编《史学理论与史学史学刊（2008 年卷）》，社会科学文献出版社 2008 年出版.

[65]《思想解放与我国史学理念之突破》，《北京日报》，2008 年 7 月 7 日.

[66]《我对世界通史体系的思考——访马克垚教授》，《历史教学问题》，2008 年第 2 期.

[67]《从明史到社会文化史再到明史——访刘志琴研究员》，《历史教学问题》，2008 年第 4 期.

[68]《哲史文兼涉，学思写并举——访田居俭研究员》，《历史教学问题》，2008 年第 5 期.

[69]《灌园育人，开拓世界中世纪史研究新领域——访戚国淦教授》，《首都师范大学学报（社会科学版）》，2008 年第 3 期.

[70]《我与首都师大的终身情缘——访宁可教授》，《首都师范大学学报（社会科学版）》，2008 年第 3 期.

[71]《宁可先生与史学理论》，《首都师范大学学报（社会科学版）》，2008 年第 3 期，收入《庆祝宁可先生八十华诞论文集》编委会编《庆祝宁可先生八十华诞论文集》，中国社会科学出版社 2008 年出版.

[72]《史学批评与社会环境》，《河南师范大学学报》，2008 年第 6 期.

[73]《史学批评与社会环境——以苏联史学在中国的命运为例》，收入瞿林东、葛志毅主编《史学批评与史学文化研究》，黑龙江人民出版社 2009 年出版.

[74]《环境史研究与生态现代化》，收入中国科学院中国现代化研究中心编《生态现代化：原理与方法》，中国环境科学出版社 2008 年出版.

[75]《苏联史学在中国的命运》，《廊坊师范学院学报（社会科学版）》，

2009 年第 1 期.

[76]《两只眼睛看国外史学：从西方史学到苏联史学》，《学术研究》，2009 年第 1 期.

[77]《历史评价的理论与实践·序》，收入邓京力著《历史评价的理论与实践》，人民出版社 2009 年出版.

[78]《国际现代化研究中的历史比较法》，收入中国科学院中国现代化研究中心编《全球化与现代化：全球化背景下中国现代化的战略选择》，科学出版社 2009 年出版.

[79]《唯物史观指导下中国史学方法的进步》，收入北京市社会科学界联合会、北京师范大学编《文化软实力与民族复兴——纪念中华人民共和国成立 60 周年论文集(上卷)》，北京师范大学出版社 2009 年出版.

[80]《近六十年来马克思主义史学基本方法的创新》，收入瞿林东主编《史学理论与史学史学刊(2009 年卷)》，社会科学文献出版社 2009 年出版.

[81]《中国马克思主义史学是一项历久弥坚的事业——评张剑平著〈中国马克思主义史学研究〉》，收入瞿林东主编《史学理论与史学史学刊(2009 年卷)》，社会科学文献出版社 2009 年出版.

[82]《李大钊对"历史"概念的探讨》，《史学史研究》，2010 年第 1 期.

[83]《我的清代学术史研究——访陈祖武研究员》，《历史教学问题》，2010 年第 4 期.

[84]《我的敦煌学研究——郝春文教授访谈录》，《首都师范大学学报(社会科学版)》，2010 年第 4 期.

[85]《以外庐师的治学精神研撰中国思想史——访步近智、张安奇先生》，《历史教学问题》，2010 年第 6 期.

[86]《解读京味文化的渊源——评李淑兰老师的〈京味文化史论〉》，《秋韵》，2010 年第 2 期.

[87]《努力探索中国史学发展的内在规律——访陈其泰教授》，《历史教学问题》，2011 年第 1 期.

[88]《马克思主义史学对传统史学方法的继承与创新》，《河北学刊》，2011 年第 5 期.

[89]《论新中国史家成长的社会条件——对话当代历史学家的体会》，收入瞿林东主编《史学理论与史学史学刊(2011 年卷)》，社会科学文献出版社 2011 年出版.

[90]《开放与吸收：中国马克思主义史学发展的不竭动力》，《史学史研究》，2011 年第 3 期.

[91]《唯物史观何以成为中国新史学的理论基石？——以陈其泰主编〈中国马克思主义史学的理论成就〉为中心的解读》，《淮阴师范学院学报（哲学社会科学版）》，2011 年第 6 期.

[92]《全球史：世界历史教学与研究的新理念——访刘新成教授》，《历史教学问题》，2012 年第 1 期.

[93]《论马克思主义史学家的学术个性——以侯外庐为例》，《廊坊师范学院学报（社会科学版）》，2012 年第 3 期.

[94]《努力拓展与深化世界现代史的研究——访张宏毅教授》，《历史教学问题》，2012 年第 3 期.

[95]《侯外庐的学术个性》，《北京日报·理论周刊》，2012 年 9 月 24 日.

[96]《解决了三个问题——评瞿林东主编〈中国古代历史理论〉》，《中华读书报》，2012 年 3 月 28 日.

[97]《中国近代社会文化史面面观——评梁景和主编〈中国社会文化史的理论与实践〉》，收入梁景和主编《社会生活探索：以性别文化等为中心》，首都师范大学出版社 2012 年出版.

[98]《政治风云下的史学论争问题如何复归科学轨道——以〈李秀成自述〉的历史命运为例》，《郑州大学学报（哲学社会科学版）》，2013 年第 2 期.

[99]《追求历史的真谛：我的史学之路——访张海鹏研究员》，《历史教学问题》，2013 年第 4 期.

[100]《历史教学是科学也是艺术——访叶小兵教授》，《历史教学问题》，2013 年第 6 期.

[101]《马克思主义理论中国化的成功探索——白寿彝主编〈中国通史·导论卷〉对马克思主义史学理论的贡献》，《廊坊师范学院学报（社会科学版）》，2014 年第 4 期.

[102]《唯物史观如何成为新中国老一辈史家的理论武器——以何兹全先生为中察》，收入朱佳木主编《唯物史观与新中国史学发展——中国社会科学院马克思主义史学理论论坛首届学术研讨会论文集》，中国社会科学出版社 2014 年出版.

[103]《从罗尔纲考证〈李秀成自述〉看胡适的考证方法》，收入陈勇主编《民国史家与史学（1912—1949）：民国史家与史学国家学术研讨会论文集》，

上海大学出版社 2014 年出版.

[104]《史学工作者应有的史料意识——读齐世荣先生关于史料问题的系列文章》,《首都师范大学学报(社会科学版)》,2014 年第 5 期.

[105]《一位重新发现的大师级学者:阎宗临——访阎守诚教授》,《历史教学问题》,2014 年第 6 期.

[106]《全球视野下的当代中国现代化理论》,收入(意)阿尔伯特·马蒂内利、何传启主编《世界现代化报告——首届世界现代化论坛文集》,科学出版社 2014 年出版.

[107]《在现代国际关系史上的继承与拓展——访徐蓝教授》,《历史教学问题》,2015 年第 4 期.

[108]《不忘宁可先生的教诲》,收入郝春文主编《永远的怀念——宁可先生追思集》,上海古籍出版社 2015 年出版.

[109]《宁可先生对史学理论的贡献》,收入郝春文主编《永远的怀念——宁可先生追思集》,上海古籍出版社 2015 年出版.

[110]《蒋福亚老师的魏晋南北朝情结》,《秋韵》,2015 年第 3、4 期.

[111]《"良史工文"的学术与社会效应——以田居俭先生的〈李煜传〉为例》,《史学月刊》,2016 年第 1 期.

[112]《关于"白寿彝学派"的初步思考》,《淮阴师范学院学报(哲学社会科学版)》,2016 年第 1 期.

[113]《李大钊的〈史学要论〉与新时期史学概论的编撰》,《唐山学院学报》,2016 年第 2 期.

[114]《构建中国封建社会研究的新框架——宁可先生遗著〈中国封建社会的历史道路〉的理论价值》,《首都师范大学学报(社会科学版)》,2016 年第 2 期.

[115]《探究历史背后人的心理——心理史学:深化历史解释的重要方法》,《人民日报》,2016 年 6 月 13 日.

[116]《再谈挑战——访刘家和先生》,《中国史研究动态》,2016 年第 3 期.

[117]《展现一位马克思主义史学大家的学术风范——瞿林东对白寿彝先生学术思想的研究与弘扬》,收入瞿林东主编《史学理论与史学史学刊(2015 年卷)》,社会科学文献出版社 2015 年出版.

[118]《深化封建社会研究需要新的厚重成果——以宁可著〈中国封建社会

的历史道路〉为例》，收入张顺洪、吴英、董欣洁主编《唯物史观与马克思主义史学新视野：中国社会科学院首届唯物史观与马克思主义史学理论论文集》（下），中国社会科学出版社 2016 年出版.

[119]《宁可对中国封建社会研究的新贡献》，《中国社会科学文摘》，2016年第 7 期.

[120]《在史学思想领域内辛勤耕耘——访吴怀祺教授》，《历史教学问题》，2016 年第 5 期.

[121]《让史学研究热络起来——访林甘泉研究员》，《中国史研究动态》，2016 年第 5 期.

[122]《"白寿彝学派"学人的理论追求》，《湖北社会科学》，2016 年第5 期.

[123]《史学史研究为什么要转换视角？——评陈其泰先生从文化视角研究史学》，《淮阴师范学院学报(哲学社会科学版)》，2016 年第 5 期.

[124]《关于建构中国特色马克思主义史学的思考》，《当代中国史研究》，2016 年第 6 期.

[125]《如何读懂中国古代史学》，收入瞿林东著《中国古代史学十讲·序》，北京出版社 2017 年出版.

[126]《以历史文献为基础，充分发挥史学经世功能——汪受宽教授访谈录》，《史学史研究》，2017 年第 1 期.

[127]《郭沫若与中国马克思主义史学的诞生与发展》，《史学理论研究》，2017 年第 3 期.

[128]《关于建构中国特色马克思主义史学的思考》，《中国社会科学文摘》，2017 年第 3 期.

[129]《从历史考证学到简帛学、考古学——青年学者沈颂金的治学之路》，《淮阴师范学院学报(哲学社会科学版)》，2017 年第 2 期.

[130]《罗炳良的乾嘉史学研究》，《廊坊师范学院学报(社会科学版)》，2017 年第 1 期.

[131]《刘家和谈应对黑格尔的挑战》，《中国社会科学报》，2017 年 4 月18 日.

[132]《现当代史学史视野下的李大钊史学论著》，《唐山学院学报》，2017年第 4 期.

[133]《对传统史学思想的当代解读——吴怀祺先生在〈中国史学思想通

论〉中的启示》，收入《史学思想研究与中国史学的风格》编委会编《史学思想研究与中国史学的风格——吴怀祺教授八十华诞贺寿文集》，福建人民出版社2017年出版.

[134]《实事求是的史学成果与"先驱者"的时代光辉——访李大钊研究著名学者朱成甲》，《唐山学院学报》，2018年第4期.

[135]《如何展现民族文化非凡创造力？——陈其泰先生新著〈历史学新视野〉的启示》，《淮阴师范学院学报(哲学社会科学版)》，2018年第4期.

[136]《改革开放40年来的中国史学理论研究》，《当代中国史研究》，2018年第6期.

[137]《习近平论史的启示》，收入中国社会科学院历史研究所、马克思主义史学理论与史学史研究室编《理论与史学(第4辑)》，中国社会科学出版社2018年出版.

[138]《新时期我国非洲问题研究的一位领军者——陆庭恩教授的非洲研究之路》，《淮阴师范学院学报(哲学社会科学版)》，2019年第3期.

[139]《李大钊史学思想中的历史解喻说》，《唐山学院学报》，2019年第4期.

[140]《中共党史学的特殊社会功能——访宋学勤教授》，《廊坊师范学院学报(社会科学版)》，2019年第4期.

[141]《探索克丽奥之路的中国眼光与中国风格——张广智教授的西方史学史研究之路》，《史学理论研究》，2019年第4期.

[142]《史学史在历史学中的特殊地位和作用——访乔治忠教授》，《史学史研究》，2020年第3期.

[143]《文明交流互鉴中的西方史学史——访张广智教授》，《世界历史评论》，2020年第1期.

[144]《史学批评与史学话语体系的构建》，《史学理论研究》，2020年第2期.

[145]《四十年来中国学人对当代西方史学认知的深化》，《首都师范大学学报(社会科学版)》，2020年第1期.

[146]《李大钊对西方史学史学科的开创性贡献》，《唐山学院学报》，2020年第2期.

[147]《时代需要优秀通史和断代史》，《中国社会科学报》，2020年5月

22 日.

[148]《从历史中汲取治国理政智慧》,《中华读书报》,2020 年 6 月 10 日.

[149]《理论逻辑与历史逻辑相统一——评卜宪群主编〈习近平新时代治国理政的历史观〉》,《中国社会科学报》,2020 年 6 月 24 日.

[150]《一位"老派学人"的治学风范——戚国淦先生遗著〈未名集〉的启示》,《首都师范大学学报(社会科学版)》,2020 年第 4 期.

[151]《从耿淡如到张广智:西方史学史学科建设的代际传承》,收入瞿林东主编《史学理论与史学史学刊(2020 年卷)》,社会科学文献出版社 2020 年出版.

[152]《史学的社会功能在历史进程中的演变与提升》,收入杨共乐主编《史学理论与史学史学刊(2021 年下半卷)》,社会科学文献出版社 2022 年出版.

[153]《中华民族历史文化认同的生动体现——评汪受宽主编〈中国少数民族史学史〉》,《中国社会科学报》,2021 年 6 月 7 日.

[154]《史学史学科体系的重大突破——评张广智主编〈近代以来中外史学交流史〉》,《史学理论研究》,2021 年第 5 期.

[155]《李大钊〈史学思想史〉的学术价值与当代回响》,收入中国李大钊研究会编《先驱者的初心与新时代的使命——纪念李大钊同志诞辰 130 周年学术研讨会论文集》,北京大学出版社 2021 年出版.

[156]《历史主义研究方法的杰出范例——评朱成甲的李大钊研究的方法论特点》,收入中国李大钊研究会编《李大钊研究》,2021 年第 1 期.

[157]《一位马克思主义史学家的学术追求——林甘泉先生治史的基本特点》,《淮阴师范学院学报(哲学社会科学版)》,2021 年第 4 期.

[158]《增强新时代中国史学的社会功能》,《中国社会科学报》,2021 年 7 月 1 日.

[159]《从建党百年历史中领悟新时代历史发展动力观》,《河北学刊》,2022 年第 3 期.

[160]《徜徉在史学与文学之间——评张广智著〈曦因拾零:在史学与文学之间〉》,《中国社会科学报》,2022 年 10 月 12 日.

[161]《从史学思想史到〈史学要论〉——李大钊史学观的形成》,收入中国李大钊研究会编《李大钊研究》,2022 年第 2 期.

[162]《刘家和先生的"人生三宝"——读〈丽译忆往：刘家和口述史〉》，《中国出版传媒商报》，2022 年 4 月 8 日.

[163]《田昌五：学养深厚　勇于探索的史学大家》，《中国社会科学报》，2023 年 2 月 14 日.

[164]《汤因比：新史学潮流中的弄潮儿——〈人类的明天会怎样?〉——汤因比回思录的思维方式与叙事风格》，收入吴晓群、陆启宏主编《西方史学史研究》(第 2 辑)，商务印书馆 2023 年出版.

[165]《历史学家为什么要有"猜想"和预见?——汤因比给我们的启示》，《历史评论》，2023 年第 3 期.

后　记

本书开始编撰于 2020 年，那正是新冠感染开始肆虐的时候。疫情以来的几年中又不断对本文集内容进行调整和补充。收入文章的范围从 21 世纪初到 2023 年，反映了这 20 多年来我在史学评论工作中所做出的一点点成绩。

本文集共收入了 31 篇史学评论文章，内容包括对当代中国马克思主义史学发展整体状况的分析和评论，也包括对从事中外史学研究的史学家的治史特点及其主要成果的评论。此前，我曾对几十位史学家进行访谈，出版了 3 本史家访谈文集。这本史学评论文集是对此前所进行的史学家访谈的进一步深化，它们都可以对从不同视角了解中国马克思主义史学的发展，特别是改革开放新时期以来的发展，提供一些帮助。

在文集编辑完成以后，我又把自己保存的文章电子版底稿与刊物的发表稿进行了仔细的对照检查。通过对照，发现一些文章的发表稿与我自己的底稿在文字上甚至内容上都有或多或少的区别。这说明，这些文章的发表是经过了刊物编辑的认真审阅和修改的，个别文章修改的力度还不小。这说明，这些成果不仅仅是我个人的，诸多的编辑同志都对文章的完成做出了贡献。

本书得以出版，要感谢首都师范大学离退休干部处对离退休人员从事学术研究工作的支持。多年来，离退休干部处坚持提供出版基金资助离退休人员出版自己的学术成果，即使在疫情严重的这几年也没有放松这项工作。自我退休以来，首都师范大学出版社已经出版了我的《变革时代的学问人生》《为了史学的繁荣》《历史是人类最好的老师》3 本访谈文集和《师友治学闻见录》《英雄的悲剧——李秀成心理分析》共 5 本书，这次又出版了这本评论文集。没有学校出版社的支持，我是不可能完成对当代中国马克思主义史学所进行的这一系列研究的。在本书的出版过程中，学校出版社的编校老师提出了宝贵的意见、建议，并进行了大量的编辑工作，保证了本书的出版质量，这是我特别要表示感谢的。

我从事中国马克思主义史学的研究过程中，得到了很多位学者的支持、配合。当年，培养我、支持我从事史学理论和史学史研究的许多前辈老师、学者都已经作古，我今天在史学研究方面所取得的一切成果都是对他们的纪念。对很多学者的研究文章没能收入本书，这是不得已而为之的，我在心里对他们表示歉意，我想他们是会谅解我的。

2024 年是中华人民共和国成立 75 周年，也是首都师范大学建校 70 周年。正值本命年的我，希望以此小书向祖国母亲和亲爱的母校献上我的一份礼物，真挚地祝福伟大祖国更加繁荣昌盛，祝福母校在创建中国特色世界一流师范院校的奋斗过程中迈出更大步伐！

邹兆辰

2024 年 1 月 27 日